Geschlechterdiskurse in den Medien

Meltem Kulaçatan

Geschlechterdiskurse in den Medien

Türkisch-deutsche Presse in Europa

Meltem Kulaçatan
Erlangen, Deutschland

Zgl. Dissertation an der Friedrich-Alexander-Universität Erlangen-Nürnberg, 2012
Originaltitel „Geschlechterbeziehungen im Pressediskurs der Europaausgaben von Hürriyet und Zaman"
Mein Dank gilt der FAZIT-STIFTUNG für die freundliche Gewährung einer Publikationsbeihilfe.

ISBN 978-3-658-00970-0   ISBN 978-3-658-00971-7 (eBook)
DOI 10.1007/978-3-658-00971-7

Die Deutsche Nationalbibliothek verzeichnet diese Publikation in der Deutschen Nationalbibliografie; detaillierte bibliografische Daten sind im Internet über http://dnb.d-nb.de abrufbar.

Springer VS
© Springer Fachmedien Wiesbaden 2013
Das Werk einschließlich aller seiner Teile ist urheberrechtlich geschützt. Jede Verwertung, die nicht ausdrücklich vom Urheberrechtsgesetz zugelassen ist, bedarf der vorherigen Zustimmung des Verlags. Das gilt insbesondere für Vervielfältigungen, Bearbeitungen, Übersetzungen, Mikroverfilmungen und die Einspeicherung und Verarbeitung in elektronischen Systemen.

Die Wiedergabe von Gebrauchsnamen, Handelsnamen, Warenbezeichnungen usw. in diesem Werk berechtigt auch ohne besondere Kennzeichnung nicht zu der Annahme, dass solche Namen im Sinne der Warenzeichen- und Markenschutz-Gesetzgebung als frei zu betrachten wären und daher von jedermann benutzt werden dürften.

Gedruckt auf säurefreiem und chlorfrei gebleichtem Papier

Springer VS ist eine Marke von Springer DE. Springer DE ist Teil der Fachverlagsgruppe Springer Science+Business Media.
www.springer-vs.de

Danksagung

Nun ist es vollbracht und ich möchte an dieser Stelle den Menschen danken, die mich während dieser Arbeit beruflich, intellektuell und emotional begleitet haben: Mein herzlicher und großer Dank gilt meinen beiden Gutachtern: Professor Mathias Rohe, für seine weitsichtigen Denkanstöße, seine Begleitung, die konstruktiven Gespräche, stetigen Ermutigungen, seine Großzügigkeit und sein Vertrauen. Professor Christoph Schumann, der mir während meines Studiums Sinn gebender und inspirierender Lehrer gewesen ist und während meiner Dissertation ein umsichtiger und kluger Austauschpartner.

Zutiefst in Dankbarkeit verbunden bin ich Eva Pöllinger. Für ihre Freundschaft, ihren geduldigen, nie müde werdenden Zuspruch, ihr Verständnis für meine Zweisprachigkeit, für ihre sensible sowie konstruktive Lektüre. Ich danke Imke Leicht für ihre aufbauende und fundierte Lektüre. Mein großer Dank gilt meinen Kollegen Peter Lintl und Christian Wolff für die spontane Lektüre sowie für ihr Organisationstalent vor und nach meiner Disputation. Mein weiterer Dank gilt PD Dr. Hans-Jörg Sigwart für seinen verständigen und freundschaftlichen Rat. Ich danke Dr. Jörn Thielmann für seine fachliche Unterstützung.

Für seine Formatierungskünste und seine Bereitschaft, sich in wohltuender Lässigkeit meiner Arbeit zu widmen, danke ich Julian Ressel sehr. Ich danke meinen Freundinnen Tina Beck und Silke Komet für ihre unermessliche Freude, ihren Stolz und ihren nie versiegenden Optimismus, auch in den weniger lichten Momenten dieses Lebensabschnittes.

Ich möchte aus ganzem Herzen meiner Mutter Aydan Sönmezer danken. Sie war mit ihrer Vorstellung von Integration während der 1980er ihrer Zeit um mindestens zwanzig Jahre voraus. Ihrem Bildungs- und Kulturverständnis, den stetigen Erinnerungen aus meiner Kindheit und Jugend an die Frauen aus ihrer Generation in Deutschland und in der Türkei verdanke ich meinen Zugang zu den Themen in meiner Arbeit und Lehre, die weit über das hier vorgelegte Resultat hinausgehen.

Ich danke Thilo Dingfelder, dem Vater meiner Tochter, für sein persönliches Beistehen und seinen Glauben in mich. Mein größter und innigster Dank gilt meiner Tochter Salome Tuana. Sie musste sehr oft auf mich verzichten, insbesondere während der Schlussphase meiner Dissertation. Für ihre Geduld, ihre Liebe und ihre Phantasie bin ich ihr unendlich dankbar. Ihr sei dieses Buch gewidmet.

Erlangen, im März 2013 *Meltem Kulaçatan*

Inhalt

Einleitung 13

1 **Theoretische Grundlagen** 29

1.1 Öffentlichkeit, transnationale Öffentlichkeit und Teilöffentlichkeit ... 29
    1.1.1 Teilöffentlichkeit in Deutschland und im
        deutschsprachigen Raum 34
1.2 Der Geschlechterbegriff nach Luce Irigaray 41
1.3 Grundlagen der Diskurstheorie und diskursanalytischen Methodik 54
1.4 Hürriyet und Zaman: Massenmedium und Ethnomedium 65
    1.4.1 Definition: Ethnomedien 65
    1.4.2 Charakterisierung der türkischsprachigen Tageszeitungen
        Hürriyet und Zaman 72
        1.4.2.1 Hürriyet 72
        1.4.2.2 Zaman 75
1.5 Konfliktlinien im öffentlichen Pressediskurs zwischen Laizismus
    und Islamismus in den Türkeiausgaben von Hürriyet und Zaman 91
    1.5.1 Theoretische Ausgangspunkte 91
    1.5.2 Darstellungen der Konfliktlinien in der Öffentlichkeit der
        Türkei 101
    1.5.3 Zwischenfazit 120

2 **Begriffsdefinitionen im Pressediskurs der Europaausgaben
von Hürriyet und Zaman** 123

2.1 Zwangsheirat, Zwangsehe und arrangierte Ehe 123
2.2 „Ehrenmorde", Zwangsehen und arrangierte Ehen im medialen und
    wissenschaftlichen Diskurs in Deutschland 131
2.3 Der Gewaltbegriff im Diskurs der Geschlechter 142

3 Diskursanalytische Untersuchung des Geschlechterverhältnisses im Pressediskurs der Europaausgaben von Hürriyet und Zaman 155

3.1 Methodik 155
   3.1.1 Einführung 155
   3.1.2 Vorgehensweise entlang der „Kritischen Diskursanalyse" 159
   3.1.3 Strukturierung der Diskursfragmente 161
3.2 Einordnung der Hürriyet-Serie in den medialen Diskurs der Mehrheitsöffentlichkeit 162
   3.2.1 Seyran Ateş: „Unter Migranten gibt es Gewalt." 166
   3.2.2 Necla Kelek: „Wer über Gewalt hinwegsieht, macht sich mitschuldig." 168
   3.2.3 Yasemin Karakaşoğlu: „Die Lebensumstände beeinflussen das Gewaltpotenzial" 171
   3.2.4 Feridun Zaimoğlu: „Die Frauen müssen stark sein." 176
   3.2.5 Armin Lachet: „Eure Kampagne ist ermutigend." 188
   3.2.6 Canan Topçu: „Deutschland erforscht die türkische Frau."191
   3.2.7 Sevim Dağdelen: „Echte Empathie kann zur Lösung der Probleme beitragen." 194
   3.2.8 Evrim Baba: „Wir sollten keine Generalisierungen vornehmen." 198
   3.2.9 Elif Cındık: „Die Frauen dürfen nicht über einen Kamm geschoren werden." 201
   3.2.10 Gaye Petek, Gründerin des „Hand in Hand"-Vereins in Paris: „Die Mehrheit der Frauen wird misshandelt." 206
   3.2.11 Zwischenfazit 220
3.3 Berichterstattung über muslimische Frauen in der islamischen Welt in der Zaman-Serie: „Frauen in islamischen Ländern. Porträts aus der islamischen Geographie" 227
   3.3.1 Palästina: Maha Shamas: „Es ist sehr schwierig, Liebe zu lehren, während das Massenmorden weiter andauert." 229
   3.3.2 Malaysia: Marina Mahathir: „Wir kämpfen um die Frauenrechte, die der Islam uns zugesteht." 232
   3.3.3 Malaysia: Zainah Anwar: „Die von der Polygamie ausgehende Gefahr drängt die Frauen in eine schwache Position." 234
   3.3.4 Pakistan: Nilüfer Bahtiyar: „Gesetze, die Frauen benachteiligen, haben wir geändert." 237

Inhalt 9

    3.3.5 Algerien: Luisa Ighil Ahriz: „Die Strände waren sowohl
        für Hunde als auch für Araber verboten." 239
    3.3.6 Algerien: Nora Bouzida: „Wir können sowohl modern als
        auch religiös sein." 241
    3.3.7 Zwischenfazit 242

3.4 Untersuchung des Pressediskurses aus der Europaausgabe der
Zaman zum Urteil des Europäischen Gerichtshofs für
Menschenrechte im Fall Leyla Şahin 246
    3.4.1 Kommentar von Adem Güneş: „Der Europäische
        Gerichtshof für Menschenrechte hat das Kopftuch nicht
        verboten. Er hat eine Empfehlung an die Türkei
        ausgesprochen." 248
    3.4.2 Kommentar von Joost Lagendijk und Cem Özdemir:
        „Das Kopftuch-Verbot steht der Türkei nicht." 249
    3.4.3 Kommentar von Mustafa Ünal: Das „Kopftuch-Verbot"...251
    3.4.4 Reportage: Ayşegül Doğan: „Trotz des EuGH können
        wir hier frei studieren." 253
    3.4.5 Kritik am Kopftuch-Urteil des Europäischen Gerichtshofs
        für Menschenrechte 254

Konklusion **257**

Literatur- und Quellenverzeichnis **269**

Es ist unsere Aufgabe, uns daran zu erinnern, dass wir lebendige und schöpferische Menschen bleiben müssen. Aber die Erfüllung dieser Aufgabe kann nur das Werk beider Hälften der Welt sein: der männlichen und der weiblichen.

Luce Irigaray, 1991

I have a painful response and long experience with the oft-cited prophetic statement ‚Paradise lies at the feet of the mother', an idiom pretending that unconditional honor belongs to the one whose biology was created with the capacity to hold life under her breast and then in due time release it (…) But it is just an idiom. It is not an actual goal to be achieved by policy, economic structures, and legal codes, especially in neo-conservative circles and other places of male privilege.

Amina Wadud, 2006

Der Glaube lässt den Menschen in einem Universum leben, das er kennt und ihm Geborgenheit und das Gefühl einer höheren Harmonie vermittelt. Sie bewahrt ihn vor den negativen Folgen der Entfremdung. Die Entfremdung hat eine positive Seite, weil sie Klärung herbeiführen kann. Aber sie wirkt, wenn sie ohne Halt und Grenze ist, zerstörerisch. Wenn du einen Menschen liebst, dann brauchst du ein Maß an Nähe. Du zerstörst die Liebe, wenn du dich vollkommen von ihr fernhältst. So ist das mit der Materie, der Umwelt, dem Leben, mit Gott.

Nasr Hamid Abu Zaid, zitiert nach Navid Kermani, 2002

Einleitung

Seit dem Abkommen über die Anwerbung von türkischen „Gastarbeitern" zwischen der Bundesrepublik Deutschland und der Türkei im Jahr 1961 etablierten sich nach und nach türkischsprachige Printmedien in Deutschland und Europa.[1] Anfangs bildeten sie für die türkische Diaspora die Hauptinformationsquelle bezüglich ihrer Heimat. Gleichzeitig waren sie für die erste Gastarbeitergeneration eine verlässliche Brücke in die Heimat, insbesondere während der 1960er und 1970er Jahre. Erweitert wurden die türkischsprachigen Printmedien in ihrer Funktion als Informationsquelle und zusätzlich als Unterhaltungsmedium durch türkische Fernsehsender[2], die ab Anfang der 1990er Jahre via Satellit[3] empfangen werden konnten.[4] Eine weitere quasi „unendliche" Informationsquelle tat sich durch die Entwicklung und Etablierung des World Wide Web auf, wodurch türkische Nachrichten aus der Türkei permanent abgerufen und empfangen werden können.

Darüber hinaus sind die Innovationen innerhalb der mobilen Telekommunikationssparte zu nennen, durch die sowohl das Telefonieren günstiger geworden ist als auch Tarife in Kooperation mit Festnetz- und Mobilnetzanbietern angeboten werden, die sich speziell an die türkeistämmige und türkischsprachige Bevölkerung richten. Infolgedessen „rückten" quasi die Räume, in denen die türkische Diaspora[5] ihren Hauptlebensmittelpunkt besitzt, und das türkische Her-

---

1 Vgl. Becker, Jörg: Taking Turkishness Seriously: The Rise of Turkish Media in Germany, in: Robins, Kevin (Hg.): Programming of People. From Cultural Responsibilities. United Nations World Television Forum, Geneve: European Broadcasting Union, Geneva 1997, S. 104-117; Ders.: Die Ethnisierung der deutschen Medienlandschaft. Türkische Medien zwischen Assoziation und Dissoziation, in: Lieberknecht, Christine (Hg.): Der Staat in der Informationsgesellschaft. Thüringer Ministerium für Bundesangelegenheiten, 1998, S. 71-75.
2 Vgl. Bacık, Çiçek: Türkische Fernsehsender in Deutschland, hrsg. von Jutta Aumüller, Berlin 2006.
3 Vgl. Foertsch, Patricia: Türkische Medien in Deutschland, in: Konrad Adenauer Stiftung (Hg.): Almanya Infodienst No. 4, S. 7f.
4 Vgl. Sauer, Martina: Mediale Integration, in: Stiftung Zentrum für Türkeistudien (Hg.): Ergebnisse der zehnten Mehrthemenbefragung 2009. Eine Analyse im Auftrag des Ministeriums für Generationen, Familie, Frauen und Integration des Landes Nordrhein-Westfalen 2010, S. 177-197.
5 Die Verwendung des Begriffs *Diaspora* in dieser Arbeit entspricht einer weiten Definition und soll insbesondere den nach wie vor bestehenden Aspekt der Verbindungen in das ursprüngliche

kunftsland enger zusammen. Die türkischsprachigen Printmedien, als die ursprünglich einzigen medialen Bindeglieder in die Türkei, wurden in der Folge erweitert durch vielfältige Kommunikationsmittel und Medientypen. Heute werden aktuelle gesellschaftspolitische Entwicklungen und Nachrichten darüber hinaus – den globalen Kommunikationsstrukturen entsprechend – praktisch synchron am schnellsten über soziale Netzwerke empfangen und ausgetauscht.

Trotz der rasanten kommunikationstechnischen Entwicklungen besitzen die türkischen Printmedien nach wie vor ihre Relevanz, da sie die „sichtbarste" Form des „deutsch-türkischen Medienmarktes" darstellen.[6] Sie haben eine große Reichweite und spielen für die Bildung einer öffentlichen Meinung eine nicht unerhebliche Rolle.

In dieser Dissertation wird ausgehend von den Europaausgaben der Hürriyet und der Zaman der Pressediskurs im Hinblick auf das Geschlechterverhältnis in den medialen Öffentlichkeiten untersucht. Der Untersuchungszeitraum der Europaausgaben der Tageszeitungen Hürriyet und Zaman begann im Oktober 2005 und dauerte bis zum Ende des Jahres 2011 an. In der ersten Hälfte des Jahres 2005 fanden politische sowie gesellschaftliche Ereignisse statt, die für die Untersuchung der Presseartikel ausschlaggebend gewesen sind und im restlichen Jahr im Pressediskurs der Europaausgaben der Hürriyet und der Zaman medial aufbereitet wurden. Zu nennen sind einerseits der „Ehrenmord" an der Deutsch-Kurdin Aynur Hatun Sürücü vom 27.02.2005 und andererseits das Kopftuch-Urteil des Europäischen Gerichtshofs für Menschenrechte im Fall Leyla Şahin am 10.11.2005.

Diese Arbeit ist im interdisziplinären Projekt „Islam in den Medien" am Lehrstuhl für Bürgerliches Recht, Internationales Recht und Internationales Pri-

---

Herkunftsland Türkei, trotz der „Zerstreuung" im transnationalen Raum, hervorheben sowie die Partizipation innerhalb von Politik, Medien, Kunst, Wirtschaft und Wissenschaft, unabhängig von der Staatsbürgerschaft, beachten. Türkischprachige Medien sind folglich *ein* bestimmtes Ergebnis dieser *Zerstreuung*. Siehe dazu: Weinar, Agnieszka: Instrumentalising diasporas for development: International and European policy discourses, in: Bauböck, Rainer/Faist, Thomas (Ed.): Diaspora and Transnationalism. Concepts, Theories and Methods, Amsterdam, 2010, S. 76 u. S. 78.

6 Vgl. dazu: „Die türkischen Tageszeitungen als (…) das älteste Medienprodukt (…) erfuhren in den 1990er Jahren ihre auflagenstärkste Phase und sind gegenwärtig trotz sinkender Auflagenzahlen immer noch das auch für die deutsche Mehrheitsgesellschaft sichtbarste Produkt des deutsch-türkischen Medienmarktes. (…) Die Vielfalt der Fernsehsender aus der Türkei wird von deutschen Fernsehkonsumenten schwächer wahrgenommen, da ihre Satelliteneinrichtung eine andere Ausrichtung benötigen. (…) Der Printmedienbereich ist das Segment, welches am schnellsten von einem veränderten Rezipientenverhalten tangiert wird, andererseits aber auch die Möglichkeit hat, sich durch umgestaltete Printmedienformate und -inhalte einer sich im Wandel befindenden Leserschaft flexibel anzugleichen." Çalağan, Nesrin Z.: Türkische Presse in Deutschland. Der deutsch-türkische Medienmarkt und seine Produzenten, Bielefeld 2010, S. 15f.

vatrecht an der Friedrich-Alexander-Universität Erlangen entstanden und ist anschließend ab dem Januar 2009 am Erlanger Zentrum für Islam und Recht in Europa fortgesetzt worden. Zielsetzung dieser Arbeit ist, das Geschlechterverhältnis im Pressediskurs der Europaausgaben von Hürriyet und Zaman zu untersuchen sowie in seinen öffentlichen und gesamtgesellschaftlichen Zusammenhang einzuordnen. Mittels der ausgewählten Zeitungsartikel soll zum einen eine qualitative Analyse der inhaltlich-thematischen Diskursverschränkungen des Geschlechterdiskurses mit dem Integrationsdiskurs in Deutschland sowie dem Politikdiskurs in der Türkei aufgezeigt werden. Zum anderen wird der Einfluss der Terminologien aus dem Politikdiskurs in der Türkei und aus dem Integrationsdiskurs in Deutschland, in denen die am Diskurs beteiligten AkteurInnen[7] partizipieren, herausgearbeitet.

Basierend darauf, dass die Tageszeitungen Hürriyet und Zaman in verschiedenen öffentlichen Räumen publiziert werden, stellt sich zunächst die Frage, *welche* öffentlichen Räume in einer Beziehung zueinander stehen und *wie* diese öffentlichen Räume sich gegenseitig beeinflussen sowie miteinander *verschränkt* sind. Die Grundthesen lauten deshalb wie folgt: Drei Räume sind für den Pressediskurs der Hürriyet und der Zaman untersuchungsrelevant: Die *deutschsprachige Mehrheitsöffentlichkeit*, die *türkische Öffentlichkeit in der Türkei* sowie die *türkischsprachige Teilöffentlichkeit in Deutschland*. Diese Kommunikationsräume sind miteinander verschränkt. In allen drei Öffentlichkeiten wird das Geschlechterverhältnis verhandelt. In der Türkei wiederum ist das Geschlechterverhältnis insbesondere im Zusammenhang mit der Art und Weise der Sichtbarkeit der Frauen in der Öffentlichkeit ein signifikanter Beleg für die Gestaltung des Geschlechterverhältnisses. Im Pressediskurs der Europaausgaben der Hürriyet und der Zaman ist der Geschlechterdiskurs einerseits innerhalb der deutschen medialen Öffentlichkeit mit dem Integrationsdiskurs und andererseits thematisch inhaltlich mit dem Politikdiskurs verschränkt. Da es sich um die Europaausgaben der in der Türkei erscheinenden türkischen Tageszeitungen Hürriyet und Zaman handelt, besteht ein Einfluss der politischen Terminologien aus der Türkei auf die hier publizierten Berichterstattungen, zumal die Endredaktionen beider Tageszeitungen in den Mutterkonzernen in Istanbul erfolgen. Daraus ergibt sich die Eingangsfrage, inwiefern sich das Geschlechterverhältnis *insgesamt* im Pressediskurs der Hürriyet und der Zaman widerspiegelt und anhand welcher „Agenda

---

7   Für die vorliegende Dissertation wird im Folgenden das so genannte „Binnen I" verwendet, um sowohl die feminine als auch maskuline Form im Geschlechterverhältnis, welches hier zugrunde liegt und kontextualisiert wird, sowie die aktive Partizipation beider Geschlechter an den untersuchten Diskursen sichtbar zu machen.

Settings"[8] das Geschlechterverhältnis sowohl in der türkischen Öffentlichkeit als auch in der deutschsprachigen Öffentlichkeit kontrovers diskutiert wird. Die Fragestellungen konzentrieren sich deshalb auf die drei Aspekte *Öffentlichkeit*, *Verschränkung* und *Diskurs*: Eine Folge der Verschränkungen und des Pressediskurses ist die Frage nach der strukturellen Beschaffenheit der öffentlichen Kommunikationsräume und der Art und Weise ihrer Verflechtungen, in denen die Hürriyet und die Zaman publiziert werden. Ein weiterer Gesichtspunkt bezüglich der Öffentlichkeit ist die Fragestellung nach der Interaktion, in denen die Öffentlichkeiten zueinander stehen. In Bezug auf die inhaltliche Verschränkung des Geschlechter- und Politikdiskurses in der Türkei ist zu untersuchen, welche politischen und historischen Entwicklungen die Öffentlichkeit in der Türkei gestalten, in der sowohl das Geschlechterverhältnis verhandelt wird als auch die Konfliktlinien zwischen *Laizismus* und *Islamismus* zu beobachten sind. Ein wichtiger Bezugsrahmen dieser diskursanalytischen Arbeit sind die AkteurInnen, die am Geschlechterdiskurs und am medialen Diskurs beteiligt sind. Folglich werden die wichtigsten AkteurInnen sowohl im Pressediskurs der Hürriyet und der Zaman als auch die wichtigsten AkteurInnen im gesamtgesellschaftlichen Diskurs in der deutschen Öffentlichkeit vorgestellt. Diskursrelevant in diesem Kontext sind die Funktion der AkteurInnen innerhalb der Öffentlichkeiten sowie die diskursiven Veränderungen, die damit einhergehen. Die Zusammenführung der drei Aspekte erfolgt auf der Basis der Analyse des Geschlechterdiskurses, der im Pressediskurs in den Europaausgaben der Hürriyet und der Zaman verhandelt wird. Bestimmend für die Untersuchung ist die Fragestellung nach dem Geschlechterbegriff, der dem Diskursmaterial zugrunde liegt. Darüber hinaus werden die Terminologien aus dem Politikdiskurs in der Türkei herausgearbeitet, die sich im Geschlechterdiskurs von Hürriyet und Zaman wiederfinden. Dabei wird der Frage nachgegangen, ob Diskurse aus dem deutschsprachigen Mediendiskurs mit Blick auf den Geschlechterdiskurs in den Europaausgaben der Hürriyet und der Zaman aufgegriffen werden. Hierbei ist zu analysieren, wo sich tatsächlich Diskursverschränkungen zwischen dem Pressediskurs über Geschlechterbeziehungen und dem Integrations- sowie Politikdiskurs in den Europaausgaben der Hürriyet und der Zaman ausmachen lassen.

Die hier vorliegende Arbeit ist in drei Teile gegliedert: Im ersten Teil werden die theoretischen Grundlagen vorgestellt, die für die diskursanalytische Untersuchung sowie für die Untersuchung der Diskursverschränkungen der medialen Öffentlichkeiten relevant sind. Ausgehend von der Kritischen Diskursanalyse des Sprachwissenschaftlers Siegfried Jäger, die auf der „Tätigkeitstheorie" des russischen Sprachwissenschaftlers Alexej N. Leontjew und auf den diskursanaly-

---

8   „Agenda Setting" bezeichnet allgemein die Thematisierungsfunktion von Medien.

tischen Überlegungen des französischen Philosophen Michel Foucault basiert, erfolgen die Definitionen der diskurstheoretischen Terminologien, mit denen operiert wird. Das Ziel des empirischen Teils dieser Arbeit ist, die Diskursverschränkungen der Zeitungsartikel herauszuarbeiten und die darin enthaltenen „Kollektivsymbole", sprachlichen Mittel, politischen Ideologien sowie „Dispositive" im Pressediskurs über das Geschlechterverhältnis zu untersuchen. Dafür werden die diskursanalytischen Begriffe nach Jäger operativ angewendet. Leontjews Tätigkeitstheorie bietet meines Erachtens die Möglichkeit, die am gesamtgesellschaftlichen Diskurs beteiligten AkteurInnen in die Analyse miteinzubeziehen und so zu verhindern, dass die Diskursanalyse sich ausschließlich auf eine Untersuchung der Machtstrukturen beschränkt. Dieser Aspekt erscheint mir umso bedeutsamer, da anhand der „Tätigkeit" der AkteurInnen die diskursiven Verschränkungen zwischen dem Geschlechterdiskurs, dem Politik- und Integrationsdiskurs und die strukturellen Veränderungen in den medialen Öffentlichkeiten deutlicher auszumachen sind. Anschließend werden die Tageszeitungen Hürriyet und Zaman im Kapitel als Massenmedien und Ethnomedien innerhalb des deutsch-türkischen Printsegments eingeordnet. Die Kapitel 1.1 und 1.1.1 behandeln die der Arbeit zugrunde liegenden Öffentlichkeits-Begriffe. Der Basis-Begriff „Öffentlichkeit" dient der demokratietheoretischen Frage und der Annäherung an die weitere Fragestellung, welche neuen AkteurInnen in Europa sowie in der Türkei an den Öffentlichkeiten partizipieren und welche Aufgabe die Öffentlichkeit in demokratischen Staaten besitzt. Mit dem Begriff „transnationale Öffentlichkeit" werden die grenzüberschreitenden Strukturen der modernen Kommunikationswelt, in denen sich neue soziale Bewegungen mit neuen AkteurInnen entwickeln, definiert. Gleichzeitig ist mit diesem Begriff, der auf die Politikwissenschaftlerin und Feministin Nancy Fraser zurückgeht, die kritische Frage verbunden, ob eine demokratische Teilhabe jenseits des nationalstaatlichen Raums tatsächlich gewährt werden kann. In Deutschland sieht sich die türkeistämmige Bevölkerung laut dem Politikwissenschaftler Christoph Schumann sowohl der deutschen Mehrheitsöffentlichkeit als auch der Öffentlichkeit in der Türkei gegenübergestellt.[9] Dabei ist die türkische Teilöffentlichkeit von der deutschen Mehrheitsöffentlichkeit sprachlich und von der Öffentlichkeit in der Türkei räumlich getrennt. Infolge dessen ergibt sich der untersuchungsrelevante Aspekt, in welcher Öffentlichkeit die Lebenswelten der türkeistämmigen Diaspora überhaupt thematisiert werden. Hierbei ist der Begriff „Teilöffentlichkeit" wichtig, der wiederum die türkischsprachige Öffentlichkeit mit ihren Medi-

---

9   Siehe dazu: Schumann, Christoph: The Turkish press in Germany: A public in-between two publics?, in: The Turkish Press in Germany: A Public In-between Two Publics?, in: Al-Hamarneh, Ala/Thielmann, Jörn (Ed.): Islam and Muslims in Germany, Leiden 2008, S. 441-461.

en, MedienmacherInnen und RezipientInnen in Deutschland umfasst und ebenfalls im Kapitel 1.1.1 definiert wird. Im Kapitel 1.2 wird der für diese Arbeit zugrundeliegende Geschlechterbegriff nach Luce Irigaray vorgestellt. Anschließend erfolgt im Kapitel 1.3 die Darstellung der diskurstheoretischen und diskursanalytischen Grundlagen. Im Kapitel 1.4 werden die beiden Blätter in ihrer Historie und in ihren Charakteristika vergleichend präsentiert.

Ein wesentliches Merkmal der türkischen Tageszeitung Zaman ist die Nähe zum islamischen Denker Fethullah Gülen, worauf gesondert eingegangen wird. Grundlegend bei der Darstellung der Hürriyet und der Zaman sind ihre internationale Präsenz in den transnationalen Medienräumen sowie ihre politische Orientierung. Die Kapitel 1.5 und 1.5.1 beinhalten im Hinblick auf das Geschlechterverhältnis die diskursrelevanten Inhalte der politischen und gesellschaftlichen Strukturen in der Türkei. Die theoretischen Ausgangspunkte und die Illustrationen der Konfliktlinien sowie die Definitionen der unterschiedlichen Milieus in der Öffentlichkeit in der Türkei sind grundlegend für das Verständnis der Pressediskurse in den Europaausgaben der Hürriyet und der Zaman. Anhand der Begrifflichkeiten wird deutlich, dass der Politikdiskurs in der Türkei aufgrund seiner Terminologien und herrschenden Themen einen Einfluss auf die Europaausgaben der Tagesblätter besitzt. Die Konfliktlinien zwischen Laizismus und Islamismus in der Türkei werden im Kapitel 1.5.2. anhand von drei Autorinnen und Journalistinnen – Elif Şafak, Nihal Bengisu-Karaca und Ayşe Arman –, die für die Türkeiausgaben der Hürriyet und der Zaman schreiben bzw. schrieben, veranschaulicht. Gleichzeitig wird in diesem Kapitel der Diskurs über das Geschlechterverhältnis in der Öffentlichkeit der Türkei illustriert. Nach einem Zwischenfazit, welches die Ergebnisse und Überlegungen der vorausgegangen Kapitel zusammenfasst, erfolgt im zweiten Teil dieser Arbeit die Darstellung der Begriffe und der Kontexte, die sowohl für die Pressediskurse der Hürriyet und der Zaman aufgrund des „Ehrenmord"-Diskurses relevant sind als auch für den Mediendiskurs in der deutschsprachigen Öffentlichkeit.

Die diskursive Artikulation des Geschlechterverhältnisses in den beiden Zeitungen fußt auf sehr unterschiedlichen Grundlagen: Die Hürriyet interpretiert das Verhältnis zwischen Frauen und Männern aufgrund des türkisch-laizistischen republikanischen Gesellschaftsentwurfes und die Zaman aufgrund des türkisch-islamischen Modells. Der historisch-staatliche Bezugsrahmen, in dessen Gesellschaft das Geschlechterverhältnis verankert ist, ist ein weiterer Unterschied zwischen den beiden Blättern: Das weibliche Ideal der Hürriyet ist dem republikanischen Frauenbild des Kemalismus angelehnt, das Pendant der Zaman hingegen dem Ideal der türkischen Osmanin. Dem Pressediskurs der Hürriyet und der Zaman liegt ein *bipolarer, heterosexueller Geschlechterbegriff* zugrunde. Das heißt, dass das biologisch feminine und maskuline Geschlecht das soziale Verhalten und folglich auch das Geschlechterverhältnis bestimmt – im Gegensatz zu *gender*, das von einer rein sozial konstruierten Kategorie ausgeht. *Bipolar* in diesem Kontext bedeutet, dass sich Frauen und Männer als sich zwei *ergänzende Pole* aufgrund ihres geschlechtlichen Gegensatzes einander gegenüberstehen und anziehen. Dieser Geschlechterbegriff ist für den Pressediskurs beider Zeitungen grundlegend, ohne eine völlige Determination darzustellen. Eine Konvergenz in diesem Punkt wird im Geschlechterverhältnis innerhalb des Pressediskurses beider Zeitungen nicht beabsichtigt. Mein Ziel bei der Suche nach einem bipolaren, jedoch differenzierten Geschlechterbegriff war, die *positive Deutung* des weiblichen Körpers in den gedanklichen Vordergrund zu stellen. Hintergrund war der dominierende gesamtgesellschaftliche Diskurs über „Ehrenmorde", Zwangssehen und arrangierte Ehen während des Untersuchungszeitraums, der bestimmend für die Auseinandersetzung mit dem Geschlechterdiskurs war. Hierbei kristallisierte sich der Gewaltdiskurs innerhalb des Geschlechterverhältnisses als eine weitere zu untersuchende Analysekategorie heraus. Mit Hilfe des Geschlechterbegriffs werden patriarchalisch gesellschaftliche Verhältnisse kritisiert: Der positive theoretische Entwurf des weiblichen Körpers sollte eine Gesellschaftskritik ermöglichen, die das *bipolare Geschlechterverhältnis* zwischen Frauen und Männern einbezieht. Darüber hinaus sollten die patriarchalischen Verhältnisse, in denen letztendlich Jungen und Männer primär als Aggressoren agieren bzw. zu Aggressoren erzogen werden und folglich auch Opfer eben dieser Strukturen werden, anhand dieses Konzeptes mit Blick auf die Diskursanalyse kritisiert werden können. Die belgische Feministin und Psychoanalytikerin Luce Irigaray, die dem Differenzfeminismus zuzuordnen ist, entwickelte eine Körpertheorie, die auf dem bipolaren Geschlechterbegriff beruht und den weiblichen Körper affirmativ interpretiert. Obwohl sich Luce Irigarays feministische Theorie und ihre Geschlechterkritik auf die westliche Gesellschaft konzentriert, ist beides meines Erachtens universal auf patriarchale (und paternalistische) Gesellschaftsstrukturen übertragbar. Die Stärke von Irigarays Geschlechterkritik liegt in der positiven Auslegung und Neubewertung des weiblichen Körpers sowie des Geschlechterverhältnisses zwischen Frauen und Männern.[10] In Irigarays Interpretation ist der weibliche Körper gemeinsam mit seinen biologischen Fähigkeiten zu gebären und zu nähren keine Determinante, die die Bewegungsfreiheit und politische Autonomie der Frauen einschränkt und deshalb von Grund auf negativ bewertet wird. Allerdings richtet sie ihre Kritik an die paternalistische und patriarchalische Familienstruktur, die nie gegenteilig strukturiert

---

10 Siehe dazu: Irigaray, Luce: „Es ist unsere Aufgabe, uns daran zu erinnern, dass wir lebendige und schöpferische Menschen bleiben müssen. Aber die Erfüllung dieser Aufgabe kann nur das Werk beider Hälften der Welt sein: der männlichen und der weiblichen (…).", in: Ethik der sexuellen Differenz, Frankfurt am Main, 1991, S. 150.

gewesen war und ist. Folglich ist laut Irigaray die Familie „*der Ort der Ausbeutung immer gewesen (...). In der patriarchalischen Familie und Gesellschaft ist der Mann der Eigentümer der Frau und der Kinder. Dies nicht anzuerkennen würde bedeuten, jegliche historische Determinierung abzulehnen*".[11] Irigaray geht es laut der Philosophin Silvia Stoller nicht „*um die Frage, wie der weibliche Körper innerhalb einer patriarchal organisierten Gesellschaft negativen Einflüssen aufgrund seiner Biologie ausgesetzt ist, sondern vielmehr um die Frage, wie man mittels des weiblichen Körpers die patriarchale Gesellschaft und ihre Herrschaftsstrukturen kritisieren und ggf. verändern könnte.*"[12] Ausgehend von der Psychoanalyse, in der die Frau als Subjekt nicht existiert, entwickelte Irigaray auf Basis der Theorie des Imaginären nach Jaques Lacan einen weiblich interpretierten Gegenentwurf zum bestehenden psychoanalytischen Verständnis. Folglich verortet Irigaray ihre Gesellschaftskritik im „Imaginären". Auf der Basis ihrer Körpertheorie leistet sie den Zugang und die Analyse zu historisch generierten weiblichen und männlichen Stereotypen, die fest im Vorstellungsvermögen der Gesellschaft verankert sind und entsprechend Diskurse über *Wissen, Wahrheit* und *Macht* erzeugen.[13] Grundsätzlich bedeutet das, dass Irigaray ihre Kritik am bestehenden Geschlechterverhältnis im „Unbewussten" einer Gesellschaft festmacht. Das ist der *Ort*, von dem die weiblichen und männlichen Rollenmodelle *gedacht* werden und ausgehen. Den „öffentlichen" Raum beherrschen Irigaray zufolge Männer in *ihrer patriarchalischen Sprache* innerhalb patriarchalischer Strukturen.[14] Irigarays Kritik lautet diesbezüglich, dass Frauen

---

11 Ebd., S. 149.
12 Siehe dazu: Stoller, Silvia: Existenz, Differenz, Konstruktion. Phänomenologie der Geschlechtlichkeit bei Beauvoir, Irigaray und Butler, München 2010, S. 54.
13 Siehe dazu: Irigaray, Luce: „Die Psychoanalyse hält über die weibliche Sexualität den Diskurs der Wahrheit. Einen Diskurs, der das Wahre über die Logik der Wahrheit sagt: nämlich, dass das Weibliche in ihr nur im Inneren von Modellen und Gesetzen vorkommt, die von männlichen Subjekten verordnet sind. Was impliziert, dass nicht wirklich zwei Geschlechter existieren, sondern nur ein einziges (...).", in: Das Geschlecht, das nicht eins ist, Frankfurt am Main 1979, S. 89.
14 Ebd.: „Anders gesagt, das ‚Männliche' ist nicht bereit, die Initiative des Diskurses zu teilen. Es versucht lieber darin, ‚Frau' zu sprechen, zu schreiben, zu genießen, als dieser Anderen irgendein Eingriffs-, Handlungsrecht einzuräumen, bei dem, was sie betrifft. (...) Warum der Versuch, mit einem Mann zu sprechen? Weil mein Wunsch gerade nicht der ist, eine Theorie der Frau zu machen, sondern dem Weiblichen seinen Ort in der Differenz der Geschlechter zu besorgen. Diese Differenz – männlich/weiblich – hat innerhalb der Systeme der Repräsentation, der Selbstpräsentation des (männlichen) Subjekts funktioniert. (...) Anders gesagt, das Weibliche wurde immer nur als Rückseite, ja sogar Kehrseite des Männlichen definiert. Es geht also weder darum, sich in diesem Mangel, in diesem Negativ einzurichten, selbst wenn man es anprangert, noch darum, die Ökonomie des Gleichen umzukehren, indem das Weibliche zum Eichmaß der sexuellen Differenz gemacht wird, es geht um den Versuch, diese Differenz zu praktizieren.", S. 163 – 165.

Einleitung 21

in diesen Strukturen zunächst ihre eigene Sprache entwickeln müssen sowie ihren eigenen Platz im öffentlichen Raum erobern müssen – unabhängig von der „männlichen Ökonomie", von der sie umgeben sind. Eine Umkehr der „männlichen Ökonomie" in eine „weibliche Ökonomie" lehnt Irigaray ab, da auch diese Ökonomie von patriarchalischen Strukturen bestimmt wäre.[15]

Die Anwendung von Irigarays feministischer Kritik auf den hier zugrunde liegenden türkischen und islamischen Kontext ist meines Erachtens aufgrund folgender Faktoren möglich: Ausgehend vom öffentlichen Raum, der laut Irigaray eine patriarchalische und paternalistische Dominanz aufweist,[16] sind die Begriffe *mahrem* und *namahrem* aus dem islamischen Kontext für den öffentlichen und privaten Raum entsprechend gegenüberliegend.[17] Frauen agieren in diesem gesellschaftlichen Kontext, der eine strikte Trennung zwischen dem Privaten und dem Öffentlichen vorsieht, nicht öffentlich. Sie sind im öffentlichen Raum quasi nicht existent.[18] Die Kulturrevolution des türkischen Staatsgründers Mustafa Kemal bewirkte zwar eine Aufweichung des öffentlichen und privaten Raums in der Türkei, von der das Geschlechterverhältnis unmittelbar betroffen war und sich entsprechend der Moderne wandelte. Das Gegenmodell zum osmanischen islamischen Frauenideal war jedoch das kemalistische Frauenideal, welches unter den Bedingungen der „männlichen Ökonomie" – dem republikanischen kemalistischen Entwurf entsprechend – konstruiert und umgesetzt worden ist.[19] Ein weiterer wesentlicher Kritikpunkt von Irigaray ist das Fehlen der weib-

---

15 Dies.: Ethik der sexuellen Differenz, Frankfurt am Main 1991, S. 135.
16 Ebd.: „In Wirklichkeit entspricht das, was universell zu sein vorgibt, einem Idiolekt der Männer und einem männlichen Imaginären, einer geschlechtlich bestimmten Welt, die keineswegs neutral ist. (...) Es sind immer die Männer gewesen, die gesprochen und vor allem geschrieben haben: in Wissenschaft, Philosophie, Religion, Politik.", S. 143.
17 Siehe dazu: Göle, Nilüfer: „Der mahrem, der Tabubereich um die Frau, ihre Abgeschlossenheit von der Öffentlichkeit beginnt sich fundamental zu verändern. Dass sich die verschiedenen Ansichten der westlichen Orientierung und der Konservativen gerade auf das Thema Frau konzentrierten, hing mit der beginnenden Öffnung der bisher gültigen Abgeschlossenheit der Frau zusammen. Die Grenze zwischen dem Bereich des mahrem und des namahrem, durch den Körper der Frau markiert, wirkt in der Darstellung gesellschaftlicher Entwürfe weiter.", in: Republik und Schleier, Berlin, 1995, S. 48.
18 Ebd.: „Warum ist die Frau, die ins private Heim gehört, nicht immer im Haus eingeschlossen? Sobald eine Frau aus dem Haus herauskommt, fragt man sie, wie sie Frau und gleichzeitig „da" sein kann. Wenn Sie, als Frau auch in der Öffentlichkeit, die Kühnheit haben, etwas über ihr Lustempfinden sagen zu wollen, dann ist Skandal und Repression. Sie stören die Ordnung – die des Diskurses. Dann ist es klar: Sie wird von der Universität, ja von allen Institutionen ausgeschlossen.", S. 151.
19 Siehe dazu: Göle, Nilüfer: „Der Gewinn einer neuen gesellschaftlichen Identität der Frauen außerhalb des Hauses geht also einher mit der Neutralisierung ihrer geschlechtlichen Identität. (...) Der kemalistische Feminismus wird in ähnlicher Weise die Identität der Frau mit dem Motto ‚Auch die Frau ist ein menschliches Wesen' festlegen; er wird mit der Teilnahme der Frauen am Arbeitsleben auch die Beteiligung am öffentlichen Leben verteidigen. Nur hatte der

lichen selbstbestimmten Sexualität in der Geschichte der „westlichen" Welt seit der Antike und vor allem in der Psychoanalyse.[20] Die Frau als eigenständiger sexueller Mensch wird „nicht gedacht". Angewendet auf den Kontext in der Türkei besitzt dieser Aspekt folgende Relevanz: Die *Bipolarität* zwischen Frauen und Männern wird im religiösen Kontext vorausgesetzt. Die Sexualität zwischen Frau und Mann ist im Islam nicht auf den Fortpflanzungsgedanken reduziert, sondern beinhaltet die körperlich-intime Annäherung und Vereinigung zwischen – verheirateten – Paaren. Der „feministische Kemalismus" zielte zwar auf die aktive Partizipation der Frauen in der Öffentlichkeit ab, entsexualisierte sie aber parallel innerhalb dieses Gesellschaftsentwurfes. Gleichzeitig wird die weibliche Sexualität im Geschlechterdiskurs in der Türkei bis in die Gegenwart hinein reglementiert, indem das tugendhafte bzw. das sexuell „sittsame" Verhalten der Frauen aufgrund der patriarchalischen Strukturen eingefordert und durchgesetzt wird. Dieser Aspekt zeigt sich insbesondere in den gesellschaftlichen Konfliktlinien zwischen Laizismus und Islamismus und ist *beiden* politischen Strömungen gemeinsam.

Ein wesentliches Element im Geschlechterverhältnis ist, wie bereits erwähnt wurde, die *Gewalt* zwischen den Geschlechtern. Mit Blick auf den Pressediskurs der Europaausgaben der Hürriyet und der Zaman werden aus diesem Grund die Begriffe „Zwangsehe", „Zwangsheirat" und „arrangierte Ehe" im Kapitel 2.1 definiert. Ausgehend von der „Kritischen Diskursanalyse" nach Siegfried Jäger, nach dem erst die Zusammensetzung des „Spezialdiskurses" – „wissenschaftlicher Diskurs" und des „Interdiskurses" – den gesamtgesellschaftlichen Diskurs ausmachen, wird im Kapitel 2.2 der mediale sowie wissenschaftliche Diskurs über „Ehrenmorde", Zwangsehen und arrangierte Ehen in der deutschsprachigen Öffentlichkeit präsentiert. In diesem Kapitel wird der Fokus auf die AkteurInnen verlegt, die auch in der türkischen Teilöffentlichkeit im Diskurs über „Ehrenmorde", Zwangsehen und arrangierte Ehen eine wichtige Rolle spielen. Basie-

---

voranschreitende kemalistische Feminismus in dieser muslimischen Gesellschaft, in der die Frauen plötzlich sichtbar wurden und öffentlich mit Männern zusammentrafen, zu beweisen, dass diese Frauen den Anstand nicht verletzen würden und unerreichbar, unantastbar seien, das heißt: die gesellschaftliche Sitte und Moral nicht bedrohten. In einer Gesellschaft, in der die Emanzipation der Frau nicht mit ihrer Tugend vereinbar schien, wächst die Emanzipation nicht aus sich selbst.", in: Republik und Schleier, Berlin, 1995, S. 98.

20 Irigaray, Luce: „Indem die Psychoanalyse zum Teil ohne ihr Wissen, diese abendländische Tradition und die Szene, auf der sie sich repräsentiert, wiederholt, lässt sie diese in ihrer, diesmal sexuellen Wahrheit sichtbar werden. (...) Die perfekte Verwirklichung des Frauwerdens bestünde Freud zufolge darin, das männliche Geschlecht unter Missachtung des eigenen zu reproduzieren. (...) Immer bliebe sie auf den Wunsch (désir) nach dem Vater fixiert, dem Vater und seinem Gesetz unterworfen, aus Angst, eine Liebe zu verlieren: das Einzige, das imstande wäre, ihr irgendeinen Wert zu verleihen.", in: Ethik der sexuellen Differenz, Frankfurt am Main, 1991, S. 89f.

rend auf der Gewalt als bestimmendes Element im Geschlechterverhältnis und dem gesamtgesellschaftlichen Diskurs in der Mehrheitsöffentlichkeit sowie der Teilöffentlichkeit wird der Gewaltbegriff des Soziologen Johan Galtung im Kapitel 2.3 dargelegt und in den feministischen Analysekontext eingebettet. Der Gewaltbegriff nach Galtung dient gleichzeitig als Basis für das wesentliche Verständnis des gesamtgesellschaftlichen Diskurses über Zwangsehen, arrangierte Ehen, „Ehrenmorde" und innerfamiliäre Gewalt. In diesem Zusammenhang wird der Begriff der „intersektionellen Gewalt" nach Birgit Sauer näher beleuchtet, anhand dessen politische und rechtliche Lösungsstrategien für Migrantinnen entwickelt werden können.

Im dritten Teil dieser Arbeit werden die Ergebnisse aus der qualitativen Untersuchung der Pressediskurse von Hürriyet und Zaman vorgestellt. Bevor in diesem Teil der Arbeit die Ergebnisse aus der diskursanalytischen Untersuchung präsentiert werden, werden zunächst die Strukturen des Untersuchungsmaterials vorgestellt, woran sich die Charakterisierung des Materialkorpus anschließt. Die Analyse der Diskurse erfolgt in unterschiedlichen Schritten: Nach der Vorstellung der Diskursfragmente wird der Materialkorpus in Bezug auf seine „sprachlich-rhetorischen" Eigenschaften und seine „inhaltlich-ideologischen" Merkmale analysiert und interpretiert. Darüber hinaus werden die Ziele der Blätter mittels der Interviewserien, der Reportagen, Kommentare und Nachrichten im Hinblick auf den Pressediskurs und das Geschlechterverhältnis untersucht. Ein kontinuierlicher Bezugsrahmen sind die räumlichen Verschränkungen der türkischen Öffentlichkeit sowie der deutschen und europäischen Öffentlichkeit, in denen Geschlechterdiskurs eingebettet ist und verhandelt wird. Gegenstand der Kritischen Diskursanalyse sind zwei Interviewserien aus der Hürriyet und der Zaman sowie Artikel aus der Zaman über die so genannte „Kopftuchfrage" im Rahmen des Urteils des Europäischen Gerichtshofs für Menschenrechte im Fall Leyla Şahin.

Türkischsprachige Printmedien sind im öffentlichen türkischen Kontext sowie im öffentlichen deutschen bzw. europäischen Kontext einerseits *Massenmedien* und andererseits *Ethnomedien*: Sie richten sich in beiden Formen an ein vielzähliges, breites und anonymes Publikum. Als Ethnomedien richten sich die türkischsprachigen Printmedien in Deutschland und Europa darüber hinaus an die türkische Diaspora in ihrer *Muttersprache*. Die Hürriyet und die Zaman sind zugleich Massenmedium als auch Ethnomedium. Sie sind ein fester Bestandteil der türkischsprachigen Zeitungslandschaft in Deutschland und Europa. Die beiden Tageszeitungen sind in der Türkei die am meisten verkauften Blätter landesweit. In Deutschland und Europa wiederum ist die Hürriyet die bekannteste und die meist verkaufte türkischsprachige Tageszeitung. Darüber hinaus besitzen sowohl die Hürriyet als auch die Zaman, die zu unterschiedlichen Medienkonzernen gehören, verschiedene Internetpräsenzen und landessprachliche Printausgaben. Letzteres trifft vor allem auf die Zaman zu.

In der deutschen Forschung werden türkischsprachige Printmedien insbesondere im Hinblick auf das „Deutschlandbild" und auf ihren integrativen Gehalt untersucht, die sie in der türkischen Teilöffentlichkeit transportieren. Sie sind als Forschungsgegenstand deshalb relevant, da sie, wie bereits erwähnt wurde, die „sichtbarste" Form des „deutsch-türkischen Medienmarktes darstellen".[21] Ein weiterer Untersuchungsgegenstand im Kontext türkischsprachiger Medien in Deutschland ist die Frage nach dem Medienkonsum der türkeistämmigen Bevölkerung. Hierbei wird die Häufigkeit des Medienkonsums muttersprachlicher Medien im Gegensatz zum Medienkonsum deutschsprachiger Medien betrachtet, und es werden Rückschlüsse auf den Integrationsstand bzw. die Integrationsbereitschaft der Türkei stämmigen Diaspora gezogen.[22] Als Ergebnis dieser Fragestellungen ist insgesamt allerdings festzuhalten, dass sowohl türkische als auch deutsche Medien *komplementär* genutzt werden.[23] Die Unterschiede in der Art und Weise der Mediennutzung lassen sich am Alter der RezipientInnen festmachen, so dass folglich die erste ehemalige „GastarbeiterInnengeneration" in Deutschland deutlich häufiger türkischsprachige Medien konsumiert als die jüngeren Generationen. Die zweite türkischstämmige Generation in Deutschland zeichnet sich wiederum dadurch aus, dass sie sowohl türkischsprachige als auch deutschsprachige Medien konsumiert.[24] Je jünger die Generationen sind, desto häufiger und mehrheitlicher werden Internet-Medien als Hauptinformations- und Austauschquelle verwendet. Darin unterscheiden sich türkischstämmige Jugendliche und Twens nicht von ihrer deutschen „Peergroup". Im Hinblick auf die

---

21 Vgl. dazu: Çalağan, Nesrin Z.: Türkische Presse in Deutschland. Der deutsch-türkische Medienmarkt und seine Produzenten, 2010, S. 15f.
22 Vgl. dazu: „Sind Migranten gut oder weniger gut integriert, weil sie türkische bzw. deutsche Medien nutzen, oder nutzen sie deutsche bzw. türkische Medien, weil sie gut bzw. weniger gut integriert sind?", Sauer, Martina zitiert nach: Bundesamt für Migration und Flüchtlinge (Hg.): Mediennutzung von Migranten in Deutschland, Working Paper 34 aus der Reihe „Integrationsreport", Teil 8, Nürnberg 2010, S. 46 und ebd.: „Neben der Beschreibung von Mediennutzungsmustern und -motiven bei Zuwanderern und ihren Nachkommen beschäftigen sich einige Forschungsarbeiten auch explizit mit dem Verhältnis von Mediennutzung und Integration. Dabei werden Zusammenhänge beispielsweise zwischen Sprachkompetenz sowie kulturellen und politischen Orientierungen einerseits und der Nutzung von deutsch- oder herkunftslandsprachigen Medien andererseits hergestellt und Typologien von Mediennutzern unter Migranten gebildet. Dabei ist jedoch die Richtung der Kausalität oft nicht hinreichend geklärt, d. h. es ist nicht klar, ob Mediennutzung die abhängige oder unabhängige Variable ist."
23 Vgl. dazu: Weiß, Hans-Jürgen/Heft, Annett/Trebbe, Joachim: Mediennutzung junger Menschen mit Migrationshintergrund. Umfragen und Gruppendiskussionen mit Personen türkischer Herkunft und russischen Aussiedlern im Alter zwischen 12 und 29 Jahren in Nordrhein-Westfalen, Schriftenreihe Medienforschung der LfM, Bd. 63, Berlin 2010.
24 Ebd.

Einleitung 25

türkischsprachige Tagespresse lässt sich hingegen zunehmend feststellen, dass die Türkischkenntnisse der jüngeren Generationen nicht ausreichen, um die Artikel zu lesen und zu erfassen. Sie präferieren in der Tat deutschsprachige Medien.[25]

Insgesamt existieren darüber hinaus Untersuchungen zum so genannten „Ausländerdiskurs"[26] aus den 1980er und 1990er Jahren, wobei hier „der Türke" als „Prototyp" des Ausländers gilt.[27] Das ist sowohl auf die Religionszugehörigkeit zum Islam als auch auf die geographische Herkunft und das damit generierte mediale Stereotyp zurückzuführen, welches im Vergleich mit „westeuropäischen Ausländern" als besonders „fremdartig" stereotypisiert wird.

Hierbei sind sicherlich die Terroranschläge vom 11. September 2001[28] als richtungsweisende Zäsur in der Art und Weise der Berichterstattungen über Muslime im Mediendiskurs der jüngsten Vergangenheit zu werten, was unweigerliche Konsequenzen für die Berichterstattung über die in Deutschland lebenden muslimischen TürkInnen hatte.[29] Der Islam als „fremdartiger" Faktor, als „Bedrohungspotenzial" sowie „morgenländischer" Anachronismus rückten in den Mittelpunkt der medialen Öffentlichkeit und Debatten im Politik- sowie Integrationsdiskurs.[30].

---

25 Vgl. dazu: Halm, Dirk: Freizeit, Medien und kulturelle Orientierungen, in: von Wensierski, Hans-Jürgen/ Lübcke, Claudia (Hg.): Junge Muslime in Deutschland. Lebenslagen, Aufwachsprozesse und Jugendkulturen, Opladen 2007, S. 101-116.
26 Vgl. dazu: Jäger, Margret: Fatale Effekte. Die Kritik am Patriarchat im Einwanderungsdiskurs, Duisburg 1996.
27 Vgl. dazu: Rolf, Meinhardt (Hg): Türken raus? Oder verteidigt den sozialen Frieden, Reinbek bei Hamburg 1984; vgl. dazu auch: Jäger, Margret/Jäger, Siegfried: Verstrickungen. Der rassistische Diskurs und seine Bedeutung für den politischen Gesamtdiskurs in der Bundesrepublik Deutschland, in: Jäger, Siegfried/Link, Jürgen (Hg.): Die vierte Gewalt. Rassismus und die Medien, Duisburg 1993, S. 49-79.
28 Vgl. dazu: Seidel, Eberhard: Deutschlands Muslime: „Seit den Terroranschlägen in den USA (2001) und der Ermordung des niederländischen Filmemachers Theo van Gogh (2004) werden die türkisch- und arabischstämmigen Minderheiten in Deutschland islamisiert.
Aus Türken wurden Muslime, aus türkischer und arabischer Kultur die islamische amisiert. Nicht mehr die nationalen, ethnischen, sozialen, kulturellen und individuellen Identitätsmerkmale beherrschen seitdem die Wahrnehmung. Die Zugewanderten und ihre Nachkommen werden von der Mehrheitsgesellschaft auf ihre religiöse Identität reduziert. Gleichzeitig wurde der Islam in endlos redundanten Debatten des Feuilletons zu einer rückständigen und potenziell gewalttätigen Religion erklärt.", in: http://www.monde-diplomatique.de/pm/2010/02/12/a0083. text.name,askCmLDJN.n,0, 12.02.2010 (Stand: 23.02.2012).
29 Vgl. Halm, Dirk/Liakova, Marina/Yetik, Zeliha: Zur Wahrnehmung des Islams und der Muslime in der deutschen Öffentlichkeit 2000-2005, in: Zeitschrift für Ausländerrecht und Ausländerpolitik 5-6/2006, S. 199-206.
30 Vgl. Schiffer, Sabine: Islamophobie – Plädoyer für eine internationale Bezeichnung, in: inamo: Feindbild Islam, 68, 2011, S. 22-26.

Diese Arbeit versteht sich als Beitrag zur Erweiterung der Betrachtung des türkischsprachigen Pressediskurses in Deutschland mit dem Schwerpunkt auf dem Geschlechterdiskurs. Im deutschsprachigen Mediendiskurs waren die Debatten um die so genannten „Ehrenmorde", Zwangsehen und arrangierte Ehen ab dem Jahr 2005 signifikant. Muslimische Frauen rückten in den Fokus der Medien.[31] In Deutschland waren und sind es türkische sowie türkeistämmige Frauen und Mädchen, da die türkeistämmige Bevölkerung in Deutschland die zahlenmäßig größte muslimische Minderheit ausmacht.[32] Frauen und Mädchen mit türkischen und muslimischen Wurzeln wurden infolgedessen zu Indikatoren und sichtbaren Symbolen der „gescheiterten" Integrationspraktiken in Deutschland bzw. der fehlenden Integrationsbereitschaft der muslimisch-türkischen Bevölkerung.

Mit dieser Beurteilung ist die politisch relevante Frage verknüpft, inwiefern der deutsche Staat sowie seine BürgerInnen Deutschland als Einwanderungsland verstehen. Die politische Bezeichnung Deutschlands als „Zuwanderungsland" ist noch sehr jung. Sie wurde erstmals im Zusammenhang mit der Green-Card-Diskussion während der rot-grünen Bundesregierung 1998 unter dem ehemaligen Bundeskanzler Gerhard Schröder öffentlich diskutiert. Ausschlaggebend für diese Diskussionen waren jedoch nicht die pluralistischen Strukturen der hiesigen Gesellschaft und die Frage, wie Partizipationsmöglichkeiten für die nichtdeutsche Bevölkerung gewährleistet werden könnten und wie das zukünftige Zusammenleben in Deutschland gestaltet werden sollte, sondern der Bedarf an Fachkräften für die IT-Branche. Insofern fand die Diskussion um den Begriff „Einwanderungsland" und den im öffentlichen Diskurs verwendeten Begriff „Zuwanderungsland", der einen temporären Aufenthalt der MigrantInnen voraussetzt, unter der Prämisse des Fachkräftebedarfs auf dem Arbeitsmarkt statt. Hierin wiederholen sich die Diskursmuster aus den 1960er Jahren: Damals wur-

---

31 Vgl. dazu: Beck-Gernsheim, Elisabeth: Türkische Bräute und die Migrationsdebatte in Deutschland, in: http://www.bpb.de/apuz/30019/tuerkische-braeute-und-die-migrationsdebatte-in-deutschland: „Bilder sind mehr als nur Bilder: Sie können eminent politische Folgen haben. Wer vorwiegend Darstellungen findet, wonach die Migrantinnen und Migranten sehr fremd, sehr exotisch, sehr anders erscheinen, wird umso eher ein Gefühl der Bedrohung entwickeln. ‚Die' sollen hereinkommen zu ‚uns'? Wenn solche Gruppen ihre Sitten, Gewohnheiten, Bräuche nach Deutschland hereintragen, werden dann nicht unsere eigenen Lebensformen allmählich verschwinden? Was wird dann aus dem, was uns selber vertraut ist, was uns Heimat bedeutet? Wer solche Bilder und Fragen im Kopf hat, fühlt sich bedrängt. Er wird den Parolen derjenigen glauben, die die deutsche Leitkultur in Gefahr sehen. Also wird er Zuwanderung und Zuwanderer ablehnen.", 28.12.2005, (Stand: 23.02.2012).
32 Ebd.: „Das herrschende Bild von der ausländischen Frau ist hierzulande vor allem ein Bild von der türkischen Frau: zum einen, weil die Türken die zahlenmäßig größte Zuwanderergruppe darstellen, zum anderen, weil sie in den Augen der Deutschen in besonderem Ausmaß Fremdheit repräsentieren."

den die „Gastarbeiter" angeworben, um den Arbeitskräftemangel im produzierenden Sektor in der Bundesrepublik abzudecken. Die Arbeitskräfte sollten nach dem „Rotationsmodell" nach einer gewissen Arbeits- und Aufenthaltszeit wieder in die Türkei zurückkehren, was sich bereits aus der Bezeichnung „Gastarbeiter" ableiten lässt.

Die Debatten um die „Ehrenmorde" sind jedoch Teil der Debatten um den Multikulturalismus und die Einwanderung in Deutschland. Darin findet der Diskurs über die Frage nach der Zahl und Art der nach Deutschland einwandernden MigrantInnen – insbesondere muslimischer Zugehörigkeit – statt. Also die Frage, wer überhaupt nach Deutschland einwandern dürfen sollte und unter welchen Bedingungen. Diese Einwanderungsdebatte wird durch die konstruierte „Fremdartigkeit" des Islams befeuert, was sich vor allem im Geschlechterdiskurs widerspiegelt. Die logische Konsequenz aus dieser Form der Interpretationsmechanismen waren Veränderungen im Zuwanderungsgesetz sowie die permanente Wiederholung des Scheiterns der multikulturellen Gesellschaft in Deutschland.[33] Die vorausgegangenen gesellschaftspolitischen Darstellungen waren zusätzlich ideengebend für die Entwicklung und Konzeptualisierung dieser Dissertation.

---

33 Vgl. dazu: Kaya, Daniela: Zum Verhältnis von Wissenschaft und Politik. Und die Medien., in: http://www.migazin.de/2012/03/29/zum-verhaltnis-von-wissenschaft-und-politik-und-die medien/?utm_source=feedburner&utm_medium=feed&utm_campaign=Feed%3A+migazin+%28MiGAZIN%29&utm_content=FaceBook, 29.03.2012, (Stand: 29.03.2012). Vgl. dazu auch: Kermani, Navid: Denken in Widersprüchen. Klaus Leggewies Buch MULTIKULTI zwanzig Jahre später, in: Kultur im Konflikt: Claus Leggewie revisited, Bieber, Christoph/Drechsel, Benjamin/Lang, Anne-Katrin (Ed.), 2010, S. 230 - 232.

1 Theoretische Grundlagen

1.1 Öffentlichkeit, transnationale Öffentlichkeit und Teilöffentlichkeit

Öffentlichkeit, transnationale Öffentlichkeit und *Teilöffentlichkeit* sind relevante Begriffe für die Analyse der in dieser Arbeit untersuchten Kontexte. Es stellt sich dabei die Frage, wie diese Begriffe der *Öffentlichkeit* zu fassen sind und welche Bedeutung sie für den *transnationalen Raum* haben. Ein besonderer Fokus liegt auf den neuen muslimischen AkteurInnen, die den öffentlichen Raum in der Türkei und in den westlichen Gesellschaften verändern, sowie auf dem Geschlechterverhältnis, welches darin verhandelt wird. Ein besonderes Merkmal der für diese Arbeit relevanten öffentlichen Sphären ist, dass sich die türkische Diaspora in Europa drei Öffentlichkeiten gegenübergestellt sieht:

Der Mehrheitsöffentlichkeit und der türkischen Teilöffentlichkeit in Europa sowie der Öffentlichkeit im Heimatland. Die grundlegende Frage lautet deshalb, welche der drei Öffentlichkeiten sowohl *Sprachrohr* als auch *Forum*[34] der türkischen und türkeistämmigen Diaspora einerseits bildet und wie sich andererseits das Verhältnis zur Mehrheitsöffentlichkeit und der Öffentlichkeit in der Türkei gestaltet. Der öffentliche Raum ist laut der türkischen Soziologin Nilüfer Göle:

> (...) die Bühne, auf der sich die Dramaturgie der Begegnung zwischen den Muslimen und den Europäern entfaltet, und ihr Zusammentreffen verändert wiederum den öffentlichen Raum.[35]

Obwohl der öffentliche Raum an öffentliche politische Diskurse und Prozesse gebunden sei, sei er doch von „neuen" AkteurInnen beeinflusst, die innerhalb des autonomen Raums gesellschaftliche „Praktiken" sichtbar machten:

> Er hat keine feste vorgefertigte Struktur, sondern wandelt sich wie eine Theaterbühne mit dem Auftreten neuer Akteure, die neue Lebensstile vorführen,

---

34 Schumann, Christoph: The Turkish Press in Germany: A Public In-between Two Publics?, in: Al-Hamarneh, Ala/Thielmann, Jörn (Ed.): Islam and Muslims in Germany, Leiden 2008, S. 441-461.
35 Göle, Nilüfer: Anverwandlungen Der Islam in Europa zwischen Kopftuchverbot und Extremismus, 2008, S. 47.

neue Formen zu kommunizieren und den öffentlichen Raum bewohnen (...). Der öffentliche Raum ist natürlich von der Republik und ihren Gesetzen geprägt. Aber die Res publica bedeutet auch einen autonomen Raum, in dem völlig neue Praktiken und Probleme ans Licht kommen können.[36]

Für ihren Begriff der Öffentlichkeit bezieht sich Nilüfer Göle auf den *normativen* Anspruch von Jürgen Habermas:

> Habermas zufolge sind das öffentliche Nachdenken, die diskursiven Praktiken, zugleich auch Mittel für das Funktionieren der Demokratie als Idealtyp. Die Öffentlichkeit ist der Ort par excellence für den rationalen politischen Austausch verantwortlicher Bürger.[37]

Habermas erklärt dazu, dass „die Herrschaft der Gesetze durch Publizität" gewährleistet wird:

> (...) nämlich durch eine Öffentlichkeit, deren Funktionsfähigkeit mit der Naturbasis des Rechtszustandes überhaupt gesetzt ist (...). Politik kann nicht ausschließlich moralisch, als ein pflichtgemäßes Handeln unter positiv bestehenden Gesetzen begriffen werden: deren Positivierung, als das eigentliche Ziel ihres Handeln, bedarf vielmehr der Rücksichtnahme auf einen im allgemeinen Zweck des Publikums, nämlich dessen Wohlfahrt, kollektiv vereinigten Willen. Das soll wiederum durch Publizität gewährleistet sein. Aber nun muss Öffentlichkeit Politik und Moral in einem spezifischen Sinne vermitteln.[38]

In diesen von Habermas geprägten Begriff der modernen Öffentlichkeit ordnet Göle die „Begegnung von Islam und Europa" ein, welche jedoch nicht konfliktfrei verlaufe:

> Denn die konflikthafte, aber enge Verbindung zwischen den Muslimen und der Moderne zu verstehen (die durch eine doppelte Bestätigung und/oder eine doppelte Negation formuliert werden kann: Muslime und Moderne oder weder Muslime noch Moderne) ist weder für die Europäer noch für die Muslime einfach. Für Letztere bedeutet es, ihren Anspruch auf eine totale islamische Identität aufzugeben. Die Europäer ihrerseits müssen wieder entdecken, was sie mit dem anderen gemeinsam haben und müssen auf ihre europäische »Reinheit« verzichten.[39]

---

36 Ebd.
37 Ebd., S. 48.
38 Habermas, Jürgen: Strukturwandel der Öffentlichkeit, 1990, S. 193.
39 Ebd., S. 49.

1.1 Öffentlichkeit, transnationale Öffentlichkeit und Teilöffentlichkeit

Göle kritisiert das Modell und die Theorie der Öffentlichkeit nach Habermas, ohne es vollständig zu verwerfen.[40] Ihrer Ansicht nach basiere es lediglich auf der nationalen bürgerlichen Öffentlichkeit, so dass der Einfluss der gegenwärtigen sozialen Bewegungen fehle:

> Das Habermas-Modell einer auf vernünftigen Debatten basierenden bürgerlichen Öffentlichkeit, die sich im kritischen Diskurs herausbildet, bietet nicht immer den richtigen Rahmen für das Verständnis der performativen Basis des Weges in den öffentlichen Raum. Anders als im Öffentlichkeitsbegriff der Aufklärung vorgesehen, der von einer universalistischen Definition des Bürgers und von einem homogenen nationalen Raum ausging, zeigen heute soziale Bewegungen, die auf bestimmten Identitäten basieren, religiöse, ethnische, sexuelle und Geschlechtsrollenunterschiede auf und tragen diese demonstrativ in die Öffentlichkeit.[41]

Der US-amerikanischen Politikwissenschaftlerin und Feministin Nancy Fraser zufolge weist eine „transnationale Öffentlichkeit" auf „diskursive Arenen" hin, die die Grenzen von Nationen und Staaten überschreiten.[42] Sie stellt das Demokratieproblem transnationaler Öffentlichkeiten in den Mittelpunkt ihrer Überlegung, zumal das Konzept der Öffentlichkeit entwickelt wurde, um zu einer normativen politischen Demokratietheorie beizutragen.[43] Fraser betont, dass die Frage danach, wer überhaupt unter welchen Bedingungen an der Öffentlichkeit partizipieren kann, eine der grundlegenden Fragen des Konzeptes der Öffentlichkeit ist:

> Sie sollte die Bürgerinnen und Bürger gegenüber privaten Mächten ermächtigen und es ihnen ermöglichen, Einfluss auf den Staat auszuüben. Deshalb wird davon ausgegangen, dass die Öffentlichkeit einer souveränen Macht zu entsprechen habe, an die ihre Kommunikationsprozesse letztlich adressiert werden.[44]

Fraser betont jedoch auch, dass die Theorie der Öffentlichkeit:

> (...) immer westfälisch und/oder nationalistisch gewesen ist; sie hat stillschweigend einen westfälischen und/oder nationalistischen Raum vorausgesetzt.[45]

---

40 Göle, Nilüfer: Islam in Sicht, 2004.
41 Göle, Nilüfer: Die sichtbare Präsenz des Islam und die Grenzen der Öffentlichkeit, in: Göle, Nilüfer und Ammann, Ludwig (Hg.): Islam in Sicht, Der Auftritt von Muslimen im öffentlichen Raum, 2004, S. 29.
42 Fraser, Nancy: Die Transnationalisierung der Öffentlichkeit, in: http://republicart.net/disc/publicum/fraser01_de.pdf, März 2005, (Stand: 31.12.2011), S. 1.
43 Ebd.
44 Ebd.
45 Ebd., S. 2.

Nach Fraser haben jedoch „das zunehmende Hervortreten von transnationalen Phänomenen, die mit ‚Globalisierung', ‚Postkolonialismus', ‚Multikulturalismus' etc. assoziiert werden, es möglich – und notwendig – gemacht, die Theorie der Öffentlichkeit in einem transnationalen Rahmen zu überdenken".[46] Das Konzept des Nationalstaates sei eng mit einer einheitlichen nationalen Sprache verbunden, die wiederum die Öffentlichkeit ausmache. Der normative Anspruch der Theorie der Öffentlichkeit setzt laut Fraser eine Nationalsprache voraus, was in Anbetracht der verschiedenen sozialen Bewegungen und diskursiven Arenen in der gegenwärtigen Öffentlichkeit nicht mehr haltbar ist: Aufgrund der „Vermischungen der Bevölkerungen stimmen nationale Sprachen nicht mehr mit dem Staat überein".[47] Fraser weist darauf hin, dass existierende Staaten unter den Bedingungen globaler Prozesse vielsprachig sind. In Anbetracht der normativen Funktion der Theorie der Öffentlichkeit stellt sich deshalb folgende Problematik:

> Es lässt sich daher feststellen, dass westfälisch-national basierte Öffentlichkeiten, die einsprachig ausgerichtet sind, darin versagen, eine inklusive Kommunikationsgemeinschaft der gesamten Bürgerschaft herzustellen (...). In jedem Fall ist es schwierig, zu erkennen, wie Öffentlichkeiten der Aufgabe dienen können, eine demokratische Gegenmacht gegenüber dem Staat zu erzeugen.[48]

Sie folgert daraus, dass „jeder Staat in seinem Territorium Menschen beherbergt, die keine StaatsbürgerInnen sind", wodurch Nationalität bzw. nationale Zugehörigkeit „verstreut" sind.[49]

Die „Verstreuung" der Nationalität und nationalen Zugehörigkeit ist ein wesentliches Merkmal von westlichen Gesellschaften, in denen MigrantInnen leben. MigrantInnen in westlichen Gesellschaften – den so genannten „Mehrheitsgesellschaften" – sind zwar Teil des öffentlichen Diskurses in der Mehrheitsöffentlichkeit, jedoch dient dieser nicht der Interessensvertretung und der Interessensartikulation der „migrantischen" Diaspora. Der Politikwissenschaftler Christoph Schumann weist deshalb auf die Problematik der MigrantInnen in westlichen Gesellschaften hin, die sich quasi zwischen zwei Öffentlichkeiten wiederfinden:

> As a result, immigrants in Western societies find themselves caught between two public spheres, each defined by its respective national language: the national public sphere of receiving countries, on the one hand, and their homelands, on the other.

---

46 Ebd.
47 Ebd., S. 5.
48 Ebd., S. 6.
49 Ebd., S. 5.

However, immigrants rarely find their specific situation reflected appropriately in either of them.[50]

Die Interessensartikulation der türkischen Diaspora sowie die Alltagsproblematiken, die beispielsweise durch eine tendenziell höhere Arbeitslosenquote im Vergleich zur Mehrheitsbevölkerung bestehen, finden sich innerhalb der türkischen Öffentlichkeit nicht wieder. Auch Faktoren wie die Altersarmut und der überwiegend schlechte gesundheitliche Zustand der ersten türkischen Gastarbeitergeneration, die Folgen der schweren körperlichen Arbeiten in den produzierenden Sektoren sind, werden nicht thematisiert.[51] Die Erfüllung demokratischer Ansprüche innerhalb einer Öffentlichkeit, wie sie Fraser anhand der Theorie von Habermas beschreibt, setzen jedoch die nationale Staatsbürgerschaft und das Wahlrecht voraus. Türkische StaatsbürgerInnen besitzen in Deutschland weder das kommunale Wahlrecht noch das Recht zur Bundestagswahl. Das Wahlrecht für die Parlamentswahlen in der Türkei können sie wiederum ausschließlich per Einreise in die Türkei ausüben. Bis zum gegenwärtigen Zeitpunkt wurde das Briefwahlrecht für die „Auslandstürken" trotz vielfacher Versprechungen und Zusagen seitens der Türkei nicht umgesetzt.[52] Folglich sind sie von der tatsächlichen demokratischen Partizipation in beiden Öffentlichkeiten ausgeschlossen. Nationen sind, wie anhand von Nancy Frasers Überlegungen beschrieben worden ist, weder homogen noch existiert in ihnen eine einzelne nationale Sprache. Heterogene Gesellschaften sind deshalb von „Teilöffentlichkeiten" geprägt, die sich neben den Mehrheitsöffentlichkeiten herausgebildet haben, worauf im nächsten Kapitel im Hinblick auf die türkische Teilöffentlichkeit eingegangen wird.[53]

---

50 Schumann, Christoph: The Turkish Press in Germany: A Public In-between Two Publics?, in: Al-Hamarneh, Ala/Thielmann, Jörn (Ed.): Islam and Muslims in Germany, Leiden 2008, S. 441-461.
51 Ebd.
52 Vgl. Kulaçatan, Meltem: „Jahrhunderturteil des EGMR (Europäischer Gerichtshof für Menschenrechte) – Weg frei für Wahlrecht. Haltet die Wahlurnen bereit", in: http://www.zr2.jura.uni-erlangen.de/islamedia/newsletter/News.Juli.2010.pdf (Stand: 06.02.2012).
53 Zitiert nach Schumann, Christoph, 2008, S. 452: „ (…) that the national public sphere is not homogenous but rather differentiated into several „sub-publics" or so-called „Teilöffentlichkeiten" (Peters 1994)."

1.1.1 Teilöffentlichkeit in Deutschland und im deutschsprachigen Raum

Die türkische Presse in Deutschland ist eine *Teilöffentlichkeit*, die sich an die türkische und Türkei stämmige Bevölkerung richtet. In den Europaausgaben der Zeitungen werden ihre Lebens- und Alltagssituation thematisiert, die weder in der Mehrheitsöffentlichkeit noch im Herkunftsland genügend Beachtung findet. Darüber hinaus werden die LeserInnen über ihre rechtlichen Belange informiert, indem Rechtsexperten aus der eigenen Community Fragen aus den Leserbriefen aufgreifen und ihre Expertise veröffentlichen. Das betrifft Fragen zum Arbeitsrecht, Sozialrecht, Ausländerrecht, Sorgerecht sowie Fragen zur Einbürgerungspraxis und das Visarecht.[54] Die Europaausgaben der türkischen Tageszeitungen erfüllen eine „Sprachrohrfunktion" für die türkische und Türkei stämmige Bevölkerung, indem sie Schumann zufolge ihre Interessen, zumindest innerhalb der Teilöffentlichkeit, öffentlich machen:

> The European editions of the Turkish newspapers have claimed to be 'advocates' of the ethnic community with regard to German politics or, in other words, to serve as a new intermediary between ethnic Turks and the government.[55]

Ein Informationsaustausch zwischen der Mehrheitsöffentlichkeit und den türkischen Tageszeitungen über die Belange und Interessen der türkischen Teilöffentlichkeit findet jedoch mittels der Europaausgaben der türkischen Tageszeitungen nicht statt.[56] Dennoch nutzen deutsche PolitikerInnen die türkische Tagespresse als Medium, um die wahlberechtigte türkische Bevölkerung zu erreichen.[57] Tür-

---

54 Mikdat Karaalioğlu, der Chefredakteur der Europaausgabe der Tageszeitung Sabah erklärte mir im Interview im Juli 2009, dass die türkischen Leserinnen und Leser im Gegensatz zu ihrem Leseverhalten in den 1980er und 1990er Jahren mittlerweile zuerst die „Europaseiten" lesen und dnach die Türkeiseiten. Er erklärte das mit der Lebensrealität der LeserInnen und dem Lebensmittelpunkt, der sich in Europa befindet und nicht in der Türkei.

55 Schumann, Christoph: The Turkish press in Germany: A public in-between two publics?, in: Al-Hamarneh, Ala/Thielmann, Jörn: Islam and Muslims in Germany, Brill, Leiden, 2008, S. 452.

56 In meinem Interview mit dem Chefredakteur der Zaman, Mahmut Çebi, fragte ich ihn, weshalb zwischen der Europaausgabe der Zaman und einem anderen überregionalen deutschen Blatt bisher keine Medienkooperation stattgefunden hat. Çebi betonte, dass die Zaman eine türkische Zeitung für türkische Rezipienten ist, die die Belange und Interessen der türkischen Klientel vertritt (Frankfurt/Offenbach, November, 2010).

57 Vgl. dazu vor allem die Berichterstattung über den Bundestagswahlkampf 2005 in der Hürriyet und in der Zaman. In den Berichterstattungen aus diesem Zeitraum wurden in unterschiedlichen Darstellungen und Hervorhebungen die SPD und Gerhard Schröder als klare Favoriten positioniert. Vgl. Yaman, Oktay: Almanya yeni başbakanını arıyor, in: Zaman, 20.09.2005, S. 1 und S. 4; Neşitov, Timofey: Merkel'in etrafında yaprak dökümü başladı, in: Zaman, 21.09.2005, S. 5; Meziroğlu, Remzi/Bağ, Süleyman: Göçmenlerin sorunlarını meclise

1.1 Öffentlichkeit, transnationale Öffentlichkeit und Teilöffentlichkeit 35

kischstämmige politische KandidatInnen in Städten mit einer hohen türkischen und Türkei stämmigen Bevölkerung werden dabei in den Berichterstattungen besonders hervorgehoben und porträtiert. Sie werden als Vermittler zwischen den Interessen und politischen Belangen der türkischen Teilöffentlichkeit – also der BürgerInnen – und dem Staat angesehen. Somit besteht zumindest in diesem Zusammenhang ein minimaler Informationsfluss zwischen der Mehrheitsöffentlichkeit und der türkischen Teilöffentlichkeit.

Doch wie verhält es sich mit sprachlichen Barrieren in den jüngeren Generationen? Im Gegensatz zu ihrer Eltern- und Großelterngeneration fehlen den jüngeren Generationen meist ausreichende Türkischkenntnisse und ein ausreichender türkischer Wortschatz, die zum Lesen der Zeitungen notwendig sind. Der Versuch der Hürriyet in der jüngsten Vergangenheit, die Beilage *Young Hürriyet* mit der Aufnahme zum 01.04.2007 zu etablieren, scheiterte. Die *Young Hürriyet*, deren Chefredakteurin die damals 23-jährige Gülşah Koç war, erschien wöchentlich als deutschsprachige Beilage in der Hürriyet, wodurch sie sich gezielt an die jüngere LeserInnenschaft wendete.[58] Gülşah Koç veröffentlichte regelmäßig Kolumnen auf der ersten Seite der Beilage zu verschiedenen Themen, die die junge Generation betreffen.[59] Die eloquente und populäre junge Frau wurde medienwirksam eingesetzt. Darüber hinaus ist sie in der Hürriyet porträtiert worden, wie sie sich in einer „männerdominierten Redaktion durchsetzt". Als jedoch öffentlich wurde, dass Teile von Koçs Kolumnen zuvor in anderen Zeitungen wie der FAZ, der Süddeutschen Zeitung oder dem Spiegel publiziert worden waren, wurde sie von der Hürriyet entlassen.[60] Die Plagiatsvorwürfe gegen Koç wurden auch von der türkischen Presse in der Türkei aufgegriffen.[61] Allerdings wurde zu einem späteren Zeitpunkt bekannt, dass Gülşah Koç keine journalistische Erfahrung und Ausbildung besaß. Die *Young Hürriyet* wurde einige Zeit später nach einer längeren Pause und einer Wiederaufnahme

---

taşıyacaklar, in: Zaman: 21.09.2005, S. 5; Cukaz, Mehmet A.: Stoiber ve Merkel zaman geçirmeden istifa etmeli!, in: Zaman: 20.09.2005, S. 7.
58 Koç, Gülşah: 18-Jährige müssen entscheiden. Deutscher oder türkischer Pass? Ein emotionales Dilemma!, in: Young Hürriyet, 18.04.2008, S. 1.
59 Koç, Gülşah: Eigene Persönlichkeit, in: Young Hürriyet, 11.04.2008, S.1; dies.: Unfair!, in: Young Hürriyet, 18.04.2008, S. 1; dies.: Ex=Freundschaft, in: Young Hürriyet, 02.05.2008, S. 1; dies.: Der Guru der Journalistenwelt, in: Young Hürriyet, 09.05.2008, S. 1.
60 Thiel, Thomas: Plagiatsfall bei „Hürriyet". Die Gedanken der Anderen, in: FAZ, 09.05.2008: „‚Eigene Persönlichkeit' hieß denn auch eine ihrer Kolumnen, in der sie am 11. April dieses Jahres den Markenwahn pubertierender Heranwachsender beklagte, selbst als 23 Jahre alte Redaktionsleiterin kaum diesem Lebensstadium entwachsen. Diese Kolumne ähnelt auf verblüffende Weise einem Text, der in der Novemberausgabe der ‚Bravo' des Jahres 2001 erschien – von anderer Feder."
61 Ohne Verfasser: Hürriyet'in başyazarı intihalcı çıktı: Hürriyet'in Avrupa baskısı, bir intihal skandalıyla sarsıldı, in: YeniŞafak, 10.05.2008.

vollständig eingestellt. Weshalb die Hürriyet-Redaktion ihre Mitarbeiterin nicht vorher in das journalistische und redaktionelle Tagesgeschäft einarbeitete und sie fristlos entließ, blieb unbeantwortet.

Die Zaman betreibt im Gegensatz zur Hürriyet keine bilingualen Medienberichterstattungen und Zeitungsbeilagen. Der Chefredakteur der Zaman, Mahmut Çebi, erklärte in meinem Interview im November 2010 in Offenbach in der Zaman-Redaktion, dass vor allem die jüngeren LeserInnen die türkische Sprache ausreichend beherrschen sollten und die Redaktion die Eltern und ihrer LeserInnenschaft darin unterstützten.[62] Die jüngere Generation sei zudem deutlich Internet affiner als die ältere Generation. Allerdings ist beispielsweise das Internetportal *dtj Deutsch Türkisches Journal*, welches auch wie die Zaman ein Medium der Gülen-Bewegung ist und im September 2012 online gestellt wurde, auf Deutsch.[63] Çebi erklärte im Zusammenhang mit dem journalistischen Nachwuchs, dass es sehr schwierig sei, freie und feste MitarbeiterInnen zu finden, die sowohl ausreichend Türkisch als auch Deutsch beherrschen und darüber hinaus eine akademische Ausbildung besitzen. Das Internet gilt vor allem jüngeren LeserInnen als ein attraktiveres Informationsmedium. Internetseiten wie beispielsweise *Vaybee!* bieten Nachrichten aus Deutschland und der Türkei, Musik, Werbung, Spiele und ein soziales Netzwerk (Vaybee-Community) sowohl auf Türkisch als auch auf Deutsch an.[64] Der Informationsfluss zwischen den beiden Heimaten Türkei und Deutschland im transnationalen Raum wird dadurch für die jüngeren Generationen in dieser Form gewährleistet.

Es existieren aber auch Medien, in denen ausschließlich auf Deutsch publiziert wird und die sich sowohl an die Teilöffentlichkeiten als auch an die Mehrheitsöffentlichkeit wenden: Das Magazin *Gazelle* mit der aus Hannover stammenden, 1981 geborenen Chefredakteurin Sineb El-Masrar wendet sich bewusst sowohl an junge Frauen mit Migrationshintergrund als auch an junge Musliminnen im deutschsprachigen Raum, die ihre Interessen in den kommerziellen Frauenzeitschriften nicht vertreten sehen.[65] Ein weiteres deutschsprachiges Magazin ist das *biber* aus Österreich.[66] *Biber* bedeutet auf Türkisch Paprika und ist eine Anspielung auf „*acı pul biber*", dem Chilligewürz, mit dem das Dönerfleisch

---

62 Çebi betonte jedoch auch, dass die Zaman, ähnlich wie andere Printmedien, Absatzeinbußen aufgrund des Angebots im Internet hat und sich die jüngeren LeserInnen eher über das Internet informieren als über die Printmedien.
63 dtj, Deutsch Türkisches Journal: www.dtj-online.de. Auf dtj-online erscheinen sowohl Kolumnen türkischsprachiger als auch deutschsprachiger AutorInnen auf Deutsch. Darüber hinaus werden Artikel aus der Zaman in die deutsche Sprache übersetzt und auf dtj-online veröffentlicht.
64 http://www.vaybee.de, (Stand: 06.02.2012).
65 http://www.gazelle-magazin.de/, (Stand: 15.02.2012).
66 http://www.dasbiber.at/ueberuns, (Stand: 06.02.2012).

1.1 Öffentlichkeit, transnationale Öffentlichkeit und Teilöffentlichkeit 37

gewürzt wird. Unter dem Motto „Jedem Wiener seinen biber" und „Wien ist anders – jetzt stimmt's" richten sich die „multi-kulturellen Wiener" MacherInnen bewusst auf Wienerisch und „Deutsch" mit einem breiten Themenspektrum an ihre jungen LeserInnen. Sie selbst bezeichnen sich als „transkulturell" und erklären: „*Wir tun nicht Multikulti – Wir sind's – mit scharf.*" Hier wiederholt sich die sprachliche Anspielung auf das türkische *biber* und *acı*. Der türkische Begriff *acılı* bedeutet tatsächlich wörtlich übersetzt „mit scharf". „Transkulturell" in diesem Kontext bedeutet, dass sich mehrere Kulturen in einem öffentlichen Raum vermischen und dadurch etwas Neues entsteht, das sich in der Sprache und in den Alltagspraktiken widerspiegelt. Ein weiteres Medium der „neuen" Öffentlichkeit in Deutschland ist die täglich erscheinende Online-Zeitung *Migazin*.[67] Die Redaktion besteht aus derzeit über 300 freien MitarbeiterInnen unterschiedlicher Herkunft.[68] Der Chefredakteur von *Migazin* ist der 1975 geborene Kölner Ekrem Şenol. Die Idee zu *Migazin* hatte der ausgebildete Jurist, als er die deutsche Visavergabepraxis für TürkInnen aus der Türkei mit geltendem EU-Recht[69] verglich. Es sei nicht nachvollziehbar, weshalb die deutschen Medien nicht über ein politisches Thema berichteten, das ca. 3 Millionen Menschen in Deutschland betreffe, so Şenol. Şenols Zielsetzung bei *Migazin* ist eine gegenseitige gesellschaftliche Sensibilisierung für die Belange und Interessensartikulationen derjenigen, die nicht Teil der Berichterstattung in der Mehrheitsöffentlichkeit sind und deren Interessen sowie Belange darüber hinaus in der Mehrheitsöffentlichkeit nicht vertreten werden. Für Migazin schreiben Menschen mit und ohne Migrationshintergrund. Journalistinnen wie die aus Hamburg stammende und 1988 geborene Kübra Gümüşay, die für die taz[70] schreibt und einen eigenen blog namens „Ein Fremdwörterbuch" hat, oder aber auch Sineb El-Masrar gemeinsam mit ihren – wie sie es selbst bezeichnet – „Gazellen" sind Akteurinnen in den neu entstandenen Medien, die sich gezielt sowohl an die Mehrheitsöffentlichkeit richten als auch an die RezipientInnen der Teilöffentlichkeit.

Den AkteurInnen gemeinsam ist, dass sie auf Deutsch publizieren. Insofern *gibt* es eine nationale Sprache innerhalb der AkteurInnen, die sich an die Öffentlichkeiten in einer Nation wenden und gleichzeitig transnational orientiert sind. Zudem besitzen die AkteurInnen eine akademische Ausbildung, die sie sowohl in Deutschland als auch zum Teil im Ausland absolviert haben. Aufgrund dessen sind sie bereits ein Teil des *neuen Bürgertums* in Deutschland, aus

---

67 http://www.migazin.de/, (Stand: 15.02.2012).
68 Information aus dem Telefonat mit dem MIGAZIN-Chefredakteur Ekrem Şenol, Mai 2011 (M. K.).
69 Vgl. http://www.jurblog.de/2009/03/23/visafreiheit-fuer-tuerken-innenministerium-rudert-zurueck/, (Stand: 15.02.2012).
70 http://www.taz.de/Kolumne-das-Tuch/!87723/ (Stand: 15.02.2012) und: http://ein-fremdwoerterbuch.blogspot.com/p/fremdwoerterbuchautorin.html, (Stand: 15.02.2012).

dem heraus sie gerade *wegen* ihrer multilingualen und multi-kulturellen Kompetenzen die öffentliche Meinung pluralistisch und wesentlich mitbestimmen sowie langfristig verändern wollen. Durch die aktive Partizipation der AkteurInnen innerhalb der neu entstandenen diskursiven Arenen sowie durch die Modifikation der Strukturen in den „autonomen Räumen" innerhalb der Mehrheitsöffentlichkeit werden ein Teil der nach Nancy Fraser charakterisierten demokratischen normativen Ansprüche meines Erachtens erfüllt.

Die AkteurInnen zeigen gesellschaftliche Problematiken auf und weisen darüber hinaus konsequent auf die defizitären Eigenschaften der demokratischen Verhältnisse und Strukturen in der Mehrheitsöffentlichkeit hin.[71] Somit werfen sie kritische Machtfragen auf.

Die von Nilüfer Göle charakterisierten neuen muslimischen AkteurInnen stellen wiederum den Status quo in Frage – sowohl in Deutschland als auch in der Türkei. Ihre aktive öffentliche Partizipation sowie die dadurch hervorgerufenen Veränderungen der meinungsbildenden Bedingungen in den Öffentlichkeiten führen zur Etablierung neuer Institutionen und Praktiken. Etablierte Machtverhältnisse und Deutungshoheiten werden infolge dessen in Frage gestellt, wodurch die klassischen Funktionen der Öffentlichkeiten, die Nancy Fraser in der nationalstaatlichen Konstellation ausfindig macht, bestätigt werden. Ein Beispiel hierfür ist die Islamkonferenz, die vom ehemaligen Innenminister Wolfgang Schäuble (CDU) ins Leben gerufen wurde. Aufgrund der Arbeitskreise während der Islamkonferenz sind mehrere *diskursive Arenen* geschaffen worden.[72] Die darin stattfindenden Debatten verlaufen nicht konfliktfrei. Sowohl Probleme als auch die Alltagspraxen der in Deutschland lebenden MuslimInnen werden in einer breiteren Öffentlichkeit thematisiert, die zuvor ausschließlich in Teilöffentlichkeit(en) einen Platz fanden. Ein weiteres Beispiel für die Etablierung und Institutionalisierung neuer Praktiken ist der Aufbau von Lehrstühlen in der deutschen Universitätslandschaft, welche die Ausbildung von ReligionslehrerInnen für muslimische SchülerInnen in Deutschland gewährleisten sollen.[73] Ziel ist,

---

71 Vgl. http://www.neuemedienmacher.de/, (Stand: 06.02.2012).
72 Vgl. Deutsche Islam Konferenz (DIK) (Hg.): Drei Jahre Deutsche Islam Konferenz 2006-2009. Muslime in Deutschland – deutsche Muslime, Berlin 2009.
73 Vgl.: Khorchide, Mouhanad/Karimi, Milad: Einen reflexiven Zugang zur eigenen Religion ermöglichen: Zur Etablierung der islamischen Theologie an europäischen Universitäten: „(…) Die Etablierung islamischer Studien an deutschen Universitäten ermöglicht also nicht nur die Etablierung eines islamisch theologischen Diskurses an den deutschen Universitäten, sondern eröffnet auch die Möglichkeit, inhaltliche, theologische Themen und Fragestellungen, die den Islam betreffen, sowohl in die Mehrheitsgesellschaft als auch in die muslimische Gesellschaft zu kommunizieren; denn die Gleichstellung der islamischen Theologie mit anderen Theologien an deutschen Universitäten bedeutet zugleich die Herausforderung an den Islam, ähnlich den christlichen und anderen Theologien, seine Positionen zu theologischen und ethischen, aber auch zu gesellschaftlichen Aspekten darzulegen und diese der Be- und Hinterfragung durch

den Unterricht der islamischen Religionslehre in *deutscher Sprache* für die in Deutschland lebenden muslimischen SchülerInnen anzubieten. Dadurch wird ein wichtiges Signal dahingehend gesetzt, dass Deutschland die Heimat muslimischer SchülerInnen – unabhängig von ihrer ethnischen Herkunft – ist.

Abschließend sind folgende Aspekte festzuhalten: Der Nationalstaat verliert – hier, die Türkei – als Staatsgebilde mit StaatsbürgerInnen, die außerhalb des Staatsterritoriums leben, nicht an Bedeutung – vice versa gilt das auch für Deutschland. Der Fokus liegt infolgedessen nicht auf den transnationalen sozialen Bewegungen, sondern auf den AkteurInnen in der Türkei, in Deutschland und in Europa, die sich wiederum in der transnationalen Öffentlichkeit bewegen und innerhalb der diskursiven Arenen aktiv partizipieren. Im Hinblick auf die Öffentlichkeit in der Türkei betont Göle die exkludierenden und sich aufweichenden Strukturen, die durch den *türkischen* Laizismus bedingt sind. In diesem Kontext spielt die Sichtbarkeit von Körpern und die damit zusammenhängende Symbolik eine wesentliche Rolle, welche die Öffentlichkeit erheblich modifiziert hat:

> As such, the public sphere describes a space for the making of new republican elites, while excluding those who do not conform to this new life, that is, the non-Westernized Muslim population (...). The removal of the veil, the establishment of compulsory co-education for girls and boys, the guarantee of civil rights for women including eligibility to vote and to hold office, and the abolition of Islamic family law guarantee the public visibility and citizenship of women. In other words, women's bodily, social, and political visibility defines the modernist public sphere in the Kemalist project.[74]

Göle zufolge treten demnach vor allem seit den 1990er Jahren in der Türkei neue AkteurInnen in die Öffentlichkeit, die bisher „unsichtbar" gewesen sind:

> Islamism carves a space for itself, its products ranging from instruments of cultural criticism such as Islamic novels, films, music, and newspapers to alternative consumption strategies, such as Islamic dress and fashion shows, and the Islamization of urban ways of living: patronizing restaurants and hotels respecting Islamic rules demanding non-alcoholic beverages and the observance of prayer hours.[75]

---

andere auszusetzen (...).", in: Islam, Kultur, Politik. Beilage zur Politik und Kultur, Zeitung des Deutschen Kulturrates, Januar-Februar 2013, S. 7.
74 Göle, Nilüfer: The gendered nature of the public sphere, in: Public Culture 10 (1), 1997, S. 65-66.
75 Ebd. S. 75.

Aus dieser Entwicklung ergibt sich folgendes Spannungsverhältnis:

> The recently acquired visibility of "Islam" in the public sphere competes and conflicts with the secularist points of view but also provokes tensions within Islamist politics (…). It carries new actors to public visibility, providing them with opportunities ranging from cultural mediation through professional politics and journalism to consumption, yet Islamism tries to constrain and confine this realm within ideological boundaries.[76]

Göle untersucht die Veränderungen in der Öffentlichkeit, indem sie einerseits die öffentliche Teilhabe von Frauen in der Türkei beleuchtet und andererseits die „Sichtbarwerdung" des Islams unterstreicht. Zu dieser Veränderung gehören vor allem die Sichtbarkeit von islamisch gekleideten Frauen sowie die Verfügbarkeit von Konsumgütern, die für den islamischen Lebensstil und -alltag produziert werden.[77] Letzteres bezieht Göle sowohl auf die Türkei als auch auf Europa.

Diese Spannungsverhältnisse in der türkischen Öffentlichkeit sind einerseits auf Aspekte der kemalistischen Kulturrevolution zurückzuführen, in der Frauen als „kemalistische Mustertöchter" galten. Andererseits sind die Ursprünge bereits in der Modernisierungsphase zum Ende des Osmanischen Reichs zu finden.[78] Die politischen und gesellschaftlichen Spannungsverhältnisse werden durch Frauen, die in der Öffentlichkeit als Vertreterinnen der „alten" und „neuen" Elite präsent sind, konkretisiert und wahrgenommen. Beide Aspekte sind für die Untersuchung der Diskurse über die Geschlechterbeziehungen in der Zaman und in der Hürriyet meines Erachtens relevant, da sie die historischen und gesellschaftspolitischen Wandlungen der Öffentlichkeit in der Türkei und somit auch die Terminologien, die innerhalb der Europaausgaben der Tageszeitungen verwendet werden, erklären. Der öffentliche Raum, in welchem sich die Diskurse über Geschlechterbeziehungen in der Zaman und in der Hürriyet nach wie vor bewegen, hat folglich seinen Ausgangspunkt in der Türkei. Aus den vorausgegangenen Überlegungen ergeben sich deshalb folgende Feststellungen:

Die Hürriyet, die sich als „Hüterin des Kemalismus" begreift, und die Zaman, die islamisch und intellektuell orientiert ist sowie sich an ein pluralistisches akademisches Leserpublikum wendet, verkörpern als Medien der nach Göle charakterisierten „alten" und „neuen" AkteurInnen im öffentlichen Raum das gesellschaftliche Spannungsverhältnis, welches sich aus den Begegnungen der republikanisch-kemalistischen und islamischen Eliten ergibt. Dies umso mehr,

---

76   Ebd.
77   Vgl. dazu das türkische Frauenmagazin „Ala dergisi": http://aladergi.com/, (Stand: 06.02.2012).
78   Vgl. dazu: Ekmekçioğlu, Lerna/Bilal, Melissa: Bir Adalet Feryadı. Osmanlı'dan Türkiye'ye Beş Ermeni Feminist Yazar, 1862 – 1933, Istanbul 2006, S. 25, S. 30, S. 33.

da die Hürriyet der Republikanischen Volkspartei (CHP, Cumhuriyet Halk Partisi) nahesteht, wohingegen die Zaman als AKP-nah (AKP, Adalet ve Kalkınma Partisi, Partei für Gerechtigkeit und Aufschwung) gilt.
Im anschließenden Kapitel wird der für diese Arbeit grundlegende Geschlechterbegriff vorgestellt.

1.2 Der Geschlechterbegriff nach Luce Irigaray

Die Psychoanalytikerin und Feministin Luce Irigaray ist eine der einflussreichsten Vertreterinnen des Differenzfeminismus der 1980er Jahre. Ihre Körpertheorie und Gesellschaftskritik ist dem *Differenzfeminismus* zuzuordnen. Der Differenzfeminismus geht von einem natürlich vorhandenen Unterschied zwischen Frau und Mann aus. Im Differenzfeminismus ist die Unterdrückung der Frauen eine gesellschaftliche *Tatsache*. Die Unterdrückung der Frauen führe dazu, dass Frauen ihre natürlich vorhandene Weiblichkeit und Geschlechtlichkeit in der Geschichte nicht ausleben und ausdrücken konnten und es bis heute nicht können. Der Differenzfeminismus richtet seine Kritik gegen die Abwertung von Eigenschaften, die im Patriarchat als „typisch weiblich" bezeichnet werden. Dazu gehören Eigenschaften wie die *Emotionalität*, die im Gegensatz zur *Rationalität* steht, oder das „beziehungsorientierte Denken" im zwischenmenschlichen Umgang, das wiederum in den Gegensatz zum „abgrenzungsorientierten männlichen" Umgang gestellt wird.[79] Hier sei der Theoriestrang *Care*-Ethik nach der US-amerikanischen Entwicklungspsychologin und Feministin Carol Gilligan genannt, der aus dem Differenzfeminismus hervorgegangen ist und für feministische Juristinnen als Grundlage für die kritische Betrachtung des Menschenbildes im Recht diente.[80] Kritikerinnen unterstellen dem Differenzfeminismus eine „essentialistische" und „biologistische" Auffassung der Geschlechterdifferenz. Er konzentriere sich zu stark auf die biologische Reproduktion und die Mutterschaft und leite davon spezifisch weibliche Eigenschaften und Verhaltensmuster ab. Trotz der berechtigten Kritik ermöglicht der Differenzfeminismus neue poli-

---

79 Vgl. Holzleithner, Elisabeth: Legal Gender Studies. Strömungen, Dimensionen und Perspektiven. Vortrag im Rahmen der 9. Frauenringvorlesung an der Universität Salzburg „Recht und Geschlecht", Salzburg, 23.10.2003, S. 12., in: univie.ac.at/elisabeth.holzleithner/HolzleithnerLGS.pdf.
80 Vgl. ebd., S. 12ff.: „Dennoch will Gilligan, wie sie schreibt, weder behaupten, dass nur Frauen einer Care-Ethik anhängen, noch, dass die Care-Ethik allein der Weg zum Heil in menschlichen Beziehungen ist. (...) Gilligans Ansatz ist zudem ein wesentlicher Ausgangspunkt für kritische Analysen am individualistischen Besitzbürgertum auf der Suche nach einem neuen Modell, das andere Interessen in den Mittelpunkt stellt als bloß das Selbstinteresse."

tische Praxen, die für Frauen – von „männlich" tradierten Mustern unabhängige – neue Handlungsmöglichkeiten in Politik, Wirtschaft[81] und Gesellschaft bieten.[82] Die Feministin Luce Irigaray leitet ihre Körpertheorie von ihrer Annahme der Zweigeschlechtlichkeit ab. Dabei „denkt" sie den weiblichen Körper „neu", wodurch sie einen kritischen Zugang zu patriarchalen Gesellschaftsstrukturen schaffen will. In diesem Zusammenhang spielt für sie der Begriff des „Imaginären" des französischen Psychoanalytikers Jacques Lacan eine wesentliche Rolle, an dessen „psychoanalytischem Seminar" sie während der 1960er Jahre teilnahm und sich dort zur Psychoanalytikerin ausbilden ließ. Irigaray kritisiert den männlich dominierten psychoanalytischen Diskurs. Sie schafft mittels ihrer kritischen Auseinandersetzung mit den psychoanalytischen Schriften Freuds und Lacans einen „weiblichen Diskurs" in der Psychoanalyse, indem sie eine „weibliche Identität" erarbeitet.[83] Ihr Werk „Speculum – Spiegel des anderen Geschlechts" (1974) zeugt von ihrem Ansatz. Insbesondere Lacans höchst umstrittener Satz „La femme n'existe pas" gilt stellvertretend für den männlich dominierten psychoanalytischen Diskurs.

Ausgehend von der Psychoanalyse stellt Irigaray das *Imaginäre* einer empirischen Erfahrung entgegen. Sie richtet ihren kritischen Ansatzpunkt auf „das Innere" gesellschaftlicher Strukturen, in denen der Ursprung der Geschlechterungleichheit liege, und nicht auf die Sozialisation der Geschlechter:

---

81 Zur Vorstellung von Männlichkeit in der kapitalistischen Produktions- und Finanzwelt siehe die Untersuchung des Ethnologen Arjun Appadurai: „Männer, die mit Männern konkurrieren, kommen heute vor allem in zwei Bereichen vor: In der Wirtschaft und im Krieg. (…) Wenn man die Welt der Hochfinanz ethnografisch untersucht, wird deutlich, dass in dieser Welt rücksichtslose Männerbünde, Aggressionen und Konkurrenz zählen. Die Art, wie an der Börse und in Investmentbanken mit jungen Bankern umgegangen wird, ist extrem sexistisch.", Appadurai, Arjun: Die Finanzwelt ist eine Mischung aus Kaserne und Dschungelcamp. Mit dem Kapitalismus breitet sich eine überkommen geglaubte Vorstellung von Männlichkeit aus, in: Kulturaustausch, Zeitschrift für internationale Perspektiven, Ausgabe I/2012, S. 32-33.
82 Zur historischen und politischen Entwicklung des Differenzfeminismus insbesondere in Frankreich siehe: Schrupp, Antje: Differenzfeminismus ist für die Frauenbewegung eigentlich nichts Neues, in: http://www.antjeschrupp.de/differenz-geschichte, (Stand: 26.01.2012).
83 Vgl. Evans, Dylan: Wörterbuch der Lacanschen Psychoanalyse, Wien 2002, S. 119: „Die geschlechtliche Identität des Subjekts ist deshalb stets eine recht unsichere Sache, eine Quelle kontinuierlicher Selbstbefragung. Die Frage nach dem eigenen Geschlecht (‚Bin ich ein Mann oder eine Frau?') definiert die Hysterie. Das geheimnisvolle ‚andere Geschlecht' ist immer die Frau, sowohl für den Mann wie auch für die Frau, und deshalb ist die Frage des Hysterikers (‚Was ist das, eine Frau zu sein?') für die Hysterikerin wie für den Hysteriker gleich."

1.2 Der Geschlechterbegriff nach Luce Irigaray

Bei Irigaray bedeutet das: im Imaginären. Das trifft auch auf die Konzeption des weiblichen Körpers zu, da Irigarays Körpertheorie im Kern auf einem Begriff des Imaginären beruht.[84]

Von der Psychoanalyse und dem psychoanalytischen Begriff des Imaginären nach Lacan und Freud ausgehend,[85] lässt sich Irigarays Körpertheorie und Gesellschaftskritik in folgender Weise definieren: Das Imaginäre ist – soweit es sich auf den psychoanalytischen Begriff bezieht – unbewusst. Silvia Stoller bezeichnet das Imaginäre bei Irigaray als eine Form der „unbewussten Fantasie" und erklärt, dass in der Theorie der Psychoanalyse nach Lacan und Freud seine Verortung auf die *individuelle* Psyche beschränkt ist.[86] Indem Irigaray diesen Begriff jedoch auf das Gesellschaftliche ausdehnt, spricht sie in diesem Zusammenhang von einem kollektiven Imaginären:

> Also ein Imaginäres, das nicht nur von einzelnen Individuen, sondern von der Gesellschaft als Ganzes produziert wird (...) – im Unterschied zu Lacan.[87]

In Irigarays Weiterentwicklung des Imaginären gibt es Stoller zufolge zwei wesentliche Differenzierungen, die für die Gesellschaftskritik an patriarchalen Strukturen relevant sind:

> Im einen Fall wird das „männliche Imaginäre" beschrieben, das den Texten, der Sprache und dem Denken zugrunde liegt. Im anderen Fall wird das „weibliche Imaginäre" skizziert, wie es bislang durch die Herrschaft des männlichen Imaginären unterdrückt wurde und daher noch nicht Wirklichkeit werden konnte.[88]

Folglich ist Irigarays Körpertheorie auf das „phallokratische Imaginäre" zurückzuführen, das sie abermals auf die gesellschaftlichen Verhältnisse ausweitet. Doch was bedeutet das „phallokratische Imaginäre" im Zusammenhang mit Irigarays Gesellschaftskritik und ihrer stark von der Psychoanalyse beeinflussten Körpertheorie? Die Erklärungen der US-amerikanischen Feministin und Philosophin Judith Butler und ihre Kritik an Luce Irigarays Körpertheorie helfen, den

---

84 Stoller, Silvia: Existenz – Differenz – Konstruktion. Phänomenologie der Geschlechtlichkeit bei Beauvoir, Irigaray und Butler, München 2010, S. 55.
85 Ebd., S. 56.
86 Ebd.
87 Ebd.
88 Ebd., S. 57. Silvia Stoller erklärte mir im schriftlichen Austausch, dass seit Butlers Publikation „Körper von Gewicht" Luce Irigarays Körpertheorie in der feministischen Philosophie nicht weiter beachtet wurde und damit einhergehend der Differenzfeminismus seine Bedeutung verloren habe. Ihrer Meinung nach besitzen aber alle drei Körpertheorien – Beauvoirs, Irigarays und Butlers – ihre Berechtigung und ergänzen sich gegenseitig. (August 2011).

Begriff des „phallokratischen Imaginären" zu verstehen. Bevor darauf näher eingegangen wird, werden im Folgenden die grundlegenden Differenzen zwischen der Körpertheorie von Butler und Irigaray kurz illustriert, um Butlers Kritik an Irigaray folgen zu können. Butler erweiterte durch ihren dekonstruktivistischen Ansatz den in der feministischen Philosophie bis in die 1990er Jahre präsenten „differenztheoretischen Ansatz" von Luce Irigaray: [89]

> Anders gesagt, das biologische Geschlecht ist ein ideales Konstrukt, das mit der Zeit zwangsweise materialisiert wird. Es ist nicht eine schlichte Tatsache oder ein statischer Zustand eines Körpers, sondern ein Prozess, bei dem regulierende Normen das biologische Geschlecht materialisieren und diese Materialisierung durch eine erzwungene ständige Wiederholung jener Normen erzielen.[90]

Für Butler ist die Kategorie „sex" – das biologische Geschlecht – bereits von normativen Setzungen bestimmt. Sie sei aus „diskursiven Praktiken" hervorgegangen, die von der „Wirklichkeit produziert" würden:

> Werden die angeblich natürlichen Sachverhalte des Geschlechts nicht in Wirklichkeit diskursiv produziert, nämlich durch verschiedene wissenschaftliche Diskurse, die im Dienste anderer politischer und gesellschaftlicher Interessen stehen?[91]

Wo Luce Irigaray die Machtstrukturen der „männlichen Ökonomie" ausmacht, kritisiert Butler die Macht und die Machtstrukturen der Diskurse und ihre diskursiven Praktiken. Ausgehend von Michel Foucault sieht Butler in der Normativität der biologisch-geschlechtlichen Kategorisierung ein „regulierendes Ideal". Das bedeutet, dass der *binäre* Sexus – das biologische weibliche oder männliche Geschlecht – ein „regulierendes Ideal" *ist*. Butler erweitert diesen Begriff um die „Regulierungsstrategie" und erklärt, dass mittels dieser Strategie Macht- sowie Wissensregime „legitimiert" werden.[92] Sie stellt die Kategorie „Frau" in Frage und kritisiert die „heterosexuelle Matrix" in der feministischen Diskussion:

> Stellt nicht die Konstruktion der Kategorie „Frau(en)" als kohärentes festes Subjekt eine unvermeidliche Regulierung und Verdinglichung dar? In welchem Maße gewinnt die Kategorie „Frau(en)" ihre Stabilität und Kohärenz nur im Rahmen der heterosexuellen Matrix?

---

89 Ebd., S. 70.
90 Butler, Judith: Körper von Gewicht. Die diskursiven Grenzen des Geschlechts, 1997, S. 21.
91 Ebd., S. 23-24.
92 Butler, Judith: Das Unbehagen der Geschlechter, Frankfurt a.M. 1991, S. 145.

1.2 Der Geschlechterbegriff nach Luce Irigaray

Die „sexuelle Differenz" im Sinne der geschlechtlichen Differenz, wie sie Irigaray vertritt, besitzt laut Butler deshalb normative Elemente. Aus diesem Grund sei die „sexuelle Differenz" konstruiert und keinesfalls „natürlich" gegeben:

> Die sexuelle Differenz ist aber nie einfach nur eine Funktion materieller Unterschiede, die nicht in irgendeiner Weise von diskursiven Praktiken markiert und geformt wären. (...) Das biologische Geschlecht ist demnach also ein regulierendes Ideal, dessen Materialisierung erzwungen ist.[93]

Materialisierung bedeutet bei Butler, dass jeder menschliche Körper durch normative Setzungen „überhaupt erst lebensfähig" wird. In der Materialität des Körpers erkennt Butler die „Wirkung von Macht", da erst die Normen den menschlichen Körper für „ein Leben im Bereich der kulturellen Intelligibilität" qualifizieren.[94]

Ausgehend von diesen einführenden Darstellungen über die Unterscheidungsmerkmale zwischen Judith Butlers und Luce Irigarays Körpertheorie wird im Folgenden der Begriff des „Imaginären" bei Irigaray anhand Butlers Erläuterungen veranschaulicht. Butler erklärt, dass das männliche Imaginäre Lacan zufolge auf „bestimmte Organe" konzentriert ist, die wiederum „an der narzisstischen Beziehung beteiligt sind". Das bedeutet, dass diese Organe sowohl als „Zeichen (Token) und Beweis seiner Integrität [der Körpergrenzen, Anm. M. K.] und Kontrolle" gelten. Daraus folgt wiederum „die imaginäre epistemische Bedingung für dessen Zugang zur Welt".[95] Butler erklärt Lacans psychoanalytischen Ansatz wie folgt:

> Einige Teile des Körpers werden aber zum Zeichen (Token) für die zentrierende und kontrollierende Funktion der körperlichen Imago. (...) Wenn diese Organe die männlichen Genitalien sind, fungieren sie sowohl als Ort wie auch als Zeichen (Token) für einen spezifisch männlichen Narzissmus.[96]

Der Begriff „Token" – bei Lacan „signe" – baut auf der Theorie des Schweizer Sprachwissenschaftlers Ferdinand de Saussure auf:

> Saussure zufolge ist das Zeichen die grundlegende Einheit der Sprache (Langue). Es besteht aus zwei Elementen: dem begrifflichen Element (das Saussure das Signifikat

---

93 Ebd.
94 Ebd., S. 22.
95 Butler, Judith: Körper von Gewicht. Die diskursiven Grenzen des Geschlechts, Frankfurt a.M. 1997, S. 115.
96 Ebd.

nennt) und dem lautlichen Element (der Signifikant). Die beiden Elemente sind willkürlich, aber unauflösbar miteinander verknüpft.[97]

Lacan definiert als Zeichen – *signe* –:

> (…) „etwas für jemanden repräsentiert", im Gegensatz zum Signifikanten, der „ein Subjekt für einen anderen Signifikanten repräsentiert" (…).[98]

Der Eintritt in das Imaginäre hat Konsequenzen, da die körperlichen Organe von (Macht-) Beziehungen bestimmt sind und von ihnen geformt werden, wie Butler betont:

> Indem sie in jene narzisstische Beziehung eintreten, hören die Organe auf, Organe zu sein, und werden zu imaginären Wirkungen. Man ist versucht zu sagen, der Penis werde, während er vom narzisstischen Imaginären ins Spiel gebracht wird, zum Phallus.[99]

Nach Butler bestritt Lacan, dass „der Phallus ein Organ oder eine imaginäre Wirkung ist". Stattdessen, so erklärt Lacan, sei der Phallus ein „privilegiertes Signifikant" und folglich ein Element des Symbolischen in der menschlichen Psyche.[100] In „Die Bedeutung des Phallus" erläutert Lacan:

> Dieses Erleiden, diese Passion des Signifikanten wird von daher zu einer neuen Dimension der Conditio humana: sofern nämlich nicht einfach der Mensch spricht, sondern Es in dem Menschen und durch den Menschen spricht; sofern seine Natur eingewoben ist in Wirkungen, in denen die Struktur der Sprache, zu deren Material er wird, wieder auftaucht und sofern damit die Relation des Sprechens in ihm Resonanz findet, jenseits von allem, was dem Vorstellungsvermögen der Vorstellungspsychologie zugänglich ist.[101]

Lacan betont, dass der Phallus nach Freud kein „Phantasma" ist, wenn unter Phantasma eine „imaginäre Wirkung" verstanden wird.[102] Darüber hinaus ist der Phallus laut Lacan kein symbolisches Organ im Sinne eines Penis oder einer Klitoris. Der Phallus ist demzufolge ein *Signifikant*:

---

97 Evans, Dylan: Wörterbuch der Lacanschen Psychoanalyse, 2002, S. 350.
98 Ebd.
99 Butler, Judith: Körper von Gewicht. Die diskursiven Grenzen des Geschlechts, 1997, S. 115.
100 Ebd., S. 115f.
101 Vgl. Lacan, Jaques: Die Bedeutung des Phallus, in: Schriften II, Weinheim/Berlin [1958] 1991, S. 119-131.
102 Ebd.

1.2 Der Geschlechterbegriff nach Luce Irigaray

(...) dessen Funktion in der intrasubjektiven Ökonomie der Analyse vielleicht den Schleier hebt von der Funktion, die er in den Mysterien hatte.[103]

Irigaray, die ebenso wie Butler im Phallus eine imaginäre Wirkung erkennt, stellt in ihrer Monographie „Speculum. Spiegel des anderen Geschlechts" den Gegenentwurf zum Phallus dar, indem sie das so genannte „Schamlippenmodell" entwickelt. Irigaray erklärt in ihrem Modell, dass das weibliche Geschlecht in der abendländischen Kultur – im „phallozentrischen Weltbild" – nicht vorkommt.[104] Die tatsächliche Wahrnehmung der sexuellen Differenz wird folglich vermieden. Irigaray zufolge ist die weibliche Geschlechtlichkeit in ihrer Sexualität, ihrer Lust und in ihrer Erotik nicht auf ein singuläres organisches Empfinden reduzierbar:

> Die Frau hat also kein Geschlecht. Sie hat davon mindestens zwei, die jedoch nicht als zweimal eins identifizierbar sind. Sie hat außerdem noch mehr davon. Ihre Sexualität, immer schon mindestens doppelt, ist darüber hinaus vielfältig.[105]

Zur bewussten Wahrnehmung der geschlechtlichen Differenz gehört laut Irigaray im ersten Schritt die *Verwunderung* nach Descartes, welche ein sich begegnen zwischen den Geschlechtern und sich in seiner Einzigartigkeit erkennen ermöglicht. Irigaray geht es deshalb um eine Ethik der sexuellen Differenz:

> Um zur Konstitution einer Ethik der sexuellen Differenz zu gelangen, muss man auf jeden Fall auf jene Leidenschaft kommen, die nach Descartes die erste ist: die Verwunderung. So sind der Mann und die Frau, die Frau und der Mann, immer ein erstes Mal in ihrer Begegnung: sie sind einander nicht substituierbar. (...) Die Verwunderung, die die einander nicht substituierbaren Geschlechter im Status ihrer Differenz bewahrt. Die ihnen einen Raum von Freiheit und Anziehung erhält, die Möglichkeit von Trennung und Vereinigung.[106]

Die Voraussetzung für die Entwicklung einer „Ethik der sexuellen Differenz" zwischen den Geschlechtern – wie Irigaray sie sieht – ist die erste Leidenschaft nach Descartes, die *Verwunderung*. Die *Verwunderung* nach Descartes führt zur Anerkennung zwischen den Geschlechtern und diese wiederum zu einer „Ethik der sexuellen Differenz." In der Leidenschaft der Verwunderung steckt deshalb die unvoreingenommene, von bisher geltenden patriarchalen Strukturen losgelöste innewohnende Begegnungsmöglichkeit zwischen Männern und Frauen. Für

---
103 Ebd.
104 Irigaray, Luce: Das Geschlecht, das nicht eins ist, Berlin 1979, S. 25.
105 Ebd., S. 27.
106 Irigaray, Luce: Ethik der sexuellen Differenz, Frankfurt a.M. 1991, S. 20.

Irigaray umfasst die „Ethik der sexuellen Differenz" das gesamte menschliche *Denken*:

> Damit das Werk der sexuellen Differenz Wirklichkeit werden kann, ist in der Tat eine Umwälzung des Denkens und der Ethik notwendig. Alles in der Beziehung zwischen Subjekt und Diskurs, Subjekt und Welt, Subjekt und Kosmischem, zwischen Mikro- und Makrokosmos muss neu gedeutet werden. Alles, und als erstes das Faktum, dass das Subjekt sich immer männlich bestimmt, auch wenn es vorgab, universell oder neutral zu sein: der Mensch.[107]

Irigarays leitende Frage ist, wie mittels des weiblichen Körpers „die patriarchale Gesellschaft und ihre Herrschaftsstrukturen" kritisiert und gegebenenfalls verändert werden können.[108]

Sie hebt ihre Theorie der Geschlechterverhältnisse von der Gesellschafts- und Patriarchats Kritik ab, indem sie die Ursache in der Benachteiligung von Frauen vor allem in den inneren – imaginären – gesellschaftlichen Strukturen sieht.[109] Irigaray deutet den weiblichen Körper positiv. Ihre Körpertheorie unterscheidet sich aufgrund ihrer positiven Deutung an wesentlichen Punkten von Simone de Beauvoirs Ansatz: Als Vertreterin des Existenzialismus betont Beauvoir in ihrer Körpertheorie und in ihrer Interpretation der Weiblichkeit die *negativen Erfahrungen* der Frauen, welche sie wegen ihrer körperlichen Voraussetzungen in ihrer Sozialisation machen *müssen*. Laut Stoller resultiert Beauvoirs negativer Entwurf des weiblichen Körpers in erster Linie aus seinen biologischen Komponenten. Eine zentrale Rolle spielen hierbei spezifisch weibliche Erfahrungen wie Reproduktion, Schwangerschaft und Geburt:

> Die biologischen Funktionen des weiblichen Körpers stellen primär eine Belastung dar. Von Belastungen konnte gesprochen werden, weil Beauvoir die leiblichen Erfahrungen hinsichtlich ihres biologischen respektive reproduktiven Körpers und des Körpers in der Sexualität herangezogen hat, die ihrer Ansicht nach Großteils belastender Art sind und sich auf die weibliche Identität negativ auswirken.[110]

Beauvoir sieht insbesondere in der Schwangerschaft und in der Mutterschaft eine der größten Einschränkungen von Frauen, welche sie von ihrem eigenen Körper entfremdet. Sie würden ihrer Selbstbestimmung über den eigenen Körper beraubt:

---

107 Ebd., S. 12.
108 Ebd., S. 20.
109 Vgl. de Beauvoir, Simone: Das andere Geschlecht. Sitte und Sexus der Frau, Reinbek 2000.
110 Stoller, Silvia: Existenz – Differenz – Konstruktion. Phänomenologie der Geschlechtlichkeit bei Beauvoir, Irigaray und Butler, 2010, S. 54.

1.2 Der Geschlechterbegriff nach Luce Irigaray

> Durch die Mutterschaft findet die Frau zur vollständigen Erfüllung ihres physiologischen Schicksals. Darin liegt ihre natürliche Berufung, da ihr ganzer Organismus auf die Arterhaltung ausgerichtet ist (...). Eine aus ihrem Fleisch geborene und ihrem Fleisch doch fremde Geschwulst wird Tag für Tag in ihr heranwachsen. Sie ist eine Beute der Spezies, die ihr ihre geheimnisvollen Gesetze aufzwingt, und im Allgemeinen schreckt sie vor dieser Entfremdung zurück.[111]

Nach Luce Irigaray sollte die Ungleichheit zwischen den Geschlechtern hingegen nicht auf ihre Sozialisation reduziert werden, auch wenn ihr Modell von Mutterschaft im Grunde dem von Beauvoir ähnelt. Irigaray integriert in ihre Analyse Ansätze der Psychoanalyse und den Diskurs der „Wahrheit" über die weibliche Sexualität:

> Indem die Psychoanalyse (…) diese abendländische Tradition und die Szene, auf der sie sich repräsentiert, wiederholt, lässt sie diese in ihrer, diesmal sexuellen Wahrheit sichtbar werden. (...) Darüber hinaus würde sich die Frau nur in der Mutterschaft vervollkommnen.[112]

In ihrer Kritik strebt Irigaray jedoch kein weibliches Machtmodell anstelle der männlichen Macht an. Ein weibliches Machtmodell wäre unter den vorhandenen Bedingungen nicht authentisch. Bevor tatsächlich geschlechtergerechte Verhältnisse etabliert werden können, müssten Frauen und Männer deshalb von der „männlichen Ökonomie" und deren Strukturen befreit werden:

> Es kann sich selbstverständlich nicht um eine weibliche Macht handeln, die an die Stelle der männlichen Macht tritt. Weil diese Umkehrung immer noch in dieser Ökonomie des Gleichen befangen wäre, in der gleichen Ökonomie, in der das, was ich als weiblich zu bezeichnen versuche, natürlich nicht stattfinden könnte.[113]

Für Irigaray ergibt sich deshalb folgende Konstellation: In ihrer Kritik der patriarchalen Macht und Politik erklärt sie, dass Frauen nach wie vor für gleiche Löhne, gleiche soziale Rechte, gegen Diskriminierung in der Arbeit und im Studium kämpfen müssen.[114] Gleichzeitig warnt sie vor der Nachahmung männlicher Verhaltensweisen im Sinne von patriarchalen Verhaltensmustern:

> Frauen, die bloß den Männern „gleich" wären, wären „wie sie", also keine Frauen. Wiederum wäre dadurch die Differenz der Geschlechter beseitigt, verkannt, zugedeckt. Frauen müssen also unter sich neue Organisations-, Kampf- und Protestfor-

---

111 de Beauvoir, Simone: Das andere Geschlecht. Sitte und Sexus der Frau, S. 612 u. S. 632.
112 Irigaray, Luce: Das Geschlecht, das nicht eins ist, 1979, S. 89f.
113 Ebd., S. 135.
114 Ebd., S. 172.

men erfinden. (...) Aber auch da muss man „innovieren": Institution, Hierarchie, Autorität – d. h. die vorhandenen Formen des Politischen – sind die Sache der Männer. Nicht unsere.[115]

Zudem stellt Irigaray in ihrer Gesellschaftskritik den Verlust der zwischenmenschlichen Beziehungen fest, die sich in den fehlenden Bindungen zwischen Gemeinschaften widerspiegeln. Diesen Zustand führt sie auf das Fehlen einer „Kultur der sexuellen Beziehungen" zurück, die sich in Gewaltformen zwischen den Geschlechterbeziehungen ausdrücke. Die „Kultur der sexuellen Beziehungen" sei jedoch notwendig, da Sexualität einer der stärksten Instinkte der Menschen sei, die ohne entsprechende Kultivierung – im Sinne von Mäßigung – destruktiv wirke. Die fehlende Kanalisierung der primär positiven Energie, die sich zu einer zerstörerischen Kraft verändere, hätte direkte Auswirkungen auf die zwischenmenschlichen Beziehungen in der Gesellschaft:

> Our sexual drives are one of the main sources of our energy. If they are not cultivated, they become instincts of possession, domination, subjection, appropriation and so on, all kinds of instincts which have ruined the relations between us, and (between) communities themselves.[116]

An der „westlichen" Kultur kritisiert Irigaray die Profitsucht, die unweigerlich zur Ausbeutung von Frauen führe. Die Lösung sieht sie in der Herstellung einer gegenseitigen Beziehung zwischen den Geschlechtern. Darin erkennt Irigaray die Möglichkeit, das „Knechts-Herrschaftsverhältnis" nach Hegel vollständig zu überwinden und eine Kultur des gegenseitigen Respekts zu schaffen:

> Our Western culture has failed to cultivate intersubjective relations, especially between man and woman, men and women. This resulted in the reduction of women to a mere nature that men blindly exploited for their own profit. A cultivation of reciprocal desire and love between two subjects respectful of their differences seems the solution to overcome the master-slave conflict which has determined our sexuate and sexual relations over centuries.[117]

Irigaray stellt deshalb die Frage, wie mit dieser Differenz umgegangen werden kann und wie eine Sprache definiert werden kann, die eine Begegnung zwischen Frau und Mann erlaubt, in der jeder den anderen in seiner Differenz wahrnimmt. Die Unsichtbarkeit des weiblichen Geschlechts im Gegensatz zum männlichen Geschlecht resultiert Irigaray aus der Ignoranz gegenüber den

---

115 Ebd.
116 Irigaray, Luce: Conversations, New York 2008, S. 127.
117 Ebd., S. 126.

1.2 Der Geschlechterbegriff nach Luce Irigaray

(…) spezifisch weiblichen Lustmöglichkeiten, die quasi nicht existieren, da sie verkannt werden, innerhalb der sexuellen Differenz, so, wie man sie sich vorstellt. Oder nicht vorstellt: wenn nämlich das andere Geschlecht nicht unentbehrliches Komplement zum einzigen Geschlecht sein soll.[118]

Die weibliche Sexualität ist laut Irigaray „immer von männlichen Parametern ausgehend gedacht worden".[119] Die Praxis der männlichen Sexualität bestehe insbesondere darin, dass die weibliche Sexualität immer in ihrer Passivität als Opposition zur männlichen aktiven Sexualität begriffen werde. Das Geschlecht der Frau hält „dem phallischen Organ" nicht stand:

(…) ein Nicht-Geschlecht, oder ein männliches Geschlecht, das sich umgestülpt hat, um sich selbst zu affizieren.[120]

Stoller bezeichnet Irigarays Entwurf als „Vulva Primat" im Gegensatz zum „Phallusprimat". Sie betont das Imaginäre in Irigarays Modell, womit eben nicht das Geschlechtsorgan gemeint ist:
So wenig wie der Phallozentrismus das wirkliche männliche Geschlechtsorgan meint, Phallus also nicht gleich Penis ist, so wenig sind die Labia oder die Vulva in Irigarays Konzeption des weiblichen Körpers Teil des wirklichen anatomischen Geschlechts der Frau. Was Irigaray beschreibt ist nicht der anatomische, sondern der imaginäre Körper.[121]

Im Hinblick auf den imaginären Körper in der Gesellschaft geht Irigaray an anderer Stelle auf die Genesis zurück und erklärt:

Aber historisch, in der Genesis, ist das Weibliche ohne Begriff. Es wird so dargestellt, als hätte Gott es aus der Hülle des Mannes erschaffen. Während die Frau den Mann vor der Geburt umschließt. Wäre Gott derjenige, der interveniert, damit es eine wechselseitige Begrenzung der Umschließung gibt? Daher die Notwendigkeit, die Frage nach Gott noch einmal aufzunehmen, will man den sexuellen Akt neu denken.[122]

Kritik an Irigarays Modell wird dahingehend geübt, dass sie im Phallozentrismus verweile und lediglich einen kontrastiven Gegenentwurf erstelle.[123] In diesem Sinn sieht Judith Butler in Irigarays Modell lediglich einen „Umkehr-Diskurs".

---

118 Ebd., S. 27f.
119 Ebd., S. 22.
120 Ebd., S. 22f.
121 Ebd., S. 68.
122 Irigaray, Luce: Ethik der sexuellen Differenz, S. 113.
123 Vgl. dazu: Stoller, Silvia: Existenz – Differenz – Konstruktion. Phänomenologie der Geschlechtlichkeit bei Beauvoir, Irigaray und Butler, 2010, S. 66 f.

Sie argumentiert, dass Irigaray das System wiederhole und reproduziere, „gegen das von feministischer Seite eigentlich explizit vorgegangen werden will".[124] Eine weitere allgemeine Kritik berührt Irigarays Modell. Es wird bis „heute in der philosophischen Rezeption als anstößig" empfunden, da mittels des weiblichen Geschlechtsorgans eine weibliche „Auto-Erotik" benannt wird, „die sich von derjenigen des Mannes grundsätzlich unterscheidet".[125] Judith Butler formuliert in „Das Unbehagen der Geschlechter" (1991) ihre Kritik an Irigarays Intention. Irigarays Zielsetzungen seien zu „allumfassend".[126] Aus diesem Grund werde die „Kraft ihrer Analyse unterlaufen". Butler zweifelt an der eindeutigen Identifizierbarkeit der maskulinen Ökonomie:

> Der Versuch, den Feind in einer einzigen Gestalt zu identifizieren, ist nur ein Umkehr-Diskurs, der unkritisch die Strategie des Unterdrückens nachahmt, statt eine andere Begrifflichkeit bereitzustellen.[127]

Nach Stoller rede Irigarays Geschlechtertheorie keinesfalls einem „Umkehrdiskurs das Wort". Vielmehr ermögliche Irigaray im Gegensatz zu Butler eine „andere Begrifflichkeit".[128] Die Umkehrung der Verhältnisse sei nicht das Ziel von Luce Irigaray:

> Und schließlich: Auch wenn Irigaray in der Tat die Strategie des Unterdrückers nachahmt, so tut sie das gewiss nicht unkritisch, wie Butler behauptet, sondern im Gegenteil in bewusster, kritischer Absicht, da die Nachahmung in Form der Mimesis bei Irigaray Methode hat.[129]

Irigarays Gegenentwurf ist nicht das weibliche Machtmodell, sondern die Differenz zwischen den Geschlechtern, losgelöst vom Phallozentrismus und seinen phallozentrischen Machtstrukturen:

> Das erfordert zwei Körper, zwei Gedanken und dass sie zueinander in Beziehung treten, sowie den Entwurf einer erweiterten Perspektive.[130]

---

124 Ebd., S. 67.
125 Ebd., S. 61.
126 Butler, Judith: Das Unbehagen der Geschlechter, Suhrkamp, 1991, S. 32f.
127 Ebd., S. 33.
128 Ebd.
129 Stoller, Silvia: Existenz – Differenz – Konstruktion, Phänomenologie der Geschlechtlichkeit bei Beauvoir, Irigaray und Butler, S. 67.
130 Irigaray, Luce: Ethik der sexuellen Differenz, S. 105.

1.2 Der Geschlechterbegriff nach Luce Irigaray

Irigaray richtet ihre gesellschaftliche Kritik vor allem auf die Trennung von Denken und Körper[131] in der Geschichte und in der Philosophie, welches auf sozialer und kultureller Ebene „empirische und transzendentale" Folgen habe:

> The imaginaries which Irigaray is attempting to subvert and reinvent are social imaginaries which inform not only philosophical and psychoanalytic theory but the social practices in which we are placed and all aspects of our habits of thought.[132]

Der öffentliche Diskurs und das Denken sind „Privilegien eines männlichen Produzenten", wohingegen die Aufgaben des Körpers bis zur Gegenwart „Verpflichtung oder Pflicht eines weiblichen Subjekts geblieben" sind. Die Trennung zwischen Körper und Denken hat Irigaray zufolge schwerwiegende gesellschaftliche Konsequenzen:

> Der Schnitt zwischen beiden erzeugt ein durch seine Entwurzelung verrücktes Denken und schwere, wegen ihrer Sprachlosigkeit ein wenig „idiotische" Körper, Frauen und Kinder.[133]

Irigaray schlussfolgert deshalb, dass sich weder die Philosophie noch der Diskurs noch das Denken schnell genug im Sinne der sozialen Bewegungen verändern.[134] Darin liegt eine ihrer relevantesten Intentionen, weshalb Irigaray ihr Modell und ihre Theorie der sexuellen Differenz im Inneren der Gesellschaft ansetzt, ausgehend von der Philosophie und der Psychoanalyse.[135]

Luce Irigarays Modell bietet meines Erachtens einen positiven Zugang zu beiden Geschlechtern. Ihre Forderung nach einer „Ethik der sexuellen Diffe-

---

131 Vgl. „Seit Descartes, dem großen Philosophen und Mathematiker des 17. Jahrhunderts, halten wir in der westlichen Welt an der Dualität Körper/Geist fest. Der Begriff „bodymind" vereint sprachlich, was als voneinander getrennt wahrgenommen wird. Ich beneide die Deutschen darum, dass sie für das englische „body" zwei Wörter zur Verfügung haben: Körper, das sich auf das rein Physische bezieht, und „Leib", dem etymologisch noch der ursprüngliche Sinn des Gelebten, der gleichsam „am eigenen Leibe" erfahrenen Einheit von Körper, Geist und Seele, innewohnt." Clarke, Gill: Mind is as in motion, in: Tanz, Zeitschrift für Ballett, Tanz und Performance, Januar 2012, S. 68.
132 Stanford Encyclopedia of Philosophy: Feminist Perspectives on the Body, 2010, S. 9, in: http://plato.stanford.edu/cgi-bin/encyclopedia/archinfo.cgi?entry=feminist-body, (Stand: 21.02.2012).
133 Irigaray, Luce: Ethik der sexuellen Differenz, S. 105.
134 Ebd., S. 140.
135 Vgl. dazu auch: „Aber wenn es keine Unterdrückung dieser Welt und keine ethische Schuld ihrerseits geben soll, muss ein Zugang zur sexuellen Differenz da sein, ohne mörderische Hierarchie und ohne Arbeitsteilung, die der Frau gerade jene Aufgabe untersagt, die Hegel ihr vorbehalten hatte: den Weg vom Unterirdischen zum Überirdischen zu gehen; oder auch, dem Entstehen eines Göttlichen zu folgen, das durch sie hindurchgeht und dessen Verlauf zu folgen ihre Aufgabe ist.", ebd.

renz", der gegenseitigen Achtung und Wertschätzung beider Geschlechter, sind zentral für ihre Theorie und ihren Gesellschaftsentwurf. Irigaray führt die Unsichtbarkeit der weiblichen Geschlechtlichkeit in ihrer Komplexität auf die vorherrschenden Annahmen in der Psychoanalyse und im philosophischen Denken zurück, welche Frauen und Kinder ausschließen und reduzieren. Die „Diskurse der Wahrheiten"[136] und ihre diskursiven Strukturen seien ausschließlich von Männern geprägt und im Phallus verhaftet. Irigaray vermeidet es, ein weibliches Machtmodell dem männlichen Machtmodell gegenüberzustellen, da es aus derselben Ökonomie geboren sei und deshalb dieselben diskursiven Strukturen reproduzieren würden. Laut Stoller ist der weibliche Körper für Irigaray ein „kritisches Instrumentarium einer Patriarchats Kritik".[137] Ihr Körperbegriff habe einerseits eine „analytische" und andererseits eine „politisch-subversive" Funktion.[138]

1.3 Grundlagen der Diskurstheorie und diskursanalytischen Methodik

In diesem Kapitel werden die theoretischen Begriffe und Überlegungen aus der „Kritischen Diskursanalyse" und der Diskurstheorie vorgestellt. Ausgehend von der „Kritischen Diskursanalyse" des Sprachwissenschaftlers Siegfried Jäger, werden die Diskursverschränkungen der Geschlechterbeziehungen mit dem Integrationsdiskurs im Pressediskurs der Europaausgaben der Hürriyet und Zaman untersucht und im dritten Teil dieser Arbeit vorgestellt. Ziel der in dieser Arbeit zugrunde liegenden Diskursanalyse ist es, einen „Ausschnitt über das Diskursgewimmel, das den Gesamtdiskurs" über die im Pressediskurs der Hürriyet und der Zaman verhandelten Geschlechterbeziehungen ausmacht, herauszuarbeiten.

Basierend auf der These, dass die türkische Teilöffentlichkeit, die deutschsprachige Mehrheitsöffentlichkeit und die transnationale Öffentlichkeit diskursiv miteinander verschränkt sind, in Beziehung stehen und innerhalb dieser öffentlichen Räume das Geschlechterverhältnis verhandelt wird, werden im folgenden Kapitel die diskurstheoretischen Begriffe und Überlegungen, die für die Analyse

---

136 Vgl. dazu: „Meine Absicht ist es, eine Genealogie dieser „Wissenschaft vom Sex" zu machen. (…) Ich möchte allerdings diese Genealogie in positiven Begriffen angehen, ausgehend von den Anreizungen, den Brennpunkten, Techniken und Verfahren, die die Bildung dieses Wissens erlaubt haben; ich möchte, vom christlichen Problem des Fleisches angefangen, all die Mechanismen verfolgen, die einen Wahrheitsdiskurs über den Sex eingeführt und ein gemischtes Regime von Lust und Macht um ihn errichtet hat.", Foucault, Michel: Dispositive der Macht. Über Sexualität, Wissen und Wahrheit, 1978, S. 101.
137 Stoller, Silvia: Existenz – Differenz – Konstruktion. Phänomenologie der Geschlechtlichkeit bei Beauvoir, Irigaray und Butler, 2010, S. 69.
138 Ebd.

1.3 Grundlagen der Diskurstheorie und diskursanalytischen Methodik

der räumlichen sowie thematisch inhaltlichen Diskursverschränkungen verwendet werden, bestimmt.
Allgemein formuliert ist ein Diskurs ein „Fluss von Wissen" bzw. „Wissensvorräten" durch die Zeit:

> (…) und wenn dies so ist, dann ist davon auszugehen, dass der Diskurs immer schon mehr oder minder stark strukturiert, also „fest" und geregelt (im Sinne von konventionalisiert bzw. sozial verfestigt) ist.[139]

Laut Michel Foucault sind alle Äußerungen oder Texte, die eine Bedeutung haben und in der „realen Welt eine Wirkung" besitzen, Diskurse. Das charakteristische an dieser Art von Aussagen ist jedoch, dass sie „besondere Strukturen" besitzen. Dadurch können Foucault zufolge „einzelne Diskurse, also Gruppen von Äußerungen", identifiziert werde. Diese Äußerungen sind in einer spezifischen Weise geregelt und üben *deshalb* eine gewisse „Kohärenz" oder einen „gewissen Zwang" aus.[140] Die Sprachwissenschaftlerin Sara Mills unterstreicht, dass laut dieser Definition Diskurse nicht bloß Gruppen von Äußerungen oder Aussagen sind. Aussagen sind ihr zufolge die „fundamentalsten Bausteine von Diskursen".[141] Signifikant für den Diskurs sei jedoch, dass die ihm inhärenten Aussagen nicht bloß wie Sätze seien, sondern „diejenigen Äußerungen, die sich um eine besondere Wirkung herum gruppieren".[142] Ergänzend zu Michel Foucaults Diskursdefinition, deren „Vorteil" laut Mills in der einerseits weiten Fassung liegt und andererseits im hohen Wirkungsgrad und demzufolge in der Relevanz der Aussagen, möchte ich zusätzlich die Definition des marxistischen Linguisten Michel Pecheux aufgreifen.

Pecheux betont, dass Diskurse nicht *isoliert* existieren. Sie sind Objekte und Foren von Auseinandersetzungen. Diskurse sind deshalb keineswegs fixiert, sondern „Schauplatz eines fortwährenden Streits um Bedeutung".[143] Pecheuxs Definition ist für den hier zugrunde liegenden Untersuchungskontext umso bedeutsamer, da in den öffentlichen Räumen, die miteinander verschränkt sind, „diskursive Arenen" existieren, in denen die „Subjekte", die ich als „AkteurInnen" bezeichne und die am Diskurs beteiligt sind, die Strukturen der Öffentlichkeiten verändern. Die AkteurInnen „kämpfen" innerhalb der „Schauplätze" *um die Bedeutung der Diskurse* und infolge dessen um die Deutungshoheit in der Öffentlichkeit.

---

139 Jäger, Siegfried: Kritische Diskursanalyse, Münster, 2004, S. 159.
140 Mills, Sara: Der Diskurs, Tübingen 2007, S. 7.
141 Ebd.
142 Ebd., S. 13.
143 Ebd.

Ein weiterer wichtiger Aspekt an Michel Pecheuxs Charakterisierung des Diskurses ist der *Zugang* von Menschen zum Diskurs, was insbesondere mit Blick auf die meinungsbildenden Deutungshoheiten im Integrations- und Politikdiskurs untersuchungsrelevant ist. Hinsichtlich der in der diskursanalytischen Untersuchung zu stellenden gesellschaftlichen und politischen Machtfrage und der sich daran anschließenden Infragestellung von Machtkonstellationen und Machtinstitutionen sind folgende Eigenschaften für die Mitgestaltung des Diskurses Pecheux zufolge ausschlaggebend: In seiner „Reflexion über Diskurse" beschäftigt er sich mit den Bedingungen, die für den fehlenden Zugang von Menschen zu Diskursen verantwortlich sind. Diese gehen zurück auf ihren fehlenden „Zugang zu Bildung, Wissen und mangelnde Vertrautheit mit den Netzwerken von Informationen und Kapital". Das erschwert wiederum ihren Zugang zu den gesamtgesellschaftlichen Diskursen. Dabei treten „gesellschaftliche Verhältnisse" in den Vordergrund, die sich in den Diskursen widerspiegeln:

> In Diskursen spiegeln sich gesellschaftliche Verhältnisse, die durch soziale Praktiken produziert und reproduziert sind. (...) die Widersprüche und Machtunterschiede, durch die die gesellschaftlichen Verhältnisse bestimmt sind, finden sich in den Diskursen in sprachlicher Form wieder. Diskurse sind in eine sprachliche Form gegossene gesellschaftliche Praktiken. Durch permanente Wiederholungen verfestigen sich diese Praktiken zu Strukturen in Form von Diskursen.[144]

Die Diskursanalyse als „Gesellschaftsanalyse" versucht aufzudecken, inwiefern diskursive Formationen zwischen „abstrakten gesellschaftlichen und sprachlichen Praktiken (d. h. den Diskursen) und den konkreten gesellschaftlichen und sprachlichen Praktiken" entstanden sind".[145] Der gesamtgesellschaftliche Diskurs als solcher ist nicht „natürlich gegeben", sondern verfestigt sich erst durch seine *permanente Wiederholung* und damit zusammenhängende Praktiken in Staat und Gesellschaft.

Im Fokus der Analyse gesellschaftlicher Verhältnisse stehen „Argumentationsformen" und „Aussagesysteme" sowie „diskursive Formationen", die wiederum Ausdruck gesellschaftlicher Verhältnisse sind. Zu diesen Formen gehören vor allen Dingen die Staats- und die Rechtsform einer Gesellschaft. Dieser Aspekt ist maßgeblich für MigrantInnen in den europäischen Gesellschaften, weil politische und rechtliche Strukturen ihren Aufenthaltsstatus und ihren Zugang zum Arbeitsmarkt unmittelbar bestimmen, worauf ich in Kapitel 2.3 eingehe. Die

---

144 Vgl. Belina, Bernd/Dzudzek, Iris: Diskursanalyse als Gesellschaftsanalyse – Ideologiekritik und Kritische Diskursanalyse, in: Glasze, Georg/Mattissek, Annika (Hg.): Handbuch Diskurs und Raum. Theorien und Methoden für die Humangeographie sowie sozial- und kulturwissenschaftliche Raumforschung, Bielefeld 2009, S. 131.
145 Ebd.

1.3 Grundlagen der Diskurstheorie und diskursanalytischen Methodik   57

gesellschaftlichen Verhältnisse ihrerseits spiegeln sich in der *Struktur der Sprache* wider. Sowohl die diskursiven Formationen als auch die Struktur der Sprache sind für die Analyse des Diskurses über die Geschlechterbeziehungen in dem hier zugrunde liegenden Kontext relevant.

Im Hinblick auf die „Wirklichkeit" betont Sara Mills, dass Diskurse „unser Realitätsverständnis" und unsere Vorstellung von der eigenen Identität „strukturieren".[146] Einen starken Einfluss auf die identitätsstiftende Strukturierung üben die Massenmedien aus:

> (…) diskursive Rollen für Männer und Frauen sind (…) von Darstellungen in den Medien und von Bildern, die im Umgang der Menschen mit Stereotypen aller Art entstehen, heftig in Frage gestellt worden. Aber die Form des kritischen Wissens hat sich grundlegend verändert und repräsentiert nunmehr, was es bedeutet, als geschlechtliches Individuum zu existieren.[147]

Die Wirkung des Diskurses lässt sich durch die Definition des Sprachwissenschaftlers Siegfried Jäger meines Erachtens noch exakter verorten: Ihm zufolge üben Diskurse vor allen Dingen *Macht* aus, eben weil sie jeweils „Träger von Wissen" sind. Diskurse beeinflussen darüber hinaus *Verhaltensweisen*. Sie strukturieren und manifestieren *Machtverhältnisse* in einer Gesellschaft.

Ein Diskurs besteht Jäger zufolge aus einem „Interdiskurs" und einem „Spezialdiskurs". Der gesamtgesellschaftliche Diskurs besteht aus „Spezialdiskursen", die auf wissenschaftlicher Ebene stattfinden, und aus „Interdiskursen", womit alle nicht-wissenschaftlichen Diskurse gemeint sind. Erst beide Diskurse zusammen ergeben den „gesamtgesellschaftlichen Diskurs". Jäger betont aber auch, dass grundsätzlich Elemente aus dem „Spezialdiskurs" immer in den „Interdiskurs" mit einfließen. Innerhalb eines Diskurses existieren „Diskursstränge". Diskursstränge sind miteinander „verschränkt". Aus diesem Grund beeinflussen und stützen sie sich gegenseitig[148]:

> In ihrer historischen Dimension sind Diskursstränge Abfolgen von Mengen thematisch einheitlicher Diskursfragmente, oder anders: Thematisch einheitliche Wissensflüsse durch die Zeit.[149]

Ausschlaggebend für „den Verlauf der Diskurse bzw. Diskursstränge" sind laut Jäger „diskursive Ereignisse":

---

146   Mills, Sara: Der Diskurs, 2007, S. 16.
147   Ebd.
148   Ebd., S. 160.
149   Ebd.

Ereignis und diskursives Ereignis müssen einander an Umfang und Bedeutung keineswegs entsprechen: Wenn ein Reaktorunfall verschwiegen wird, wird er nicht zu einem diskursiven Ereignis, auch wenn er noch so viele Menschenleben fordert.[150]

Folglich ist der gesamtgesellschaftliche Diskurs über „Ehrenmorde", Zwangsehen und arrangierte Ehen zusammengesetzt aus dem dazugehörigen „Spezialdiskurs" und dem „Interdiskurs" (vgl. dazu Kapitel 3). Das für die hier zugrunde liegende Diskursanalyse relevante diskursive Ereignis war der „Ehrenmord" an Hatun Aynur Sürücü im Februar 2005 in Berlin, der den „Verlauf der Diskursstränge" im Diskurs über „Ehrenmorde", Zwangsehen und arrangierte Ehen in der Öffentlichkeit sowie in der Zuwanderungspolitik maßgeblich beeinflusst hat. Der zu untersuchende Diskursstrang bzw. die Diskursstränge bestehen aus „Diskursfragmenten" zum gleichen Thema. Die Eigenschaften eines Diskursstranges bestehen aus einer „synchronen" sowie „diachronen" Dimension:

> Ein synchroner Schnitt durch einen Diskursstrang hat eine gewisse qualitative endliche Breite. Ein solcher Schnitt ermittelt, was zu einem bestimmten gegenwärtigen oder früheren Zeitpunkt bzw. zur jeweilige Gegenwarten gesagt wurde bzw. sagbar ist bzw. war.[151]

Siegfried Jäger hat in seinen diskurstheoretischen Grundlagen den „Kollektivsymbolen", die auf das diskurstheoretische Konzept des Literaturwissenschaftlers Jürgen Link zurückgehen, eine wesentliche Bedeutung für die Diskursanalyse eingeräumt. „Kollektivsymbole" sind laut Jäger deshalb so bedeutsam, weil:

> (…) mit dem Vorrat an Kollektivsymbolen, die alle Mitglieder einer Gesellschaft kennen, das Repertoire an Bildern zur Verfügung steht, mit dem wir uns ein Gesamtbild von der gesellschaftlichen Wirklichkeit bzw. der politischen Landschaft einer Gesellschaft machen, wie wir diese deuten und – insbesondere durch die Medien – gedeutet bekommen.[152]

Link versteht unter der „Kollektivsymbolik" die:

> Gesamtheit der sogenannten „Bildlichkeit" einer Kultur, die Gesamtheit ihrer am weitesten verbreiteten Allegorien und Embleme, Metaphern, Exempelfälle, anschaulichen Modelle und orientierenden Topiken, Vergleiche und Analogien.[153]

---

150 Jäger, Siegfried: Kritische Diskursanalyse, Münster 2004, S. 132 u. 133.
151 Ebd., S. 160.
152 Ebd., S. 133.
153 Link, Jürgen: Versuch über den Normalismus. Wie Normalität produziert wird, 1997, S. 27, zitiert nach Jäger, Siegfried, 2004. S. 134.

1.3 Grundlagen der Diskurstheorie und diskursanalytischen Methodik 59

Die gesellschaftliche Relevanz an „Kollektivsymbolen" besteht darin, dass sie einerseits ein „gängiges und gültiges Bild" der jeweiligen Gesellschaft beinhaltet und zugleich ein *System* bildet. Beide Faktoren, sowohl das „gültige Bild" einer Gesellschaft als auch das System, welches dadurch gebildet wird, sind für die Untersuchung der Diskursverschränkungen der öffentlichen Räume und der thematischen Inhalte dieser Arbeit von wesentlicher Bedeutung.

Die Diskursstränge in der deutschsprachigen Mehrheitsöffentlichkeit, der Teilöffentlichkeit als auch in der Öffentlichkeit der Türkei stehen im Pressediskurs der Europaausgaben der Hürriyet und Zaman insbesondere wegen der „Kollektivsymbole" in einem *reziproken* Verhältnis. Kollektivsymbole sind „kulturelle Stereotypen", die auch „Topoi" genannt werden. Sie werden „kollektiv tradiert" und „kollektiv genutzt".[154] Ihre diskursive Wirkung besteht darin, dass sie einen „Zusammenhang", ein „prozessierendes Regelwerk" bilden, das in allen Diskursen auftritt. Erst durch diesen Zusammenhang entsteht das Gesamtbild, das man sich über eine Gesellschaft macht. Ein weiterer diskursanalytisch relevanter Begriff ist das sogenannte „Syskoll". Link bezeichnet damit ein „synchrones System" von Kollektivsymbolen. Demnach ist das „Syskoll" der:

(…) Kitt der Gesellschaft. Es suggeriert eine imaginäre gesellschaftliche und subjektive Totalität für die Phantasie. Während wir in der realen Gesellschaft und bei unserem realen Subjekt nur beschränkten Durchblick haben, fühlen wir uns dank der symbolischen Sinnbildungsgitter in unserer Kultur stets Zuhause.[155]

Jäger betont, dass das Syskoll die „grundsätzliche Sicht" der einzelnen Subjekte, aber auch „von ganzen Bevölkerungen auf die Gesellschaft entscheidend (mit-) prägt".[156]

Die Ergebnisse der diskursanalytischen Untersuchungen im dritten Teil basieren auf der „Kritischen Diskursanalyse." Jäger entwickelte die Kritische Diskursanalyse auf den Grundlagen der „Tätigkeitstheorie" des Sprachwissenschaftlers und Psychologen Alexej N. Leontjew und der Diskurstheorie von Michel Foucault. Nach Leontjew ist die Tätigkeit die „allgemeinste Kategorie menschlichen Tuns":

Es handelt sich um Prozesse, die das reale Leben des Menschen in der ihn umgebenden Welt verwirklichen, es handelt sich um sein gesellschaftliches Sein in der Vielfalt seiner Formen, um seine Tätigkeit.[157]

---

154 Ebd., S. 134.
155 Link, Jürgen: Kollektivsymbolik und Mediendiskurse, 1982, zitiert nach Jäger, Siegfried: Kritische Diskursanalyse, Münster, 2004, S. 138.
156 Ebd. S. 141.
157 Leontjew, Alexej, zitiert nach Jäger, 2004, S. 86.

Zentral ist deshalb für Jäger der „besondere Stellenwert" der „Theorie der Tätigkeit" für die Diskurstheorie:

> Wenn nämlich Subjekte durch den Diskurs konstituiert werden (...), dann stellt sich die Frage, wie man sich diesen Prozess im Einzelnen vorzustellen hat. (...) Diskurse sind Resultat menschlicher Tätigkeit, gleichsam die Resultante des gesamtgesellschaftlichen Tuns der Subjekte, die – wie auch immer gestreut – historisch überliefertes Wissen aufnehmen, es verarbeiten und anderen in der Gegenwart und für die Zukunft kommunizierend/gestaltend/arbeitend weitergeben; dabei kann diese Weitergabe verbal oder aber auch in vergegenständlichter Form erfolgen.[158]

In Anlehnung an Foucault erklärt Jäger deshalb, dass das „Individuum" nicht den Diskurs „mache", obwohl der Diskurs „von der Gesamtheit aller Individuen gemacht" werde, die am Diskurs und an den diskursiven Strängen selbst unterschiedlich beteiligt seien. Der Diskurs selbst sei „überindividuell".

Jägers Basis, die er an die Tätigkeitstheorie von Alexej N. Leontjew anlehnt, bietet die Überwindung der „Kluft" zwischen Subjekt und Objekt im Diskurs. Dieser Aspekt ist umso wichtiger, da einer der Schwerpunkte dieser Arbeit auf den AkteurInnen liegt, die den gesamtgesellschaftlichen Diskurs gestalten:

> Wie Foucault die Konstituierung der Subjekte im Diskurs verortet, so tut dies zwar auch Leontjew, wenn er zwischen Subjekt- und Objektwelt unterscheidet und die Abhängigkeit der Subjektbildung von den sozialen Bedingungen postuliert. Zusätzlich schließt er die Kluft zwischen Subjekt und Objekt durch das Konzept der Tätigkeit, das zwischen diesen Ebenen vermittelt.[159]

Die Tätigkeitstheorie nach Alexej N. Leontjew bietet folglich im Zusammenhang mit der Diskursanalyse den Einbezug der am Diskurs beteiligten „Subjekte" – den AkteurInnen, die den gesamtgesellschaftlichen Diskurs gestalten. Die Tätigkeitstheorie ermöglicht dem Analysierenden in das *Innere* der „diskursiven Praktiken" der Subjekte zu blicken, ohne den Fokus ausschließlich auf die Analyse der Machtstrukturen des Diskurses zu richten:

> Das genauere Verständnis von Struktur und der Bedingungen individueller Tätigkeit erlaubt eine exaktere Verortung der individuell-subjektiven Beteiligung im Diskurs, die in der primär auf der sozialen Ebene ansetzenden Diskurstheorie Foucaults meines Erachtens noch diffus geblieben ist. Wenn es die Menschen sind, die Geschichte machen – und damit auch die Diskurse –, dann erscheint es mir unabdingbar, dieses „Machen" und seine Voraussetzungen möglichst genau zu beleuchten.[160]

---

158 Jäger, Siegfried: Kritische Diskursanalyse, 2004, S. 78.
159 Ebd., S. 111.
160 Ebd., S. 112.

1.3 Grundlagen der Diskurstheorie und diskursanalytischen Methodik 61

In Bezug auf den hier zugrunde liegenden Datenkorpus sind folgende Punkte festzuhalten: Das Material meiner Diskursanalyse sind Texte in Form von Zeitungsartikeln. Laut Leontjew sind „Texte als Produkte menschlicher Arbeit anzusehen", die:

> (...) den über ‚Wissen' verfügenden denkend-tätigen Menschen voraussetzen, der sich und das von ihm erworbene Wissen in all seinen Tätigkeitsprodukten artikuliert – nicht etwa nur sprachlich.[161]

Texte sind als „Ansammlungen von Diskursfragmente(n)" zu begreifen. In ihnen werden „gesellschaftliche Inhalte" aller Art transportiert. Die Inhalte beziehen sich auf „gesellschaftliche Prozesse", wirken auf diese ein und tragen zu ihrer „Veränderung" oder zu ihrer „Stabilisierung" bei. Diskursfragmente beinhalten „Sagbares" und befinden sich in einem „Sagbarkeitsfeld", das entsprechend mit Tabus belegt sein kann oder entsprechend eingeengt werden kann:

> Diskursanalyse erfasst somit auch das jeweils Sagbare in seiner qualitativen Bandbreite bspw. alle Aussagen, die in einer bestimmten Gesellschaft zu einer bestimmten Zeit geäußert werden (können), aber auch die Strategien, mit denen das Feld des Sagbaren ausgeweitet oder auch eingeengt wird, etwa Verleugnungsstrategien, Relativierungsstrategien.[162]

Ein deshalb wichtiges Kriterium zur Analyse eines Diskurses ist die Untersuchung der sprachlich-rhetorischen Mittel, die bei der Erstellung der Diskursfragmente eingesetzt werden. Daran schließt sich die Auseinandersetzung mit den inhaltlich-ideologischen Aussagen der Diskursfragmente an:

> In fast jedem (…) Diskursfragment finden sich Anhaltspunkte für ideologische Einschätzungen etwa im Hinblick auf das grundsätzliche Gesellschaftsverständnis, das verinnerlichte allgemeine Menschenbild, (…) auf Fragen menschlicher Existenz, auf Normalität- und Wahrheitsvorstellungen allgemein (…).[163]

Bezüglich der Diskursfragmente unterscheidet Jäger grundlegend zwischen der „Wirkung des Diskurses" und der „Wirkung des Textes":

> Der einzelne Text wirkt minimal und kaum spür- und erst recht schlecht nachweisbar; demgegenüber erzielt der Diskurs mit seiner fortdauernden Rekurrenz von In-

---

161 Ebd., S. 22.
162 Ebd., S. 130.
163 Ebd., S. 185.

halten, Symbolen und Strategien nachhaltige Wirkung, indem er im Laufe der Zeit zur Herausbildung und Verfestigung von „Wissen" führt.[164]

Jürgen Link betont zudem die gesellschaftliche Wirkung, die der Diskurs aufgrund seiner Wiederholung besitzt. Link spricht deshalb von „Applikations-Vorgaben", die für die „individuelle und kollektive Subjektivitätsbildung funktionieren."[165]

Jäger hebt im Zusammenhang mit der Frage um die Wirkung und die Effekte des Diskurses hervor, dass erst die „vollständige Analyse" der Diskursstränge „die gesamte Bandbreite der diskursiven Wirkung offenlegt".[166] Damit dies tatsächlich erreicht werden kann, ist die Analyse des diskursrelevanten „Dispositivs" notwendig. Die „Dispositive" sind aussagekräftige Bausteine in der Diskursanalyse, welche das Zusammenspiel der machtgebenden gesamtgesellschaftlichen Strukturen und Institutionen offenlegen. Dispositive sind für Michel Foucault:

> (…) ein entschieden heterogenes Ensemble, das Diskurse, Institutionen, architekturale Einrichtungen, reglementierende Entscheidungen, Gesetze, administrative Maßnahmen, wissenschaftliche Aussagen, philosophische, moralische oder philanthropische Lehrsätze, kurz: Gesagtes eben sowohl wie Ungesagtes umfasst. Soweit die Elemente des Dispositivs. Das Dispositiv selbst ist das Netz, das zwischen diesen Elementen geknüpft werden kann (…) eine Art von – sagen wir – Formation, deren Hauptfunktion zu einem gegebenen historischen Zeitpunkt darin bestanden hat, auf einen Notstand (urgence) zu antworten.[167]

Die folgenreichste Funktion eines Dispositivs besteht meines Erachtens in der von Foucault bezeichneten „strategischen Funktion".[168] Für die Analyse der Geschlechterbeziehungen in dieser Arbeit sind deshalb zwei Dispositive von Bedeutung: Zum einen das „Sexualitätsdispositiv" und zum anderen das „Allianzdispositiv". Beide Dispositive sind in den Geschlechterbeziehungen *mächtig* und aus diesem Grund ausschlaggebend für die Gestaltung der zwischengeschlechtlichen Beziehungen in gesellschaftlichen Kontexten sowie ausschlaggebend für die physische und psychische Gewalt innerhalb der Geschlechterbeziehungen und der strukturellen staatlichen Gewalt. Ausgehend von der Sexualität, die „nicht als eine Triebkraft zu beschreiben" ist, die der „Macht von

---

164 Ebd., S. 170.
165 Link, Jürgen: Normalismus. Konturen eines Konzepts, 1992, zitiert nach Jäger, Siegfried, 2004, S. 146.
166 Ebd., S. 170.
167 Foucault, Michel: Dispositive der Macht. Über Sexualität, Wissen und Wahrheit, Berlin 1978, zitiert nach Jäger, Siegfried, 2004, S. 22-23.
168 Ebd., S. 23.

1.3 Grundlagen der Diskurstheorie und diskursanalytischen Methodik 63

Natur aus widerspenstig, fremd und unfügsam gegenübersteht – einer Macht, die sich darin erschöpft, die Sexualität unterwerfen zu wollen, ohne sie gänzlich meistern zu können", ist das Sexualitätsdispositiv laut Foucault

> (...) ein besonders dichter Durchgangspunkt für Machtbeziehungen: zwischen Männern und Frauen (...). Innerhalb der Machtbeziehungen gehört die Sexualität nicht zu den unscheinbarsten, sondern zu den vielseitigsten einsetzbaren Elementen: verwendbar für die meisten Manöver, Stützpunkt und Verbindungsstelle für die unterschiedlichsten Strategien.[169]

Foucault betont dabei die universale Strategie, die das „Sexualitätsdispositiv" ausmacht:

> (...) die Vorstellung, dass man mit den verschiedensten Mitteln versucht hat, den gesamten Sex entweder auf seine Fortpflanzungsfunktion oder auf seine heterosexuelle und erwachsene Form oder seine eheliche Legitimität zurückzuführen, wird den vielfältigen Zielen und Mitteln der Sexualpolitiken nicht gerecht (...).[170]

Foucault hebt in seiner Betrachtung der Sexualität hervor, dass die Sexualität keine Realität sei. „Sexualität" sei lediglich die Bezeichnung für ein historisches „Dispositiv". Aus diesem Grund sei „die Sexualität" Foucault zufolge ein „großes Oberflächennetz", das:

> (...) Formierung der Erkenntnisse, die Verstärkung der Kontrollen und der Widerstände in einigen großen Wissens- und Machtstrategien miteinander verkettet.[171]

Die Sexualbeziehungen wiederum sind Foucault zufolge ausschlaggebend für das „Allianzdispositiv". Ähnlich wie das „Sexualitätsdispositiv" besitzt das Allianzdispositiv einen *universalen Charakter* – es ist in jeder Gesellschaft gültig:

> (...) einem System des Heiratens, der Festlegung und Entwicklung der Verwandtschaften, der Übermittlung der Namen und Güter. Dieses Allianzdispositiv, zu dem stabilisierende Zwangsmechanismen und ein häufig komplexes Wissen gehören, hat in dem Maße an Bedeutung eingebüßt, wie die ökonomischen Prozesse in ihm kein angemessenes Instrument oder keine hinreichende Stütze mehr finden konnten.[172]

---

169 Foucault, Michel: Der Wille zum Wissen. Sexualität und Wahrheit 1, Frankfurt a.M. 1983, S. 125.
170 Ebd.
171 Ebd.
172 Ebd., S. 127-128.

Das „Allianzdispositiv" ist aufgrund der historischen und politischen Entwicklung vom „Sexualitätsdispositiv" abgelöst worden. Anstelle des „Allianzdispositivs" regelt nunmehr das „Sexualitätsdispositiv" die Beziehungen zwischen den Geschlechtern. Hier muss jedoch betont werden, dass Foucault ausschließlich die Entwicklung in der „abendländischen Welt" analysiert. Die Perspektive und die Bedeutung des „Sexualitätsdispositivs" können meines Erachtens auf jede Gesellschaft übertragen werden, die von der Moderne gekennzeichnet ist. Nichtsdestotrotz besitzt das „Allianzdispositiv" in vielen Teilen der Welt im Hinblick auf die Eheanbahnungsstrategien und die Partnerwahl eine weiterhin gültige zweckdienliche gesellschaftliche oder gemeinschaftliche Bedeutung für die Gestaltung der Beziehungen zwischen Männern und Frauen. Insofern kann auch der „Ehevertrag" als „Allianzdispositiv" bezeichnet werden. Die wesentlichen Unterschiede zwischen den beiden Dispositiven bestehen Foucault zufolge in ihrem „Regelsystem" und in ihren „Machttechniken":

> (...) Das Allianzdispositiv hat wesentlich die Aufgabe, das Spiel der Beziehungen zu reproduzieren und ihr Gesetz aufrechtzuerhalten; das Sexualitätsdispositiv hingegen führt zu einer permanenten Ausweitung der Kontrollbereiche und -formen. (...) Während sich schließlich das Allianzdispositiv durch die Rolle, die es bei der Weitergabe oder beim Umlauf der Reichtümer spielt, eng an die Ökonomie anschließt, verläuft der Anschluss des Sexualitätsdispositivs an die Ökonomie über zahlreiche und subtile Relaisstationen – deren wichtigste der Körper ist, der produzierende und konsumierende Körper.[173]

Für die Analyse der Geschlechterbeziehungen und des Gewaltdiskurses zwischen den Geschlechtern ist der *soziale Raum* des „Allianzdispositivs" sowie des „Sexualitätsdispositivs", in dem Michel Foucault beide Dispositive verortet, ausschlaggebend für den Diskurs über „Ehrenmorde", Zwangsehen und arrangierte Ehen: die Familie. Aus diesem Grund besitzt die Familie eine ganz bestimmte Funktion:

> (...) Sie gewährleistet die Produktion einer Sexualität, die den Privilegien der Allianz nicht genau entspricht und die Allianzsysteme mit einer bis dahin unbekannten Machttaktik durchsetzt. Die Familie ist der Umschlagplatz zwischen Sexualität und Allianz: sie führt das Gesetz und die Dimension des Juridischen in das Sexualitätsdispositiv ein und transportiert umgekehrt die Ökonomie der Lust und die Intensität der Empfindungen in das Allianzregime.[174]

---

173 Ebd., S. 129.
174 Ebd., S. 131.

Im Verhältnis der Geschlechter und der Gestaltung ihrer zwischengeschlechtlichen Beziehungen sind die Dispositive bezeichnend für das „Sagbarkeitsfeld" in einer Gesellschaft und infolgedessen im öffentlichen Raum.
Im Anschluss an diese diskurstheoretischen und diskursanalytischen Überlegungen werden nun die Zeitungen, aus denen das Diskursmaterial stammt, charakterisiert.

1.4 Hürriyet und Zaman: Massenmedium und Ethnomedium

Das Diskursmaterial dieser Arbeit sind Zeitungsartikel. Sowohl für die Untersuchung der Verschränkungen der unterschiedlichen Öffentlichkeiten, in denen die Zeitungen zu verorten sind, als auch für die thematisch-inhaltliche Analyse der Diskursverschränkungen sind die Europaausgaben der türkischsprachigen Tageszeitungen Hürriyet und Zaman verwendet worden. Die Sammlung und Sichtung des Diskursmaterials begann im September 2005 und dauerte bis Ende des Jahres 2011 an.

Die für die Analyse verwendeten Tageszeitungen sind sowohl Massenmedien als auch „Ethnomedien". Für die Untersuchung der räumlichen Diskursverschränkungen und des Geschlechterverhältnisses, das darin verhandelt wird, sowie für die Herausarbeitung der Diskursverschränkungen innerhalb des Pressdiskurses der Europaausgaben von Hürriyet und Zaman spielen beide Kategorien eine charakteristische Rolle. In diesem Kapitel wird zunächst die Definition des Begriffs „Ethnomedien" vorgenommen und die Bedeutung der türkischsprachigen Printmedien in Deutschland näher beleuchtet. Anschließend erfolgt die Charakterisierung der türkischen Tageszeitungen Hürriyet und Zaman.

1.4.1 Definition: Ethnomedien

Als Ethnomedien werden Medien bezeichnet, die sich an eine bestimmte Ethnie in ihrer Muttersprache wenden. Ethnische Medien sind „muttersprachliche Medien", derer sich Migranten „zum Zweck der Unterhaltung und Information" bedienen und:

> Im Sinne einer engen Definition werden hierunter Medien verstanden, die hauptsächlich *von* [kursiv im Original, M. K.] Minderheitenangehörigen *für* Minderheitenangehörige in Deutschland produziert und vertrieben werden. Unter ethnischen Medien werden darüber hinaus im Sinne dieser engen Definition beispielsweise Zei-

tungen und Zeitschriften sowie Fernsehprogramme, jedoch keine Zeitungsteile, Beilagen oder einzelne Sendungen verstanden.[175]

Im internationalen Vergleich betont die Sozialwissenschaftlerin Sonja Weber-Menges jedoch, dass diese „enge Definition" einem

> Großteil der *ethnic* bzw. *minority media* in den USA und Kanada (…) entspricht, sind solche ethnischen Medien (…) in Deutschland jedoch eher eine Ausnahme.[176]

Aus diesem Grund müsse die Definition von ethnischen Medien erweitert werden. Demzufolge sind unter ethnischen Medien „Medienangebote für Migranten sowohl in Form von Pressemedien (Zeitungen, Zeitschriften oder auch Beilagen) und auch audiovisuelle Medien (Programme oder auch Programmteile)" zu verstehen.[177] Das signifikanteste Unterscheidungsmerkmal, welches Weber-Menges in ihrer Definition anführt und auch für die Tageszeitungen Hürriyet und Zaman gilt, ist, dass die Medien:

> (…) im jeweiligen Herkunftsland für den dortigen Markt produziert werden und in Deutschland zugänglich sind (…).[178]

Aus diesem Grund sind die Hürriyet und die Zaman in der Türkei *Massenmedien*, wohingegen sie in Deutschland *Ethnomedien* sind. Massenmedien sind:

> Kommunikationsmittel, die durch technische Vervielfältigung und Verbreitung mittels Schrift, Bild oder Ton an eine unbestimmte (weder eindeutig festgelegte noch quantitativ begrenzte) Zahl von Menschen vermitteln und somit öffentlich an ein anonymes räumlich verstreutes Publikum weitergeben.[179]

Der Hauptgrund für das Angebot und die Nachfrage von Ethnomedien liegt Weber-Menges zufolge in der „negativ verzerrten Darstellung von ethnischen Minderheiten" in den deutschen Medien sowie der „mangelnden Repräsentation ethnischer Minderheiten im deutschen Medienbetrieb".[180]

Die Mutterkonzerne der beiden Ethnomedien und Massenmedien Hürriyet und Zaman befinden sich in Istanbul. Sie richten sich in erster Linie an TürkIn-

---

175 Weber-Menges, Sonja: Die Entwicklung ethnischer Medienkulturen. Ein Vorschlag zur Periodisierung, in: Geißler, Rainer/Pöttker, Horst (Hg.): Massenmedien und die Integration ethnischer Minderheiten in Deutschland, Bielefeld 2005, S. 241.
176 Ebd., S. 241f.
177 Ebd.
178 Ebd.
179 Vgl. Burkart, Roland: Kommunikationswissenschaft, Wien 2002, S. 169-172.
180 Ebd., S. 241.

1.4 Hürriyet und Zaman: Massenmedium und Ethnomedium

nen in der Türkei. In den Türkei-Ausgaben der Hürriyet und der Zaman gibt es keine „Europaseiten". Sowohl die Hürriyet als auch die Zaman beinhalten in ihren Europaausgaben „Europaseiten", auf denen sie gezielt ihre türkischsprachigen LeserInnen über Politik und Gesellschaft in Europa informieren. Das gilt für alle in Europa erscheinenden türkischen Tageszeitungen, die eine Europaausgabe besitzen. Die Europaausgaben in Deutschland erscheinen einen Tag später als die Tageszeitungen in der Türkei. Die Redaktionen der türkischsprachigen Europaausgaben befinden sich alle in Frankfurt am Main. Die Ausgaben für das europäische Ausland werden von den türkischen Redakteuren in Istanbul und in Frankfurt zusammen entworfen.[181] Die Endredaktion obliegt jedoch den Redaktionen in Istanbul. In den Europaausgaben der Hürriyet und der Zaman wird häufig über Kommunales berichtet, insbesondere aus Nordrhein-Westfalen, wo die Anzahl der Türkei- und türkischstämmigen Bevölkerung besonders hoch ist. Auf den Europaseiten werden Themen aufbereitet, welche die *Lebensrealitäten* und *Alltagssituationen* der Leserschaft wiedergeben.

Noch während der 1980er Jahren war dies jedoch nicht der Fall: Die Wiedergabe der Lebenssituation der *in Deutschland* lebenden TürkInnen wurde nicht aufgegriffen. Die Soziologin Nermin Abadan-Unat kritisiert deshalb, dass viele „brennende Probleme" wie die „Schulsozialarbeit" nicht thematisiert wurden. Darüber hinaus sei über Themen wie beispielsweise Ausländerfeindlichkeit nicht in einer sachlich informativen Weise, sondern in einer „emotionalisierenden" Form berichtet worden:

> Die türkische Presse im Ausland ist vorwiegend uninteressiert an einer Anbahnung von kultureller Zusammenarbeit und Austausch von Gedanken beider Länder. Dadurch trägt sie indirekt zu einer einseitigen Verfestigung von Bindungen an die Heimat (...) bei (...). Perfekte Beherrschung der deutschen Sprache, Entschlossenheit, in der Bundesrepublik ansässig zu sein, wird allerorts negativ beurteilt und als Verlust vermerkt.[182]

---

181 Vgl. dazu: „Die Medien der türkischen Bevölkerung in Deutschland: Nachdem die Originalausgabe von türkischen Redakteuren in der Türkei vorbereitet und veröffentlicht wurde, gestaltet sie die Redaktion für die entsprechende Auslandsausgabe je nach Menge des von der Frankfurter Redaktion beschafften Materials und der Deutschlandanzeigen um und schickt die ganze Filmvorlage per Flugzeug oder via Satellit nach Frankfurt. Zusätzliche Änderungen werden noch in Deutschland vorgenommen." Halm, Dirk: Die Medien der türkischen Bevölkerung in Deutschland, S. 82.
182 Abadan-Unat, Nermin: Die türkische Presse in der Bundesrepublik Deutschland. Versuch einer Analyse, in Zentrum für Türkeistudien (Hg.), 1988, S. 4-10, zitiert nach: Müller, Daniel: Die Inhalte der Ethnomedien unter dem Gesichtspunkt der Integration, in: Geißler, Rainer/Pöttker, Horst: Massenmedien und Integration ethnischer Minderheiten in Deutschland, Bielefeld 2005, S. 335.

Ergänzt werden muss, dass die 1980er Jahre für die türkischstämmige Bevölkerung in Deutschland geprägt waren von „Rückkehranreizen" in die Türkei, die damals von der deutschen Bundesregierung unter dem früheren Bundeskanzler Helmut Kohl geschaffen wurden. Türkische „Gastarbeiter" erhielten bestimmte Geldsummen, wenn sie auf ihre in Deutschland erworbenen Rentenansprüche verzichteten und auswanderten. Viele der ehemaligen GastarbeiterInnen nahmen tatsächlich das Angebot der damaligen Bundesregierung in Anspruch und kehrten gemeinsam mit ihren Familien in die Türkei zurück. Die Bilanz dieser forcierten Migration ist durchwachsen: Einige der Zurückgekehrten hatten in der Tat Erfolg in der Türkei und lebten sich gemeinsam mit ihren Familien erfolgreich ein. Andere wiederum erkannten, dass die Türkei, die sie in den 1960er Jahren verlassen hatten, sich wesentlich verändert hatte – und mit 10 000 DM auch in der Türkei kein erfolgreicher Neubeginn auf Dauer möglich war. Hinzu kamen Anpassungsschwierigkeiten der Kinder in der Türkei, die sich in ihrem Alltag schwer taten, da ihnen das Schulsystem fremd war und sie die türkische Sprache – im Gegensatz zu ihren Eltern – nicht ausreichend für einen in der Türkei zu bewältigenden Alltag beherrschten. Die fehlende „Entschlossenheit in der Bundesrepublik ansässig zu werden", die Abadan-Unat kritisiert, war zu dem damaligen Zeitpunkt in der Tat noch stark verbreitet, was sich wiederum in den Pressediskursen der türkischsprachigen Printmedien widerspiegelte. Im Gegensatz dazu war die Anbindung an die Türkei sehr stark ausgeprägt, zumal viele Familien durch ihre Löhne in Deutschland ihre Familienmitglieder in der Türkei unterstützten und die Mehrheit der in Deutschland lebenden Türki stämmigen Bevölkerung von einem temporären Aufenthalt ausgegangen war. Den türkischen Regierungen waren die Diaspora-TürkInnen wiederum zu diesem Zeitpunkt eine willkommene Devisenquelle. Das änderte sich, als sich immer deutlicher herauskristallisierte, dass die ehemaligen GastarbeiterInnen gemeinsam mit ihren Familien dauerhaft in Deutschland bleiben würden. Die Berichterstattung in den Europaausgaben der türkischsprachigen Printmedien in Deutschland ist jedoch noch aus einem weiteren Grund nicht als *Forum* für die Alltagsbelange der türkischen Diaspora in Deutschland „zuständig" gewesen: Türkische Printmedien sind von ihrem Ursprung her eben *keine* Ethnomedien. Die Wurzeln ihrer historischen und politischen Entwicklungen liegen in der Türkei und in der türkischen Öffentlichkeit der Türkei. Während ihrer Etablierung als Printmedien für die türkische Bevölkerung in Deutschland war das primäre Ziel zunächst nicht, die Interessen der türkischen Diaspora in Deutschland zu vertreten, sondern die Interessen des türkischen Staates einerseits und die Aufrechterhaltung der Bindungen in das Heimatland andererseits zu gewährleisten. Dieses Verständnis wandelte sich erst im Laufe der 1990er Jahre, indem die türkischen

1.4 Hürriyet und Zaman: Massenmedium und Ethnomedium

Presseorgane zunehmend als „Anwälte" ihrer Leserschaft auftraten und sich Deutschland als tatsächlicher Lebensmittelschwerpunkt herausstellte.[183]

Die Haltung der Printmedien bis in die 1980er Jahre hinein resultiert meines Erachtens aus einem weiteren historischen und gesellschaftlichen Sachverhalt, der in der Gründungsphase der türkischen Republik verankert ist und sich in der türkischen Verfassung widerspiegelt: Demzufolge ist das türkische Staatsbürgerschaftsverständnis eng mit der „Unteilbarkeit" des türkischen Staates und des Staatsvolkes verwoben, was beispielsweise eine föderale Staatsstruktur in der Türkei ausschließt. Eines der wichtigsten nationalenPrinzipien in der türkischen Verfassung ist die Einheit von „Staatsgebiet und Staatsvolk".[184] Dazu gehört auch die türkische Sprache als einzige anerkannte Sprache. Der Jurist Christian Rumpf erklärt im Hinblick auf die türkischen Verfassungsprinzipien dazu:

> Zunächst wird die türkische Sprache als „Sprache des Staates" bestimmt (devletin dili). Obwohl der Begriff Amtssprache (resmi dil) in der Überschrift zu dieser Vorschrift steht, hat man diesen Begriff offenbar bewusst vermieden, um deutlich zu machen, dass man mehr als die reine Behördensprache damit meint. Tatsächlich tauchen Vorschriften, die das Türkische – über den Behördenbereich hinaus – zur ausschließlich zu verwendenden Sprache im öffentlichen Leben erheben, im Parteienrecht, Vereinsrecht und anderswo auf. Bedenklich wird es in Artikel 26 Abs. 3 und 28 Abs. 2 TV 1982, wonach die Freiheiten der Meinungsäußerung und der Presse durch das Verbot der Verwendung bestimmter Sprachen beschränkt werden dürfen.[185]

Dieses Staatsverständnis führt – unabhängig von der politischen Orientierung der amtierenden Regierung – insbesondere dazu, dass die türkische Diaspora in Deutschland immer noch als fester Bestandteil des *untrennbaren Staatsvolkes* betrachtet wird, dessen Primärsprache Türkisch ist. Das damit verbundene Identitäts- und Sprachkonzept spiegelte und spiegelt sich entsprechend in den Medien wider, auch wenn sich die MacherInnen der türkischsprachigen Europaausgaben insbesondere im Integrationsdiskurs darüber einig sind, dass die perfekte Beherrschung der deutschen Sprache für den persönlichen und beruflichen Erfolg unabdingbar ist. Insgesamt muss jedoch festgehalten werden, dass vor allem zu Beginn der Migration nach Deutschland ab dem Jahr 1961 die türkischen Tageszeitungen die einzige Informationsquelle und zugleich das Verbindungsglied

---

183 Der Chefredakteur der Europaausgabe der türkischen Tageszeitung Sabah, Mikdat Karaalioğlu, erklärte mir im Gespräch, dass in den 1970er und 1980er Jahren sich die türkischen Tageszeitungen ausschließlich an den Belangen der türkischen Öffentlichkeit in der Türkei orientierten, (Juni, 2008).
184 Vgl. Rumpf, Christian: Das türkische Verfassungssystem, Wiesbaden 1996, S. 105.
185 Ebd.

schlechthin in das Heimatland Türkei gewesen sind. Im Zusammenhang mit der Identität betont der Politikwissenschaftler Dirk Halm, dass Medien eine „zentrale Meinungsbildungsinstanz" sind:

> Dies gilt für den permanenten Prozess der Identitätsbildung ebenso wie für das Wissen über und die Einstellung zu politischen und gesellschaftlichen Themen. (...) Gerade in „abstrakten" Bereichen, die sich einer „direkten" Beobachtung entziehen – Politik, Kultur etc. –, sind Medien nicht nur Informations-, sondern auch Bewertungs- und Interpretationslieferant.[186]

Halm hebt hervor, dass die „heimatsprachlichen Medien" einerseits eine „Brücke in die Heimat bilden" und andererseits „die Möglichkeit" bieten, „die Situation der Migration zu problematisieren und zu artikulieren, die die deutschen Medien nicht geben".[187] Halm weist gleichzeitig auf den hohen Informationsgehalt heimatsprachlicher Medien insbesondere für die erste Generation der ehemaligen türkischen GastarbeiterInnen hin:

> Berücksichtigt werden muss auch, dass gerade für die erste Generation, die häufig mit Sprachproblemen zu kämpfen hat, von großer Bedeutung ist, aktuelle gesellschaftspolitische Entwicklungen und politische Diskussionen in Deutschland – beispielsweise über die Renten- oder Steuerreform bis zum Ausländerrecht – mittels der Muttersprache wahrnehmen zu können.[188]

Im Hinblick auf die türkische Presse in Deutschland erklärt Halm, dass sie eine „aktive Rolle in der gesellschaftlichen Entwicklung" einnimmt, da sie nicht bloß ihrer „Informationsfunktion" gerecht werden möchte:

> Ein spezifisches Selbstverständnis trifft für alle hier erscheinenden Zeitungen, unabhängig von ihrem politisch-ideologischen Standpunkt, zu: Die türkische Presse versteht sich heute explizit als Anwalt ihrer jeweiligen Leserschaft. Dieses Selbstverständnis prägt die Art ihrer Berichterstattung. Ihre selbst übernommene anwaltliche Funktion zwingt die Zeitungen nachzuweisen, sich gegenüber öffentlichen Institutionen und Behörden massiv für die Interessen ihrer Leserschaft eingesetzt zu haben.[189]

Die Politikwissenschaftlerin Nesrin Çalağan weist wiederum darauf hin, dass sich die gegenwärtige türkischsprachige Presselandschaft aus der Neubewertung der „spezifischen Bedürfnisse deutsch-türkischer Rezipienten" ergeben hat.

---

186 Halm, Dirk: Die Medien der türkischen Bevölkerung in Deutschland, 2006, S. 78.
187 Ebd.
188 Ebd., S. 79.
189 Ebd., S. 82.

1.4 Hürriyet und Zaman: Massenmedium und Ethnomedium

Çalağan stellt in ihrer Untersuchung über den deutsch-türkischen Medienmarkt fest, dass zwischen den 1980er und 1990er Jahren das Angebot der *Nachfrage* der Türkei stämmigen Rezipienten *in Deutschland* angepasst worden ist:

> Das Printmediensegment des deutsch-türkischen Medienmarktes veränderte sich in dieser Phase dahingehend, dass die Qualität türkischer Tageszeitungen zunahm. Parallel zu der sozialen und politischen Ausdifferenzierung der türkischen Immigranten in Deutschland wuchs auch das politische Spektrum der Tageszeitungen.[190]

Seit dem Jahr 2000 stellt Çalağan eine Dominanz von Medienproduzenten aus der Türkei auf dem deutsch-türkischen Medienmarkt fest. Gleichzeitig sind seit dem Jahr 2000 erstmalig in der Geschichte der türkischsprachigen Medien in Deutschland türkischstämmige und Türkei stämmige Rezipienten *aus Deutschland* Medienproduzenten:

> Einer gesellschaftlichen/ethnischen Eigendynamik folgend, entwickelte sich (…) in Deutschland in jüngster Zeit ein zweites Forum von Medienproduzenten mit persönlichem deutsch-türkischen Migrationshintergrund, das sich auf allen Ebenen teilweise noch zaghaft – oft nicht mit der notwendigen ökonomischen Basis ausgestattet – aber dennoch unübersehbar zu etablieren versucht.[191]

Festzuhalten ist, dass sich insbesondere in dieser Entwicklung seit dem Jahr 2000 Folgendes zeigt: Weder die türkischen noch die deutschen Medien *allein* geben ein vollständiges Abbild der Lebens- und Alltagsrealität der hier lebenden türkischstämmigen Bevölkerung und ihrer Nachkommen wieder. Eine vollständigere Wiedergabe der Lebens- und Alltagsrealität, insbesondere der hier geborenen Generationen, findet zunehmend durch die MedienproduzentInnen mit migrantischen Herkunftsbiographien statt.

Im Folgenden werden die Tageszeitungen Hürriyet und Zaman vorgestellt und in den Kontext der öffentlichen Räume, in denen sie erscheinen, eingeordnet.

---

[190] Nesrin, Çalağan: Türkische Presse in Deutschland. Der deutsch-türkische Medienmarkt und seine Produzenten, 2010, S. 81ff.
[191] Ebd., S. 85.

1.4.2 Charakterisierung der türkischsprachigen Tageszeitungen Hürriyet und Zaman

In diesem Kapitel wird der „institutionelle Rahmen"[192] der beiden Tageszeitungen vorgestellt. Jäger zufolge ist die Definition des „institutionellen Rahmens" der Diskursfragmente unabdingbar für die Diskursanalyse. Der „institutionelle Rahmen" beinhaltet folgende Merkmale: Die Zeitungen Hürriyet und Zaman werden in ihrer Gesamtheit charakterisiert. Neben den zeitungsrelevanten Merkmalen erfolgt auch eine Charakterisierung der Redaktion. Ein weiterer Fokus liegt auf dem Leserpublikum der beiden Tagesblätter, das wiederum eng mit der inhaltlichen Machart der Blätter zusammenhängt. Darüber hinaus werden beide Zeitungen in den internationalen sowie deutschen öffentlichen Kontext eingeordnet.

1.4.2.1 Hürriyet

Die Hürriyet, zu Deutsch „Freiheit", ist eine türkischsprachige Tageszeitung, die dem liberalkonservativen Spektrum mit einer klaren Tendenz zur Boulevardpresse zuzuordnen ist.[193] Die Hürriyet wurde im Mai 1948 in der Türkei gegründet. In Deutschland trat sie das erste Mal im Jahr 1965 in Erscheinung. Das Blatt besteht insgesamt aus 28 bis 30 Seiten und umfasst die Themen Politik, Wirtschaft, Börse, Kultur und Sport. In der Mitte des Blattes befinden sich die „Europaseiten", die sich zwischen vier und sechs Seiten täglich bewegen. Die Hürriyet erscheint sieben Tage die Woche und besitzt darüber hinaus unterschiedliche Beilagen.

Das Blatt ist ein Pressemedium aus der *Doğan Media International* Gruppe.[194] Die europäische Zweigniederlassung befindet sich in Mörfelden-Walldorf bei Frankfurt, wo auch die firmeneigene Druckerei zu finden ist. Der *Doğan Media International* Gruppe gehören noch weitere Pressemedien und Fernsehsender an: Die links-liberale Zeitung Milliyet, das Sportblatt Fanatik und der Fernsehsender Euro D. Außerhalb der Türkei erscheint die Hürriyet in 13 weiteren Ländern: Belgien, Dänemark, Deutschland, Frankreich, Griechenland, Großbritannien, Italien, Luxemburg, Niederlande, Österreich, Schweden, Schweiz und

---

192 Jäger, 2004, S. 176.
193 Vgl. Halm, Dirk, Die Medien der türkischen Bevölkerung in Deutschland, 2006, S. 80.
194 Siehe dazu: http://www.doganmedia.de/c/dmg-int.asp (Stand: 12.02.2012).

1.4 Hürriyet und Zaman: Massenmedium und Ethnomedium 73

die USA. Der Vertrieb der Europaausgabe der türkischen Tageszeitung Hürriyet erfolgt in Deutschland über den Axel-Springer-Verlag.[195]

Die Hürriyet ist die auflagenstärkste türkischsprachige Tageszeitung in Europa. Die Druckauflage der Europaausgabe in Deutschland lag im vierten Quartal 2011 bei 73 286. Die Verbreitung lag bei 34 377 Stück und der Verkauf bei 34 232.[196] Allerdings ist der LeserInnenkreis der Hürriyet deutlich höher als es die Absätze vermuten lassen. Er betrug beispielsweise im Jahr 2007 allein in Deutschland 565 000 LeserInnen.[197]

Die Hürriyet erscheint zusätzlich mit unterschiedlichen Formaten und Inhalten im Internet. Dazu gehören die Internetseiten www.hurriyet.com.tr für die Türkei und www.hurriyet.de für Europa. Die Internet-Europaseite besitzt auch einige deutschsprachige Inhalte, in denen sporadisch über die Integrationspolitik in Deutschland berichtet wird. Über www.hurriyetdailynews.com informiert die Hürriyet über die internationale Politik, Wirtschaft, Gesellschaft, Sport und Kultur sowie über Politik und Gesellschaft der Türkei. Die *Hürriyet Daily News* gibt es zusätzlich als Printausgabe. Sie erscheint ausschließlich auf Englisch und unterscheidet sich in ihrem Layout und ihrem Inhalt vollständig von der Tageszeitung Hürriyet: Das Blatt hat keine Nähe zur Boulevardpresse, die Aufmachung ist schlicht und seriös, die Texte sind von einem hohen und dichten Informationsgehalt gekennzeichnet.

Die Hürriyet ist eine der führenden Tageszeitungen in der gegenwärtigen Türkei und konkurriert dort direkt mit der Zaman und der Tageszeitung Posta, die beide derzeit einen stärkeren Absatz als die Hürriyet erreichen. Zwischen dem 20.02.2012 und dem 26.02.2012 belief sich die Absatzzahl der Hürriyet in der Türkei auf 415 898, wohingegen die Zaman 947 553 und die Posta 465 629 Ausgaben verkauften.[198] Die Hürriyet gilt als „Hüterin des Kemalismus" und fühlt sich dem Laizismus verbunden. Ihr Emblem, das links auf der Titelseite zu finden ist, zeigt Atatürks Profil. Das Motto der Hürriyet lautet: „Türkiye Türklerindir" – „Die Türkei gehört den Türken". In den Internetpräsenzen findet sich das Atatürk-Profil nicht wieder.

---

195 Siehe dazu: Türkischer Medienzar kapituliert, in: http://www.handelsblatt.com/unternehmen/it-medien/aydin-dogan-tuerkischer-medienzar-kapituliert/3338156.html, 04.01.2010, (Stand: 12.02.2012).
196 Während der Fertigstellung dieser Arbeit (Februar/März 2012) waren die Verkaufs- und Absatzzahlen aus dem vierten Quartal 2011 die aktuellsten verfügbaren Daten. Vgl. dazu: http://daten.ivw.eu/index.php?menuid=1&u=&p=&detail=true, (Stand: 23.03.2012).
197 Ergebnis einer Umfrage durch die ENIGMA GfK Medienforschung. Es wurden 1504 Personen ab 14 Jahren in Deutschland befragt, in: http://www.hurriyet.de/documents/pdf/MD_2011_deutsch_nr41.pdf, (Stand: 12.02.2012).
198 http://www.medyaline.com/haber_detay.asp?haberID=14583, (Stand: 24.03.2012).

Insgesamt ist es sehr schwierig, einen exakten Einblick in die Auflagenzahlen der türkischen Tageszeitungen in Deutschland zu erhalten. Die Hürriyet und die Zaman sind diesbezüglich Ausnahmen. Sie sind die einzigen türkischsprachigen Tageszeitungen in Deutschland, die sich durch die IVW (Informationsgemeinschaft zur Feststellung der Verbreitung von Werbeträgern e. V.) prüfen lassen.[199] Darüber hinaus bieten sowohl die Hürriyet als auch die Zaman in ihrer Internetpräsenz Informationen über ihr Unternehmen in deutscher Sprache an.

Die Europaausgabe der Hürriyet soll nach eigenem Selbstverständnis eine *Brückenfunktion* bei der Integration der in Deutschland lebenden türkischsprachigen Bevölkerung übernehmen. Darüber hinaus bietet sie ihren RezipientInnen Unterstützung bei Alltagsschwierigkeiten.[200] Die Hürriyet ließ beispielsweise 2012 ihre bundesweit arbeitenden Korrespondenten in verschiedene deutsche Städte reisen, um sich vor Ort mit ihren Leserinnen und Lesern über ihre Alltags- und Lebensproblematiken im Hinblick auf den Arbeitsmarkt, Soziales, Gesundheit und Bildung zu unterhalten und niedrigschwellige Hilfsangebote zu stellen sowie rechtliche Aufklärung zu leisten. Unter der Rubrik „Hürriyet Hizmetler" in der Online-Ausgabe des Tagesblattes sind Tipps zur Ausbildungsplatzsuche sowohl auf Deutsch als auch auf Türkisch erhältlich. Integrationsaktionen, die plakativ von der Bundesregierung beworben werden, sind auf der Seite der Hürriyet verlinkt. In der Vergangenheit ist die Hürriyet jedoch mehrmals in die Kritik geraten, da sie auf diskreditierende Art und Weise über Personen aus der eigenen Community, die in der Öffentlichkeit stehen, berichtete.[201]

Der Chefredakteur der „Hürriyet Avrupa" ist Halit Çelikbudak, die Geschäftsführerin der Doğan Media Group in Deutschland ist Sevda Boduroğlu. Die Türkei-Hürriyet liegt seit 2010 in den Händen von Chefredakteur Enis Berberoğlu, der als liberal gilt. Zuvor hatte Ertuğrul Özkök die Chefredaktion inne, der ein scharfer Kritiker der AKP-Regierung des amtierenden Ministerpräsidenten Recep Tayyıp Erdoğan ist.

Die Hürriyet ist eine so genannte „Kioskzeitung", was bedeutet, dass die Hürriyet ihre Absatzzahlen aus dem direkten Verkauf erzielt und nicht primär

---

199 Vgl. dazu: „Die IVW-Prüfung ist eine freiwillige Selbstkontrolle der Verlagshäuser. Der Zeitungsverlag stellt einen Aufnahmeantrag bei der IVW und liefert für jedes vergangene Quartal die durchschnittlichen Auflagenzahlen, diese prüft angegebene Daten zwei Mal pro Jahr und schreibt im Zweifel einen Verweis." Çalağan, Nesrin: Türkische Presse in Deutschland. Der deutsch-türkische Medienmarkt und seine Produzenten, 2010, S. 87.

200 Vgl. Ataman, Ferda: Titel, Türken, Temperamente. Warum Migranten Zeitungen lieber in ihrer Muttersprache lesen. Ein Redaktionsbesuch bei „Hürriyet", 13.06.2007, in: http://www.tagesspiegel.de/medien/zeitungsmarkt-titel-tuerken-temperamente/870738.html, (Stand: 12.02.2012).

201 Vgl. Özdemir, Cem: Alles Verräter. Die Deutschlandausgabe der Zeitung „Hürriyet" macht Stimmung gegen kritische Deutschtürken, 09.06.2005, in: http://www.zeit.de/2005/24/H_9 frriyet-t_9frk_Medien/komplettansicht, (Stand: 12.02.2012).

1.4 Hürriyet und Zaman: Massenmedium und Ethnomedium 75

über Abonnements. Sie gehört zu einer der ersten türkischsprachigen Printmedien in Deutschland, die sich ab dem Jahr 1965 etablieren konnte. Die Hürriyet hat eine „last page beautiful", die auf der letzten Seite des Tagesblattes abgelichtet wird. In der Europaausgabe des Blattes sind regelmäßig Beilagen zu finden wie einmal die Woche das Magazin „Lezzet" – „Geschmack". In dieser Beilage werden Rezepte türkischer Gerichte sowohl auf Türkisch als auch auf Deutsch abgedruckt. Am Wochenende erscheint die Beilage „Cumartesi" –„Samstag" und einmal die Woche „Seninle" – „mit Dir", die ein Frauenmagazin ist. Hinzu kommen unterschiedliche Beilagen über Gesundheitsvorsorge und Rentenfragen, die in unregelmäßigen Abständen veröffentlicht werden. Während der Reisesaison im Sommer bietet die Hürriyet unterschiedliche Anlaufstellen für die Türkei-Reisenden an, die mit dem Auto einreisen. Das Blatt informiert ihr Leserpublikum über sichere Raststätten und die sichersten Routen auf dem Weg über den Balkan in die Türkei. In der Hochsaison, die von den Ferienregelungen der einzelnen Bundesländer abhängig ist, sind in der Hürriyet aktualisierte Landkarten der Türkei mit den entsprechenden Einreiserouten als Beilagen zu finden.

1.4.2.2 Zaman

Die Zaman, zu Deutsch „Zeit", ist dem konservativ-religiösen Lager mit einer deutlichen intellektuellen Orientierung zuzuordnen. Das Motto der Zaman lautet: „Gerçekler Zamanla anlaşılır" – „Mit der Zeit wird sich die Wahrheit zeigen".[202] Religiös konzeptualisierte Themen in der Zaman dominieren vor allem die Artikel über zwischengeschlechtliche und zwischenmenschliche Beziehungen und Fragen. Hierbei dienen religiöse Aspekte insbesondere als Orientierungshilfe bei Lebensfragen, Beziehungsfragen und der elterlichen Erziehung.

Die intellektuelle Orientierung der Zaman lässt sich daran feststellen, dass in den Kommentaren ein hohes Hintergrundwissen und ein höherer Bildungsgrad der Leserschaft vorausgesetzt werden. Das von der Zaman verwendete Türkisch ist elaboriert und umfasst einen Wortschatz, dem klassische Terminologien aus der türkischen Sprache inhärent sind.[203] Darüber hinaus publiziert die Zaman regelmäßig Beiträge und Kommentare von PolitikerInnen aus der EU und von nicht Türkei stämmigen Intellektuellen und öffentlichen Personen, deren Texte sie in das Türkische übersetzen lässt. Die Leserschaft der Zaman ist jedoch heterogen und besteht sowohl aus religiös orientierten als auch aus nichtreligiösen

---

202 Bozbel, Sabiha: Zaman. Profil einer türkischen Tageszeitung in Deutschland, München 2005, S. 22.
203 Ebd.: „Zaman verfolgt eine elitäre Konzeption, wendet sich zuvorderst an gebildete Muslime.", S. 28f.

LeserInnen. Ähnlich wie die anderen Europaausgaben der Printmedien versteht sich die Zaman als „Anwalt" und Unterstützerin ihrer Klientel: Sie leistet Aufklärungsarbeit besonders und gerade in sozialen und pädagogischen Fragen, die als „Brennpunktthemen" bezeichnet werden können wie Jugendkriminalität, Drogensucht, „Schulabstieg" und Arbeitslosigkeit. Die Hemmschwelle der türkischen Leserschaft, sich an deutsche Beratungsinstitutionen zu wenden, ist insgesamt hoch. Die Beziehung zwischen der Leserschaft und der Zaman-Redaktion in Offenbach ist familiär geprägt, wodurch sich direkte Austauschmöglichkeiten und Hilfestellungen seitens der Zaman-Redaktion spontan ergeben.[204] Die Zaman-Redaktion befindet sich im Gegensatz zu allen anderen Redaktionen der türkischsprachigen Europaausgaben in Frankfurt/Offenbach. Die Europaausgabe der Zaman besitzt einen Umfang von 24 Seiten. Das Blatt ist in einen detaillierten Politikteil, einen Wirtschafts- und Börsenteil sowie einen umfangreicheren Feuilletonteil unterteilt. Hinzu kommen Nachrichten aus Deutschland und weiteren europäischen Ländern. In den türkischen Tageszeitungen nehmen Meinungen und Kommentare von JournalistInnen und AutorInnen einen besonderen Stellenwert ein. Dasselbe gilt sowohl für die Zaman als auch für die Hürriyet. Die Kommentare in den Europaseiten in der *Europaausgabe* der Zaman sind jedoch ausführlicher und vielzähliger als in der Hürriyet.

Das Layout der Zaman hebt sich von der gängigen farbig dominierten Gestaltung der türkischen Printmedien ab: Es ist sehr schlicht und in gesetzten Farben gehalten. Auch die Internetpräsenz fällt durch ihre Schlichtheit auf. Das Blatt verzichtet auf große Lettern und Aufmachungen, welche die Aufmerksamkeit der Leserschaft auf bestimmte Schlagzeilen lenken.

Im Gegensatz zur Hürriyet gilt die Zaman als AKP-nah. Die Europaausgabe der Zaman gehört zur World Media Group AG.[205] Sie wurde im Juli 2006 gegründet. Die Leitmotive der World Media Group AG lauten wie folgt:

> Wir bekennen uns zu unseren kulturellen Wurzeln und betrachten Vielfalt als Bereicherung für die Gesellschaft und als Voraussetzung für unseren Erfolg. Diese Vielfalt muss stets gepflegt und lebendig gehalten werden. Sie soll nicht durch ein Nebeneinander, sondern durch ein Miteinander geprägt sein. Für dieses Ziel setzen wir uns in unserer publizistischen Arbeit und durch Projekte ein. (...) Als Mediengruppe sind wir uns unserer gesellschaftlichen Verantwortung in einer globalisierten Welt

---

204 Das teilte mir der Chefredakteur der Zaman im Gespräch mit. Mahmut Çebi erklärte auch, dass die LeserInnen sich persönlich an die Redaktion wenden, um Hilfe bei rechtlichen und sozialen Fragen zu suchen. Das gilt jedoch auch für die LeserInnen der türkischsprachigen Europaausgabe der Sabah. Im Gespräch mit dem dortigen Chefredakteur, Mikdat Karaalioğlu, erfuhr ich, dass vor allem die *Leserinnen* deutlich interessierter seien und auch kritischer im Hinblick auf die Artikel.
205 http://www.worldmediagroup.eu/#, (Stand: 12.02.2012).

1.4 Hürriyet und Zaman: Massenmedium und Ethnomedium

bewusst. Wir sehen sowohl unsere journalistische Arbeit als auch unser Engagement in der Öffentlichkeit als einen wichtigen Beitrag für eine harmonische und friedliche Zukunft von Menschen unterschiedlicher Herkunft. Wir sind parteipolitisch ungebunden. Wir sind Vertreter eines unabhängigen Journalismus (...).[206]

Aufschlussreich an den Leitlinien der World Media Group ist, dass sie sich über die kulturelle Vielfalt und die pluralistische redaktionelle sowie unternehmerische Zusammensetzung dem „Gender Mainstreaming" verpflichtet fühlt. So heißt es in den Leitlinien:

(...) tragen wir Sorge für die Gleichstellung von Frauen und Männern und ermöglichen die Vereinbarkeit von Beruf und Familie (...).[207]

Im Vorstand, in der Geschäftsführung und im Aufsichtsrat der World Media Group sind jedoch keine Frauen. Überdies sind fast keine Frauen als fest angestellte Journalistinnen und Autorinnen gegenwärtig für die Zaman tätig.

In der Türkei erschien die Zaman erstmals im November 1986 in Ankara.[208] Im Jahr 1989 wechselte die Redaktion nach Istanbul und nahm ihren weiteren Betrieb mit einer verlagseigenen Druckerei auf. Weitere verlagseigene Druckereien erfolgten in den Großstädten Ankara, Izmir und Adana.[209] Die Zaman setzte sich bereits damals zum Ziel, sich als internationales Printmedium für ein türkischsprachiges Leserpublikum mit türkischen Wurzeln weltweit zu etablieren. Zu dieser Marketingstrategie gehört auch, sich in Ländern zu etablieren, in denen muslimische Minderheiten leben oder Menschen, deren Wurzeln in der Türkei bzw. im Vielvölkerstaat des Osmanischen Reich liegen. Seit 1992 publiziert die Zaman ihre Ausgaben beispielsweise in den Landessprachen der Länder Kasachstan, Bulgarien, Aserbaidschan und Turkmenistan.[210] In den westeuropäischen Ländern erscheint die Zaman in den Niederlanden, Frankreich, Schweiz, Dänemark, England, Schweden, Norwegen, Österreich, Italien, Belgien, Luxemburg sowie Polen und Tschechien. Darüber hinaus existiert die Zeitung „Todays Zaman" auf Englisch. Das Themenspektrum der „Todays Zaman" ist auf die internationale Politik, Wirtschaft, Gesellschaft und Kultur ausgerichtet sowie die außenpolitischen Beziehungen der Türkei. Weitere Ausgaben erfolgen auf dem gesamten Balkan sowie in Georgien, Albanien und Nagorny-Karabach. Zugleich erscheint die Zaman in unterschiedlichen Internetformaten: Auf www.eurozaman.com, www.zaman.com.tr, www.todayszaman.com, www.zama

---

206 http://www.worldmediagroup.eu/?unternehmen#leitbild, (Stand: 12.02.2012).
207 Bozbel, Sabiha, 2005, S. 28.
208 Ebd.
209 Ebd.
210 Ebd.

navusturya.at können die verschiedenen Ausgaben der Zaman verfolgt werden. Eine Ausnahme bildet die Internetseite „Zaman Avusturya" – „Zaman Österreich": Sie widmet sich spezifischen Themen *aus Österreich* für die türkischsprachige Bevölkerung *in Österreich*. Zudem erscheint die Internetseite Zaman Avusturya auch auf Deutsch. Die Zaman Österreich gibt es auch als Printausgabe. Der Redaktionssitz der Zaman Avusturya ist in Wien. Die Etablierung der Europaausgabe der Zaman erfolgte also deutlich später als die Europaausgabe der Hürriyet in Deutschland.

In Deutschland erschien die Zaman zum ersten Mal im Jahr 1991. In der Hauptredaktion in Offenbach sind auch weitere eigene Medien wie Zeitschriften und Fernsehsender zu finden. Dazu gehören die Fernsehsender Samanyolu TV Avrupa, Mehtap, Samanyolu Haber, Yumurcak, Ebru TV Europa sowie die vierteljährlich erscheinende Zeitschrift Fontäne, die Zeitschrift Ümit und Sızıntı. Der Chefredakteur der Zaman ist Mahmut Çebi. Im Gegensatz zur Hürriyet ist die Zaman keine „Kioskzeitung". Das Blatt erzielt seinen Hauptabsatz über Abonnements und hat sich eigenen Angaben zufolge zur „größten türkischsprachigen Abonnenten-Tageszeitung in Deutschland"[211] entwickelt. Die Abonnentenzahlen der Zaman betrugen im vierten Quartal 2011 26 469, die Druckauflage 28 185.[212] Das Abonnement von Tageszeitungen ist unter türkischen RezipientInnen nicht gängig. Die tägliche Zeitungslektüre wird mehrheitlich direkt gekauft. Aufgrund dessen startet die Zaman regelmäßig erfolgreiche Kampagnen und „Freundschaftswerbungen", um ihre Abonnentenzahlen und folglich ihren Absatz zu erhöhen. Die Zaman ist ein Medium der zum Teil kritisch beobachteten und bewerteten „Fethullah-Gülen-Bewegung", deren Medienangebot und Bildungssystem global und international erfolgreich arbeiten.[213]

---

211 http://www.worldmediagroup.eu/#, (Stand: 12.02.2012).
212 Vgl. http://daten.ivw.eu/index.php?menuid=1&u=&p=&detail=true, (Stand: 23.03.2012).
213 Zur weiterführenden Literatur über die Fethullah-Gülen-Bewegung und Fethullah Gülen selbst siehe: Agai, Bekim: Zwischen Netzwerk und Diskurs: Das Bildungsnetzwerk um Fethullah Gülen (geb. 1938). Die flexible Umsetzung modernen islamischen Gedankenguts, Schenefeld 2004; Yavuz, Hakan M.: Search for a New Social Contract in Turkey: Fethullah Gulen, the Virtue Party and the Kurds, SAIS Review 19, 1999, S. 114-143; Yavuz, Hakan M./Esposito, John L.: Turkish Islam and the Secular State: The Global Impact of Fethullah Gulen's Nur Movement, Syracuse 2003; Yavuz, Hakan M.: Islamic Political Identity in Turkey, Oxford 2003; Özdalga, Elizabeth: Following in the Footsteps of Fethullah Gülen. Three Women Teachers tell their stories, in: Yavuz, Hakan M./ Esposito, John L: Turkish Islam and the Secular State: The Global Impact of Fethullah Gülen's Nur Movement, Syracuse 2003, S. 85-115; Turam, Berna: National Loyalties and International Undertakings, in: Yavuz, Hakan M./ Esposito, John L: Turkish Islam and the Secular State: The Global Impact of Fethullah Gulen's Nur Movement, Syracuse 2003, S. 184-208, Şahinöz, Cemil: Die Nurculuk Bewegung. Entstehung, Organisation und Vernetzung, Istanbul 2009, Sevindi, Nevval: Fethullah Gülen ile Global Hoşgörü ve New York Sohbeti, 2002; Gülen, M. Fethullah: Essay-Perspectives-Opinions, 2006; Homolka, Walter/Hafner, Johan/Kosman, Admiel/Karakoyun, Ercan (Hg.):

1.4 Hürriyet und Zaman: Massenmedium und Ethnomedium

Der Hauptunterschied zwischen der Zaman und der Hürriyet besteht darin, dass die Zaman an die Person Fethullah Gülen geknüpft ist und ein Printmedium der Gülen-Bewegung ist. Diese Form der personellen Anbindung gibt es nicht bei der Hürriyet.

Im folgenden Abschnitt dieses Kapitels werden aus diesem Grund einige kontextrelevante Merkmale von Fethullah Gülen vorgestellt. Das Ziel ist nicht die Erarbeitung einer Autobiographie über Fethulllah Gülen und eine vollständige Darstellung seines Wirkens und die Arbeit der Gülen-Bewegung. Vielmehr soll der Fokus auf einzelne Teile seines Denkens und auf einzelne Aspekte seiner Wirkung und Person gerichtet sein. Eine eingehendere Betrachtung der Zeitung Zaman ist meines Erachtens ohne ein Eingehen auf Fethullah Gülen nicht möglich.

Bildungsverständnis

Sowohl die Gülen-Bewegung als auch die Erziehungs- und Bildungsphilosophie von Fethullah Gülen lassen sich auf die Nurculuk-Bewegung und damit auf Said Nursi zurückführen.[214]

Zwar ist die Bildung und Ausbildung einer Elite, zu der auch die AkteurInnen der Gülen-Bewegung gehören, politisch. Sie ist jedoch nicht zwangsläufig parteipolitisch, auch wenn die Zaman als Zeitung der AKP nahe steht. Der Name Fethullah Gülen und auch die Gülen-Bewegung finden seit der jüngsten Vergangenheit im deutschsprachigen Mediendiskurs eine wachsende Beachtung.[215] Die

---

Muslime zwischen Tradition und Moderne. Die Gülen-Bewegung als Brücke zwischen den Kulturen, Freiburg im Breisgau 2010. Siehe dazu auch vor allem den kritischen Artikel der Historikerin Ayşe Hür zu Fethullah Gülen's Politik- , Religions- und Gesellschaftsdiskurs: Hür, Ayşe: Siyasetin ‚leitmotiv'i Fethullah Gülen, in: http://www.duzceyerelhaber.com/koseyazi.asp?id=5209&HuR-Siyasetin_%91leitmotiv%92i_Fethullah_Gulen, 11.12.2011 (Stand: 30.12.2011). Web-Seiten von Fethullah Gülen: http://tr.fgulen.com/component/option,com_frontpage/Itemid,1/ (Stand: 12.02.2012); http://www.fethullahgulen.org/ (Stand: 12.02.2012).
An dieser Stelle möchte ich mich bei dem Journalisten Timofey Neshitov bedanken, der in St. Petersburg während der 1990er Jahre eine Gülen-Schule besuchte und mir im Interview einen Einblick in seinen Schulalltag gewährte. (November 2010, Regensburg).

214 Vgl. dazu: Şahinöz, Cemil: Die Nurculuk Bewegung, Entstehung, Organisation und Vernetzung, Nesil Yayınları, Istanbul, 2009.
215 Siehe dazu: Strittmatter, Kai/Schlötzer, Christiane: Fromm, fleißig, erfolgreich, Der türkische Prediger Fethullah Gülen hat ein weltweites Netzwerk von Schulen geschaffen, an denen eine neue türkische Elite heranwächst, in: Süddeutsche Zeitung, 23./24. Mai 2009, S. 10; Lenz, Jacobsen/Wensierski, Peter: Flucht vor dem Frust, Die türkische Mittelschicht gründet eigene Privatschulen, weil sie sich im öffentlichen System benachteiligt fühlt – und stößt damit auf Widerstand, in: Der Spiegel, 29.09.2008, S. 52; Steinvorth, Daniel: Engel und Dämon:

mediale Beachtung der Person und der Bewegung hängen diskursiv eng mit den Anschlägen des 11. Septembers 2001 zusammen, da vor allem AkteurInnen aus der Gülen-Bewegung als moderate intellektuelle *und* gläubige DialogpartnerInnen gelten, die sich international für den interreligiösen und interkulturellen Dialog im gesamtgesellschaftlichen Diskurs einsetzen. Fethullah Gülen wird innerhalb dieses Diskurses über den Islam, genauer über *eine* Form des modern bezeichneten und westlich orientierten Islam häufig als populärer Vertreter eines aufgeklärten Islam dargestellt. So schreibt beispielsweise Rainer Hermann von der Frankfurter Allgemeine Zeitung am 24.03.2004 in seinem Artikel „Stimme der Vernunft" über Fethullah Gülen:

Fethullah Gülen lehnt den Terrorismus, der dem Islam zugeschrieben wird, entschieden ab. Seine Stimme ist die Stimme der Vernunft, die Gewicht hat. Sie sollte über die Türkei hinaus Gehör finden, die Brücken des Dialogs suchen und nicht den Abgrund des Terrors.

Ebenfalls verweisen Kai Strittmatter und Christiane Schlötzer in ihrem Artikel in der Süddeutschen Zeitung vom 23./24. Mai 2009 auf die „Gewaltlosigkeit", die Fethullah Gülen „predigt":

> Fethullah Gülen verurteilt Gewalt aller Art, er predigt Toleranz und Dialog. Er hat in Rom Papst Johannes Paul II. besucht und in Istanbul mehrfach die griechischen und armenischen Patriarchen getroffen. Gülen-Vereine wie die Abant-Plattform veranstalteten Seminare zur Lösung des Kurden-Problems. In der kommenden Woche will die Gülen-Bewegung sich auf einer großen Konferenz in Potsdam als „Brücke" zwischen Muslimen und Nichtmuslimen empfehlen.[216]

Bezeichnender Weise behandeln beide Artikel Standpunkte zu den Themen Gewalt und interreligiöser Dialog mit Blick auf die Person Fethullah Gülen sowie die Bewegung, worin ein Faktor der Attraktivität für die Mehrheitsöffentlichkeit liegt. Kritiker hingegen, wie der Politikwissenschaftler Hakan Yavuz betonen, dass die Resonanz in Europa auf Fethullah Gülen nicht ausreichend differenziert sei: Nur weil sich ein islamischer Theologe liberal und an den Westen orientiert positioniert wie Gülen, habe dieser keinesfalls eine pluralistische und individuelle Gesellschaftsform im Sinn.[217] Demnach passten zwar Gülens demokratische

---

Fethullah Gülen ist der berühmteste Prediger der Türkei – und der umstrittenste. Seine Anhänger betreiben Schulen, Krankenhäuser und ein Presseimperium. Ein Alptraum für seine Kritiker, in: Der Spiegel special, 6/2008, 30.09.2008, S. 26; Agai, Bekim: Fethullah Gülen – Ein moderner türkisch-islamischer Reformdenker?, (auf: http://www.qantara.de/webcom/show_article.php?wc_c=578&wc_id=2&wc_p=1, (Stand: 27.11.2006).

216 Vgl. dazu: Strittmatter, Kai/Schlötzer, Christiane: Fromm, fleißig, erfolgreich, Der türkische Prediger Fethullah Gülen hat ein weltweites Netzwerk von Schulen geschaffen, an denen eine neue türkische Elite heranwächst, in: Süddeutsche Zeitung, 23./24. Mai 2009, S. 10.
217 Yavuz, Hakan: Islamic Political Identity in Turkey, Oxford, 2003, S. 194-201.

1.4 Hürriyet und Zaman: Massenmedium und Ethnomedium 81

Ideen und Interpretationen des Islam zum christlich-islamischen Dialog in Europa, sein Alleinstellungsmerkmal und das seiner Bewegung und seiner Anhänger mache ihn jedoch nicht zu einem adäquaten Befürworter pluralistisch geprägter Gesellschaften im liberalen gesellschafspolitischen Sinn.[218] Yavuz kritisiert insbesondere die Intransparenz und den schweren Zugang für einen interessierten Außenstehenden hinsichtlich der Gülen-Bewegung.

Die Historikerin Ayşe Hür weist ähnlich wie Hakan Yavuz auf die fehlenden liberalen Elemente im politischen Denken von Fethullah Gülen hin. Sie betont, dass Gülens Staatsverständnis patrimonial und autoritär geprägt sei. Zu diesem Verständnis gehöre insbesondere, dass Menschen zu einer Art *Rechenschaft* dem Staat gegenüber verpflichtet seien, woraus ein stark reglementierter Radius, in dem politischer Aktivismus überhaupt möglich ist, folge.[219] Politische Abweichungen von der Staatslinie sind folglich ausgeschlossen und werden sanktioniert.[220]

Hinsichtlich seines Bildungsverständnisses betont Hür, dass Gülen die Disziplin und den Fleiß, den beispielsweise Länder wie Japan oder Südkorea aufweisen, bewundere.[221] Fethullah Gülen selbst stellt sein Bildungs- und Erziehungsverständnis und auch die Bedeutung eines „gebildeten Weltvolkes", das global handelt und kosmopolitisch geprägt ist, sowohl in seinen Interviews als auch in seinen Monographien und Artikeln in den Vordergrund.[222] Die Bedeutung von Bildung, insbesondere von einer wissenschaftlichen Ausbildung lassen sich sowohl auf seine Biographie als auch auf das Bildungsverständnis von Said Nursi zurückführen. Dieser Aspekt findet sich auch in der Berichterstattung der Zaman wieder: Das Blatt berichtet regelmäßig über den wissenschaftlichen Diskurs an den Universitäten in Deutschland und in Europa zu Fragen der Integration und der Religion. Das setzt, wie bereits erwähnt worden ist, ein akademisches Vorwissen der Leserschaft voraus.

Zur großen Relevanz der Bildung, die zu Gülens Lebensaufgabe werden sollte, haben zu einem wesentlichen Teil seine Eltern beigetragen: Sein Vater war Analphabet und brachte sich das Schreiben und Lesen selbst bei. Darüber hinaus erlernte er Arabisch und Persisch. Fethullah Gülen betont in seinen Interviews regelmäßig die für ihn persönlich große Bedeutung der arabischen und persischen Sprache. Zum einen erklärt er, dass Arabisch und Persisch die Spra-

---

218 Ebd., S. 201f.
219 Hür, Ayşe: Siyasetin ‚leitmotiv'i Fethullah Gülen, in: http://www.duzceyerelhaber.com/kose-yazi.asp?id=5209&Ayse_HuR-Siyasetin_%91leitmotiv%92i_Fethullah_Gulen, (Stand: 30.12.2011).
220 Ebd.
221 Ebd.
222 Vgl. dazu: Zaman, Sonderbeilage (Hg.): Gülen, Fethullah: Die Stimme der Vernunft, Offenbach, 2004, S. 6-18.

chen des Islam sind, zum anderen werden beide Sprachen in Kombination mit Türkisch zum Verstehen der Quellen, Schriften und Aussagen aus dem Sufitum benötigt. Allerdings macht er einen wesentlichen Unterschied zwischen dem sogenannten „arabischen Islam" und dem „türkischen Islam". Ersterer stünde für die Angst vor Gott, wohingegen letzterer auf der Liebe Gottes basiere. [223]

Gülen erläutert im Interview mit der ehemaligen Zaman-Journalistin und Autorin Nevval Sevindi, dass sein Vater nach der Arbeit auf dem Feld jeden Abend zunächst las, bevor er sich mit seiner Familie zum gemeinsamen Essen hinsetzte. Auch seine Mutter hatte großen Einfluss auf Fethullah Gülen. Sie veranstaltete regelmäßige Treffen bei sich zu Hause mit anderen Frauen und Mädchen aus ihrem Dorf, um mit ihnen gemeinsam den Koran zu lesen, wobei es die Mutter war, die den Frauen und Mädchen das Lesen beibrachte. Eine weitere Rolle spielte seine Großmutter, die ihn u. a. beim Lernen stark unterstützte.[224]

Fethullah Gülen kritisiert die stetige Veränderung und Durchsetzung der türkischen Sprache mit Anglizismen scharf. Sein Urteil findet auf zwei Ebenen statt: zum einen hinsichtlich des Beherrschens der türkischen Sprache unter Kindern und Jugendlichen, respektive ihrer Ausbildung in dieser Sprache, zum anderen richtet er seine Kritik konkret gegen die Form der angewendeten schriftlichen türkischen Sprache unter Medienschaffenden, insbesondere unter Journalisten und Reportern.[225] Seiner Meinung nach trägt einerseits die Verengung des Wortschatzes dazu bei, dass Jugendliche keinen Zugang mehr zur türkischen Literatur erhalten und berühmte klassische Autoren nicht mehr verstünden. Andererseits erklärt Gülen, dass diese Veränderungen gehäuft in den türkischen Medien zu finden seien. Journalisten selbst würden ihre Wortwahl auf ein Minimum reduzieren:

> Wir können leider nicht behaupten, dass wir besonders sensibel darin wären, unsere Sprache in ihrer vollkommenen Beschaffenheit zu verwenden, ihre Eigenheiten zu

---

223 Sevindi, Nevval: Contemporary Islamic Conversations. M. Fethullah Gülen on Turkey, Islam, and the West, New York, Sunypress, 2008: "The importance of modernization in Islam is shown through the words of our Prophet: ;If time doesn't adapt to you, you adapt to time'. This can be said about the main cultural and philosophical difference between the Arab Islamic tradition and the Turkish Islamic tradtion: 'Arab Islam is based on fear of Allah, Turkish Islam is an Islamic understanding based on love of Allah.', S. 72. (Aus diesem Interviewabschnitt geht nicht hervor, auf welchen islamischen Denker sich Fethullah Gülen bezieht und ob er mit der türkischen Tradition die türkisch-islamische Synthese meint oder den Islam im Osmanischen Reich. Gülen betont lediglich auf der vorhergehenden Seite Aspekte des Sufitums und die Erweiterung islamischer Werte um intellektuelle Eigenschaften unter Denkern des 19. Jahrhunderts im Osmanischen Reich). 2002, S. 72.
224 Ebd., S. 15-19.
225 Ebd.

1.4 Hürriyet und Zaman: Massenmedium und Ethnomedium

schützen und an ihrer Entwicklung zu arbeiten. Das können wir wirklich nicht von uns behaupten. Im Gegenteil. Wir werden vielmehr Zeugen davon, wie unsere Hauptvertreter fabulieren und stetig fremde Wörter benutzen.[226]

Mit die schärfsten Kritiken richten sich gegen die Bildungseinrichtungen der Gülen-Bewegung, die gegenwärtig in Deutschland einen breiten Zulauf finden.[227] Hierbei handelt es sich um Privatschulen. Die Eltern zahlen einen monatlichen Beitrag für ihre Kinder, um ihnen hier den Schulbesuch zu ermöglichen. Der Lehrplan ergibt sich aus dem gültigen Lehrplan des jeweiligen Bundeslandes, in dem die Schulen ihren Sitz haben. Die Gülen-Bewegung betreibt darüber hinaus auch noch Nachhilfeinstitute. Den Eltern wiederum bietet sich die Möglichkeit, aktiv am Schulleben ihrer Kinder teilzunehmen – auch bei fehlenden bis schlechten Deutschkenntnissen. Die Schulen und Universitäten der Gülen-Bewegung arbeiten erfolgreich und sind global verteilt.

Die Redakteurin der Frankfurter Rundschau Canan Topçu beleuchtet in ihrem Artikel in der Frankfurter Rundschau vom 25.03.2009 die Bildung einer möglichen „Parallelgesellschaft" durch die Etablierung der türkischen Privatschulen in Deutschland, welche der Gülen-Bewegung nahe stehen. So seien die Schulen zwar prinzipiell für alle Kinder unabhängig ihrer ethnischen Herkunft offen, tatsächlich jedoch besuchten die von Topçu erwähnte Schule ausschließlich Kinder türkischstämmiger Eltern. Topçu berichtet in ihrem Artikel über das Privatgymnasium des Vereins für Integration und Bildung in Hannover[228]:

> Niedersachsens Kultusminister Bernd Busemann (CDU) hatte für die Genehmigung zur Bedingung gemacht, dass die Schule Kinder unabhängig von ihrer ethnischen Herkunft aufnehmen muss. So ist das Gymnasium offiziell offen für alle Interessierten, faktisch besuchen es aber fast nur Kinder türkischstämmiger Eltern. Nur acht Jungen und Mädchen haben keinen türkischen Hintergrund. Für Kritiker ist das ein Grund, von Parallelgesellschaft zu sprechen.

---

226 Gülen, Fethullah M.: İkindi Yağmurları, Neu-Isenburg, Sunprint und Vertriebs GmbH, 2007, S. 40-42.
227 Vgl. Dazu: Topçu, Canan: Privatschulen: Offene Parallelgesellschaften, in: http://www.fr-online.de/wissenschaft/privatschulen-offene-parallelgesellschaft,1472788,3219594.html, 25.03.2009: „Zwar will das Privatgymnasium in den ehemaligen Räumen einer Förderschule keine „Türkenschule" sein, Fakt ist aber, dass das außerschulische Angebot vor allem auf türkischstämmige Kinder und ihre Eltern ausgerichtet ist. Es gibt regelmäßige Informationsveranstaltungen und Hausbesuche bei den Eltern. Denn „man muss sie an die Hand nehmen", sagt Orduei. Die Kinder seien mit dem deutschen Schulsystem überfordert, ebenso mit der Erziehung, denn türkische Erziehungsprinzipien basierten eher auf Beschützen als darauf, die Kinder zur Selbstständigkeit zu erziehen., (Stand: 12.04.2012).
228 Siehe dazu die homepage der Privatschule: http://www.privatgymnasium-vib.de/front_content.php?idcat=32, (Stand: 09.06.2009). Die Privatschule bietet neben dem Gymnasium nun auch die Realschule an,.

Der monatliche Beitrag für das „türkische" Privatgymnasium in Hannover beläuft sich auf 240 €. Demnach würde die Annahme für einen Außenstehenden nahe liegen, dass vor allem türkischstämmige Eltern aus der bildungsorientierten Mittel- und Oberschicht ihren Kindern den Besuch an dieser Schule ermöglichen. Canan Topçu widerlegt diesen Erklärungsversuch am Beispiel des von ihr dargestellten Privatgymnasiums:

> Nur ein Viertel der Eltern sind Akademiker, die meisten haben keine oder nur eine geringe Schulbildung. (…) Zu ihnen gehören Aysun und ihr Ehemann. Die Eltern der Fünftklässlerin Nilay arbeiten beide in der Küche eines Krankenhauses. Aysun hat mit „Ach und Krach den Hauptschulabschluss gemacht". Weder sie noch ihr Mann, ein so genannter Import-Bräutigam mit unzureichenden Deutschkenntnissen, sind in der Lage, die Tochter zu unterstützen, weil es beiden an „Wissen und Zeit" fehlt. „In der Schule gibt es Förderunterricht, Hausaufgabenbetreuung und Nachhilfe, alles im Schulgeld inbegriffen", so Aysun. (…) Als „Investition in die Zukunft" sieht die 30-Jährige die monatlichen Kosten von rund 240 Euro. „Meine Tochter soll es besser haben als ich", sagt sie (…).[229]

Topçu schreibt, dass sich die Eltern trotz des hohen finanziellen Aufwands für die Schule entschieden, da sie es nicht hinnehmen wollten, dass ihre Söhne und Töchter „im deutschen Schulsystem benachteiligt oder gar diskriminiert werden".[230]

Der Chefredakteur der Zaman, Mahmut Çebi, hat am 15.06.2012 einen Kommentar über einen Artikel der Hürriyet verfasst, worin er sich indirekt auf den hier angeführten Artikel von Canan Topçu bezieht, ohne jedoch auf ihre Kritik einzugehen.[231] Çebi kritisiert an der Europaausgabe der Hürriyet, dass sie seit Jahren den Erfolg der „türkischen Schulen", respektive der Gülen-Schulen in Deutschland nicht erwähnt. Gleichwohl hebt er die Berichterstattung in der deutschsprachigen Presse lobend hervor, die positiv über den Bildungserfolg der Schulen berichtet. Hintergrund von Çebis Kommentar ist ein Artikel des CDU-Politikers und ehemaligen Integrationsministers von Nordrhein-Westfalen, Armin Laschet, in den Europaseiten der Hürriyet.[232] Laschet betont in seinem Artikel vom 09.06.2012 den Erfolg eines türkischen Privatgymnasiums in Eringerfeld, das zugleich ein Internat ist. 98 % der SchülerInnen sind türkischer Herkunft, so Laschet. Das Lehrerkollegium setze sich aus deutschen und türki-

---

229 Ebd.
230 Topçu, Canan: Privatschulen: Offene Parallelgesellschaft, in: Frankfurter Rundschau, 25.03.2009.
231 Çebi, Mahmut: Hürriyet, bir sabır örneği ve bir habercilik başarısı, in: Zaman, 15.06.2012, S. 6.
232 Laschet, Armin: Eringerfeld örneği, in: Hürriyet, 09.06.2012, S. 15.

1.4 Hürriyet und Zaman: Massenmedium und Ethnomedium

schen Lehrkräften zusammen. Laschet zeigte sich positiv überrascht von der hohen Motivation und der individuellen Unterstützung der SchülerInnen. Laut Laschet ist das Ziel des Gymnasiums, SchülerInnen deutscher Herkunft stärker anzusprechen und sie für den Besuch des Gymnasiums zu gewinnen. Mahmut Çebis Kritik an der Hürriyet lautet vor dem Hintergrund von Laschets Artikel folgendermaßen:

> In Deutschland werden seit dem Jahr 2004 von seiten türkischstämmiger Bürger Privatschulen eröffnet. Inzwischen sind acht Jahre vergangen. Die Zahl der Schulen wird zum gegenwärtigen Zeitpunkt auf 30 geschätzt. Für einen türkischstämmigen Leser, der ausschließlich die Hürriyet liest, ist es nicht möglich, über diese Schulen Bescheid zu wissen. Obwohl die Hürriyet in ihrer Berichterstattung diese Entwicklung unerwähnt lässt, betont sie immer wieder, wie wichtig Bildung ist. Sie geht darüber hinaus und betont regelmäßig, dass die Bildung eigentlich das Wichtigste ist. (...) Liegt es daran, dass die Hürriyet sich daran stört, dass 80 % der Lehrkräfte an diesen Schulen Deutsche sind und nach deutschem Lehrplan unterrichtet wird? Ist das der Grund, weshalb die Hürriyet ihre Leserschaft in Unkenntnis lässt und nichts über den Erfolg dieser Schulen berichtet? (...) War es denn wirklich notwendig, dass erst ein Deutscher in der Hürriyet die Nachricht über den Erfolg türkischer Schulen verkündet, der die Mühen und die Leistungen der Lehrkräfte im Gegensatz zur Hürriyet anerkennt?[233]

Die Betonung auf „Deutscher" folgt aus einem Wortspiel, welches Çebi verwendet: Das Motto der Zaman ist wie bereits beschrieben „Mit der Zeit wird sich die Wahrheit zeigen – Gerçekler *Zaman*'la anlaşılır". Çebi fügt diesem Motto in seinem Artikel den Zusatz „Mit dem Deutschen wird sich die Wahrheit zeigen – Gerçekler *Alman*'la anlaşılır" hinzu.[234] Mahmut Çebi vermeidet es, die Schulen mit dem „Spiritus Rector" Fethullah Gülen in Verbindung zu setzen. Er konzentriert sich auf die Bildungsfrage und die türkischstämmigen SchulgründerInnen in Deutschland, die so einen Beitrag zur Integration und zur höherwertigen Schulbildung leisten.

Der als stark konservativ geltende Journalist Ismail Kul hingegen, dessen Kommentar zum gleichen Thema am 16.06.2012 in der Zaman erschien[235], nimmt bewusst den Bezug zu Fethullah Gülen auf und formuliert seine Kritik an der türkischen Presse folgendermaßen:

> Die Haltung der Hürriyet ist nicht neu. Außerdem gilt sie nicht nur für die Hürriyet. Es hat vielmehr mit dem hochmütigen Blick auf die Leserschaft und auf das Volk zu

---

233 Çebi, Mahmut: Hürriyet, bir sabır örneği ve bir habercilik başarısı, in: Zaman, 15.06.2012, S. 6.
234 Ebd.
235 Kul, İsmail: Iyi ki Hürriyet görmemiş, in: Zaman, 16.06.2012, S. 4.

tun. Im Grunde genommen ist man versucht zu sagen, dass die Blindheit der Hürriyet ein Glücksfall ist. Soweit wir wissen, sind in der Türkei in der Hürriyet und in anderen Zeitungen noch vor der Gründung der Zaman haltlose Behauptungen über den verehrten Lehrer Fethullah Gülen[236] veröffentlicht worden. (...) Wenn es jedoch diese Behauptungen nicht gegeben hätte, dann hätte es auch diese Zeitung [die Zaman, Anm. M. K.] nicht gegeben.[237]

Einer der Gründe für die fehlende Berichterstattung liegt sicherlich in der distanzierten bis ablehnenden Haltung der Hürriyet der AKP und Fethullah Gülen gegenüber.[238] Ein weiterer Grund ist die Konkurrenzsituation zwischen der Hürriyet und der Zaman, zumal die positive Hervorhebung der Schulen der Gülen-Bewegung in Deutschland einer Art „Werbung" für die Zaman gleichkäme, und damit einer bildungspolitischen sowie integrationspolitischen Anerkennung der Bewegung. Außerdem kämpft die Hürriyet wie bereits erwähnt direkt mit der Zaman und mit der Posta auf dem türkischen Pressemarkt. Auch die Tatsache, dass überwiegend deutsche Lehrkräfte nach geltendem Lehrplan auf Deutsch unterrichten und die hohe Qualität der Schulen sowie die kultursensible Grundeinstellung der Lehrkräfte ausschlaggebende Gründe für den starken Zulauf sind, ändert nichts an diesem Umstand.

Die Hürriyet könnte, ähnlich wie es Canan Topçu von der Frankfurter Rundschau formuliert hat, durchaus danach fragen und es im Pressediskurs formulieren, weshalb das deutsche Bildungssystem nicht dazu in der Lage ist, das bestehende Bildungsvakuum zu (er)füllen bzw. weshalb ein sozialer Aufstieg durch das Bildungssystem in Deutschland kaum möglich ist für SchülerInnen, deren Eltern keinen Universitätsabschluss besitzen, nicht über ausreichende finanzielle Ressourcen verfügen und/oder eine nicht-deutsche Herkunft besitzen. Freilich kann auch die Frage danach gestellt werden, ob es tatsächlich parteipolitische Ziele bei der Ausbildung einer Bildungselite gibt, zumal an die Stelle des Staates ein privater Anbieter tritt, dessen Bildungsinstitutionen vor allem laut

---

236 Fethullah Gülen wird als „Hocaefendi" angesprochen, was soviel wie „verehrter Lehrer" oder „geehrter Lehrer" bedeutet. Der Begriff „Hoca" ist daüber hinaus auf Gülens Beruf als Imam bezogen. Der Imam in der türkisch-muslimischen Moscheegemeinde wird als „Hoca" angesprochen. Außerdem geht der Begriff auch auf die Bedeutung der Lehrer-Schüler-Beziehungen im Sufismus zurück. Vgl. dazu: Schimmel, Annemarie: Sufismus. Eine Einführung in die islamische Mystik: „Die Verbindung der Sufis mit ihrem Ur-Vater, dem Propheten Muhammad, gehört unabdingbar zum Sufismus (…). Es ist wichtig, dass der Charakter des Meisters zur Veranlagung des Schülers passt, weil andernfalls die subtile Seelenharmonie, die im Zentrum der Meister-Schüler-Beziehung steht, nicht wirken kann (…).", C.H. Beck, München, 2000, S. 68f.
237 Ebd.
238 Im Gegensatz zur Gesamtorientierung des Blattes arbeiten für die Hürriyet Journalisten in der Istanbuler Redaktion, die durchaus mit dem Wertkonservatismus der AKP konform gehen.

1.4 Hürriyet und Zaman: Massenmedium und Ethnomedium

Topçu unabhängig vom Bildungsgrad türkischstämmiger Eltern immer beliebter werden. Daran zeigt sich auch, dass bildungsorientierte türkischstämmige Eltern – auch wenn sie *nicht* aus der Mittel- und Oberschicht stammen – es der deutschen Mittelschicht gleich tun: Sie suchen nach einer „Exit Option" für ihren Nachwuchs und „überlassen" ihn nicht so genannten „Brennpunktschulen", die vor allem durch einen hohen Anteil von Kindern aus bildungsfernen Familien und/oder aus Familien mit Migrationshintergrund geprägt sind. Die von türkischen PostmigrantInnen gegründeten Schulen bilden ihren Nachwuchs schließlich für eine moderne, technisierte und globalisierte Welt erfolgreich aus.

Die politische Grundfrage in diesem Zusammenhang ist die nach der sozialen Mobilität in dieser Gesellschaft sowie die Frage nach dem „Aufstieg durch Bildung".[239] Auf der einen Seite existieren deutsche Schulen in der Türkei, die eine lange Tradition besitzen. Auf der anderen Seite sind türkische Schulen in Deutschland, die nach deutschem Lehrplan unterrichten und in denen Türkisch als Unterrichtssprache integriert ist, jedoch die absolute Ausnahme. Allerdings stellt sich die Frage, inwiefern Fethullah Gülen in die Entwicklung und Arbeit der Bildungseinrichtungen tatsächlich involviert ist und wie sich sein Einfluss hier gestaltet. Dazu schreibt Canan Topçu, die sich auf den Islamwissenschaftler Bekim Agai bezieht, dass Gülen weder persönlich noch direkt in die Abläufe eingebunden ist:

> Vielmehr ist er Ideengeber. Die Einrichtungen der Fetullahcılar, wie seine Anhänger im Türkischen genannt werden, „sind formal voneinander unabhängig, sie sind aber auf der Beziehungsebene zu einem Bildungsnetzwerk verbunden."[240]

Topçu kritisiert die „Naivität" und „fehlende Kontrolle" von seiten der Regierung gegenüber den Bildungseinrichtungen, die vor allem einen breiten Zulauf von der türkischstämmigen Mittelschicht erhalten. Dieses Beispiel zeigt insgesamt, wie der Politikdiskurs aus der Türkei den Pressediskurs der Europaausgaben der Hürriyet und der Zaman beeinflusst und diskursiv formt.

---

239 Vgl. dazu: Füller, Christian: Bundesbildungsbericht 2012. Jeder fünfte Schüler hat keine Chance: „Als Beispiel nannte er [Horst Weishaupt, Anm. M. K.] die Nachteile für Migrantenkinder. Der Aufstiegswillen in dieser Schicht sei viel höher als bei Deutschstämmigen. Aber das Schulsystem zeige ihnen die kalte Schulter. Jugendforscher Rauschenbach sagte es so: „Die Kinder aus Migrantenfamilien kapieren gar nicht, was in unserem Bildungssystem alles möglich ist – wenn wir es ihnen nicht besser erklären.", in: http://www.spiegel.de/schulspiegel/wissen/bundesbildungsbericht-jeder-fuenfte-schueler-hat-keine-chance-a-840347.html, (Stand: 22.06.2012).
240 Topçu, Canan: Bildungsnetzwerk: Schulen statt Moscheen, auf: http://www.fr-online.de/in_und_ausland/wissen_und_bildung/aktuell/?em_cnt=1697954&cm_loc=1739, (Stand: 15.04.2009).

Die Gülen-Bewegung ist folglich wirtschaftlich tätig und dabei ganz offensichtlich sehr erfolgreich. Zu den besagten Tätigkeiten im Bildungsbereich und der Zeitung Zaman kommen noch die bereits aufgezählten weiteren Medien- und Presseorgane. Über den genauen Umfang der Tätigkeiten und Geschäftsbereiche ist aber wenig bekannt. Zunächst ist festzuhalten, dass es Gülen und seiner weltweit agierenden Bildungsbewegung um die Verbreitung von Bildung und Wertkonservatismus geht.[241] Ob aber dies zu einer Islamisierung führen soll, wird kontrovers diskutiert. Es gibt unterschiedliche Beurteilungen und Einschätzungen zu Fethullah Gülen und seiner Person.[242] Kritische Stimmen über ihn aus der Türkei gehen davon aus, dass Fethullah Gülen vor allem durch seine Bildungsinstitutionen eine „schleichende Islamisierung" der türkischen Gesellschaft und der türkischen Politik vorantreibe. Die Nähe von Fethullah Gülen und der Gülen-Bewegung zur AKP in der Türkei wird von Kritikern als Beweis für das Erstarken der Islamisierung des Staates gewertet.

Geschlechterverhältnis

Den Schwerpunkt seines Argumentationsstranges hinsichtlich des Geschlechterdiskurses legt Fethullah Gülen auf das kulturelle Leben im Osmanischen Reich[243], als ihm zufolge vor allem den Frauen eine gleichberechtigte und *besondere* Stellung in der osmanischen Gesellschaft zukam. Allerdings bezieht sich Gülen in seiner Begründung auch auf das Leben des Propheten Mohammed. Er hebt insbesondere die Verbesserungen für die Stellung der Frauen und Mädchen seit der Begründung und Ausbreitung des Islam hervor.[244]

Dennoch ist hierbei seine Argumentation knapp: Vor der Islamisierung seien weibliche Säuglinge direkt nach der Geburt getötet worden bzw. lebendig vergraben worden. Der Prophet Muhammed habe diese „Tradition" verbieten lassen.[245] Darüber hinaus sei seine erste Ehe, die er mit einer wesentlich älteren finanziell unabhängigen Frau eingegangen war, ein Indiz für die wichtige Verbesserung der Stellung von Mädchen und Frauen gewesen. Die Polygamie sei

---

241 Vgl. dazu: Spiewak, Martin: Die Streber Allahs. Eine weltweite muslimische Bewegung propagiert großen Bildungsaufbruch – und baut in Deutschland Schulen auf, in: Die Zeit, 18.02.2010, S. 33.
242 Vgl. dazu: Citizens Against Special Interest Lobbying in Public Schools, in: http://turkishinvitations.weebly.com/, (Stand: 01.06.2012).
243 Sevindi, Nevval: Contemporary Islamic Conversations, M. Fethullah Gülen on Turkey, NY State Univ. of New York Press, 2008, S. 69-71.
244 Ebd., S. 66f.
245 Vgl. dazu: Khorchide, Mouhanad: Islam ist Barmherzigkeit. Grundzüge einer modernen Religion, Herder, Freiburg 2012, S. 81, S. 135-141, S. 179 f.

1.4 Hürriyet und Zaman: Massenmedium und Ethnomedium

bei genauerer Betrachtung keine Polygamie gewesen, sondern habe dem Schutz betroffener Kriegswitwen und junger Witwen sowie ihren Kindern gedient.

Im Diskurs über Frauen im Islam wird diese Skizze der historischen Kausalität herangezogen, um den missbräuchlichen Aspekt, also die Unterstellung, der Islam sei genuin frauenfeindlich, zu widerlegen. Gülen betont in diesem Zusammenhang stets, die historischen Umstände bei der Interpretation und Einordnung gesellschafts-kultureller Konstellationen einzubeziehen. Die Missachtung von Frauen und Mädchen in islamischen Ländern resultiere vor allem aus der Abwendung von der „goldenen Zeit" des Propheten. Würde man sich als gläubiger Muslim an seine Vorbildfunktion halten, diese weiterentwickeln und sich nach Gelehrten und Gläubigen des Sufitum richten, so wäre die Stellung der Frau, trotz biologischer Unterschiede, gleichberechtigt mit der Stellung des Mannes, jedoch nicht gleichwertig, worin sich Gülens Wertkonservatismus zeigt.

Insgesamt gilt Fethullah Gülen nicht als Mitstreiter in frauenrechtlichen Angelegenheiten: Den Frauen in der Gülen-Bewegung wird eine bewusst *komplementäre* Rolle zugewiesen. Sie ergänzen den männlichen Part durch ihre „vorbestimmten", aus der „Weiblichkeit" resultierenden Eigenschaften und Fähigkeiten. In diesem Geschlechterdiskurs werden als weiblich geltende Eigenschaften essentialistisch interpretiert, an die sich die Stellung der Frauen innerhalb einer Gesellschaft anschließen. Laut der US-amerikanischen Soziologin Elisabeth Özdalga ist die Gülen-Gemeinschaft hinsichtlich zwischengeschlechtlicher Beziehungen sehr konservativ:

> Another obstacle relates to sex. The Gülen cemaat is quite conservative on the relationships between the sexes and tries to keep up an old tradition of segregation between men and women. Until a new law was instituted in 2000 enforcing mixed education, the Gülen schools were separated by sex.[246]

In einem Interview mit Ertuğrul Özkök in der Hürriyet aus dem Jahr 1995 erläutert Gülen wiederum seine eigenen Ansichten zum Thema Frauenrechte:

> Meiner Meinung nach sollten Männer und Frauen wie zwei Seiten einer Wahrheit, zwei Seiten einer Medaille sein. Frauen sind ohne Männer nichts, und Männer sind ohne Frauen nichts; zusammen wurden sie erschaffen. Selbst der Himmel ist nur dann ein wahrer Himmel, wenn beide zusammen sind. Aus diesem Grunde wurde Adam eine Gefährtin zur Seite gestellt. Mann und Frau ergänzen einander. Unser Prophet, der Koran und die Lehren des Korans behandeln Mann und Frau nicht als gesonderte Geschöpfe. Ich denke, dass die Menschen sich diesem Thema stets von den Extremen her nähern und so das Gleichgewicht zerstören. (…) in der sozialen

---

246 Vgl. dazu: Özdalga, Elisabeth: Three Women Teachers Tell Their Stories, in: Yavuz, Hakan and Esposito, John L. (Ed.): Turkish Islam and the Secular State, 2003, S. 86.

Atmosphäre von muslimischen Gesellschaften, die nicht von den Sitten unislamischer Traditionen „verunreinigt" sind, nehmen die Frauen am alltäglichen Leben teil. (...) noch im Osmanischen Reich des 17. Jahrhunderts zollte die Frau eines britischen Botschafters[247] den Frauen Anerkennung und rühmte voller Bewunderung ihre Bedeutung in Familie und Gesellschaft.[248]

Gülen zufolge liegen die Hauptkompetenz und die Hauptaufgabe der Frauen aufgrund ihrer physischen und psychischen Eigenschaften in der Mutterschaft und im familiären Umfeld.[249] Folglich wiederholt sich sein essentialistisches Denken im Geschlechterdiskurs. Allerdings schließe das eine berufliche Tätigkeit der Frauen nicht aus. Wichtig in diesem Zusammenhang sei, dass die berufliche Ausübung die Glaubensausübung nicht behindere.[250] Gülen selbst hat keine Kinder und war nie verheiratet.

Gülens Persönlichkeit, sein politisches, religiöses und philosophisches Denken beeinflussen das Tagesblatt Zaman. Es wäre jedoch meines Erachtens falsch, diese Tageszeitung auf eine einzige Person und ihr Wirken zu reduzieren, da sowohl für das Erscheinen als auch für den Inhalt dieses Printmediums eine Vielzahl von unterschiedlichen Personen mit unterschiedlichen politischen und persönlichen Orientierungen verantwortlich ist.

Gülen ist der „Spiritus Rector" *hinter* der Zeitung Zaman. In gesellschaftspolitischen Fragen ist Fethullah Gülen wertkonservativ. Unbeantwortet blieb bisher die Frage, wer nach seinem Tod als Nachfolger in der Rolle als „Spiritus Rector" in Frage kommen könnte und wie und durch wen dieser bestimmt werden wird.

In den nächsten drei Kapiteln werden die Konfliktlinien entlang des Laizismus und des modernen Islamismus in der Öffentlichkeit der Türkei vorgestellt.

---

247 Dabei handelt es sich um Lady Mary Wortley Montagu. Die Frau des englischen Botschafters im Osmanischen Reich lebte von 1717-1718 am Hofe des Sultans in Istanbul. Kritikerinnen wie die Kulturwissenschaftlerin Christina von Braun und die Literaturwissenschaftlerin Bettina Mathes erklären, dass Lady Mary Wortley Montagu eurozentrische sexuelle Phantasiebilder über die „Orientalin" im Osmanischen Reich lediglich reproduzierte und kein differenziertes Frauenbild zeichnete. Siehe dazu: von Braun, Christina/ Mathes, Bettina: Verschleierte Wirklichkeit. Die Frau, der Islam und der Westen, Aufbau-Verlag, Berlin 2007, S. 210-229.
248 Siehe dazu: http://dc.fgulen.com/content/view/188/12/, (Stand: 23.06.2009).
249 Vgl. dazu: Rausch, Margaret: Gender and Leadership's in the Gülen Movement: Women Affiliates' Contribution to East-West Encounters, in: Pandya, Sophia/Gallagher, Nancy (Ed.): The Gülen Hizmet Movement and its Transnational Activities. Case Studies of Altruistic Acitivism in Contemporary Islam, Brown Walker Press, Florida, 2012, S. 133-161. Ebd.: Pandya, Sophia: Creating Peace on Earth through Hicret (Migration): Women Gülen Followers in America, S. 97-117.
250 Hür, Ayşe: Siysetin ‚leitmotiv'i Fethullah Gülen, in: http://www.duzceyerelhaber.com/koseyazi.asp?id=5209&Ayse_HuR-Siyasetin_%91leitmotiv%92i_Fethullah_Gulen, (Stand: 30.12.2011).

1.5 Konfliktlinien im öffentlichen Pressediskurs 91

Nach der theoretischen Einbettung und Zuordnung erfolgt die empirische Analyse im Kapitel 1.5.2, das sich inhaltlich auf die türkische Öffentlichkeit, auf die islamischen und laizistischen Konfliktlinien sowie das Geschlechterverhältnis in der Türkei konzentriert.

1.5 Konfliktlinien im öffentlichen Pressediskurs zwischen Laizismus und Islamismus in den Türkeiausgaben von Hürriyet und Zaman

1.5.1 Theoretische Ausgangspunkte

Im ersten Teil dieses Kapitels liegt der Fokus auf den Konfliktlinien in der Öffentlichkeit der Türkei, die zu Spannungsverhältnissen zwischen den unterschiedlichen Eliten führen. Ausgehend davon wird im zweiten Teil des Kapitels anhand von drei Journalistinnen in der Türkei, welche für die Hürriyet und die Zaman schrieben bzw. schreiben, der Geschlechterdiskurs anhand der Konfliktlinien in der Öffentlichkeit der Türkei dargestellt. Die abschließende Bewertung konzentriert sich auf den Zusammenhang zwischen dem Geschlechter- und dem Politikdiskurs in der Türkei. Das gesamte Kapitel ist eine wesentliche Voraussetzung für das Verständnis der Diskursanalyse des Pressediskurses der Europaausgaben von Hürriyet und Zaman im dritten Teil dieser Arbeit.

Das im Folgenden untersuchte Spannungsverhältnis in der Öffentlichkeit der Türkei ist ein Ergebnis der gesellschaftspolitischen Konfliktlinien – *cleavages*[251] – zwischen dem Laizismus und dem Islamismus. Im Mittelpunkt stehen deshalb die Transformationen der türkischen Öffentlichkeit, die im Wesentlichen von den AkteurInnen aus der islamischen türkischen Elite ausgehen. Nilüfer Göle setzt den Islamismus nicht pauschal mit politischem Radikalismus gleich, sondern differenziert zwischen unterschiedlichen Phasen. Als Islamismus bezeichnet Göle, auf deren Analyse ich mich im Folgenden konzentrieren werde, eine „moderne Produktion, Ausarbeitung und Verbreitung dieses horizontalen

---

251 Der Begriff cleavage geht ursprünglich auf die Politikwissenschaftler Stein Rokkan und Seymour Martin Lipset zurück. Sie nutzten ihn als Raster für die Analyse sozialer Konfliktlinien sowie für die Wahlsoziologie und Parteienforschung. Beispiele für cleavages in der Türkei sind neben dem Islamismus und Laizismus auch ethnische cleavages wie die zwischen Türken/Kurden, Türken/Armeniern oder konfessionelle cleavages wie die zwischen Sunniten/Aleviten, Muslime/Christen, Muslime/Juden. Die staatsrechtliche Dimension der Konfliktlinien, die aus dem kemalistischen und laizistischen im Gegensatz zum islamistischen Staatsverständnis resultieren, wird in diesem Kapitel nicht weiter beleuchtet.

gesellschaftlichen Imaginären – allen historischen Unterscheidungen zum Trotz".[252] Ausschlaggebend für das Imaginäre nach Göle sei, dass

> (...) viele unterschiedliche muslimische Akteure in unterschiedlichen Kontexten so miteinander verbunden sind, dass sie das Gefühl haben, gemeinsam simultan zu handeln.[253]

Nur die erste Phase des Islamismus wurde Göle zufolge von radikalen politischen Gruppierungen geprägt:

> In der ersten Phase, die ihren Höhepunkt mit der Iranischen Revolution von 1979 erreichte – einer Revolution, die ihrerseits während der 80er Jahre des 20. Jahrhunderts als Vorbild für eine erfolgreiche Islamisierung diente –, hatten sich die islamischen Aktionen in der Öffentlichkeit weitgehend auf das Vorgehen militanter Fundamentalisten beschränkt, die vor allem revolutionär dachten.[254]

Die zweite Phase des Islamismus setzt Göle zu Beginn der 1990er an: Seit Anfang der 1990er Jahre träten neue muslimische AkteurInnen in der Öffentlichkeit auf. Sie seien Intellektuelle, Unternehmer, Medienschaffende und Jugendliche, die bewusst in der Öffentlichkeit stünden. Daraus ergebe sich folgende Bedeutung für die verschiedenen Kontexte, an denen die AkteurInnen partizipierten: Laut Göle wird ein Mensch als Muslim geboren. Dadurch bilde der Islam eine natürliche sowie angeborene Kategorie. Der Islamismus unterscheide sich deshalb darin vom Islam, wie er zu „kollektivem Handeln und zu Selbstbehauptung angesichts moderner Machtverhältnisse" aufrufe:

> Daraus ergibt sich, dass die muslimische Identität nicht nur revidiert und selektiv als ein kollektives „Wir" konstruiert wird, das sich mit oppositioneller Handlungsmacht versieht; die muslimische Identität wird vor allem zur individuellen Entscheidung, zur bewussten Wahl. (...) Man kann als Muslim geboren werden, zum Islamisten aber wird man nur durch persönliches politisches Engagement.[255]

Aus diesem Grund werden „öffentliche Räume" zu Schauplätzen, „wo sich die Debatte zwischen einer uniformierenden Laizität und dem Islamismus der Differenz abspielt".[256]

---

252 Göle, Nilüfer: Die sichtbare Präsenz des Islam und die Grenzen der Öffentlichkeit, in: Göle, Nilüfer/Ammann, Ludwig (Hg.): Islam in Sicht. Der Auftritt von Muslimen im öffentlichen Raum, Bielefeld 2004, S. 17.
253 Ebd.
254 Ebd., S. 11.
255 Ebd., S. 18.
256 Ebd., S. 105.

1.5 Konfliktlinien im öffentlichen Pressediskurs

Was für den transnationalen Raum und die kollektive Identität der AkteurInnen gilt, gilt auch für die Öffentlichkeit in der Türkei: Die politischen Forderungen der islamischen Akteurinnen und Akteure richten sich auf eine gleichberechtigte Teilhabe am öffentlichen Leben und nicht gegen das politische System, in dem sie leben. Zugleich tritt Göle zufolge in der zweiten Phase des Islamismus das kulturelle Programm des Islam deutlicher hervor:

> Durch neue politische Forderungen sowie durch das Alltagsleben muslimischer Einwanderer, Großstadtjugendlicher, islamischer Intellektueller und Angehöriger der frommen Mittelschichten wird der Islam in den Vordergrund des öffentlichen Lebens gespielt. Durch solche Praktiken grenzen sich muslimische Akteure ab; sie arbeiten kollektiv ein religiöses Selbst heraus und schaffen sich neue, eigene öffentliche Räume, die in Einklang mit den Erfordernissen ihres Glaubens und eines islamischen Lebensstils stehen.[257]

Die von Göle formulierten Komponenten der Konflikte und Spannungen beeinflussen den Pressediskurs über die Geschlechterbeziehungen in der Zaman und in der Hürriyet. Es sind jedoch ausschließlich die Frauen, durch deren Präsenz und Partizipation die Veränderungen in der Öffentlichkeit deutlich visualisiert werden: Frauen gelten seit der Republikgründung als Symbole der westlich orientierten Modernität und des progressiven Fortschritts.[258] Folglich wirkt die Öffentlichkeit von Frauen bestimmend auf die fortdauernden Diskurse. Sowohl seit der Republikgründung als auch im Prozess der Politisierung des Islam rückten die Frauen zunehmend in den Vordergrund:

> Wenn man davon ausgeht, dass es eine für heilig gehaltene Errungenschaft des Laizismus ist, dass die Frau von den auferlegten Beschränkungen der Religion befreit das Recht auf Ausbildung und Teilnahme am gesellschaftlichen Leben erhalten hatte, lässt sich das Ausmaß der Enttäuschung und der politischen Spaltung ermessen, die durch die erneute Forderung nach Verschleierung [Göle meint hier das vermehrte Auftreten islamistischer Bewegungen an den türkischen Universitäten nach dem Militärputsch 1980 und die Forderung nach Aufhebung des Kopftuchverbotes, Anm. M. K.] – auch wenn sie nur von einer Minderheit der Frauen ausging – entstanden ist.[259]

---

257 Göle, Nilüfer: Die sichtbare Präsenz des Islam und die Grenzen der Öffentlichkeit, in: Göle, Nilüfer und Ammann, Ludwig (Hg.): Islam in Sicht. Der Auftritt von Muslimen im öffentlichen Raum, 2004, S. 11.
258 Vgl. Sara Mills: „Menschen werden nicht allein aufgrund ihrer ‚Klasse' unterdrückt, unabhängig von ihrer Unterdrückung aufgrund von ‚Rasse' oder ‚Geschlecht', wenngleich jeder dieser Faktoren zu einem bestimmten Zeitpunkt dominant erscheinen mag.", in: Mills, Sara: Der Diskurs, 2007, S. 85.
259 Göle, Nilüfer: Republik und Schleier. Die muslimische Frau in der modernen Türkei, 1995, S. 105-106.

Göle zufolge bildet in der Auseinandersetzung zwischen den Gegensätzen Islam – Westen, Tradition – Moderne, Verschiedenartigkeit – Gleichheit, *mahrem – namahrem*, die Stellung der Frau das zentrale Thema schlechthin.[260] Der *mahrem* bezeichnet den Tabubereich um die Frau, der von der Öffentlichkeit abgetrennt wird. Der *namahrem* bezeichnet folglich den öffentlichen Lebensbereich. Diese Grenzen wurden in der Türkei seit den Modernisierungsprozessen im Osmanischen Reich aufgeweicht und infolge der Republikgründung aufgehoben.[261] Folgende Aspekte sind demnach im Hinblick auf das Spannungsverhältnis in der Öffentlichkeit der Türkei festzuhalten:

Das weibliche Rollenmodell der Frau in der Hürriyet ist an die *kemalistischen Mustertöchter* angelehnt. Gegenwärtig werden immer noch Frauen wie die 2006 verstorbene Feministin Duygu Asena oder die 2010 verstorbene Bildungspolitikerin Türkan Şalay als „Cumhuriyet'in kızları" (wörtlich: Mädchen der Republik) bezeichnet, die dem türkisch-republikanischen Vorbild und dem kemalistischen Ideal innerhalb eines paternalistischen Kontextes entsprechen.[262] Das kemalistische Ideal ist die beruflich erfolgreiche, im Dienst der neuen republikanischen türkischen Nation stehende und ihre Werte vertretende Frau. Sie agiert im Zeichen der Moderne und ist aktiv an der neuen Gesellschaftsordnung beteiligt, wobei sie jedoch ihre türkische Identität bewahrt. Ihren gesellschaftlichen Platz bekommt sie allerdings zugewiesen. Der weiblichen Bevölkerung in der neuen und jungen türkischen Republik war nämlich eine tatsächliche individuelle Autonomie verwehrt[263]: Ihr neuer moderner Status gedieh ausschließlich

---

260 Ebd., S. 48.
261 Ebd.
262 Vgl. http://www.cumhuriyet.com.tr/?im=yhs&hn=57454, (Stand: 07.02.2012).
263 Um einen privateren Eindruck über die politische und persönliche Rolle der Frau bzw. Frauen in Mustafa Kemal Atatürks Leben zu erhalten sei hier das Buch der Journalistin und Politikwissenschaftlerin İpek Çalışlar: Mrs. Atatürk, Latife Hanım, Ein Porträt (2008), empfohlen: „In den schriftlichen Erinnerungen an diese Zeit tauchen sehr selten Frauennamen auf. Geht man nach den Memoiren berühmter Männer, scheint es, als ob Frauen nie existiert hätten. Frauen definierte man in jener Zeit nur über die Tätigkeiten ihrer Männer. Es war teilweise sogar schwierig, die Namen der Frauen in Erfahrung zu bringen [bei der Recherche nach Zeitzeuginnen während der Erstellung der Publikation, welche Latife Hanım noch persönlich kannten, Anm. M. K.], weil fast alle nur als die Frau von diesem oder jenem Abgeordneten oder der Tochter von diesem oder jenem Stadtratsabgeordneten bezeichnet wurden. Wie bei Kindern sprach man von ihnen nur im Zusammenhang mit der Stellung des Mannes.", S. 98 und S. 99: „Latifes Meinung zu Frauenrechten war eindeutig. Dass die Frauen den Gesichtsschleier ablegten, betrachtete sie als Freiheitskampf, sie verlangte das Recht der politischen Repräsentation und übte Druck auf Mustafa Kemal aus, um sich als Abgeordnete zur Wahl stellen zu können. Sie unterstützte die Ausarbeitung eines Zivilgesetzes, das die einseitige Scheidung durch den Mann nach islamischem Recht und die Polygamie abschaffen würde. Sie verteidigte die Ansicht, dass Bildung und Religion getrennt werden müssten, um die Stellung der Frau zu verbessern."

1.5 Konfliktlinien im öffentlichen Pressediskurs

unter patriarchalen Rahmenbedingungen, indem die republikanischen und kemalistischen Väter bzw. Vaterfiguren sich stets beschützend hinter die Töchter, Schwestern, Nichten – die gesamten weiblichen jüngeren und jungen Familienmitglieder – stellten. Gleichzeitig erhielt dieser neue Frauentypus Anfang der 1930er Jahre auch eine neue Bezeichnung: *yoldaş*, was so viel wie Kameradin bzw. Gefährtin bedeutet.[264]

Trotz der fehlenden individuellen weiblichen Autonomie waren die Veränderungen für die Frauen während der kemalistischen Kulturrevolution ein deutlicher Schritt hin zu ihrer ökonomischen Selbstständigkeit und öffentlichen Sichtbarkeit. Damit einhergehend entstand aber eine konstruierte Konkurrenzsituation zwischen der neuen Großstädterin und der „anatolischen Landfrau", sobald sie sich im öffentlichen Raum begegneten *und* miteinander kommunizierten. Die türkische Schriftstellerin und Politikwissenschaftlerin Elif Şafak beschreibt in ihrem Roman „Baba ve Piç" diese Atmosphäre und die Geringschätzung der „neuen" modernen, nach französischem und europäischem Vorbild geprägten türkischen Frauen gegenüber den anatolischen Frauen und das beiderseitige Befremden übereinander:

> Unter den Frauen gab es zwei verschiedene Typen, die sich durch einen scharfen Gegensatz voneinander unterschieden: berufstätige Frauen und Hausfrauen. Die berufstätigen Frauen trugen die Haare kurz, kein Make-up, kein Schmuck, nichts Überflüssiges. Geschlechtslose und burschikose Körper. Sobald die Hausfrauen mit ihrem weibischem Gekicher anfingen, umklammerten die berufstätigen Frauen auf den Sofas fest ihre Lederhandtaschen, um jeden Augenblick aufspringen und gehen zu können. (...) Die berufstätigen Frauen kamen ihnen nicht vor wie Frauen. Vielmehr wie militante Wesen, die sie nicht ertrugen; die berufstätigen Frauen wiederum sahen in den anderen Frauen keine Frauen, sondern Odalisken.[265]

Der Hauptunterschied zwischen Şafaks literarischer Darstellung der 1930er Jahre in der jungen türkischen Republik und dem gegenwärtigen Diskurs über Geschlechterbeziehungen in der Türkei jedoch ist, dass die im öffentlichen Raum agierenden Frauen aus *beiden* Gruppierungen berufstätig und bildungsorientiert bzw. Akademikerinnen sind und somit ihre Standpunkte *gemeinsam* im öffentlichen Raum formulieren und debattieren. Nach Göle symbolisieren zusätzlich die Unterschiede in der Art sich islamisch zu kleiden „die Trennung zwischen den islamistischen jungen Frauen und dem traditionsverbundenen Volk".[266] Das streng um den Kopf und den Hals gebundene Tuch, der *türban*, ist Göle zufolge das „sichtbare Zeichen der politischen und kollektiven Macht der Religion und

---

264 Vgl. Göle, Nilüfer: Republik und Schleier, 1995.
265 Şafak, Elif: Baba ve Piç, Metis Yayınları, 2005, S. 150.
266 Vgl. Göle, Nilüfer: Republik und Schleier, 1995, S. 114.

löst die Angst vor der Gefahr des Fundamentalismus aus".[267] Göle erklärt zur diskursiven Symbolik der jungen, sich islamisch kleidenden Frauen in der Türkei:

> Sie leben nicht auf dem konservativen, von modernen Werten relativ unberührten Land, sondern im städtischen Raum, der die Modernität hervorgebracht hat, und studieren an Universitäten. Diese Art der islamischen Kleidung wird zum sichtbaren Zeichen eines radikalen Islamismus, der im Spannungsfeld zwischen Traditionalismus und Modernität entsteht.[268]

Insofern ist Göle zufolge die „Sichtbarkeit" der *türban*-Trägerinnen in der Türkei, allen voran prominente Frauen wie Hayrünnisa Gül, der Ehefrau des türkischen Präsidenten Abdullah Gül, und Emine Erdoğan, der Ehefrau des türkischen Ministerpräsidenten Recep Tayyip Erdoğan, auch als ein Ergebnis der kemalistischen Reformen zu betrachten:

> Der Kemalismus ermutigte die Sichtbarkeit der Frau, sei es körperlich (durch die Abschaffung des Schleiers), städtisch und öffentlich (durch die Erteilung gleicher politischer Rechte).[269]

Der türkische Journalist Taha Akyol führt dazu aus, dass der Begriff „Modernisierung" bisher in Abgrenzung zu den ruralen „Erscheinungen" in der Türkei begriffen und verstanden worden sei:

> Aus diesem Grund konzentriert sich unser Blick immer noch auf die „äußeren Erscheinungen". In Wirklichkeit jedoch verhält es sich so, dass das erste Mal in unserer Geschichte die Verstädterung, die Bildung und die Kommerzialisierung in unserer Gesellschaft richtungweisend sind. Das ist die eigentliche Modernisierung.[270]

Akyol erklärt den gesellschaftlichen Veränderungsprozess, der zur Modifikation der Erscheinungen (im Original: görünüşler) und ihrer Sichtbarkeit führte und führt, durch das veränderte höhere Bildungsniveau innerhalb der Türkei:

> Durch das höhere Bildungsniveau entwickeln wir uns zu einer Gesellschaft, die sich ihrer kulturellen Unterschiede und Rechte bewusst wird. Dadurch werden wir wiederum zu einer Gesellschaft, deren Vielfalt sichtbar wird – und wir werden zu einer Gesellschaft, die ihre Freiheiten einfordert.[271]

---

267 Ebd., S. 115.
268 Ebd.
269 Göle, Nilüfer: Republik und Schleier, 1995, S. 92.
270 Akyol, Taha: Modernleşme sürecinde Türban, 2008, S. 47.
271 Ebd., S. 48.

1.5 Konfliktlinien im öffentlichen Pressediskurs

Akyol belegt seine These mit Elementen aus der Modernisierungstheorie[272] von Max Weber und erklärt im Zusammenhang mit den modernen *tesettürlü* jungen Frauen, dass die Kopftuch tragenden jungen Frauen nichts mit „unseren" Großmüttern, welche auch Kopftücher tragen, gemeinsam hätten, sondern:

> (...) im Zentrum mit ihren Symbolen ihren Platz als gleichberechtigte Staatsbürgerinnen einnehmen wollen. Nach Weber bedeutet Modernität, dass sich diejenigen, welche sich bisher an und in der Peripherie befanden, sich nun von der Peripherie in das Zentrum begeben. Sie rücken mit ihren eigenen Symbolen in das Zentrum.[273]

Das Spannungsverhältnis entlang der Konfliktlinien zwischen Laizismus und Islamismus in der Türkei spiegelt sich darüber hinaus im Begriff „*mahalle baskısı*" wider. Das Wort *mahalle* (deutsch: Stadtviertel) meint primär Milieus in der Öffentlichkeit in der Türkei. Die Bedeutung und die Tragweite des Begriffs ist vergleichbar mit den so genannten „sozialen Räumen" nach Pierre Bourdieu[274] und den in dem jeweiligen *mahalle* ausgeübten Habitus nach Bourdieu.[275]

Der türkische Begriff „*mahalle*" in dem hier zugrunde liegenden Kontext geht auf den türkischen Soziologen Şerif Mardin zurück, der ihn im direkten wörtlichen Zusammenhang mit dem Begriff „Stadtviertel-Druck (*mahalle baskısı*)" im Sinne von *Konformitätszwang* verwendet.[276] Das von Bourdieu beschriebene „Nachbarschaftsverhältnis" entspricht dem Begriff „mahalle" von Mardin. Bourdieu erklärt, dass innerhalb dieses Nachbarschaftsverhältnisses Konflikte auftreten können, Mardin wiederum bezeichnet diese Konflikte als „baskı" (Druck, Zwang) bzw. als „mahalle baskısı". Mardin erklärt mit diesem Terminus die Milieus, die sich in der türkischen Politik und in den Medien gegenüberstehen. Er verweist mittels dieses Terminus auf zwei sich gegenüberstehende Milieus in der Türkei, welche die Öffentlichkeit bisher wesentlich prägten: Das kemalistisch-laizistische Milieu und das islamische, neoliberal und politisch säkular orientierte „neue" Milieu. Dieses Milieu wiederum ist laut Mardin eigentlich nicht neu – es sei jedoch durch die Regierungsübernahme der AKP seit dem Jahr 2002, vor allem jedoch durch die Sichtbarkeit der *tesettürlü* Ehefrauen der AKP Politiker in den öffentlichen Raum und somit in die öffentliche Wahrnehmung gelangt. Meines Erachtens liegt hierin der Hauptgrund für die Verände-

---

272 Vgl. Weber, Max: Wirtschaft und Gesellschaft, Grundriss der verstehenden Soziologie, 1956, S. 287.
273 Ebd.
274 Bourdieu, Pierre: Sozialer Raum und Klassen, Frankfurt, 1985, S. 9-12.
275 Bourdieu, Pierre: Die feinen Unterschiede: Die verborgenen Mechanismen der Macht. Schriften zu Politik & Kultur 1, Hamburg, 1992.
276 Vgl. Şerif Mardin im Interview zur Erläuterung seines Begriffs: http://www.youtube.com/watch?v=bemTW-_CrOI, (Stand: 31.12.2011).

rungen, die in der Öffentlichkeit in der Türkei wahrnehmbar sind, und nicht in der stetigen öffentlichen Wiederholung der Dichotomien des sich gegenüberstehenden kemalistischen und islamischen Milieus. Den Frauen, die „sich von der Peripherie in das Zentrum begeben", werden laut Mardin folgende Eigenschaften zugeordnet:

> Damit geht ein vollständig anderer muslimischer Frauentypus einher: Dieser Frauentypus ist sehr modern, individualistisch und vielseitig.[277]

Mardins Definitionen lösten heftige Reaktionen in den Medien aus. Mardin selbst erklärte während einer Tagung des SORAR[278] am 23.05.2008 in Istanbul dem Auditorium und der Presse gegenüber, dass sein Begriff insbesondere von den Medien falsch verwendet wird:

> Den Begriff „mahalle baskısı" verwenden vor allem diejenigen, welche auf die Regierungsmacht der AK Partei mit Argwohn blicken. Das stört mich persönlich. Bevor der Begriff „mahalle baskısı" in die Politik hineingetragen wird, sollte er in seiner Gesamtheit begriffen werden.[279]

Mardins Begrifflichkeit wird weiterhin in den medialen Debatten verwendet. Die Hauptkritik an dem Terminus „mahalle baskısı" erfolgt wegen seiner primär „unwissenschaftlichen Etablierung".[280]

Neben der Klassifizierung in das „eine Stadtviertel" (kemalistisches Milieu) und das „andere Stadtviertel" (islamisches Milieu) gibt es jedoch noch weitere Zuschreibungen, die in der Zaman und der Hürriyet sowie in den türkischen Medien Verwendung finden: Die Einteilung in so genannte „schwarze" (siyah) und „weiße" (beyaz) Türken. Unterschiedlichen Quellen zufolge wird die Be-

---

277 Ebd.
278 Sosyal Sorunları Araştırma ve Çözüm Derneği, eine Organisation, die von Journalisten und Journalistinnen gegründet wurde, um Fragen und Debatten zur Gesellschaftspolitik in der Türkei im Rahmen von Workshops zu diskutieren. Zu den verschiedenen topics und panels werden Gäste aus der Wissenschaft und aus den Medien eingeladen. So auch im Mai 2008.
279 Celen, Nergihan: „Şerif Mardin: Mahalle baskısı kavramını medya yanlış kullandı, bu beni rahtsız etti", in: Zaman, 24.05.2008.
280 Vgl. dazu vor allem: Bengisu Karaca, Nihal: „Mahalle kavramı aslında başlangıçta bir meseleyi anlamak için ortaya atıldı, 'mahalle baskısı', referansını kanunlardan almayan, yazılı olmayan, bazen sözlü bile olmayan dayatma, yıldırma ve baştırma yöntemini ifade etmek için uygun bir araç gibiydi ; üstelik her kesimin kendine özgü yazılı olmayan normları ve kendine özgü mahalle baskısı olduğu için bu betimleme anlaşılabilirdi, fakat iş çığrından çıktı. Mahalle baskısı, muhafazakar kesime özgülendi ve sadece muhafazakarlara ilişkin bir hal gibi kodlandı medya tarafından.ahalle baskısı, muhafazakar kesime özgülendi ve sadece muhafazakarlara ilişkin bir hal gibi kodlandı medya tarafından.", in: Çakır, Emre: ‚AKP'ye kızan başörtülüye saldırıyor', in: http://www.8sutun.com/haber?id=47366, 29.07.2009, (Stand: 06.01.2012).

1.5 Konfliktlinien im öffentlichen Pressediskurs

zeichnung „siyah ve beyaz Türkler" einerseits auf die Medienschaffenden in der Türkei in den 1990er Jahren zurückgeführt und andererseits auf die Soziologin Nilüfer Göle, die diesen Begriff aus der soziologischen Terminologie in der Türkei Anfang der 1990er in den Medien etablierte. Laut Göle wird derjenige Personenkreis in der Türkei als *beyaz Türkler* bezeichnet, welcher sich selbst als *progressiv* charakterisiert. Zu ihnen gehören Angehörige der Militärbürokratie und Intellektuelle. Mustafa Akyol beschreibt die „weißen Türken" – *beyaz Türkler* – folgendermaßen: Ihm zufolge sind „weiße Türken" in den 1980er Jahren groß geworden, haben im Ausland studiert und besuchten zuvor nichttürkische Gymnasien in der Türkei. Dazu gehört beispielsweise auch der türkische Schriftsteller und Literaturnobelpreisträger Orhan Pamuk, der in Istanbul geboren wurde und das Robert Kolej besuchte. In der Gegenwart würde diese Charakterisierung auf die Generation der Ende Dreißigjährigen bis Mitte Vierzigjährigen in der Türkei zutreffen. Ihr Lebensstil sei darüber hinaus am westlichen Standard orientiert, den sie aufgrund ihrer gut bezahlten Berufe erreichten und aufrecht erhielten. Die Journalistin Ayşe Arman, die im zweiten Teil dieses Kapitels genauer vorgestellt wird, wird als die „Medienvertreterin der weißen Türken" bezeichnet.[281] Ähnlich wie beim Terminus „mahalle baskısı" fehlt jedoch dem Begriff *siyah ve beyaz Türkler* der primär wissenschaftliche Bezug. Nichtsdestotrotz werden die Terminologien in den Pressediskursen faktischverwendet, um die Spannungslinien zwischen unterschiedlichen Milieus zu beschreiben sowie das Spannungsverhältnis in der Öffentlichkeit der Türkei zu illustrieren. Die Kritik an den Termini *beyaz Türkler* und *siyah Türkler* richtet sich insbesondere gegen die diskriminierenden und rassistischen Assoziationen, die die Begriffe hervorrufen, und die daraus resultierenden Be- und Verurteilungen anhand des Lebensstils, des Habitus, des Konsumverhaltens und des Musikgeschmacks, die den „weißen" und den „schwarzen" Türken zugeschrieben werden.[282] Allerdings handelt es sich bei diesen Zuschreibungen um die Weiterentwicklung der Effekte aus den diskursiven Praktiken zu den Habitus „a la turca" und „a la franga" in der Türkei, was sich seit der Gründung der türkischen Republik durch die Reformen von Mustafa Kemal Atatürk verfolgen lässt. Die Frage nach den „zivilisierten" bzw. „unzivilisierten" ästhetischen Werten lässt sich bereits an der

---

281 Siehe dazu: http://www.hurriyetport.com/medya/ayse-arman-la-turban-seks-konustu-yildizi-parladi-nihal-bengisu-karaca-haberturk-te: „O röportaj transfer yolunu açtı. Merkez medyanın Nihal Bengisu Karaca'yı keşfetmesi özellikle iki yıl önce Radikal gazetesine yazdığı "Tesettürlü bir kadının tatil güncesi" yazısı ile oldu. Hatta bu yazı o kadar ilgi çekti ki, 'beyaz Türklerin medya temsilcisi' olarak tanımlanan Ayşe Arman onunla bir röportaj yaptı.", 20.03.2011, (Stand: 06.01.2012).
282 Tez, Mehmet: Beyaz Türk – Siyah Türk, in: http://www.milliyet.com.tr/beyaz-turk-siyah-turk/mehmet-tez/pazar/yazardetay/31.10.2010/1308123/default.htmz, 31.10.2010, (Stand: 02.01.2012).

westlich-europäischen Orientierung der Türkei in den 1920er und 1930er Jahren ablesen. Dazu erklärt Göle:

> Was schön oder hässlich war, bestimmte weniger die örtliche Topographie als zunehmend der europäische Kontinent. Für die Orientalen war der Begriff „Schönheit" Jahrhunderte lang verbunden mit weißer Haut, runden Formen, langsamen Bewegungen, langem Haar, Henna und Kajalstift. An deren Stelle trat das europäische Schönheitsideal einer Frau: schlank, energisch, Korsett tragend, mit kurz geschnittenem Haar. (...) Die ästhetische Wahl (...) änderte sich zugunsten von „zart", „elegant", „korrekte, europäische Umgangsformen", Eigenschaften, die zum großen Teil durch Erziehung erworben werden.[283]

Göle räumt ein, dass zwar Modestile oberflächlich und äußerlich sein mögen, jedoch funktionierten. Sie brächten einerseits eine neue Zivilisation und eine neue Lebensart mit und andererseits neue Verhaltensformen:

> Ein Türke, eine Türkin, die der europäischen Mode nacheifert, bemüht sich gleichzeitig, sich entsprechend zivilisiert zu verhalten. (...) Die Mode, die nicht auf lokaler Ästhetik, auf klassen- oder schichtenspezifischem Geschmack, sondern auf Nachahmung beruhte, war ein Konkretisieren der westlichen Zivilisation.[284]

Während und nach der Republikgründung folgten aus beiden Stilen, „a la franga" und „a la turca", zwei voneinander abzugrenzende, zugleich sich dennoch *berührende* Habitus in zwei „sozialen Räumen". Nach Bourdieu bezeichnet der „Habitus":

> Eine recht simple Sache: Wer den Habitus einer Person kennt, der spürt oder weiß intuitiv, welches Verhalten dieser Person verwehrt ist. Mit anderen Worten: Der Habitus ist ein System von Grenzen.[285]

Die durchdrungenen „sozialen Räume" stehen sich Bourdieu zufolge sehr nahe, wodurch die darin agierenden und kommunizierenden Menschen sich in einem kontinuierlichen Austausch befinden:

> Mit anderen Worten: Es gibt so etwas wie einen sozialen Raum, der sehr starke Zwänge ausübt. Andererseits stehen Menschen, die räumlich nahe beieinander sind, in einem – wie es in der Topologie heißt – Nachbarschaftsverhältnis: sie sehen sich

---

283 Göle, Nilüfer: Republik und Schleier, 1995, S. 83.
284 Ebd., S. 84 und S. 85.
285 Bourdieu, Pierre: Die feinen Unterschiede: Die verborgenen Mechanismen der Macht, Schriften zu Politik & Kultur 1, 1992. , S. 33.

öfter, treten miteinander in Kontakt, zuweilen auch in Konflikt, aber auch der stellt ja noch eine Beziehung dar.[286]

Bourdieus Habitus-Begriff und Mardins „mahalle baskısı" setzen einen engeren Kontakt und einen Austausch zwischen den „Nachbarn" innerhalb der sozialen Räume voraus. Mardin selbst erklärt, dass er durch den Begriff „mahalle baskısı" den ersten Schritt zur Beschreibung eines Phänomens unternommen habe. In einem Interview mit der Journalistin Ayşe Arman in der Hürriyet am 16.09.2007 erklärt er, dass er die Ängste der Frauen in der Türkei hinsichtlich einer Islamisierung der Öffentlichkeit und dem steigenden Konformitätszwangs unter der AKP-Regierung des türkischen Ministerpräsidenten Recep Tayyıp Erdoğan gut nachvollziehen könne.[287] Mardin selbst wünscht sich eine sozialwissenschaftliche Auseinandersetzung mit seiner Begrifflichkeit:

> Die Sozialwissenschaftler sollten eruieren, was dieser Begriff alles beinhalten kann, wie weit er verbreitet ist und welche Ausdehnung der Begriff erlangt hat.[288]

Sowohl Bourdieu als auch Mardin sprechen von „Zwängen" bzw. Konformitätsdruck, der entstehen kann. Trotz der Konflikte, die im Kontakt miteinander entstehen können, bedeuten diese zugleich, dass eine *Beziehung* besteht. Aus diesem Grund wird im folgenden Kapitel ein Teil der Konfliktlinien zwischen dem Laizismus und dem Islamismus in der Türkei vorgestellt und in den Pressediskurs, in dem das Geschlechterverhältnis verhandelt wird, eingeordnet.

1.5.2 Darstellungen der Konfliktlinien in der Öffentlichkeit der Türkei

Im Folgenden zweiten Teil dieses Kapitels werden Elif Şafak, Nihal Bengisu-Karca und Ayşe Arman vorgestellt. Die detaillierte Darstellung erfolgt deshalb, weil sie nicht nur als Journalistinnen und Produzentinnen der Pressediskurse eine Rolle spielen, sondern auch als Vertreterinnen der unterschiedlichen Milieus und Habitus gelten und sich dementsprechend medial inszenieren. An ihren Personen und ihrer Arbeit lassen sich die diskursiven Verschränkungen der öffentlichen Räume in der Türkei sowie der transnationalen Öffentlichkeit feststellen, außer-

---

286 Ebd.
287 Arman, Ayşe: Türkiye ne Malezya olur diyebilirim Ne de olmaz, http://www.hurriyet.com.tr/ yazarlar/7292235.asp?yazarid=12, 16.09.2007, (Stand: 02.01.12).
288 Vgl. Mardin, Şerif: „Yalnız İslamcıları itham etmek doğru olmaz", in: Çakır, Ruşen: Mahalle Baskısı. Prof. Dr. Şerif Mardin'in Tezlerinden Hareketle Türkiye'de İslam, Cumhuriyet, Laiklik ve Demokrasi, 2008, S. 89.

dem das Geschlechterverhältnis im Pressediskurs von Hürriyet und Zaman in der Türkei konkretisieren.

Elif Şafak ist als international erfolgreiche Schriftstellerin bekannt.[289] Die 1971 in Straßburg geborene Autorin ist zudem promovierte Politologin und hat zuletzt an der University of Arizona/Tucson in den USA gelehrt. Elif Şafak schrieb von 2002 bis 2009 für die Zaman.[290] Mit ihrem Wechsel zur Internetzeitung Habertürk änderte sich auch Şafaks Image: Ihr Roman Aşk (2009) wurde auf Habertürk lange beworben, bevor sie ab dem 01.06.2009 begann, ihre Kolumne dort zu schreiben. Es ist nicht bekannt, aus welchen Gründen Şafak zu Habertürk wechselte. Der Wechsel ging mit der äußerst erfolgreichen Publikation ihres Romans Aşk einher, der sich zum Bestseller in der Türkei entwickelte. Şafak ist mit dem Journalisten Eyüp Can verheiratet. Das Paar hat zwei Kinder. Eyüp Can wiederum ist der Chefredakteur der türkischen links-liberalen Tageszeitung *Radikal*.[291] Can und Şafak standen in der Vergangenheit als Paar häufiger im Mittelpunkt der medialen Aufmerksamkeit. Der Grund hierfür liegt zum einen in ihrem Erfolg begründet und zum anderen darin, dass sie als Ehepaar den gängigen gesellschaftlichen und patriarchalischen Konventionen in der Türkei nicht entsprechen: Eyüp Can respektiert und honoriert die schriftstellerische Arbeit seiner Frau und übernimmt in den Schaffensphasen seiner Frau die Betreuung der gemeinsamen Kinder. Şafak wiederum muss Journalisten in der Türkei gegenüber häufig erklären, weshalb sie „immer noch" arbeitet, obwohl sie Mutter zweier Kinder ist, und wie sie es schaffe, neben dem Schreiben ihrer Romane zwei Kinder großzuziehen.[292] Der Hauptwohnsitz der Autorin ist zum gegenwärtigen Zeitpunkt Lon-

---

289 http://pinterest.com/elifshafak/ (Stand: 03.01.2013).
290 Im Gespräch mit Mahmut Çebi erfuhr ich, dass die wenigen fest angestellten Journalistinnen, die für die Zaman zuweilen arbeiten, mit lukrativeren Angeboten von der Konkurrenz abgeworben werden.
291 Siehe dazu: http://www.radikal.com.tr/Radikal.aspx?aType=RadikalAnasayfa, (Stand: 26.03.2012).
292 Vgl. dazu Arman im Interview mit Eyüp Can: Arman, Ayşe: „Yeni doğurmuş bir kadını mı, yoksa bir gazeteyi mi idare etmek daha zor? („Was ist schwieriger zu bewerkstelligen: Eine Zeitung zu leiten oder mit einer frisch entbundenen Frau klar zu kommen?"): Arman: „Sie sind mit jemandem verheiratet, der aufgrund seiner oppositionellen Persönlichkeit jederzeit im Fernsehen und in den Zeitungen erscheint und dadurch in Ihr Sichtfeld tritt. Der schöngeistige Ruf ihrer Frau kann sie jedoch auch in Schwierigkeiten bringen." Eyüp Can: „Das, was andere denken, ist mir persönlich nicht wichtig. Ich verstehe Elifs Gegenstimme sehr gut. Natürlich haben auch wir Zeiten, in denen wir uns richtig zanken. Aber ich bin sehr glücklich und ich glaube, dass all dies unsere Beziehung nährt. Ich bin sehr stolz auf sie. (…) Ich glaube fest an das, was Elif schreibt und macht. Elif ist eine Künstlerin und keine Technikerin. Wenn sie schreibt, dann schreibt sie völlig ungebremst, was auch genauso sein sollte. Natürlich äußere ich meine Kritik und meine Meinung ihr gegenüber. Aber ich bremse sie nicht aus." (Übers. M. K.) in: Hürriyet, 14.02.2007.

1.5 Konfliktlinien im öffentlichen Pressediskurs

don. Dort lebt sie gemeinsam mit den beiden Kindern und ihrer Mutter. Das Paar Şafak-Can pendelt zwischen Istanbul und London.

Elif Şafak erweiterte in der Zaman durch ihre Person als Schriftstellerin in Kombination mit ihrer stark ausgeprägten Beziehung zur islamischen Mystik – *tasavvuf* – den islamischen Kontext hin zu einem intellektuell, kosmopolitisch und spirituell orientierten Kontext. Der Begriff *tasavvuf* stammt aus dem Arabischen *taṣawwuf* und Persischen, *tasavvof*. Er bedeutet Sufismus und ist die Bezeichnung für die islamische Mystik. Şafak versteht sich primär als Schriftstellerin. Sie polarisiert die Leserschaft nicht in gleichem Maße wie es Ayşe Arman aufgrund ihrer „Freizügigkeit" und Nihal Bengisu-Karaca aufgrund ihrer „Verschleierung" tun. Şafak nahm aber im Gegensatz zu ihren beiden Kolleginnen zu brisanten politischen Themen in der Türkei eindeutig Stellung in der Öffentlichkeit, was in der Vergangenheit negative Folgen für sie hatte: Im Jahr 2006 erhob die türkische Staatsanwaltschaft Anklage gegen Şafak aufgrund ihres Romans Baba ve Piç (2006) (Deutscher Titel des Romans: Der Bastard von Istanbul). Ihr wurde die „Verunglimpfung" des Türkentums vorgeworfen, weil eine ihrer Hauptprotagonistinnen am Anfang des Romans den Völkermord an den Armeniern 1915 anspricht. Sie habe vor allem durch ihren Prolog gegen den Paragraphen 301 des türkischen Strafgesetzbuchs verstoßen.

Elif Şafak, die in Abwesenheit (sie hatte kurz zuvor ihr erstes Kind geboren und befand sich zu diesem Zeitpunkt im Krankenhaus) freigesprochen wurde, sah sich vor, während und nach dem Prozess mit einer weit verbreiteten, durch die Medien aufgehetzten Stimmung in der Türkei konfrontiert.[293] Aufschlussreich an Şafaks Roman und ihren Interviews über die Recherchearbeit zu Armenien und der Türkei ist, dass sie es vermeidet die Begriffe „Genozid" bzw. „Völkermord" zu verwenden, wenn es um die Ermordung und Vertreibung der armenischen Bevölkerung im Jahr 1915 geht.[294] Şafak begründet ihren Verzicht auf den Begriff damit, keinen weiteren Hass säen zu wollen. Der Begriff Genozid trage nicht zur „Normalisierung" des Verhältnisses zwischen Türken und Armeniern bei:

> Wir sehen schließlich, dass in Dialogen die Voranstellung des Begriffs „Völkermord" keinen Vorteil bei der gegenseitigen Annäherung innerhalb internationaler Beziehungen erbringt. Im Gegenteil: Wir sehen, dass diese Art der Obsessionen noch mehr Hass und noch mehr Rückschläge hervorrufen.[295]

---

293 Vgl. http://m.faz.net/aktuell/feuilleton/medien/gerichtsurteil-reaktionen-auf-einen-kurzen-prozess-1358433.html?service=json&fullhash=qwervf2352642z.234tawt, (Stand: 07.02.2012).
294 Vgl. vor allem Akman, Nuriye: „1915 olaylarını Türklerin hatırlamaya Ermenilerin unutmaya ihtiyacı var," (Der Ereignisse aus dem Jahre 1915 wegen bedarf es eines Erinnerns der Türken und eines Vergessens der Armenier, Übers. M. K.) in: Zaman, 14.11.2005, S. 19.
295 Ebd.

Diese Ansicht vertrat auch der armenische Schriftsteller und Publizist Hrant Dink. Er war der Herausgeber der armenisch-türkischen Wochenzeitung *Agos*. Dink wurde am 19. Januar 2007 vor seiner Redaktion von einem nationalistisch und rassistisch motivierten Jugendlichen erschossen. Dink und Şafak verband eine enge Freundschaft. Hrant Dink plädierte für die Anerkennung der Morde an den Armeniern von seiten des türkischen Staates und sprach sich gleichzeitig gegen den Begriff „Genozid" oder „Völkermord" aus.[296] Şafak warnt vor den Gefahren des Nationalismus, dessen Ausprägungen sowohl in der Türkei als auch in Armenien stark seien:

> Wir müssen unbedingt begreifen, dass auf den armenischen Nationalismus der türkische Nationalismus keine Antwort sein kann. Die wichtigsten Ansätze, die wir dem armenischen Nationalismus entgegensetzen können, sind anti-nationalistischer, demokratischer und kosmopolitischer Natur.[297]

Seit der Anklage gegen sie wegen Beleidigung des Türkentums äußert sich die Schriftstellerin nicht mehr dezidiert und öffentlich zu ähnlichen gesellschaftspolitischen Themen. Şafaks bereits erwähnte enge Verbindung zur islamischen Spiritualität geht weit über ein „einfaches" Glaubensbekenntnis hinaus, das auf sunnitische Praktiken und lediglich auf den privaten Raum beschränkt ist: Sie erklärt in Interviews ihre tiefe Liebe und Zuneigung zur islamischen Mystik und zu Mystikern wie Jalal ad-Din Rumi und Shams ad-Din.[298] Auch in ihrem Roman *Aşk* (2009) sind die islamische Mystik und die Beziehung zwischen den Sufis Jalal ad-Din Rumi und Şams ad-Din zentral. Gleichzeitig ist Elif Şafak dadurch eine der wenigen türkischen linken Intellektuellen, die sich zu ihrem Glauben und zur islamischen Mystik bekennen. Şafaks starke Nähe zur islamischen Mystik und ihre literarische Auseinandersetzung mit der religiösen Praktik des *tasavvuf* sind auch in ihren Kolumnen in der Zaman zu finden.[299]

---

296 Vgl. Dink, Hrant: Von der Saat der Worte, Berlin 2008.
297 Ebd.
298 Vgl. Şafak, Elif: Büyük Aşk, Büyük Nefret, in: Dies.: Firarperest, Doğan, İstanbul, 2010.
299 Vgl. Şafak, Elif: Siyah Süt, 2007, S. 73; dies.: Aşk, 2009, S. 35; dies.: The Gaze: „La Belle Annabelle's face was a frontier without borders, in the days when the West didn't take its eyes of the East, and still no one could make out where the East ended and the West began. Her face belonged to neither West nor East. For this reason, any man who looked at her felt himself both at home and abroad. There was something very familiar about this face, as familiar as the sweet smell of childhood. (…) But whatever happened, she continued to be the most beautiful jinn of the poisonous yew forest.", 2006, S. 152; dies.: *Der Bonbonpalast:* „Wohnung 1: Meryem. Der Glaube ist genauso eine Zeitfrage wie die Ankunft und Abfahrt von Zügen. Zu bestimmten Zeiten im Leben schlägt die runde, elfenbeinfarbene Bahnhofsuhr und kündigt die Abfahrt eines Zuges an. Vormittags verkehrt ein einziger Zug. In diesen steigen Menschen ein, die von Kindesbeinen an einen festen Glauben haben. (…) Vielleicht lag es nur daran, dass Meryem gerade schwanger und dadurch etwas ‚merkwürdig' war. Jedenfalls machte sie sich, nachdem

1.5 Konfliktlinien im öffentlichen Pressediskurs

Die zentralen Themen ihrer Romane sind Religion, die gegenseitigen Wahrnehmungen aus der westlichen und östlichen Perspektive im Sinne von *othering*, die Grenzgänge zwischen einer scheinbar abergläubischen Welt und der realen Welt sowie die Liebe. Ihre Prosa ist darüber hinaus durch den Rückgriff auf die osmanische Sprache und auf arabische und persische Begriffe geprägt. Im Gespräch mit Kai Strittmatter in der Süddeutschen Zeitung 11.10.2007 erzählt Şafak, wie viel ihr die türkische Sprache bedeutet und weshalb sie sowohl auf Türkisch als auch auf Englisch schreibt:

> Ich fühle mich beiden Sprachen verbunden. Englisch ist für mich sehr mathematisch, rational und ruhig, Türkisch sehr emotional. (…) da waren die Brüche in meiner Kindheit, in Phasen, in denen ich fern von meiner Sprache war. Die Furcht, meine Muttersprache langfristig vielleicht zu verlieren, hat mich aufmerksamer und dankbarer gemacht.[300]

Die Schriftstellerin gehört zu einer neuen Generation türkischer Intellektueller, die in ihrem künstlerischen Schaffen bewusst auf das kulturelle und sprachliche Erbe des Osmanischen Reiches zurückgreifen und den Verlust der sprachlichen Vielfalt aus dem Osmanischen Reich bedauern.[301] Şafaks Spektrum in ihren Kolumnen in der Zaman umfasste literarisches Schreiben, politisches Denken, die Auseinandersetzung mit Religion und die Analyse von Beziehungen zwischen Männern und Frauen und zwischen Eltern und Kindern. Einen großen Teil ihrer Kolumnen nehmen Themen ein, welche mit den Begriffen Orientalismus/Eurozentrismus, Musliminnen/Nicht-Musliminnen, Europa/Türkei, Aus-

---

sie frühmorgens die Graffiti an der Mauer entdeckt hatte, sofort mit einem leeren Einmachglas auf in den Garten, um etwas von der ‚Erde eines namenlosen Heiligen' hineinzufüllen. Sie glaubte zwar nicht unbedingt, dass es hier tatsächlich einen Heiligen gab, aber wie der Professor aus Nummer 7 gesagt hatte, konnte man in Istanbul, wo es unter den Gehwegen nur so von Gräbern wimmelt, nie genau wissen, wo was zum Vorschein kam (…).", 2008, S. 332f.

300 Strittmatter, Kai: Nicht exotisch und nicht westlich genug. Von den Schwierigkeiten, eine Türkin zu sein: ein Gespräch mit der Schriftstellerin Elif Şafak, SZ, 11.10.2007.

301 Vgl. dazu: Tunca, Elif: ‚Sorunlar şimdi ve burada çözülebilir" (Interview mit Elif Şafak: „Die Problemfragen können hier und jetzt gelöst werden", Übers. M. K.): „(…) Wir haben keinen Bezug, keine Verbindung zu unserer Vergangenheit. Wir haben unsere Verbindung zum Osmanischen Reich gekappt, sie voller Überzeugung abrupt abgebrochen und uns dadurch modernisiert. Wir haben das riesige osmanische Erbe verlassen." (Übers. M. K.), in: Zaman, 16.03.2006, S. 13. Siehe dazu auch: Göle, Nilüfer: „Die republikanischen Eliten sind somit das Produkt einer neuen Art zu schreiben, zu lesen, zu sprechen. Das lateinische Alphabet zu verwenden, reines Türkisch zu sprechen ohne lokalen Akzent, Fremdsprachen zu beherrschen. (…) Offenbar bedauert es nicht, dass sie von dieser vergangenheit abgeschnitten sind, vielleicht, weil sie deren kulturelle Hinterlassenschaft zu belastend finden und darin ein Hindernis für ihren Wunsch sehen, sich der Zukunft zuzuwenden, das heißt dem Westen.", in: Anverwandlungen, Der Islam in Europa zwischen Kopftuchverbot und Extremismus, 2008, S. 109.

grenzung abermals im Sinne von *othering*[302] bestimmt werden können.[303] Seitdem Şafak bei Habertürk angestellt ist, haben sich auch ihre Kolumnen inhaltlich verändert. Die Autorin schreibt vermehrt über die Beziehungen zwischen den Geschlechtern und stellt die patriarchalen Gesellschaftsstrukturen in der Türkei häufiger in den Mittelpunkt ihrer Beobachtungen.[304] Eine der wenigen Ausnahmen in ihrer Zeit bei der Zaman ist ihre Kolumne vom 3. Juni 2008 „İntihar eden kadınlar" (deutsch: Suizid begehende Frauen).[305] Sie schreibt darin über eine lange Selbstmordserie von jungen Mädchen und Frauen im südostanatolischen Batman, die entweder zwangsverheiratet werden sollten oder sich bereits in einer Zwangsehe befanden.[306] Şafak bringt die Lebensbedingungen der Frauen, die von fehlender individueller Entscheidungsmacht, Autonomie und der Zwangsverheiratung in jungen Jahren geprägt sind, zur Sprache und fordert den gesell-

---

302 Vgl. Said, Edward: „Not for nothing did Islam come to symbolize terror, devastation, the demonic, hordes of hated barbarians. For Europe, Islam was a lasting trauma. Until the end of the seventeenth century the 'Ottoman peril' lurked alongside Europe to represent for the whole of Christian civilization a constant danger, and in time European civilization incorporated that peril and its lore, its great events, figures virtues, and vices, as something woven into the fabric of life.", in: Said, Edward: Orientalism, 2003, S. 59f.
303 Vgl. Şafak, Elif: ‚Müslüman kadın okurlar!' (‚Muslimische Leserinnen', Übers. M. K.): „Tragen diejenigen, die an den Kampf der Kulturen glauben, das Dilemma der westlichen Literatur einerseits und der östlichen Literatur andererseits in sich? Wenn wir tatsächlich mit diesen Kategorien konfrontiert sind, an welchem Ort befinden sich dann türkische Schriftsteller, deren Land sich sowohl aus der östlichen wie auch westlichen Zivilisationsgeschichte zusammensetzt? Sind wir dann ‚westliche Schriftsteller' oder ‚nahöstliche Schriftsteller' oder ‚östliche Schriftsteller' – welchen dieser Begriffe ziehen wir persönlich vor? Wie lautet unsere Adresse in der Literaturlandschaft? Werden wir diesen Kategorisierungen standhalten oder uns voller Wonne innerhalb dieser Kategorien einrichten, uns einen eigenen Namen und eine eigene Karriere konstruieren? Die Aufgabe des Schriftstellers ist es Grenzen zu vermischen – seine Aufgabe ist es nicht, sich innerhalb der Grenzen festzusetzen und den Tribunen zu spielen.", in: Zaman, 17.05.2006, S. 13.
304 Vgl. dazu Şafaks Dissertation: An analysis of Turkish modernity through discourses of masculinities. A thesis submitted to the Graduate School of Social Sciences of Middle East Technical University, by Elif Bilgin, 2004. Şafak verwendet als Schriftstellerin den Nachnamen ihrer Mutter. Ihr Geburtsname lautet "Bilgin". Der Vater, der Professor für Soziologie in der Türkei ist, verließ Şafaks Mutter noch vor der Geburt.
Vgl. dazu auch: Şafak, Elif: „Frauen, die ihren Namen nicht lieben. Namen sind magisch. Namen sind Hexen und Magier. Der Name wirkt bestimmend und der Name ist verwünschend. Männer verspüren kein Bedürfnis danach ihre Namen zu verändern. (...) Bei Frauen ist das anders: Sie sind die Nomadinnen der Namen. Als junge Mädchen heißen sie anders, nachdem sie verheiratet sind auch und nachdem sie sich scheiden lassen auch. Und wenn sie wieder heiraten erneut. Männer jedoch besitzen nur eine einzige Unterschrift (...)." (Übers. M. K.), aus: Şafak, Elif: Siyah süt, 2007, S. 125.
305 Şafak, Elif: İntihar eden kadınlar, in: Zaman, 03.06.2008, S. 13.
306 Vgl. „Heirate oder stirb", in: Milliyet, 23.10.2000, in: Uslucan, Haci-Halil: Türkische Kolumnen, Selbst- und Fremdbild in der türkischen Presse in Deutschland, 2002, S. 100.

1.5 Konfliktlinien im öffentlichen Pressediskurs

schaftlichen und politischen sowie rechtlichen Schutz von Frauen und Mädchen ein.

Nihal Bengisu-Karaca ist 1972 in Ankara geboren.[307] Sie studierte Jura an der Marmara-Universität. 1994 begann sie mit ihrer journalistischen Arbeit. Bengisu-Karaca ist verheiratet und hat einen Sohn. Nihal Bengisu-Karaca äußerte sich in einem (einzigen) Kommentar in der Zaman ablehnend zu den Begriffen „Feminismus" und „feministisch" aus der euro- und westzentrierten Perspektive.[308] Anlass dieses Artikels war der Tod der türkischen Feministin und Autorin Duygu Asena am 30. Juli 2006.[309] Asenas Publikationen polarisierten die Öffentlichkeit. Obwohl ihre Bücher zeitweise per Gerichtsbeschluss verboten waren, befanden sie sich stets auf den Bestsellerlisten.[310] Die Autorin und Frauenrechtlerin thematisierte in ihren Büchern und in ihrer öffentlichen Arbeit sowohl das Heranwachsen als Mädchen und als Frau in der patriarchalischen türkischen Gesellschaft als auch Motive wie die unterdrückte weibliche Sexualität sowie sexuelle Übergriffe und sexuelle Gewalt. Die Frage nach weiblicher Autonomie bildet dabei das Zentrum ihres Werkes. Nihal Bengisu-Karaca bezieht sich in ihrem Artikel auf die Gräben zwischen sich und Duygu Asena, die sie als „Flüsse" bezeichnet. Sie adressiert ihre Kritik darüber hinaus an feministische, westliche orientierte Türkinnen in der Türkei. Insbesondere Asenas Standpunkte zur Schwangerschaft, zur Leiblichkeit während der Stillphase und zur Rolle als Mutter kritisiert Bengisu-Karaca scharf:

> Welchen Freiheitsbegriff sollte schon jemand haben, der zwei von Gott gegebene Brüste als Schandfleck bezeichnet und einen Intellekt voller Komplexe besitzt?[311]

Bengisu-Karaca bezieht sich hier auf einen Dialog in Asenas Roman ‚Kadının Adı yok' (1987). Darin fragt ein Kind seine Mutter, weshalb Frauen Brüste haben. Die Mutter antwortet, dass Frauen Brüste hätten, um ihre Kinder stillen zu können. Das Kind fragt daraufhin seine Mutter erstaunt, ob Frauen denn Kühe

---

307 http://www.haberturk.com/htyazar/nihal-bengisu-karaca, (Stand: 03.01.2013).
308 Bengisu Karaca, Nihal: Duygu Asena ve ‚bizi ayıran nehirler (Duygu Asena und die uns trennenden Flüsse, M. K.), Zaman, 17.08.2006, S. 16.
309 Vgl. dazu den m. E. wichtigen Nachruf in der Hürriyet, für die Duygu Asena seit 1972 geschrieben hatte: „Artık Duygu da yok", in: Hürriyet, 31.07.2006, S. 5. Aufschlussreich an dem Nachruf ist, dass der Vorsitzende der CHP, Deniz Baykal sein tiefes Bedauern zum Tod der Feministin und Autorin mit folgenden Worten zum Ausdruck bringt: „Wir werden unseren Kampf für die Republik und die Frauenrechte nun ohne Duygu weiter bestreiten müssen (…)." Der Feminismus, vertreten durch Duygu Asena, wird auch hier, wie bereits von mir beschrieben, als Kampf um den Laizismus in der türkischen Republik betrachtet.
310 Vgl. http://www.dogankitap.com.tr/yazar.asp?id=35, (29.03.2009).
311 Bengisu, Karaca: Duygu Asena ve ‚bizi ayıran nehirler', Zaman, 17.08.2006, S. 16.

seien. Bengisu-Karaca begreift diese Passage als Degradierung der Mutterschaft und der Beziehung zwischen Mutter und Kind:
„Kann von so jemandem tatsächlich eine „Befreiung" [der Frauen, Anm. M. K.] erwartet werden?", fragt Bengisu-Karaca deshalb, ohne die Fiktion der Charaktere in Asenas Roman zu berücksichtigen. Folglich leitet sie politische Aussagen der Romancierin Asena ab. Im selben Zusammenhang kritisiert sie jedoch auch Frauen, welche „ihre nackten schwangeren Bäuche" zur Schau tragen und sich halbnackt „a la Demi Moore"[312] fotografieren lassen. Sie greift in ihrer scharf und polemisch ausfallenden Kritik vor allem die von Duygu Asena positiv definierte Option für die Befreiung der Frauen an, die in Bengisu- Karacas Augen lediglich eine „westliche Maxime" darstellt:

Anstatt wirklich tief bis in das Herz vorzudringen und eine passende Lösung hervorzubringen, griff sie auf bereits Altes zurück: „Schau, im Westen, in der zivilisierten Welt ist die Frau sehr viel freier.[313]

Bengisu-Karaca bezeichnet die Mutterschaft als „selbstloses Versprechen". Die vollkommene Uneigennützigkeit, welche die Mutterschaft zu etwas Besonderem mache, würde durch Frauen wie Duygu Asena und andere Feministinnen in der Türkei herabgesetzt. Asenas Forderung nach den gleichen sexuellen Freiheiten für Frauen wie für Männer in der Türkei stoßen bei Nihal Bengisu-Karaca auf vehemente Ablehnung:

---

312 Die amerikanische Schauspielerin Demi Moore ließ sich Anfang der 1990er Jahre nackt und fast hochschwanger von der Starfotografin Annie Leibowitz fotografieren (siehe dazu: http://upload.wikimedia.org/wikipedia/en/2/26/Vanity_Fair_August_1991.JPG, (Stand: 21.02.2012).
Auf dem Foto bedeckt sie ihre Brust und ihren Intimbereich lediglich mit ihren Händen. Das Foto wurde als Cover der Zeitschrift Vanity Fair publiziert und galt als Skandal. Nach Demi Moore taten es ihr Frauen wie das ehemalige „Supermodel" Cindy Crawford und die italienische Schauspielerin Monica Bellucci gleich. (Siehe dazu: http://www.indiantvtoday. com/wp-content/uploads/2009/04/monica_belluci-up-and-against-the-rules.jpg, Stand: 06.01.2012). In der Türkei rufen Fotos von schwangeren türkischen prominenten Frauen, welche sich bewusst für diese Art der Aktfotos entscheiden, kontroverse öffentliche Reaktionen hervor. Ihnen wird vorgeworfen, „unanständig" und schamlos zu sein. Davon unabhängig veränderte sich seit Ende der 1980er Jahre die Bekleidungsform für Schwangere insgesamt. Diesen Aspekt kritisiert Bengisu-Karaca in ihrer Kolumne zusätzlich. Die veränderte Mode dient nicht mehr primär dazu, den schwangeren Körper der Frau zu bedecken und zu verbergen, sondern durch enger anliegende Kleidung den Brust- und Bauchbereich feminin zu betonen. Die „weibliche Potenz" und der besonders betonte Körper treten dadurch in die öffentliche Sichtbarkeit und bleiben nicht mehr im privaten Raum verborgen.
313 Bengisu-Karaca; Nihal: „Duygu Asena ve bizi ayıran nehirler", in: Zaman, 17.08.2006, S. 15.

1.5 Konfliktlinien im öffentlichen Pressediskurs

> Diese Forderung führte zu großen Irritationen (…). Die größte Schuld, welche Duygu Asena dabei trifft, ist, dass sie die Frauenrechte verunstaltete und ignorierte. Wenn ihr geistiges Fundament – Wenn Männer dieses und jenes nicht dürfen, dann dürfen Frauen dieses und jenes auch nicht – gewesen wäre, wäre eine sittliche und faire Annäherung an ihre Vorhaben möglich gewesen.[314]

Trotz ihrer Kritik befindet sich Bengisu-Karaca ihrem Artikel zufolge in einem Zwiespalt: Sie fühlt sich aufgrund der positiven Reaktionen der Männer in der Türkei auf den Tod von Duygu Asena persönlich als Frau diskriminiert, es irritiert sie. Sie geht jedoch nicht in die Defensive, sondern zieht sich in ihren Glauben zurück. Trotz ihrer persönlichen Ambivalenz bleibt Asenas Feminismus Bengisu-Karaca fremd. Sie sieht darin keine politische Option, die zu einem gerechteren Verhältnis zwischen den Geschlechtern führen könnte:

> Ich habe es nicht geschafft, den Männern begreiflich zu machen, dass sie sich umsonst freuen. Ich versuche mich deshalb mit folgendem Witz zu trösten: Was passiert, wenn man sich mit einem konservativen Mann eine halbe Stunde lang allein in einem Zimmer befindet? – Antwort: Du wirst zur Feministin. Das hilft jedoch nichts und lässt mich nicht inne halten – aus diesem Grund begebe ich mich zu Gott.[315]

Bengisu-Karaca bezeichnet Asenas Lösungskonzepte bezüglich der Frauenfragen in der Türkei als „fremd" und zu „extrovertiert". Es fehlten Termini und Lösungsvorschläge in Asenas Arbeit und Werk, die mit der anatolischen Kultur zu vereinbaren seien. Nur wenn Asena die Sprache und dementsprechend die Terminologien der anatolischen Frauen und deren kulturelle Nuancen in ihrer Annäherung an die Frauen in der Türkei beachtet hätte, wäre sie laut Bengisu-Karaca auf eine breite Resonanz unter den Frauen in der Türkei gestoßen.[316] Duygu Asena lehnte jedoch weder in ihrem Werk noch in ihrer politischen Arbeit die Mutterschaft ab. Der dahingehende Vorwurf von Bengisu-Karaca ist somit nicht haltbar.

Asena lehnte oktroyierte Rollen und fehlende gesellschaftliche Rahmenbedingungen für einen selbstbestimmten individuellen weiblichen Lebensentwurf ab. Ihr Hauptanliegen war nicht primär die „sexuelle Befreiung", wie sie von der politischen Frauenbewegung der 1970er Jahre unter anderem im Westen gefordert wurde und wie es ihr von Nihal Bengisu-Karaca in der Zaman unterstellt wird, Asena appellierte vielmehr an die Frauen in der Türkei, durch eine bewusste Konzentration auf Ausbildung und Beruf zu einer persönlichen ökonomischen

---

314 Ebd.
315 Ebd.
316 Ebd.

Unabhängigkeit zu gelangen.³¹⁷ Was Asena darüber hinaus kritisierte war die Ehe als Institution, die Ehe als einziger legitimer Raum für Intimität und die sexuelle Beziehung zwischen Frau und Mann. Sie stellte die Ehe und die Hochzeit als Lebensziel, worauf sich Frauen zu konzentrieren hätten und regelrecht konditioniert würden, gesellschaftskritisch in Frage. Asenas Nichte, Berfu Çapın, die ihre Tante während ihrer letzten Tage im Krankenhaus eng begleitete, beschreibt Asenas Denken wie folgt:

> Ich höre das erste Mal nicht auf sie. Sie sagte mir immer: Heirate bloß nie! Sie war meine Freundin, meine halbe Mutter. Obwohl sie mich stets ermahnte: Heirate nicht, lebt zusammen, bewahrt und schützt eure Liebe, bereite ich nun meine Hochzeit, die am 8. September stattfinden wird, vor (...).³¹⁸

In derselben Ausgabe der Hürriyet, aus der das Zitat mit Asenas Nichte Berfu Çapın stammt, wird sowohl der berufliche Werdegang als auch das literarische Werk und die politische Arbeit der verstorbenen Autorin und Aktivistin gelobt.³¹⁹ Aufschlussreich an diesem Nachruf ist, dass Asena als Repräsentantin des kemalistischen Frauenbildes dargestellt wird und nicht primär als Feministin und *individuelle* Autorin.

In Bengisu-Karacas Artikel über Duygu Asena in der Zaman werden die Diskrepanzen zwischen dem islamisch geprägten Verständnis von Beziehungen zwischen Frauen und Männern und dem „westlichen Feminismus", deutlich. Der Islam bietet in dem von Bengisu-Karaca charakterisierten Kontext die normativen Werte für den gegenseitigen Umgang zwischen Frauen und Männern. Dieser Aspekt spiegelt sich in Bengisu-Karacas Artikel zum Feminismus-Begriff von Duygu Asena und ihrem Verständnis von Frauenrechten bzw. dem der „anatolischen Frauen" in der Zaman wider. Feministische „Adaptionen" aus „dem Westen" erfahren scharfe Kritik, da sie mit der Lebenswelt der Frauen laut Bengisu-Karaca nichts gemeinsam haben. Zwar kritisiert Bengisu-Karaca westlich orientierte türkische Feministinnen, sie zieht sich jedoch aufgrund ihres Befremdens gegenüber den Männern, die sich über den Tod der Frauenrechtlerin Duygu

---

317 Duygu Asenas Vater war persönlicher Sekretär von Mustafa Kemal Atatürk. Das republikanische Frauenideal der Türkei und die Frauenrechte, welche durch den Kemalismus etabliert wurden, beeinflussten sicherlich die Sozialisation und die feministische Sensibilisierung von Asena.
318 Kınalı, Mustafa: Sakın evlenme demişti, ilk kez onu dinlemiyorum, in: Hürriyet, 31.07.2006, S. 5.
319 Die im Jahr 1946 geborene Duygu Asena studierte Pädagogik und arbeitete nach ihrem Studium zwei Jahre lang in einer Kinderklinik sowie in einem Heim für Kinder. 1972 begann sie mit ihrer Tätigkeit als Autorin und als Publizistin. Sie schrieb zwischen 1972 und 1978 für die Hürriyet. Ab Ende der 1970er Jahre war sie als Herausgeberin verschiedener Frauenmagazine tätig. Asena starb im Sommer 2006 aufgrund eines Gehirntumors in Istanbul.

1.5 Konfliktlinien im öffentlichen Pressediskurs

Asena freuen und folglich ihrer misogynen Einstellung Ausdruck geben, in ihre Religion und somit in ihren privaten Raum zurück. Das Private, im Sinne von *mahrem*, ist im Gegensatz zum Feminismus eben *nicht* politisch.[320] Basierend auf Bengisu-Karacas Kritik stellt sich die Frage, weshalb sie davon ausgeht, dass sie und die „anatolischen Frauen" die Mehrheit im kritischen Geschlechterdiskurs – im Sinne der Gesellschaftskritik an bestehenden patriarchalen, politischen und ökonomischen Verhältnissen – sind. In ihrem Artikel klärt Bengisu-Karaca nicht, was sie genau unter Geschlechtergerechtigkeit versteht und wie sich mit deren Hilfe die Frauenrechte – nach ihrem Verständnis – umsetzen ließen.

Die Journalistin und Autorin Ayşe Arman ist der „weibliche Star" der Hürriyet.[321] Sie ist eine der erfolgreichsten und populärsten Journalistinnen in der Türkei. Ayşe Arman ist 1969 geboren. Im Gegensatz zu Nihal Bengisu-Karaca und Elif Şafak brach Ayşe Arman ihr Studium ab und arbeitete fortan als Journalistin. Sie gilt als Ziehtochter von Ertuğrul Özkök, der von 1999 bis 2010 als Chefredakteur bei der Hürriyet war und immer noch regelmäßig für die Hürriyet schreibt. Armans Mutter ist Deutsche und ihr verstorbener Vater Türke. Sie ist verheiratet und Mutter einer Tochter. Ihr Mann arbeitet und lebt überwiegend in Dubai. Ayşe Arman lebt mit der gemeinsamen Tochter in Istanbul. Ähnlich wie Şafaks Partnerschaft sich zwischen London und Istanbul abspielt, pendelt Arman zwischen Istanbul und Dubai. Arman polarisiert die wertkonservativ orientierte Leserschaft aufgrund ihrer vergleichsweise unkonventionellen Vorgehensweisen und ihrer freizügigen Selbstdarstellung. Dabei spielen Aspekte aus ihrem Sexualleben und der gesellschaftliche Umgang mit der unterdrückten weiblichen Sexualität eine Rolle. Sie besticht durch ihren direkten und unumwundenen Schreibstil sowie durch ihren Optimismus. Gleichzeitig ist Arman eine Frau und Journalistin, die in der patriarchalen Struktur der türkischen Öffentlichkeit Macht und Einfluss besitzt: Ihr haben es viele Menschen zu verdanken, dass sie beispielsweise operiert werden können, weil Arman sich ihrer Schicksalsschläge annimmt, entsprechende Kontakte herzustellen weiß, zu Spenden aufruft und über das weitere Schicksal der betroffenen Menschen berichtet.[322]

Dabei kritisiert Arman die Regierung – unabhängig von welcher Partei diese gestellt wird. Sie prangert die Politik in der Türkei an, die ihre BürgerInnen, insbesondere die sozial Schwächeren, Kranken sowie alleinstehende Frauen[323] mit ihren Kindern, vollständig im Stich lässt.[324] In ihren Artikeln appelliert sie an die Solidarität und die Empathie der Leserschaft der Hürriyet, ohne jedoch an-

---

320 Vgl. Göle, Nilüfer: Republik und Schleier. Die muslimische Frau in der modernen Türkei, 1995.
321 http://hurarsiv.hurriyet.com.tr/yazarlar/default.aspx?ID=12, (Stand: 03.01.2013).
322 Vgl. http://www.hurriyet.com.tr/yazarlar/19868431.asp, (Stand: 08.02.2012).
323 Vgl. http://www.hurriyet.com.tr/yazarlar/17381758.asp, (Stand: 08.02.2012).
324 Vgl. http://www.hurriyet.com.tr/yazarlar/17407779.asp, (Stand: 07.02.2012).

biedernd und anklagend zu wirken. Mittels ihrer Beobachtungsgabe und ihres Schreibstils schafft sie es, Opferstereotype zu vermeiden und den Fokus auf strukturelle gesellschaftspolitische Defizite zu legen. Im Hinblick auf die Geschlechterbeziehungen im Pressediskurs der Hürriyet und gleichzeitig als Illustration des Spannungsverhältnisses in der Öffentlichkeit der Türkei soll auf folgende Reportage eingegangen werden, die aus Armans Feder stammt:

Am 13.07.2009 erschien in der Hürriyet eine Serie, welche Ayşe Arman gemeinsam mit ihrer Kollegin Demet Şen produzierte. Arman und Şen wechselten ihre Kleidung. Sie kleideten sich für diese Serie *tesettürlü*. Die Übersetzung für dieses Wort ist zum einen *sich bedecken* und zum anderen *sich verschleiern*.[325] Im öffentlichen Raum der Türkei bzw. im türkischsprachigen Kontext ist die Übersetzung *sich bedecken* für diese Art und Weise des Kleidungsstils der türkischen Musliminnen meines Erachtens am treffendsten: Die (neuen) Musliminnen *ver-schleiern* sich nicht. Sie bedecken ihre Arme, ihren Kopf, ihr Dekolleté und ihre Beine, das Gesicht bleibt dabei komplett frei. Durch ihren Kleidungsstil sind sie *nicht* unsichtbar. Sie treten weder in den Hintergrund noch in einen nicht-öffentlichen Raum. Gleichzeitig, wie am Beispiel von Nihal Bengisu-Karaca zu sehen ist, schließt die Auswahl der Kleidung eine den Körper betonende elegante Mode bzw. Schmuck, welcher den Körper ziert, nicht aus. Nihal Bengisu-Karaca ist somit eine der neuen islamistischen Akteurinnen, wie sie Göle beschreibt, die in der Türkei am öffentlichen Diskurs teilnehmen, und ihn darüber hinaus mitbestimmen.

In der Ausgabe vom 13.07.2009 beschreibt Arman, wie sie in einem Hotel, das von islamistischen Besitzern betrieben wird, versucht, in einem Ganzkörperbadeanzug schwimmen zu gehen. Sie erklärt dem Leserpublikum ausführlich, wie schwierig es ist, in ihrem *haşema* (Ganzkörperbadeanzug, der den Kopf und den Hals sowie die Arme und Beine bedeckt. Allerdings hat sich Arman für ein Modell entschieden, das an einen Tschador erinnert) zu schwimmen, wie sich der Stoff mit Wasser vollsaugt, das Material trotz der guten Qualität schwerer wird und an ihrem Körper klebt. Arman erläutert, wie stark sie der Stoff in ihren Bewegungen behindert und wie unerträglich heiß es darin wird. Sie zeigt sich in ihrem Artikel fassungslos über die von ihr gegeißelte Unterwürfigkeit der weiblichen Hotelgäste, da ausschließlich den Männern der schöne und malerische Teil des Hotelareals, der im Hotelprospekt gezeigt wird, vorbehalten ist:

> Seht ihr nicht, was die Männer eigentlich mit Euch machen! Weshalb sind sie im Besitz der schönsten Dinge hier? Wehrt euch, protestiert, bedroht sie, wechselt die Schwimmbecken. Und gebt euch damit allein nicht zufrieden: Zwingt sie dazu, diese haşemas [Ganzkörperbadeanzüge, Anm. M. K.] anzuziehen. Erklärt ihnen, dass ihr

---

325 Vgl. Steuerwald, Karl: Türkisch – Deutsches Wörterbuch, 1972, S. 931.

1.5 Konfliktlinien im öffentlichen Pressediskurs

euch ansonsten sexuell verweigert. Man möchte weinen, der Anblick ist so trübselig![326]

Das von Arman besuchte Hotel befindet sich ca. 100 km westlich von Izmir entfernt und liegt direkt an der Ägäis-Küste in Karaburun.[327] Die Gegend in und um Izmir gilt zum Teil als kemalistische Hochburg und als eine der westlichsten und laizistisch orientiertesten Städte in der Türkei. Armans persönlicher Bericht über ihren Versuch, quasi die Seiten zu wechseln, rief eine kontroverse und breite Resonanz hervor. Nihal Bengisu-Karaca reagierte scharf auf Armans Versuchsreihe in ihrer Kolumne in der Internetzeitung Habertürk[328] und schreibt wie folgt:

> Ich habe mich im Sommer sehr oft unwohl unter meinem Kopftuch gefühlt, habe mich geduckt, mich gefühlt, wie wenn mein Feuer erlischt – das sind sehr ermüdende Begriffe, die Ayşe Arman verwendet. (...) Ayşe erklärt, wie glücklich sie darüber ist, wenn sie betrachtet wird. Sie schafft durch ihre Art der Kleidung, ihr Dekolleté, ihr Haar und ihre Heiterkeit ein Flair, das natürlich zerstört wird, wenn eine Frau sich verschleiert. Sich leichtfertig zu bedecken hat weder etwas mit Komik noch mit Relativierungen zu tun. Es ist schlicht verantwortungslos. Ich stelle mich auch nicht hin und erkläre, dass Ayşe offensichtlich bevor sie die 40 erreicht noch unbedingt Nacktfotos von sich machen lassen musste [Ayşe Arman ließ sich für eine Fotoserie in erotischen Posen ablichten. Die Fotos machte der türkische Starfotograf Nihat Odabaşı. Armans Fotos riefen kontroverse Reaktionen in der Öffentlichkeit hervor. Der häufigste Vorwurf lautete, dass es sich für eine Frau, vor allem für eine Mutter und eine Frau „in ihrem Alter" nicht schickt, sich auf diese Art fotografieren zu lassen, Anm. M. K.]. Ich dachte tatsächlich so darüber. Bisher jedoch hielt ich meine Äußerungen zurück, da ich sie für taktlos hielt. Und nun habe ich sie doch geäußert! Ist es jetzt gut so?[329]

---

326 Ebd.
327 Siehe dazu die Homepage des Hotels: http://www.clubasya.com/, (Stand: 05.02.2012).
328 Bengisu-Karaca, Nihal: „Kamusal alana da bekleriz Ayşe Hanım", http://www.haberturk.com/HTYazi.aspx?ID=2812, 15.07.2009, (15.07.2009).
329 Siehe dazu: „Um mit Demet, die neben mir läuft, sprechen zu können, muss ich nicht nur meinen Kopf drehen, sondern meinen ganzen Körper. Ich kann die Welt nicht einmal in einer 180 Grad Drehung wahrnehmen. Das ist eine sehr verwirrende Feststellung. Früher, als ich durch die Straßen lief, sahen mich die Menschen direkt an. Nicht, weil ich eine bekannte Journalistin bin – viel früher schon. Ich hatte eine bestimmt Energie, das Leben strömte aus mir heraus, das spürten sie und auch ich. Das gibt es nun nicht mehr. Ich fühle mich farblos. Niemand möchte mir in die Augen sehen, wie wenn ich nicht vorhanden wäre. Ich habe mich mein ganzes Leben lang darum bemüht, anders zu sein, herauszustechen. Das existiert nun nicht mehr. Es fühlt sich an, wie wenn mein Körper nicht mehr mir gehören würde (...).“ (Übersetzung M. K.) Arman, Ayşe, in: http://www.ekolay.net/haber/haber.asp?pID=2705&haberID=630572, 12.07.2009, (Stand: 24.08.2009).

Bengisu-Karaca kritisiert im weiteren Verlauf ihres Artikels die ihrer Meinung nach „pseudosoziologische" Ambition von Ayşe Arman. „Ayşes Abenteuer" werde hier zu einem soziologischen Indikator aufgebauscht, der den Grad des „Stadtviertel-Drucks" bzw. Konformitätsdruck nach Mardin, „mahalle baskısının ölçümü" (Mardin, 2007) messen solle. Nachdem jedoch Arman weder in der Stadt Izmir noch in den schicken Istanbuler Einkaufsstraßen entgegen ihren Erwartungen keine Kritik bezüglich ihrer Kleidung erhielt, stelle sie laut Bengisu-Karaca das Alltagsleben von Frauen, die sich für einen *tesettürlü* Kleidungsstil entscheiden, dennoch allzu rosig dar. In ihrer Kritik nennt Bengisu-Karaca staatliche Institutionen im öffentlichen Raum in der Türkei, die in der Tat für Frauen mit Kopftüchern problematisch sind und in denen sie weder als Bürgerinnen noch als Akteurinnen erwünscht sind. Nihal Bengisu-Karaca unterstellt Ayşe Arman im Umgang mit den gesellschaftlich ungelösten Fragen im öffentlichen Raum in der Türkei, die das türkische Militär und die Universitäten betreffen, eine gewisse Ignoranz. Die öffentlichen Räume, die Nihal Bengisu-Karaca aufzählt, verlieren ihre Eigenschaft als öffentlicher Raum, da sie für Frauen mit Kopftüchern – unabhängig davon, ob es sich um das traditionell ländlich gebundene Kopftuch oder um den *türban* moderner, gut ausgebildeter türkischer Musliminnen handelt – Exklusionscharakter besitzen und ihnen somit eine Partizipation grundsätzlich verweigert wird. Ayşe Arman tauschte ihre Rolle jedoch nicht gegen die einer „türban-Studentin". Sie weitete ihr Experiment nicht auf die Institutionen des Militärs aus:

> Wenn sie genügend Chuzpe besitzt, kann Ayse Arman versuchen, in eine Universität zu gehen oder sich um einen Arbeitsplatz zu bewerben. Sie hätte versuchen müssen, in den gesellschaftlichen Einrichtungen der Universität eine Cola zu trinken. Sie hätte versuchen müssen, in Militärkasinos zu gelangen. Sie hätte versuchen müssen, an einer offiziellen Universitätsabschlussfeier teilzunehmen. Sie hätte versuchen müssen, an den Feierlichkeiten zu militärischen Eiden teilzunehmen. Wenn es schon so anstrengend ist, auf diese Art gekleidet zu sein, dann hätte sie nachfragen müssen, mit welchem Glauben, mit welcher Art von Wissen die Frauen dieser Anstrengung trotzen und sie auf sich nehmen. Sie hätte das Verständnis dafür ergründen und vertiefen können.[330]

Trotz des Artikels von Nihal Bengisu-Karaca über Ayşe Armans Versuchsreihe als „tesettürlü bayan" – eine sich bedeckende Frau – verbindet die beiden Frauen eine enge, wenn auch ambivalente Beziehung, welche sie im öffentlichen Raum der Medien, für die sie arbeiten, der Leserschaft zugänglich machen und diese an ihrer Beziehung teilhaben lassen.

---

330 Bengisu-Karaca, Nihal: „Kamusal alana da bekleriz Ayşe Hanım", http://www.haberturk.com/ HTYazi.aspx?ID=2812, 15.07.2009, (Stand: 15.07.2009).

1.5 Konfliktlinien im öffentlichen Pressediskurs

Indem sie die Öffentlichkeit an ihrer zwischenmenschlichen Beziehung teilhaben lassen, lösen beide Frauen die Dichotomien zwischen der „uniformierten Laizität" und dem „Islamismus der Differenz" auf. Gleichzeitig wissen beide Frauen ihre Medienwirksamkeit zu nutzen. Als Armans Vater im Januar 2009 starb, erhielt sie eine Nachricht von Bengisu-Karaca per SMS: Sie sei für sie da, wenn sie sie brauche und wenn sie Fragen sowohl zum Tod als auch zum Leben nach dem Tod habe. Am 18.01.2009 und am 19.01.2009 druckte die Hürriyet infolge der SMS und des Todes von Armans Vater zwei Interviews zwischen Ayşe Arman und Nihal Bengisu-Karaca ab:

> Nihal Bengisu ist meine Freundin aus dem anderen Viertel. Als mein Vater starb, schrieb sie mir folgende SMS: „Mein Beileid. Falls es Themen wie Glaube, Religion, Hölle und Paradies gibt, die Dir im Kopf herumschwirren, bin ich für Dich da. Melde Dich, wann immer Du möchtest."[331]

Ayşe Arman und Nihal Bengisu-Karaca verkörpern die jeweils „andere" Seite, das andere „Viertel", das andere Milieu – „öbür mahalle" der türkischen Gesellschaft entlang der Konfliktlinien zwischen Islamismus und Laizismus – und sie greifen diese Bezeichnungen und auch die damit einhergehende Etikettierung beide in ihren Gesprächen auf.[332] Arman und Bengisu-Karaca werden im medialen Diskurs tatsächlich als „die Vertreterinnen der gegenüberliegenden Stadtviertel" bezeichnet – „iki karşe mahallenin temsilcisi".[333] Arman veröffentlichte darüber hinaus im Jahr 2011 eine Serie in der Hürriyet, in der sie mit den „neuen Gesichtern des alten Stadtviertels" – „Eski mahallenin yeni yüzleri"[334] – sprach und sie porträtierte. Auch in diesem Titel wird der Begriff „mahalle" nach Mardin verwendet und es werden die Konfliktlinien entlang des Islamismus und Laizismus in der Türkei debattiert.

Die Porträts der AkteurInnen sind ein Beleg dafür, wie pluralistisch und facettenreich sich der Islamismus in der Türkei gestaltet und wie innerhalb des Islamismus „diskursive Arenen" durch die AkteurInnen geschaffen werden und kontrovers debattiert werden. Welche Eigenschaften charakterisieren jedoch das „Vier-

---

331 Ebd.
332 Vgl. Arman, Ayşe: „Sizinki bastırılmış cinsellik Sizinki de bastırılmış dinsellik azizim!!!" (wörtlich: Euer ist die unterdrückte Sexualität und euer ist der unterdrückte Glauben, meine Liebe!), in: Hürriyet, 18.01.2009.
333 http://www.hurriyetport.com/medya/ayse-arman-la-turban-seks-konustu-yildizi-patladi-nihal-benisu-karaca-haberturk-te, 20.03.2011, (Stand: 06.01.2012).
334 Arman, Ayşe: Eski mahallenin yeni yüzleri: Esra Elönü: „Günah, işlenmek için var, tövbe kapısı da gidilmek için", 2, 28.02.2011, S. 11. Dies.: Eski mahallenin yeni yüzleri: Meryem Uçma: "Muhafazakar erkekler, eşlerinin uezerine eş alarak zina yapıyorlar", 3, 01.03.2011, S. 5.

tel", das laut Mardin als „mahalle" bezeichnet wird und inwiefern lassen sich Armans und Bengisu-Karacas öffentliche Rollen in den „mahalle"-Begriff einordnen? Im Interview mit Nihal Bengisu-Karaca stellt Arman mit Bezug auf die Terminologien ihre Fragen an ihre „Freundin aus dem anderen Stadtviertel". Das Interview illustriert die unterschiedlichen Lebensformen und den Habitus der Milieus: „Euer Viertel, unser Viertel, euer Lebensstil, unser Lebensstil. Gibt es denn tatsächlich Unterschiede zwischen uns?" Bengisu-Karaca wiederum erklärt:

> So viele nun auch wieder nicht. Aber es gibt natürlich bestimmte Unterschiede, bei denen die Kategorien „wir" und „ihr" zutreffend sind. Und in einigen Bereichen sind die Unterschiede leider sehr tief greifend.[335]

Im Hinblick auf die verschiedenen Elemente des Habitus weist Bengisu-Karaca auf einige wesentliche Gemeinsamkeiten sowie signifikante Unterschiede hin:

> Es ist zwar bitter, aber wahr: In Bezug auf den Kapitalismus sind beide Viertel was ihren Wissensstand vs. Widerstand betrifft gleich. Beide Viertel lieben es zu konsumieren und einkaufen zu gehen. Der Wunsch, die Klassenzugehörigkeit zugunsten einer höheren Zugehörigkeit zu verlassen, existiert auch bei uns. Ihr liebt die Technik genauso wie wir. Ihr seid ebenso nationalistisch wie wir.[336]

Bei den Unterschieden geht es um die gesellschaftliche Verantwortung gegenüber der Gemeinschaft, auf die Bengisu-Karaca verweist, die im Gegensatz zum Individualismus steht:

> Nun, worin bestehen dann die Unterschiede? Zum Beispiel darin, wie ihr mit armen und bedürftigen Menschen umgeht. Ihr akzeptiert es nach dem Motto „So ist das System eben!". Bei uns jedoch sind die Firmen, welche Almosen organisieren und verteilen, sehr verbreitet. Die Hilfsorganisationen erfahren eine große Spendenbereitschaft. Für den Gazastreifen ist unglaublich viel Geld zusammengekommen.[337]

Einen gravierenden Unterschied sehen Arman und Bengisu-Karaca jedoch in der Art und Weise des Umgangs von Frauen und Männern. Die Geschlechterbeziehungen sind der Diskurs, bei dem die Konfliktlinien zwischen dem Islamismus und dem Laizismus in der Türkei am deutlichsten zu erkennen sind. Die vom Islam abgeleitete Trennung von Frauen und Männern im öffentlichen Raum wie

---

335 Vgl. Arman, Ayşe: „Sizinki bastırılmış cinsellik Sizinki de bastırılmış dinsellik azizim!!!" (wörtlich: Euer ist die unterdrückte Sexualität und euer ist der unterdrückte Glauben, meine Liebe!), in: Hürriyet, 18.01.2009.
336 Ebd.
337 Ebd.

1.5 Konfliktlinien im öffentlichen Pressediskurs

im Osmanischen Reich wurde im Rahmen der Kulturrevolution von Mustafa Kemal Atatürk, in denen Phänomene aus dem westlichen Europa, insbesondere aus Frankreich adaptiert wurden, abgeschafft.[338] Die Silvesterfeiern reduziert Bengisu-Karaca im Interview mit Arman auf den Alkoholgenuss als wesentliches Unterscheidungsmerkmal zwischen ihrem Milieu und dem laizistischen Milieu und bewertet es folglich negativ:

> Es wird keinen Alkohol geben. Es wird keine gemeinsamen Tanzpartys von Männern und Frauen geben. (…) Das, was ihr in eurem Leben als Norm bezeichnet, verkörpert in unserem Leben Schuld und verstößt gegen die edle Bilanz. Man kann etwas, das ein Schuldgefühl in einem auslöst, nicht als Kultur bezeichnen. Aus diesem Grund wird sich unsere Vergnügungskultur niemals ähneln. Habe ich es einigermaßen erklären können?[339]

Auf Basis des Interviews und der vorausgegangenen Darstellungen lassen sich folgende Ergebnisse festhalten: Ayşe Arman verkörpert die „uniformierte Laizität" innerhalb des medialen Schauplatzes, dagegen steht Bengisu-Karaca für den „Islamismus der Differenz" nach Göle. Nihal Bengisu-Karaca ist aufgrund ihrer medialen Person und ihres Schaffens charakteristisch für einen „Teil des kulturellen Programms des Islam" wie ihn Göle für die zweite Phase des Islamismus beschreibt. Insgesamt stellt sich hier dennoch die Frage, weshalb Bengisu-Karaca eigentlich vom Islam als Gesetzesreligion[340] ausgeht, die in Gut und in Böse unterteilt, die ein manichäisches Weltbild vertritt, in dem Güte und Barmherzigkeit zwar ihren Platz besitzen, jedoch nur einem bestimmten Menschenbild zugestanden werden: dem frommen gläubigen Muslim bzw. der frommen, gläubigen Muslima. Ayşe Armans Hilfsbereitschaft gegenüber ihren Mitmenschen und ihr gesellschaftliches Engagement werden von Bengisu-Karaca nicht aufgegriffen. Bengisu-Karaca verurteilt den Habitus der „Anderen", indem sie ihn als „Schuld" im Sinne eines religiösen „Vergehens" anprangert und ihn aus dem kulturellen Kontext herausnimmt. In der islamischen Terminologie gälte Armans gesellschaftliches Engagement als *Sadaqa*, was so viel wie „soziale Abgabe" bedeutet. Im Gegensatz zu *Zakat* besitzt *Sadaqa* keinen verpflichtenden Charakter. Daran schließt sich meines Erachtens folgende Frage an: Ist ein Mensch *nur* dann ein gütiger und barmherziger Mensch, wenn er tief religiös ist und gleichzeitig seine Glaubenszugehörigkeit in Form seines Lebens- und Kleidungsstils demonstriert? Der Religionspädagoge und Theologe Mouhanad Khorchide betont, dass ein enger Zusammenhang zwischen der

---

338 Vgl. Çalışlar, İpek: Mrs. Atatürk, Latife Hanım, ein Porträt, 2008, S. 91f.
339 Ebd.
340 Vgl. Khorchide, Mouhanad: http://www.dradio.de/dkultur/sendungen/thema/1206185/, 18.06.2010, (Stand: 03.09.2011).

Menschlichkeit und der Religiosität besteht und weist diesbezüglich auf Folgendes hin:

> Es geht gar nicht um die Frage, wer besser ist, wer schlechter, sondern es geht um den Menschen. (...) die Religionen sind da, um die Menschlichkeit in uns hervorzuheben. Je menschlicher ein Mensch ist, desto religiöser ist er, und dafür gibt es unterschiedliche Weltanschauungen und unterschiedliche Wege, die teilweise auch vielleicht nicht viel mit Religion zu tun haben können. Aber sie sind alle legitim und sie sind alle Wege zum Menschsein.[341]

Trotz ihrer offensichtlichen Freundschaft und Sympathie greift Nihal Bengisu-Karaca Ayşe Armans menschliche Verdienste nicht auf, was daran liegen mag, dass im Islam Frömmigkeit und ein entsprechendes Verhalten eng zusammengehören und Arman nicht der Vorstellung einer frommen Muslimin entspricht.

Insgesamt symbolisieren Ayşe Arman, Nihal Bengisu Karaca und Elif Şafak die Spannungsverhältnisse im öffentlichen Raum in der Türkei, die sich aus den Konfliktlinien Laizität und Islam, welche sich wiederum als zwei „Kräfte in einem Raum begegnen"[342], resultieren. Deutlich kontroverser und inhaltlich enger entlang der Konfliktlinien zwischen Laizismus und Islamismus geführt ist das Interview zwischen Ayşe Arman und der Journalistin Ayşe Böhürler.[343] Unter der Federführung von Ayşe Böhürler ist die Serie „Frauen in der islamischen Geographie" in der Zaman publiziert worden, die im diskursanalytischen Teil dieser Arbeit vorgestellt wird. Böhürler trägt einen *türban*, für den sie sich im Alter von 21 Jahren entschlossen hatte. Im Interview erklärt sie, dass sie und ihr Mann „Kinder des 12. Septembers" seien, also einer Generation angehörten, die wesentlich von den politischen Auseinandersetzungen zwischen Linken und Rechten, der Staatsgewalt und durch den Militärputsch in der Türkei der 1980er Jahre geprägt wurden. Wie bereits im ersten Teil dieses Kapitels mit Bezug auf Nilüfer Göle erwähnt wurde, entwickelten sich in dieser Zeit vor allem an den türkischen Universitäten islamistische Bewegungen. Nach dem Militärputsch entschlossen sich Ayşe Böhürler und ihr Mann, sich einem religiöseren Lebensstil zuzuwenden und diesen offen zu präsentieren.[344] Ihr Mann selbst wendete sich vom Marxismus ab und dem Islam zu, weil er nach dem Militärputsch im

---

341 Ebd.
342 Vgl. Göle, Nilüfer: „Die Türkei eignet sich umso besser, den Sinn der Debatte zwischen Laizität und Islam zu untersuchen, als sich die beiden Kräfte in einem Raum begegnen, in den eine öffentliche Debatte möglich ist, politischer Machtwechsel durch Wahlen und die globale Öffnung der Marktwirtschaft.", in: Anverwandlungen, Der Islam in Europa zwischen Kopftuchverbot und Extremismus, 2008, S. 104.
343 Arman, Ayşe: Siz şeytan değilsiniz biz de melek değiliz, in: Hürriyet, 27.08.2006.
344 Ebd.

1.5 Konfliktlinien im öffentlichen Pressediskurs

Marxismus keinen Sinn mehr erkennen konnte. Böhürler kritisiert im Interview mit Arman, dass in der Öffentlichkeit über die missbräuchliche Verwendung islamischer religiöser Praktiken unter islamischen AkteurInnen nicht diskutiert werde:

> Ich bin von der Richtigkeit einer kritischen Auseinandersetzung mit der Rolle der Frauen überzeugt. Der islamische Teil unserer Gesellschaft glaubt jedoch, dass ihm das schaden könnte. Ich bin auch gegen die gängige Praxis der Imam-Ehe, um mit einem Mann, der bereits verheiratet, ist eine sexuelle Beziehung einzugehen. Damit täuschen Muslime Gott und schaden sich selbst am meisten.[345]

Das Interview wird kontrovers, als es darum geht, welche von den Frauen – die islamische oder die laizistische – als die ehrenhaftere gilt. In diesem Disput verwenden Böhürler und Arman den Begriff *namus*. *Namus* bedeutet Ehre und bezeichnet in diesem Zusammenhang die sexuelle Integrität einer Frau. Unter diesem Begriff wird die sexuelle Sittsamkeit als Indikator für die Ehrenhaftigkeit der Frauen verstanden. Die sich an diesen Begriff anschließende Frage lautet folglich, ob die Frau selbst dazu in der Lage ist, ihre Ehre durch sexuell sittsames oder sogar keusches Verhalten zu schützen oder nicht. Böhürler betont im Interview mit Arman, dass von Frauen mit einem islamischen Lebensstil eher erwartet werden *könnte*, dass sie *namuslu*, also ehrenhafter seien. Wohingegen Arman wie folgt antwortet:

> Wir wiederum erwarten, dass sich jeder ehrenhaft verhält und nicht nur die Frauen mit Kopftüchern! Wenn Sie das behaupten, dann sprechen sie diesen Frauen eine Übermacht zu, die sie nicht haben![346]

Böhürler bleibt eine Antwort schuldig und weicht Armans Einwand im Interview aus. Mit Übermacht meint Arman die Deutungshoheit im öffentlichen Diskurs, die den islamistischen Frauen im Kontext des Ehrbegriffs und der sexuellen Sittsamkeit zukommt. Diese Deutungshoheit führt im öffentlichen Diskurs dazu, dass eine laizistische Frau in den Augen der „anderen" Frauen sowie der Männer als „sexuell verfügbar" erscheint. Im Gegensatz zu Nihal Bengisu-Karaca, die gegenüber den „Anderen" das deutlich vereinnahmende „wir" verwendet, weist Ayşe Böhürler auf den Pluralismus innerhalb der islamischen Milieus hin:

> Bei ihnen gibt es Liberale, Konservative, Moderne, Nichtmoderne und auch Atheisten. Wir sind genauso vielfältig. Es gibt Halbreligiöse, es gibt die Anhänger der islamischen Mystik, es gibt die Freiheitlichen in unserer Gruppe so wie mich und die-

---

345 Ebd.
346 Ebd.

jenigen, die sich über religiöse Gemeinschaften organisieren und dort aktive Mitglieder sind. Es ist unmöglich, unter all diesen Verschiedenartigkeiten einen einzigen gemeinsamen Nenner zu finden.[347]

Im Hinblick auf den Pluralismus stellt sich folglich die Frage nach den Möglichkeiten einer gemeinsamen Identität. Festzuhalten ist, dass sich der Islamismus in verschiedenen öffentlichen Kontexten und Milieus bewegt und sich aufgrund der AkteurInnen unterschiedlich gestaltet und entwickelt. Der sich daraus ergebende Pluralismus ist eine natürliche Konsequenz aus den verschiedenen Kontexten, an denen unterschiedliche muslimische AkteurInnen partizipieren. Die Frage allerdings, wer die Deutungshoheit über den „richtigen" islamischen Lebensstil besitzt und ob es diesen in Anbetracht des Facettenreichtums überhaupt geben kann, bleibt unbeantwortet.

1.5.3 Zwischenfazit

Zusammenfassend lässt sich feststellen, dass der Diskurs über Geschlechterbeziehungen und die symbolische Bedeutung des weiblichen Körpers sowie ihrer Phänomene in der türkischen Presse in der Türkei ein *Medium* ist, in welchem das spezifisch türkische Verständnis und die türkische Interpretation von Laizismus und Islam einerseits sowie Moderne und Pluralismus andererseits debattiert werden. Folglich sind Ayşe Arman, Nihal Bengisu-Karaca und Elif Şafak charakteristische Beispiele für bestimmte Positionen, die mit der türkischen Interpretation von Laizismus, Islam, Moderne und Pluralismus in der Türkei verbunden sind. Die spezifischen Charakteristika der türkischen Interpretation von Laizismus, Islam, Moderne und Pluralismus finden sich in den Definitionen und Analysen von Şerif Mardin und Nilüfer Göle wieder.

Im Pressediskurs der Zaman ergänzte die Schriftstellerin Elif Şafak wiederum diese Interpretation durch ihre literarische Adaption der islamischen Mystik sowie die Inklusion des Sufismus in ihren Artikel[348], ihren Interviews über ihre

---

347 Ebd.
348 Vgl. Şafak, Elif: „Die Macht der Frauen unterm Kopftuch. Im weiblichen Viertel der Stadt leuchtet über allem ein rosa Halo: (…) Das Religionsministerium lässt in den Heiligtümern Schilder anbringen, auf denen steht, wie die Frauen beten sollen. Doch die Besucherinnen achten nicht auf die Regeln und Vorschriften des Ministeriums. Sie beten, wie sie es für richtig halten, wobei es gelegentlich zu einer unheimlichen Verbindung zwischen Schamanismus und Islam kommt. Sie zünden Kerzen an, zerbrechen Glas, binden Kleider, knoten ihr Haar oder singen und tanzen um die Gräber der Heiligen. Die staatliche Elite versteht diese Frauen nicht. Orthodoxe Gläubige verstehen sie gleichfalls nicht. Die Heiligen dagegen tun es. Und das war immer schon so.", in: du761 – Istanbul. Hippe Stadt am Horn, November 2005, S. 23.

1.5 Konfliktlinien im öffentlichen Pressediskurs

tasavvuf Praxis und ihre kosmopolitische und wissenschaftlich-intellektuelle Orientierung.[349] Sie gehört in keine der beiden *mahalle*, die wiederum durch Arman und Bengisu-Karaca teils verkörpert werden.

Auf der Basis des Interviews zwischen Ayşe Arman und Nihal Bengisu-Karaca sowie des Kommentars von Nihal Bengisu-Karaca über den Selbstversuch von Ayşe Arman habe ich versucht, die immer noch bestehenden Spannungslinien zwischen den Milieus anhand der Akteurinnen im öffentlichen Raum deutlich zu machen. Im Pressediskurs über Geschlechterbeziehungen spielen die Bekleidungsformen von Männern demnach eine untergeordnete Rolle, wohingegen die Frauen immer als Symbole des jeweils anderen Milieus gelten und öffentlich signifikanter wahrgenommen werden.

Obwohl Nilüfer Göle ihren Begriff des „öffentlichen Raums" auf den *europäischen* Raum bezieht und die dortigen Begegnungen zwischen den Europäern und den Muslimen erklärt, lassen sich die zu beobachtenden Veränderungen in der Öffentlichkeit auf die islamische Elite in der Türkei und die bisherige, sich quasi allein wähnende kemalistische Elite übertragen: Die konflikthafte, aber nach Göle enge Verbindung zwischen der islamischen Elite und der Moderne kann durch „eine doppelte Bestätigung formuliert werden: Moderne türkische und muslimische ‚neue' Akteure sowie Kemalisten und Laizisten". Dieses Spannungsverhältnis sei weder für die bisherige Elite noch für die neue einfach. Die Abgrenzungen fügen sich in den von Şerif Mardin verwendeten Begriff „mahalle baskısı" ein und finden ihren Ausdruck in dem Habitus-Modell von Bourdieu. Trotz der Unterschiede gibt es Berührungs- und Konfliktpunkte in den sich gegenseitig durchdringenden sozialen Räumen, welche ich versucht habe, insbesondere durch die ausgeprägte öffentliche Präsenz von Ayşe Arman, Nihal Bengisu-Karaca und Elif Şafak im öffentlichen Raum aufzuzeigen.

Abschließend möchte ich jedoch festhalten, dass ich mich lediglich auf *zwei* bestimmte meinungsbildende Eliten in der Öffentlichkeit der Türkei konzentriert habe, deren Spannungsverhältnis aus den *cleavages* Laizität und Islamismus resultiert. Die Öffentlichkeit in der Türkei ist pluralistisch und in ihrem Pluralismus vielfältig sowie different. Nicht miteinbezogen wurden zivilgesellschaftliche Gruppierungen und AkteurInnen, deren öffentlichkeitswirksame Teilhabe in der Türkei von wesentlicher Bedeutung ist und die wiederum Teil der neuen sozialen Bewegungen sind. Eine genauere Betrachtung dieser Teilöffentlichkeiten wurde aufgrund der thematischen Fokussierung dieser Arbeit nicht vorgenommen.

---

349 Vgl. Gogos, Manuel: Elif Şafak: Die Heilige des nahenden Irrsinns: „Elif Şafak hat sich selbst einmal eine agnostische Mystikerin genannt. Wenn ihre Figuren Kaffee trinken oder Schokolade essen, immer geht es ihr letztlich um die Psychologie einer Heilssuche zwischen Sucht und Sehnsucht (…).", in: Neue Zürcher Zeitung, 17.08.2005.

Die nachfolgenden Kapitel konzentrieren sich auf die Definitionen der Terminologien und Phänomene, die im diskursanalytischen Teil dieser Arbeit über die Geschlechterbeziehungen im Pressediskurs der Europaausgaben von Hürriyet und Zaman von grundlegender Bedeutung sind. Im Folgenden werden sowohl diskursrelevante Terminologien aus dem gesamtgesellschaftlichen Diskurs der Mehrheitsöffentlichkeit als auch aus der türkischsprachigen Teilöffentlichkeit definiert.

2 Begriffsdefinitionen im Pressediskurs der Europaausgaben von Hürriyet und Zaman

2.1 Zwangsheirat, Zwangsehe und arrangierte Ehe

Die größte Problematik der definitorischen Abgrenzung von Zwangsheiraten/Zwangsehen und arrangierten Ehen hängt mit dem Verlauf des Eheanbahnungsmodus zusammen. Ausschlaggebend für die Grenzziehungen sowie die Übergänge bei einer arrangierten Eheanbahnung und einer Zwangsehe können der soziale Druck sein, dem sich die jungen Frauen und Männer in ihrem familiären und sozialen Umfeld ausgesetzt sehen. Inwiefern unterscheidet sie sich von einer Zwangsehe und einer Zwangsheirat in ihrem Zustandekommen? Besteht in der zwangsweisen Form der Eheanbahnung eine *Exit Option* für beide TeilnehmerInnen? Wer besitzt in dem untersuchten medialen und öffentlichen Diskurs die Meinungshoheit über die Be- und Verurteilung von arrangierten Eheanbahnungen? Und wo beginnt der Schutz des Individuums, wenn arrangierte Ehen und Zwangsehen unterschieden werden sollen bzw. keine Unterschiede festzustellen sind? Insbesondere die Frage nach den Unterscheidungskriterien ist ein wesentlicher Streitpunkt im Medien- und Pressediskurs sowie im wissenschaftlichen Diskurs über Zwangsehen und arrangierte Ehen. Laut Bielefeldt und Follmar-Otto ergeben sich bei dem Versuch einer Definition folgende Schwierigkeiten:

> Wer arrangierte Ehen und Zwangsehen tendenziell miteinander gleichsetzt, wird schon bei der quantitativen Einschätzung des Problemfelds ganz andere Ergebnisse erzielen als dies der Fall ist, wenn man beide stärker gegeneinander abgrenzt. Bei der Frage, ob bzw. unter welchen Bedingungen familiäre Ehearrangements gesellschaftliche Anerkennung finden können oder eher unter Verdacht des Autoritarismus gestellt werden sollten, spielt die Abgrenzung von der Zwangsverheiratung naturgemäß ebenfalls eine entscheidende Rolle.[350]

---

350 Bielefeldt, Heiner und Follmar-Otto, Petra: Zwangsverheiratung – Ein Menschenrechtsthema in der innenpolitischen Kontroverse, in: Bundesministerium für Familie, Senioren, Frauen und Jugend (Hg.): Zwangsverheiratung in Deutschland, Band 1, Baden-Baden 2007, S. 15.

Darüber hinaus ist vor allem für die rechtliche Bekämpfung von Zwangsheiraten eine klare Definition notwendig:

> Bei der strafrechtlichen Bekämpfung von Zwangsverheiratungen ist um des rechtsstaatlichen Prinzips der Tatbestandsbestimmtheit willen eine sehr klare Grenzziehung unerlässlich – in der Folge, dass die Zwangsheirat relativ eng definiert werden muss.[351]

Im Hinblick auf die Verschränkung zwischen dem medialen und öffentlichen Zwangsehen- und „Ehrenmorddiskurs" sowie dem Politikdiskurs insbesondere im europäischen Raum hält die britische Politikwissenschaftlerin Anne Phillips die Unterscheidung zwischen „Zwang" und „Arrangement" deshalb für erforderlich, denn in

> (…) den krasseren Fällen, die sich am ehesten für eine Strafverfolgung eignen – wenn etwa die Eltern oder Familienmitglieder ein minderjähriges Mädchen entführen, es außer Landes bringen und gefangen halten, bis es in die Heirat „einwilligt" – ist es ein leichtes, den Zwang zu erkennen.[352]

Phillips führt folgendes Beispiel aus Großbritannien an, um die schwerwiegenden Konsequenzen der vagen Grenzen zwischen einer arrangierten Eheanbahnung sowie einer erzwungenen Eheanbahnung insbesondere für die betroffenen Frauen zu illustrieren:

> Aber was ist mit den „arrangierten" Ehen, über die eine Gruppe junger südasiatischer Frauen in London bemerkt, sie müsse „go along with it", andernfalls „there would be just hell to pay from your parents and all your relatives"? (…) Die Unterscheidung zwischen Zwang und Arrangement beinhaltet komplexe Fragen darüber, was freie Einwilligung bedeutet, wobei es eine große Grauzone gibt.[353]

Die Formen der von Phillips betonten Grauzone bilden die eigentliche Schwierigkeit, die Phänomene voneinander abzugrenzen.

Aus dieser einleitenden Darstellung heraus möchte ich deshalb auf einige Definitionen und deren Einordnungsproblematiken eingehen, die für das Verständnis des Diskurses über Zwangsehen sowie arrangierte Ehen wesentlich sind. Die Orientalistin und Sozialpädagogin Gaby Straßburger unterscheidet deutlich

---

351 Phillips, Anne: Komplexität der Einwilligung: Juristische Diskurse um Zwangsehen in Großbritannien, in: Strasser, Sabine/Holzleithner, Elisabeth (Hg.): Multikulturalismus queer gelesen, Zwangsheirat und geschlechtliche Ehe in pluralen Gesellschaften, Frankfurt a.M. 2010, S. 183.
352 Ebd., S. 184.
353 Ebd., S. 184f.

2.1 Zwangsheirat, Zwangsehe und arrangierte Ehe

zwischen arrangierten Ehen und Zwangsehen, wofür sie folgende Kriterien anführt:

> Arrangierte Ehen sind keine Zwangsehen. Arrangierte Eheanbahnungen folgen bestimmten Regeln. Das Einhalten dieser Regeln gewährleistet, dass Selbstbestimmung und Familienorientierung ausbalanciert werden, und verhindert, dass Druck auf die potentiellen HeiratskandidatInnen ausgeübt wird. Das Ziel einer arrangierten Eheanbahnung besteht darin, Glück und Stabilität einer Ehe dadurch zu sichern, dass man gemeinsam in der Familie prüft, ob die Voraussetzungen für das Gelingen der Ehe günstig sind.[354]

Entscheidend bei Zwangsehen ist laut Straßburger, dass Machtverhältnisse dazu genutzt werden, um „gegen die Regeln einer arrangierten Eheanbahnung eine Heirat zu erzwingen, die dem freien Willen widerspricht".[355] Demgemäß beobachtet Straßburger eine klare Einhaltung von Regeln bei einer arrangierten Eheanbahnung, welche hingegen bei einer Zwangsehe missachtet würden. Straßburger geht in ihrer Untersuchung insbesondere auf die „eigene Logik" arrangierter Eheschließungen ein:

> Arrangierte Eheschließungen folgen einer anderen Logik als das Gros der selbst organisierten Eheschließungen in unserer Gesellschaft. Bei der selbst organisierten Partnerwahl geht man davon aus, dass sich der Gedanke an eine mögliche Heirat während einer Paarbeziehung entwickelt (…). Hingegen ist bei arrangierten Ehen der Gedanke an eine mögliche Heirat bereits Ausgangspunkt der Beziehungsaufnahme. Die arrangierte Begegnung der Partner basiert auf der Absicht, einander möglicherweise zu heiraten (…).[356]

Straßburger charakterisiert die arrangierte Ehe im Gegensatz zur selbst organisierten Ehen als eine im „Familienkollektiv betriebene Aktivität".[357] Sie vergleicht arrangierte Ehen mit selbst organisierten Ehen, die durch eine Heiratsannonce oder eine Partnervermittlung zustande kommen. Zudem erweisen sich in diesem Kontext Familien als „zuverlässige Instanz, wenn das soziale Umfeld unbekannt oder sogar bedrohlich erscheint."[358] Die Juristin Filiz Sütçü wiederum widerspricht diesem Vergleich aufgrund ihrer Erfahrungen aus ihrer Anwaltspraxis:

---

354 Ebd.
355 Ebd.
356 Ebd. S. 5.
357 Ebd.
358 Vgl. de la Hoz Fernandez, Paloma: Familienleben, Transnationalität und Diaspora, Österreichisches Institut für Familienforschung, Heft 21, 2004, S. 24.

> Eines darf man bei der ganzen Diskussion um die unterstellte, gute Absicht der Eltern, ihre Kinder „gut" zu verheiraten, nicht übersehen. Die Initiative zu heiraten geht nicht von den Töchtern und Söhnen aus. Insofern hinken die Vergleiche mit Partnervermittlungen und gut gemeinten Verkupplungsversuchen aus dem Freundeskreis. (…) Die Situation in den religiös-traditionell orientierten Familien ist nämlich eine besondere, was sich an der grundsätzlichen Bereitschaft, aber auch Tendenz zu Verwandten- und Frühehen zeigt.[359]

Sütçü weist zugleich auf die komplizierte Problematik hin, die Begriffe Zwangsheirat und arrangierte Ehe voneinander abzugrenzen. Ihrer Ansicht nach erfordert die Vagheit beider Begriffe die Einführung eines neuen Begriffs:

> Geeigneter ist meines Erachtens der Begriff der arrangierten Zwangsheirat. Dieser Begriff betont den Zwang, der auch arrangierten Eheschließungen innewohnt. Denn eines ist den in diesem Kontext dargestellten arrangierten Eheschließungen gemeinsam: die Mädchen in diesen traditionell orientierten Familien können sich zwar möglicherweise gegen eine/n speziellen Ehepartner/in wehren, aber nicht gegen die Eheschließung als Institution.[360]

Die Entscheidung gegen die Ehe als einzige legitime und anerkannte Institution der zwischengeschlechtlichen Beziehung ist folglich ausgeschlossen. Zusätzlich verstärken der soziale Druck und die Forderung, eine Familie zu gründen, die Einwilligung in die Ehe. Im Gegensatz zu Straßburger weist Sütçü gleichzeitig auf die beschränkte Wirkung eines Vetorechts ausgehend von den zukünftigen Ehepartnern hin, denn

> (…) die Ablehnungsmöglichkeit in den hier zu behandelnden Fällen ist kein echtes Vetorecht. Irgendwann wird von ihr einen positive Entscheidung für die Ehe verlangt. Im Ergebnis bedeutet dies, dass es für die Mädchen und jungen Frauen aus traditionellen Familien definitiv keine andere Alternative gibt, als eine Ehe mit einem von den Eltern Auserwählten, so dass die Subsumtion unter den Begriff der arrangierten Heirat nicht ohne Bedenken möglich ist.[361]

Dennoch ist der Faktor der Freiwilligkeit das ausschlaggebende Kriterium für die Unterscheidung zwischen arrangierten und erzwungenen Ehen. Strasser, Tuncer und Sungur stellen in ihrer Untersuchung zu Ehen in der Türkei deshalb folgendes fest:

---

359 Sütçü, Filiz: Zwangsheirat und Zwangsehe, Falllagen, rechtliche Beurteilung und Prävention, Europäische Hochschulschriften, Reihe II Rechtswissenschaft, Bd./Vol. 4893, 2009, S. 95.
360 Ebd., S. 96.
361 Ebd.

2.1 Zwangsheirat, Zwangsehe und arrangierte Ehe

Sofern man angesichts des sozialen Drucks, eine Familie zu gründen, überhaupt von freiem Willen bei der Eheschließung sprechen kann, sind arrangierte von erzwungenen Ehen durch das Fehlen einer freiwilligen Zustimmung zu unterscheiden.[362]

Die Juristin Regina Kalthegener betont wiederum die völkerrechtlichen Bestimmungen für die Ehe, wonach der freie Wille beider Ehegatten eine Grundvoraussetzung für die Eheschließung ist. Deshalb sind Zwangsverheiratungen Menschenrechtsverletzungen. Sie verletzen die individuelle Autonomie und die körperliche Integrität. Darüber hinaus sind das „Wissen um das Bestehen eines eigenen Entscheidungsrechts" sowie die „unbeeinträchtigte Ausübung des Entscheidungsrechts" die bestimmenden Kriterien für eine Ehe.[363] In „freiheitlichen Gesellschaften" dürfen Zwangsverheiratungen deshalb laut Straßburger nicht hingenommen werden.[364] Eine besondere Aufgabe kommt deswegen der Gesellschaft zu: Sie müsse dafür Sorge tragen, dass von der Zwangsverheiratung betroffene Menschen geschützt werden und sich aus einer Zwangsehe befreien können. Necla Kelek zufolge gibt es de facto keine *arrangierten* Eheanbahnungen, da ihnen der freie Entscheidungswille des Paares vollständig fehlt:

> Zwischen einer arrangierten Ehe und einer Zwangsehe gibt es für mich keinen wesentlichen Unterschied; das Ergebnis ist dasselbe, weil beide auf dem „Zwang zur Ehe" in der muslimisch geprägten Gesellschaft beruhen. (...) Von einer freien Willensentscheidung ist dieses Verfahren sicherlich weit entfernt. Denn wer beim ersten Bewerber nein sagt, und dies auch bei den folgenden wiederholt, muss mit Pressionen rechnen oder die Flucht antreten.[365]

Straßburger hält ähnlich wie Sütçü und Kelek jedoch auch fest, dass die Institution der Ehe unausweichlich ist für ein Paar:

> Auch wenn die freie Partnerwahl bei der Eheschließung geachtet ist, kann bereits die
> – oft schlicht als selbstverständlich unterstellte – familiäre Erwartung, dass über-

---

362 Strasser, Sabine/Tuncer, İrem/Sungur, Altan: Ehe und Ehre im Wandel: Arrangement und Zwang in der Türkei, in: Strasser, Sabine, Holzleithner, Elisabeth (Hg.): Multikulturalismus queer gelesen, Zwangsheirat und gleichgeschlechtliche Ehe in pluralen Gesellschaften, 2010, S. 202.
363 Kalthegener, Regina: Ehre und Gewalt: Die juristisch-pragmatische Sicht, in: http://www.netzwerk-gegen-gewalt.de/files/kalthegener-ehre-gewalt-fulda-01-09-2011.pdf, (Stand: 26.10.2011).
364 Straßburger, Gaby: Zwangsheirat und arrangierte Ehe – zur Schwierigkeit der Abgrenzung, in: Bundesministerium für Familie, Senioren, Frauen und Jugend (Hg.): Zwangsverheiratung in Deutschland, Band 1, Baden-Baden 2007, S. 74.
365 Ebd., S. 94.

haupt geheiratet werden soll und dass die Ehe eine Gemeinschaft von Mann und Frau darstellt, eine Beeinträchtigung der Freiheit von Menschen bedeuten.[366]

Das bedeutet, dass es keine gesellschaftlich respektierte Option außerhalb der Ehe für die betroffenen Paare gibt, um zusammenzuleben und eine Familie zu gründen. Die arrangierte Eheanbahnung kann, laut Straßburger, in eine selbst organisierte Ehe übergehen. Die Bezeichnung des veränderten Eheanbahnungsmodus als „selbst organisiert" bedeutet allerdings nicht, dass das Mitspracherecht und die Konsultation der Eltern ausgeschlossen werden:

> Der Übergang von arrangierten und selbst organisierten Ehen zeigt sich u. a. daran, dass auch Paare, die sich zunächst ohne Zutun Dritter kennen lernen und eine Beziehung miteinander eingehen, anschließend häufig ihre Eltern in die Anbahnung der Heirat einbinden. Beispielsweise bemühen sie sich, ihre Partnerwahlentscheidung nachträglich mit den Vorstellungen der Eltern in Einklang zu bringen, indem sie versuchen, deren Bedenken auszuräumen.[367]

Die Stationen einer arrangierten Eheanbahnung mögen dem „romantischen Prinzip" einer „Liebeshochzeit" widersprechen. Dennoch spielen auch bei einer „Liebeshochzeit" soziale Aspekte eine ausschlaggebende Rolle bei der Partnerwahl. Bei näherer Betrachtung dieser Faktoren fällt deshalb auf, dass gesellschaftliche und elterliche Einflüsse durchaus ihre Bedeutung haben und einen Einfluss auf die Partnerwahl besitzen. Anne Phillips hält im Hinblick auf die Einbeziehung elterlicher Ratschläge einen wesentlichen Aspekt fest, der meines Erachtens zu wenig Beachtung im medialen und öffentlichen Diskurs der Mehrheitsgesellschaften über arrangierte Ehen in Europa findet: Phillips betont die Bedeutung des sozialen Status, der Hautfarbe, der Religion und des Geschlechts, die wiederum eindeutige Exklusions- und Inklusionskriterien bei der Partnerwahl bilden:

> Einige Menschen sind der Ansicht, jegliche elterliche Einmischung in die Suche nach geeigneten EhepartnerInnen sei unzulässig. (...) Meines Erachtens wird dabei das Ausmaß elterlicher Beteiligung an vermeintlichen Liebesheiraten unterschätzt. Auch hier kann erheblicher Druck ausgeübt werden, um das Eingehen einer Bezie-

---

366 Ebd., S. 74.
367 Straßburger, Gaby: Heiratswahlverhalten und Partnerwahl im Einwanderungskontext, Eheschließungen der zweiten Migrantengeneration türkischer Herkunft, Würzburg 2003, S. 233.

2.1 Zwangsheirat, Zwangsehe und arrangierte Ehe

hung mit der falschen Person im Sinne von sozialer Schicht, Hautfarbe, Religion und Geschlecht zu verhindern.[368]

Den Grund für die Unterschätzung dieser Kriterien macht Phillips am „Mangel an Respekt für Differenz" fest:

> Ebenfalls unterschätzt wird das meist freiwillige Mitwirken junger Menschen an arrangierten Ehen und deren Unterstützung eines Systems, das in der Tat ein höheres Maß an Kompatibilität der Eheleute sicherstellen kann, als es Zufallsbegegnungen in einer überfüllten Bar vermögen. Die leichtfertige Ablehnung arrangierter Ehen bezeugt einen arroganten Mangel an Respekt für Differenz.[369]

Anne Phillips betont folglich die sozialen Erwartungen an die Kompatibilität bei der PartnerInnenwahl und -suche, die für eine Liebesheirat bestimmend sind. Beide Heiratsformen sind jedoch nicht frei von Bedingungen und Erwartungen, die abhängig vom sozialen und familiären Umfeld sind.

Die vorausgegangenen Betrachtungen zeigen, dass die definitorische Unterscheidung von „arrangierter Ehe" und „Zwangsehe" hilft, die pauschale Verurteilung von MigrantInnen zu vermeiden und ihre Ehen unter den Generalverdacht der Zwangsehe zu stellen. Die vorherrschende Negierung eines solchen bestehenden Unterschiedes hat einen wesentlichen Einfluss auf den politischen Diskurs sowie auf entsprechende rechtliche und integrationspolitische Maßnahmen. Betroffen sind davon Einwanderungsbestimmungen und die Regelungen innerhalb der Zuwanderungsgesetze, welche den Aufenthaltsstatus von vor allem Frauen unmittelbar bestimmen. Eine Verschärfung von Aufenthaltsregelungen wird zudem aufgrund der Gefahr des Generalverdachts gegenüber Minderheitengesellschaft(en) im Mehrheitsdiskurs des jeweiligen – in diesem Kontext europäischen Landes – befördert.[370]

---

368 Phillips, Anne: Komplexität der Einwilligung: Juristische Diskurse um Zwangsehen in Großbritannien, in: Strasser, Sabine, Holzleithner, Elisabeth (Hg.): Multikulturalismus queer gelesen, Zwangsheirat und gleichgeschlechtliche Ehe in pluralen Gesellschaften, 2010, S. 183f.
369 Ebd. Vgl. dazu auch die Juristin und Frauenrechtlerin Ates, Seyran: „Der aufenthaltsrechtliche Status von ‚Importbräuten' stellt ein großes Problem dar. Sie erlangen gemäß § 31 des Zuwanderungsgesetzes erst nach zwei Jahren ein eigenständiges Aufenthaltsrecht und müssen bis dahin oftmals die Brutalität der Ehemänner erdulden. Denn ein vorzeitiger Ausbruch aus der Ehe kann, wenn es sich nicht um einen Härtefall handelt und die Gewalttätigkeiten nicht nachgewiesen werden können, zu einer Abschiebung führen.", in: Dies.: Der Multikulti-Irrtum, Wie wir in Deutschland besser zusammenleben können, 2007, S. 59.
370 Vgl. hierzu insbesondere die Darstellungen von Maria Schiller. Schiller geht in ihrer vergleichenden Analyse auf Auftragsstudien zum Thema Zwangsverheiratungen in europäischen Ländern ein, wobei sie zusätzlich eine Studie aus der Türkei zum Thema Ehrenmorde herangezogen hat: Schiller, Maria: Zwangsverheiratung im Fokus: Ein Vergleich von Auftragsstudien in europäischen Ländern, in: Strasser, Sabine, Holzleithner, Elisabeth

Die Anthropologin Birgit Strasser und die Juristin Elisabeth Holzleithner stellen in diesem Zusammenhang für Österreich fest, dass die damals amtierende Frauenministerin (Maria Rauch-Kallat) trotz ihres Engagements für die Migrantinnen[371] und gegen die Gewalt an „minorisierten Frauen" gleichzeitig eben „keine Einwände gegen lange Wartezeiten bei der Familienzusammenführung und gegen den nur eingeschränkten Zugang von nachgereisten Frauen auf den Arbeitsmarkt" hatte. Folglich erklären Strasser und Holzleithner:

> Beides – kürzere Wartezeiten und sofortiger Arbeitsmarktzugang – wären aber Möglichkeiten, um Selbstbestimmung und Unabhängigkeit von minorisierten Frauen zu fördern. Die Fokussierung von Gewalt „der anderen" wird dann suspekt, wenn gleichzeitig die Zuwanderungs-, Integrations- und Frauenpolitik in einem Land kaum Bemühungen um minorisierte Frauen erkennen lassen.[372]

Festzuhalten ist, dass die Beurteilungen zur Unterscheidung zwischen arrangierten Ehen und Zwangsehen sehr unterschiedlich ausfallen. Der Grund dafür liegt in der „Grauzone", deren Vagheit und der Vielfältigkeit von Formen, welche die Entwicklungen einer arrangierten Eheanbahnung zu einer Zwangsehe bestimmen können. Nichtsdestotrotz sind arrangierte Eheanbahnungen wie sie Straßburger beschreibt, eine weitere Form der ParnterInnensuche und -findung. Sie sind eine Eheschließung im „Sinne der Differenz" neben der „Liebesheirat". Die unterschiedlichen Eheanbahnungsformen, insbesondere dann, wenn Familienmitglieder als beratende Funktionsglieder miteinbezogen werden, entsprechen dem „Allianzdispositiv" sowie dem „Sexualitätsdispositiv", welche die Art und Weise der zwischengeschlechtlichen Beziehung sowie sexuellen Beziehung innerhalb eines legitimen Kontextes, der ausschließlich die Ehe ist, regeln. Insgesamt muss deshalb betont werden, dass die Ehe als Institution in konservativen oder traditionell religiösen Familien als einzige legitime Form der zwischengeschlechtlichen Beziehung anerkannt ist, was die Entscheidungsfreiheit der einzelnen Frau und des einzelnen Mannes maßgeblich einschränkt. Fakt ist jedoch, dass Zwangsehen eine grobe Menschenrechtsverletzung sind, die zu weiterer Gewalt wie sexuellem Missbrauch, Vergewaltigung und Misshandlungen führen. Die Misshandlungen betreffen außer der Ehepartnerin oder dem Ehepartner zusätzlich die Kinder, die aus einer Zwangsehe hervorgehen. Deshalb sind die individuelle Autonomie und die körperliche Integrität in einer Zwangsehe nicht gewährleistet.

(Hg.): Multikulturalismus queer gelesen, Zwangsheirat und gleichgeschlechtliche Ehe in pluralen Gesellschaften, 2010, S. 47-70.
371 Vgl. dazu auch: Kul, Ismail: Avrupalı kendi kadınını unuttu, Müslüman kadının derdine düştü, Zaman, 28.10.2006, S. 11.
372 Ebd., S. 9-10.

2.2 „Ehrenmorde", Zwangsehen und arrangierte Ehen im Diskurs

Im folgenden Kapitel werden die „diskursiven Ereignisse" aus dem Untersuchungszeitraum herausgegriffen, die für die Diskursanalyse der Geschlechterbeziehungen und die immanenten Diskursverschränkungen im Pressediskurs der Europaausgaben von Hürriyet und Zaman ausschlaggebend waren. Des Weiteren werden die diskursiven Ereignisse in den Zusammenhang des „gesamtgesellschaftlichen Diskurses" gestellt, mit der besonderen Akzentuierung der Einflüsse des „Spezialdiskurses" auf den „Interdiskurs" mittels der Hervorhebung der beteiligten AkteurInnen aus der Öffentlichkeit.

2.2 „Ehrenmorde", Zwangsehen und arrangierte Ehen im medialen und wissenschaftlichen Diskurs in Deutschland

Die Ermordung von Aynur Hatun Sürücü am 7. Februar 2005 durch ihren Bruder schuf eine Zäsur in der Berichterstattung über Türkinnen, Deutsch-Türkinnen und türkische bzw. Türkei stämmige Familien in den deutschen Medien. Die junge Frau und Mutter war eine Deutsche kurdischer Herkunft, deren Eltern aus der Türkei Anfang der 1970er Jahre nach Deutschland ausgewandert waren. Hatun Sürücü war eines von insgesamt neun Geschwistern. Die zum Zeitpunkt ihrer Tötung 23-jährige Frau hinterließ einen Sohn aus erster Ehe, in die sie durch ihre Eltern gezwungen wurde. Ihr geschiedener Mann war ihr Cousin.[373] Im Folgenden beziehe ich mich auf die Definition des Begriffs „Ehrenmord" von Amnesty International. Der Menschenrechtsorganisation Amnesty International zufolge ist ein „Ehrenmord":

> Ein Verbrechen im Namen der Ehre (...), die an Personen begangen werden, die bezichtigt werden, die „Ehre" der Familie oder der Gemeinschaft verletzt zu haben. Zur Wiederherstellung der Ehre wird der betroffenen Person (in der Regel Frauen und Mädchen) Gewalt angetan. Der extremste Fall von Gewalt im Namen der Ehre sind die „Ehrenmorde".[374]

Das mediale Interesse richtete sich nach dem Mord an Aynur Hatun Sürücü fortan gezielt auf die türkischstämmige und muslimische Bevölkerung in Deutschland sowie deren Familienstrukturen, insbesondere auf die Situation von Mädchen und Frauen.

---

373 Ataman, Ferda: Fünf Jahre danach. Die verlorene Ehre der Familie Sürücü, in: http://www.tagesspiegel.de/berlin/fuenf-jahre-danach-die-verlorene-ehre-der-familie-sueruecue/1677254.html, 06.02.2010, (Stand: 12.02.2012).

374 Aus dem Positionspapier der deutschen Sektion von Amnesty International, in: http://www.amnesty.de/verbrechen-im-namen-der-ehre-ehrenmorde, (Stand: 12.02.2012).

Die öffentlich gewordenen und sichtbar gemachten Problematiken von „Ehrenmorden" und Zwangsehen hatten einen unmittelbaren Einfluss auf die Zuwanderungspolitik sowie die Integrationspraxen der Mehrheitsgesellschaft: So wurde das Zuzugsalter auf 21 Jahre angehoben, um weitere Zwangsehen bzw. so genannte „Importbräute" und „Importbräutigame" zu verhindern.[375] Im badenwürttembergischen „Gesinnungstest", dem so genannten „Leitfaden für Muslime" finden sich konkrete Fragen zur Beziehung zwischen Eltern und Tochter bzw. Vater und Tochter, was auf den Mediendiskurs zurückzuführen ist.[376] Das Integrationsministerium in Nordrhein-Westfalen unter dem damaligen Minister Armin Laschet (CDU) startete eine Postkartenkampagne, bei der die Selbstbestimmung von Mädchen und Frauen aus türkischen Familien bildhaft und sprachlich ihren Ausdruck finden sollten.[377]

Die Berichterstattungen und Stellungnahmen türkischsprachiger Medien in Deutschland, insbesondere der Hürriyet, sind vor allem als Reaktion gegen den Diskurs in der Mehrheitsöffentlichkeit zu verstehen: In der Hürriyet, die sich als Sprachrohr der türkischen Community in Deutschland begreift, wird deutlich, dass sich innerhalb der türkischen Community unterschiedliche Meinungsspektren und Debatten zu den Ursachen und Wirkungen von Ehrenmorden und Zwangsehen finden. Im Zuge der Diskussionen fühlte sich die türkischstämmige Bevölkerung in Deutschland zunehmend unter Generalverdacht gestellt.[378] Der Grund für die zum Teil scharf geführten Debatten liegt zum einen in der Kritik

---

375 Vgl. Deutscher Bundestag, 16/8, 15.12.2005, S. 551, in: http://dipbt.bundestag.de/dip21/btp/16/16008.pdf, (Stand: 06.02.2012).
376 Vgl. dazu Frage 13 aus dem Gesinnungstest: „Man hört immer wieder, dass Eltern ihren volljährigen Töchtern verbieten, einen bestimmten Beruf zu ergreifen oder einen Mann ihrer Wahl zu heiraten. Wie stehen Sie persönlich zu diesem Verhalten? Was würden Sie tun, wenn Ihre Tochter einen Mann anderen Glaubens heiraten oder eine Ausbildung machen möchte, die Ihnen nicht gefällt?", in: Şenol, Ekrem: http://www.jurblog.de/2006/01/07/antwortleitfaden-fuer-den-gesinnungstest-fuer-muslime-in-baden-wuerttemberg/, (Stand: 06.02.2012).
377 Vgl. dazu die Postkartenansichten und Hilfsangebote unter: www.ehre.nrw.de, (Stand: 21.12.2008).
378 Vgl. Ataman, Ferda: Kritische Analyse einer sinnfreien Diskursverschränkung: Die deutsche Integrationsdebatte und der EU-Beitritt der Türkei, in: Jäger Siegfried (Hg.): Wie kritisch ist die Kritische Diskursanalyse? Ansätze zu einer Wende kritischer Wissenschaft, 2008, S. 138: „Türken stehen für die Gruppe ‚an die man denkt, wenn der Ausländeranteil in Deutschland als Problem empfunden wird', erklärt DIE WELT fast schon selbstkritisch ihrer Leserschaft. Da sie ‚einem völlig anderen Kulturkreis' angehören, müssen Türken ‚die hier geltenden Wertmaßstäbe respektieren', argumentiert Edmund Stoiber. Auf diese und ähnliche Weise wird dem Leser verdeutlicht, dass Türken andere Wertmaßstäbe haben, und zwar solche, die ‚die Gleichberechtigung von Mann und Frau' bspw. nicht einschließen. (...) Im Kontext zur Türkei werden Konfliktpotenziale von den Medien bevorzugt präsentiert: bspw. die Misshandlung muslimischer Frauen, Zwangsheiraten, Brautpreise, Ehrentötungen' oder eine ‚Studie des Bundesfamilienministeriums', der zufolge ‚Türkinnen eine um 50 Prozent höhere Gewaltquote als andere deutsche Bürgerinnen' melden."

2.2 „Ehrenmorde", Zwangsehen und arrangierte Ehen im Diskurs 133

der türkischen Community am Generalverdacht der deutschsprachigen Medien und deutschen Mehrheitsgesellschaft, unter den sie sich gestellt sah, aber zum anderen auch und vor allem in der Kritik von Personen aus den eigenen Reihen.[379] So kritisiert beispielsweise die türkischstämmige Erziehungswissenschaftlerin Yasemin Karakaşoğlu, die verbreitete Behauptung, wonach die Hälfte aller türkisch-muslimischen Frauen in Deutschland zwangsverheiratet worden seien:

> Vergeblich sucht man in solchen Veröffentlichungen nach einem Hinweis darauf, dass die mit Blick auf Anatolien als „islamische Traditionen" ausgemachten Praktiken wie Zwangsverheiratung und Ehrenmorde durchaus nicht auf Muslime beschränkt sind, sondern ländliche Traditionen aus vorislamischer Zeit darstellen, die auch bei assyrischen Christen und jessidischen Kurden anzutreffen sind; von den Betroffenen werden sie durch die Interpretation ihrer je eigenen religiösen Tradition legitimiert.[380]

Karakaşoğlu wendet weiter ein, dass es keine empirischen Grundlagen gibt, von denen die Politik einen „neuen Aktionismus" ableiten kann.[381] Karakaşoğlu kritisiert die Behauptung der türkischstämmigen Autorin und Soziologin Necla Kelek, dass die Hälfte der jährlich geschlossenen Ehen unter Türkinnen und Türken in Deutschland erzwungen oder vorab vereinbart worden seien. Des Weiteren kritisiert sie den unreflektierten Umgang mit dieser Behauptung von Seiten der Politik:

> Kein Wunder, dass inzwischen auch der Ruf nach neuen Gesetzen laut geworden ist gegen Missstände, die ihre Ursache in archaischen kulturellen Vorstellungen zu haben scheinen (...). Gegenwärtig im Gespräch sind eine Gesinnungsprüfung für Muslime, die eine Einbürgerung anstreben, sowie die Heraufsetzung des Heiratsalters für nachziehende Ehepartner von Migranten, die bereits seit Jahren in Deutschland leben.[382]

Karakaşoğlu greift den herrschenden Mediendiskurs in ihrer Kritik wie folgt auf:

> Ob Zwangsehen, Ehrenmorde oder Parallelgesellschaften – im öffentlichen Diskurs über Migranten herrscht derzeit ein regelrechter Run auf griffige Schlagworte (...). Glaubt man den meisten aktuellen Zeitungsberichten zum Thema, dann bestimmen

---

379 Vgl. Beck-Gernsheim, Elisabeth: Türkische Bräute und die Migrationsdebatte in Deutschland, in: Parallelgesellschaften?, in: Aus Politik und Zeitgeschichte, 2. Januar 2006, S. 32-37.
380 Vgl. Karakaşoğlu, Yasemin: Tremolo der Betroffenheit, in: die tageszeitung vom 19.01.2006, in: http://www.taz.de/1/archiv/archiv/?dig=2006/01/19/a0163, (Stand: 13.03.2006).
381 Ebd.
382 Ebd.

diese Aspekte den Alltag einer großen Zahl, wenn nicht sogar des Gros der muslimischen Migrantinnen in Deutschland. Mehr noch: Sie gelten als die zentralen Gründe für das Scheitern dieser Zuwanderergruppe bei ihrer Integration in Deutschland.[383]

Mit Bezug auf die Diskurshoheit der Autobiographien der Autorinnen Seyran Ateş (Große Reise ins Feuer. Die Geschichte einer deutschen Türkin, 2003), Serap Çileli (Wir sind Eure Töchter, nicht Eure Ehre, 2006) und Necla Kelek (Die fremde Braut, 2006), die ihnen im öffentlichen und medialen Diskurs zugesprochen wird, wendet Karakaşoğlu ein:

> Bestürzend und bezeichnend für die Qualität der öffentlichen Debatte über Migration und Integration in Deutschland ist allerdings der Umgang von Politik und Medien mit dieser Art von Literatur (...). Statt die Ergebnisse der umfangreichen wissenschaftlichen Migrationsforschung zu konsultieren (...), greift sie lieber auf romanhaft formulierte, biografische Erzählungen wie etwa diejenigen von Necla Kelek oder Seyran Ateş zurück. Die Analysen solcher Autorinnen fußen allerdings mehr auf Alltagsdeutungen denn auf sozialwissenschaftlichen Erkenntnissen.[384]

Die Diskurshoheit der einzelnen Autorinnen resultiert aus dem „Wahrheitsgehalt", der ihnen wegen ihrer Authentizität zugesprochen wird: Sie sind Frauen aus dem migrantischen und muslimischen Milieu sowie öffentliche Personen in der Mehrheits- und Teilöffentlichkeit.

Ein weiterer Grund für die Diskurshoheit liegt darin, dass vor allem die Autorin und Soziologin Necla Kelek Positionen im Einwanderungsdiskurs vertritt, welche auch konservative PolitkerInnen und konservative Parteien und Parteiflügel vertreten: Otto Schily hob in einem Interview mit dem Spiegel während seiner Amtszeit als Innenminister die Bedeutung des autobiographischen Romans von Necla Kelek hervor.[385] Die Notwendigkeit seiner Forderungen nach integrationspolitischen Maßnahmen begründete Schily zusätzlich mit dem autobiographischen Roman von Kelek.[386] Darüber hinaus beriet Necla Kelek das baden-württembergische Innenministerium bei den Vorbereitungen des Fragenkatalogs des „Leitfaden für Muslime".[387] Keleks pauschale Kritik an der „Integrationsunwilligkeit" türkischer und muslimischer MigrantInnen brachte sie im

---

383 Ebd.
384 Ebd.
385 Schily, Otto: Alarmierender Einblick, Der Spiegel, 24.01.2005, in: http://www.spiegel.de/spiegel/print/d-39080827.html, (Stand: 06.02.2012).
386 Ebd.
387 Kelek, Necla: Der Pascha-Test. Wer deutscher Staatsbürger werden will, muss in Baden-Württemberg seit Anfang des Jahres Fragen zu seiner Einstellung zur Verfassung beantworten. Ein Plädoyer für die Überprüfung durch den Staat, in: http://www.taz.de/1/archiv/archiv/?dig=2006/01/16/a0128, 16.01.2006, (Stand: 06.02.2012).

2.2 „Ehrenmorde", Zwangsehen und arrangierte Ehen im Diskurs 135

Jahr 2010 dazu, den Autor und das SPD-Mitglied Thilo Sarrazin auf einer Pressekonferenz zu seiner umstrittenen Publikationen „Deutschland schafft sich ab" zu begleiten.[388] Sarrazin ist wegen seiner antisemitischen, islamophoben und rassistischen Thesen zwar kritisiert worden. Allerdings landete Sarrazin mit seiner Publikation einen Bestseller und erhielt von einer breiten und vielfältigen Öffentlichkeit, die vor allem bis weit in die gesellschaftliche Mitte und in das Bürgertum hineinreicht, ein großes Maß an Unterstützung.[389]

Die Politikwissenschaftlerin Birgit Sauer erklärt zum Aspekt der Diskurshoheit einzelner Autorinnen mit muslimischer Herkunftsgeschichte, dass die eigentliche Frage sei, weshalb überhaupt die Diskussionen über die Situation muslimischer Frauen mit „einer solchen Plötzlichkeit aufgebrochen sind".[390] Sie verweist darauf, dass die autobiographischen Bücher von Necla Kelek (Die fremde Braut, 2006), Ayaan Hirsi Ali (Ich klage an, 2005) oder Waries Dirie (Wüstenblume, 2005) Praktiken wie Genitalbeschneidungen und Zwangsheiraten zwar ins öffentlich-mediale Bewusstsein gehoben haben. Der Kernpunkt des Diskurses beinhalte jedoch vielmehr die „identitätspolitische Neusituierung" migrantischer Gruppen „in der Mehrheitsgesellschaft" sowie die „Debatte um die Krise des Multikulturalismus":

---

388 „Neben Sarrazin sitzt Necla Kelek auf dem Podium, in Istanbul geboren, in Berlin lebend, Soziologin und selber Buchautorin. Sie verteidigt Sarrazin vehement gegen den Vorwurf des Biologismus oder Rassismus. ‚Das ist diffamierend und beruht auf Unkenntnis.' In dem Buch ‚Deutschland schafft sich ab' habe ein verantwortungsvoller Bürger bittere Wahrheiten drastisch ausgesprochen. Kelek beklagt den ‚schrillen Chor der politischen Klasse von CDU bis zu den Linken, die ihn niederbrüllt'. Dann ruft sie dazu auf, ‚dieses Land zusammen wieder aufzubauen'., Beikler, Sabine: in: http://www.tagesspiegel.de/berlin/pressekonferenz-sarrazin-stellt-seine-weltsicht-vor/1914788.html, 31.08.2010, (Stand: 06.02.2012).

389 Signifikant sind die Leserbriefe aus der FAZ aus dem Jahr 2010 und 2011, als die Debatte um Thilo Sarrazin ihren Höhepunkt in der Öffentlichkeit erlangte. Meines Erachtens wurden Sarrazins antisemitischen Thesen in der öffentlichen Debatte bewusst unterdrückt. Einerseits, weil die Judenfeindlichkeit in den Bereich des „Unsagbaren" des politischen und medialen Diskurses in Deutschland fällt. Und andererseits deshalb, weil Muslime als Sinnbild für die gescheiterten Integrationspolitiken in Europa spätestens seit der Ermordung des niederländischen Regisseurs Theo van Gogh im Jahr 2004 gelten. Sarrazins Antisemitismus und die ausbleibende Parteiausschluss aus der SPD hatten jedoch zur Folge, dass der Gründer des Arbeitskreises jüdischer Sozialdemokraten in Deutschland, Sergey Lagodinsky, aus der SPD im April 2011 ausgetreten ist. Vgl. dazu: http://www.sueddeutsche.de/politik/spd-verliert-gruender-der-juedischen-sozialdemokraten-betruebt-und-beschaemt-ein-trauriger-brief-an-andrea-nahles-1.1088932, (Stand: 01.02.2012).

390 Sauer, Birgit: Gewalt, Geschlecht, Kultur, Fallstricke aktueller Debatten um „traditionsbedingte Gewalt" in: Sauer, Birgit, Strasser, Sabine (Hrsg.): Zwangsfreiheiten, Multikulturalität und Feminismus, 2009, S. 53.

Kernpunkt dieser Debatte ist das Problem öffentlicher Ordnung, das durch die vermeintliche Kriminalität ethnischer Minderheiten, ihrem Missbrauch sozialer Leistungen sowie ihren anti-westlichen Werten und Einstellungen verursacht wird. Frauen werden dazu benutzt, um Letzteres zu illustrieren.[391]

Im Hinblick auf die Geschlechterbeziehungen betont Sauer demzufolge die „Toleranz" und die „Grenzziehungen" zwischen den europäischen Mehrheitsgesellschaften und den muslimischen Migrantinnen, welche Bindeglieder sind:

> Daher werden für die (männliche) Mehrheit der Bevölkerung Geschlechterbeziehungen zum Prüfstein für Tolerierung, und zum Marker der Grenze zwischen „uns" und „anderen". Frauen von Minderheiten, insbesondere islamische Frauen, sind in der Debatte um Integration zentral, aber sie fungieren lediglich als Mittel, um auszudrücken, dass die Tolerierung bereits zu weit gegangen sei.[392]

Ein Beispiel für die Verschränkung des Integrationsdiskurses mit dem Diskurs über das Geschlechterverhältnis sowie der Kritik an der bisherigen Toleranz vermeintlich bestehender Integrationspraxen ist der Artikel von Otto Schily im Spiegel und seine integrationspolitischen Forderungen im vorherigen Abschnitt dieses Kapitels.

Doch wie reagierten die AkteurInnen aus der Wissenschaft im medialen Diskurs in Deutschland auf die Diskurshoheit, die dem prominentesten Beispiel – Necla Kelek – zugesprochen wurde? Die Autorin Necla Kelek verteidigt ihre Beobachtung, wonach die Hälfte der türkischen Ehen in Deutschland arrangiert bzw. erzwungen wurden, folgendermaßen:

> Ich gehe davon aus – alle Recherchen sprechen dafür –, dass mindestens die Hälfte dieser Ehen arrangiert oder erzwungen wurden. Warum sollte ein junger Mann aus Berlin, Hamburg oder Köln ausgerechnet ein Mädchen aus Anatolien heiraten, das er meist höchstens einmal vor der Eheschließung gesehen hat? Bestimmt nicht aus Liebe, sondern weil die Eltern, die Familie, die Tradition und die Religion ihm nicht gestatten, selbst eine Partnerin zu wählen.[393]

Allerdings wendet Kelek ein, dass es über die Zahl der Zwangsehen in Deutschland keine verlässlichen Erhebungen gibt.[394] Im Zuge der medialen Debatten,

---

391 Ebd.
392 Ebd.
393 Kelek, Necla: Heirat ist keine Frage, in: Zwangsheirat und arrangierte Ehe – zur Schwierigkeit der Abgrenzung, in: Bundesministerium für Familie, Senioren, Frauen und Jugend (Hg.): Zwangsverheiratung in Deutschland, Band 1, Baden-Baden 2007, S. 93.
394 Dies.: Die fremde Braut, Ein Bericht aus dem Inneren des türkischen Lebens in Deutschland, Köln 2006, S. 231.

2.2 „Ehrenmorde", Zwangsehen und arrangierte Ehen im Diskurs 137

veröffentlichte am 2. Februar 2006 Yasemin Karakaşoğlu zusammen mit dem Migrationsforscher und Autor Mark Terkessidis einen Offenen Brief in der deutschen Wochenzeitung *Die Zeit*. Hauptkritikpunkt war der politische Umgang mit Publikationen von Autorinnen aus muslimischen Familien, die aus „ihrer persönlichen Lebensgeschichte ähnliche bis identische Rückschlüsse auf die Gesamtheit der türkischen Frauen und Mädchen in Deutschland" ziehen".[395] Der Autorin Necla Kelek wird vorgeworfen, in ihrem Buch „Die fremde Braut", Erkenntnisse aus ihrer Dissertation[396] umgedeutet zu haben, um auf dem Buchmarkt einen Erfolg zu landen und sich dabei selbst als authentischen und vorgeblich wissenschaftlich legitimierten Ansprechpartner für alles, was mit „>>den Türken<< oder >>dem Islam<<" zu tun hat, in Szene zu setzen.[397]
Necla Kelek reagierte auf den Offenen Brief wie folgt:[398]

> Sie [die Migrationsforscher, Anm. M. K.] haben Angst um ihre Forschungsmittel, sie merken, dass sie nicht mehr unwidersprochen vom unaufhaltsamen Weg der Migranten in die Moderne schwätzen können, denn inzwischen hat auch der letzte Bürger, Politiker und Entscheidungsträger gemerkt, dass diese Institute der Integrationspolitik seit Jahren einen Bärendienst erweisen. Für mich sind es gerade diese Migrationsforscher, die seit 30 Jahren für das Scheitern der Integrationspolitik verantwortlich sind. Die Politik hat viel zu lange auf sie gehört (…)."[399]

Der Schriftsteller und Orientalist Navid Kermani kritisiert sowohl Keleks Weigerung, ihre Argumente mit wissenschaftlichen Beweisen zu begründen, als auch die Reaktionen der deutschen Medien:

---

395 Terkessidis, Mark und Karakaşoğlu Yasemin: Gerechtigkeit für Muslime! Die deutsche Integrationspolitik stützt sich auf Vorurteile. So hat sie keine Zukunft. Petition von 60 Migrationsforschern in: DIE ZEIT, Nr. 6, 01.02.2006.
396 Vgl. Kelek, Necla: Islam im Alltag, Islamische Religiösität und ihre Bedeutung in der Lebenswelt von Schülerinnen und Schülern türkischer Herkunft, Münster 2002, S. 61 und S.191: „Was als modern und was als traditionell anzusehen ist, entscheidet der Konsens der Eliten, welche die Begriffe definitorisch verwenden. Wie oben dargestellt, geschieht dies etwa aus der eurozentrischen Sichtweise, indem die fremde Kultur in Abgrenzung zur eigenen Moderne als traditionell erklärt wird. (...) Ganz wie auch die westliche-christliche Kultur historisch vielfältige Veränderungen erfahren hat und aktuell erfährt, zeigt die Untersuchung beispielhaft, wie vergleichbar in der islamischen Kultur an unterschiedlichen Orten, unter unterschiedlichen Verhältnissen und in unterschiedlicher Weise Modernisierungsprozesse stattfinden."
397 Terkessidis, Mark und Karakaşoğlu, Yasemin: Gerechtigkeit für Muslime! Die deutsche Integrationspolitik stützt sich auf Vorurteile. So hat sie keine Zukunft. Petition von 60 Migrationsforschern in: DIE ZEIT, Nr. 6, 01.02.2006.
398 Kelek, Necla: Entgegnung. Necla Kelek antwortet auf eine Petition von 60 Migrationsforschern zur deutschen Integrationspolitik und die Kritik an ihren Büchern über den Islam in: DIE ZEIT online, 02.02.2006.
399 Ebd.

Wer versucht, sich mit Argumenten, gar mit wissenschaftlichen Erkenntnissen Gehör zu verschaffen, bekommt umgehend das Label des naiven Multikulturalisten angeheftet. (...) Dasselbe Schicksal hat auch die deutsche Migrationsforschung ereilt, nachdem sie sich in einem offenen Brief in der Zeit gegen den pseudowissenschaftlichen Diskurs von Bestseller-Autorinnen wie Necla Kelek gewandt hat, die sich um gesicherte empirische Daten nicht scheren. Nach den empörten Reaktionen einiger Feuilletons auf den offenen Brief musste man beinahe meinen, dass an deutschen Universitäten islamfaschistische Gehirnwäsche betrieben würde.[400]

Strasser und Holzleithner verdeutlichen den Einfluss dieses Diskurses auf die Einwanderungspolitik in Deutschland:

Und während einzelne weibliche Stimmen, die ihren Herkunftskontexten äußerst kritisch gegenüberstehen, in der Öffentlichkeit geradezu als Ikonen des Widerstands gefeiert werden, herrscht insgesamt die Vorstellung vor, der Staat müsse die betroffenen Gruppen von außen reformieren, um die darin gefangenen Frauen zu retten – als würde der Staat selbst nicht sogar ihre Situation durch die Einwanderungspolitik erschweren.[401]

Abermals im Hinblick auf die Diskurshoheit innerhalb des Diskurses, die den einzelnen Autorinnen zugestanden wird, erklären Strasser und Holzleithner weiter:

Von oben herab wird, in selektiver Kommunikation mit einzelnen ausgewählten RepräsentantInnen der „anderen", eine Politik betrieben, die weitgehend symbolhaft ist und mehr als Signal an die eigene nationale Klientel erscheint, denn als echter Versuch, die Lebensbedingungen der „betroffenen Frauen" zu verbessern.[402]

Auch in ihrem Vorwort in „Die fremde Braut" geht Kelek auf den Offenen Brief von Karakaşoğlu und Terkessidis ein:

Im Februar 2006 kritisierten 60 „Migrationsforscher", ich hätte „Einzelfälle zu einem gesellschaftlichen Problem aufgepumpt", nur um mir unverdiente Aufmerksamkeit zu erschleichen. Würden sie Schulen, Beratungsstellen, Frauenärzte oder Moscheen besuchen und das Gespräch mit den Frauen suchen, würden sie erfahren, dass es in diesem Land verbreitet Zwangsheirat, Gewalt in der Ehe, Vergewaltigungen und sogar die Mehr-Ehe gibt; dass es kurdische Familienväter gibt, die ihre

---

400 Kermani, Navid: Wer ist wir?, München, 2009, S. 41.
401 Strasser, Sabine/Holzleithner, Elisabeth (Hg.): Multikulturalismus queer gelesen, Zwangsheirat und gleichgeschlechtliche Ehe in pluralen Gesellschaften, 2010, S. 10f.
402 Ebd., S. 11.

2.2 „Ehrenmorde", Zwangsehen und arrangierte Ehen im Diskurs 139

minderjährigen Nichten nach Deutschland holen, sie als ihre Töchter ausgeben, – dabei Kindergeld beziehen – und mit ihnen in Polygamie leben.[403]

In ihrer Argumentation weist Kelek gleichzeitig auf eine Studie aus dem Jahr 2006 des Frauenberatungszentrums SELIS in der türkischen Stadt Batman hin, in der berichtet wird, dass 62% der Frauen von ihren Familien verheiratet wurden. Kelek kritisiert, dass die Frauen nicht nach ihrer Meinung gefragt worden seien.[404] Inwiefern Kelek hierin einen Zusammenhang mit dem Heiratsverhalten in Deutschland erkennt, ist nicht weiter ausgeführt. Anzunehmen ist, dass sie einen Zusammenhang zwischen dem Heiratsverhalten aus dem Osten der Türkei und dem Heiratsverhalten sowie den Eheanbahnungspraxen der türkeistämmigen Bevölkerung in Deutschland sieht. Gewalt im familiären Nahraum verortet Kelek folglich innerhalb des geographischen Raums Türkei in den überwiegend von der kurdischen Bevölkerung bewohnten Teilen. Im Diskurs über Gewalt an Frauen wiederholt sich deshalb die Ursachenbenennung, indem die Gewalt als den „anderen" – im öffentlichen Kontext in der türkischen Community den Kurden – zugehörig charakterisiert wird.

Welche Bedeutung besitzt das für den europäischen und deutschen öffentlichen Kontext mit Blick auf den medialen Diskurs über Zwangsehen und Ehrenmorde? Die Kultur- und Sozialanthropologin Sabine Strasser bezeichnet diese Formen der Übertragungen von „Zwangsehen" bzw. „Gewalt im Namen der Ehre" innerhalb der transnationalen Räume sowie des Binnenraums Türkei als „dichotome Muster": Die Initiativen KA-MER (Kadın Merkezi/Frauenzentrum) Diyarbakır im kurdischen Gebiet der Türkei oder von WWHR (Women for Women's Human Rights mit Sitz in Istanbul) sind mit ähnlichen Herausforderungen konfrontiert, da die „Gewalt im Namen der Ehre" nach dichotomen Mustern einerseits von Europa aus der Türkei zugeschrieben wird und andererseits innerhalb der Türkei in die östlichen Gebiete und dort vorzugweise zu „den Kurden" verschoben wird.[405]

Insgesamt ist für den Zeitraum zwischen 2005 und 2006 festzustellen, dass die Publikationen sowie die öffentliche und mediale Präsenz der Autorinnen Kelek, Ateş und Çileli ausschlaggebend für die Zuspitzung der Debatten über „Ehrenmorde", Zwangsehen und arrangierte Ehen innerhalb der türkischen Community sowie der Tageszeitung Hürriyet waren. Die Reaktionen der türkischen Teilöffentlichkeit auf die Pauschalisierungen blieben nicht aus. Ein ähnli-

---

403 Vgl. Kelek, Necla: Die fremde Braut, Ein Bericht aus dem Inneren des türkischen Lebens in Deutschland, 2006, S. 13.
404 Ebd.
405 Strasser, Sabine: „Ist doch Kultur an allem Schuld? Ehre und kulturelles Unbehagen in den Debatten um Gleichheit und Diversität, in: Sauer, Birgit, Strasser, Sabine (Hg.): Zwangsfreiheiten, Multikulturalität und Feminismus, 2009, S. 66.

cher gesamtgesellschaftlicher Wiederhall ist beim jüngsten öffentlich bekannt gewordenen Fall eines „Ehrenmordes" jedoch ausgeblieben: Die Kurdin Arzu Ö. aus Detmold wurde seit Anfang November 2011 vermisst. Im Januar 2012 wurde sie tot aufgefunden. Sie wurde am 1. November aus der Wohnung ihres deutschen Freundes von ihren Brüdern verschleppt und durch Kopfschüsse getötet. Die Ermordung der jungen Frau wurde zwar in der Berichterstattung der türkischen Teilöffentlichkeit und der Mehrheitsöffentlichkeit wiedergegeben, eine ähnliche diskursive Wirkung wie bei der Ermordung von Hatun Aynur Sürücü blieb jedoch aus.

Aufschlussreich an der gegenwärtigen Berichterstattung über Arzu Ö. ist, dass die ethnische und konfessionelle Herkunft der jungen Frau präzise benannt wird: Aus der Presse war zu erfahren, dass Arzu Ö. eine *jezidische Kurdin* ist. Arzu Ö.s Tod wurde sowohl von der Mehrheitsöffentlichkeit als auch von der türkischen Teilöffentlichkeit aufgegriffen. Der mediale Wiederhall sowie der Generalverdacht ähnlich wie zwischen den Jahren 2005 und 2007 blieben zumindest bei dieser Meldung aus.

Anders gelagert ist die mediale Berichterstattung und die öffentliche Reaktion auf die vom Bundesministerium für Familie, Senioren, Frauen und Jugend in Auftrag gegebene Studie über Zwangsverheiratungen aus dem Jahr 2008 gewesen, deren Ergebnisse im November 2011 vorgestellt wurden. Für die Studie wurden 1445 Beratungsstellen angeschrieben. 830 Beratungsstellen haben die Fragebögen beantwortet. Den Antworten zufolge stammen demnach 83,4% der Opfer von Zwangsehen aus muslimischen Familien. Bundesfamilienministerin Kristina Schröder und die Integrationsbeauftragte des Bundes Maria Böhmer erklärten in ihrer gemeinsamen Presserklärung, dass einerseits ein Zusammenhang zwischen dem Islam und der Praxis der Zwangsverheiratung bestünde und andererseits die Erfordernis des Deutsch-Sprachtests beim Ehegattennachzug ein effizientes Mittel zur Verhinderung von Zwangsheiraten sei.[406]

Die an der Studie beteiligten WissenschaftlerInnen fühlten sich daraufhin dazu gezwungen, die Ergebnisse aus den Fragebögen richtig zu stellen und somit

---

406 Vgl. Kulaçatan, Meltem: Wider der Vereinfachung, in: http://www.migazin.de/2011/11/15 /wider-der-vereinfachung/, 15.11.2011, (Stand: 06.02.2012); vgl. Wues, Woody: Die Zwangsehe in deutschen Köpfen, in: http://www.cicero.de/zwangsehe-zwangsheiratzwangsverheiratung-studie-nicht-repraesentativ/46476?seite=2, 12.11.2011, (Stand: 06.02.2012): „Die Ursache sehen die Autoren der Studie vor allem in den Familienstrukturen, die in den ländlichen Herkunftsregionen der Betroffenen herrschen. Familien mit starkem Zusammenhalt sind dort überlebenswichtig und ein Teil der Migranten behält diese Haltung in Deutschland bei. In einem derartigen Umfeld sind Frauen am häufigsten von Zwangsverheiratungen betroffen. Darüber hinaus verweist die Studie auf die patriarchale Struktur solcher Familien. In der Regel ist der autoritäre Vater die treibende Kraft hinter der Verheiratung, die Mütter hingegen haben fast immer eine unterdurchschnittliche Bildung und kaum etwas zu sagen (…)."

2.2 „Ehrenmorde", Zwangsehen und arrangierte Ehen im Diskurs 141

Schröders Interpretation, wonach vor allem in der muslimischen Bevölkerung in Deutschland Zwangsverheiratungen praktiziert würden und im Islam zu verorten seien, zu widerlegen.[407] Die türkische Teilöffentlichkeit reagierte ebenfalls auf die Interpretationen der Ergebnisse der Bundesfamilienministerin Kristina Schröder in der Öffentlichkeit und kritisierte die Pauschalisierungen Schröders gegenüber der muslimischen Bevölkerung in Deutschland.[408]

„Ehrenmorde" und Zwangsehen sind ein fester Bestandteil der Medienberichterstattung in der Mehrheitsöffentlichkeit und in der Teilöffentlichkeit. Gleichzeitig sind diese Gewaltphänomene Bestandteile wissenschaftlicher Untersuchungen und folglich „Spezialdiskurse", deren Ergebnisse seitens der Politik zum Teil aus den Ergebniskontexten herausgerissen und medial inszeniert präsentiert werden, mit dem Ziel, die „Integrationsdefizite" der ethnischen Minderheiten zu bekräftigen. Politikerinnen und Politiker entlassen sich somit aus ihrer eigenen Verantwortlichkeit gegenüber denjenigen Menschen in der Gesellschaft, die den rechtlichen und politischen Schutz am dringendsten benötigen würden. Bedeutsam ist hierbei der Faktor, dass die Marginalisierung der Frauen und Mädchen nicht vordergründig auf ihre kulturelle, ethnische sowie religiöse Herkunft zurückzuführen ist. In den Mittelpunkt der Lösungsfindung müssen ihr *rechtlicher* und *politischer Status* gestellt werden, den sie in der Mehrheitsgesellschaft haben. Nur dadurch können effektive politische und rechtliche Maßnahmen getroffen werden, die zur Verbesserung der Lebenssituation der Frauen und Mädchen führen. Gleichzeitig gilt es, den Generalverdacht gegenüber bestimmten MigrantInnengruppen zu vermeiden. Pauschale Verurteilungen vermindern die Aufdeckung rechtlicher und institutioneller Gewaltstrukturen und forcieren weiterhin die gesellschaftliche und politische Marginalisierung der von familiärer Gewalt betroffenen Frauen und Mädchen. Im nächsten Kapitel wird der dem

---

407 Vgl. Bielefeldt, Heiner/Demirer, Yıldız/Prasad, Nivedita/Schröttle, Monika/Boss-Nünning, Ursula/Straßburger, Gaby: Stellungnahme zur Studie: „Zwangsverheiratung in Deutschland – Anzahl und Analyse von Beratungsfällen", http://www.migazin.de/2011/11/28/wissen schaftler-werfen-schroder-das-schuren-antimuslimischer-ressentiments-vor/, 28.11.2011, (Stand: 06.02.2012): „Die Problematik des Missbrauchs und der Instrumentalisierung des Themas Zwangsverheiratung für anderweitige politische Zielsetzungen und antiislamische Propaganda ist auch im Vorfeld im Beirat diskutiert worden. Mehrere Personen aus dem Beirat hatten sich daher gegen die Aufnahme der Frage nach der vermuteten Religionszugehörigkeit in den Fragebogen ausgesprochen. Den skeptischen Vorbehalten begegnete das BMFSJ mit der Zusicherung, dass die vermutete Religionszugehörigkeit nur deshalb erhoben werden solle, um für mögliche Nachfragen aus dem parlamentarischen Raum gewappnet zu sein. Der in der FAZ erschienene Artikel – mit einer sehr eigenwilligen bzw. tendenzösen Darstellung der Religionszugehörigkeit – lässt sich hiermit kaum in Einklang bringen und gibt uns das Gefühl, hinters Licht geführt worden zu sein."
408 Vgl. Duman, Şevket: Çözüm yok, sayılar karışık, Zaman, 10.11.2011, S. 4. Vgl. dazu auch: Damir, Azamat: Almanya'nın ilk ‚Zorunlu Evlilik' raporu hazırlandı: Böhmer: Türkiye zorunlu evlilik ile ciddi mücadele veriyor, Zaman, 10.11.2011, S. 4.

Geschlechterdiskurs zugrunde liegende *Gewaltbegriff* veranschaulicht und kontextualisiert.

2.3 Der Gewaltbegriff im Diskurs der Geschlechter

Im Diskurs über „Ehrenmorde" und Zwangsehen rückt die Gewaltproblematik zwischen den Geschlechtern in den Vordergrund der Untersuchung. Demzufolge ist Gewalt *ein* Faktor, der die Beziehungen zwischen Männern und Frauen maßgeblich bestimmt. Frauen und Mädchen sind davon in besonderem Maße betroffen. Ausschlaggebend dafür sind die vielzähligen Gründe und Ursprünge für innerfamiliäre und partnerschaftliche Gewalt. Die feministische Gewaltdefinition beschäftigt sich mit den verschiedenen *Orten* und Formen der Entstehung von Gewalt. Im folgenden Kapitel wird der Gewaltbegriff theoretisch hergeleitet und strukturell analysiert.

Im Kontext der türkischen Teilöffentlichkeit, der deutschen Mehrheitsöffentlichkeit und dem analysierten Geschlechterdiskurs sowie seiner Verschränkung mit dem Integrationsdiskurs habe ich mich für die Gewaltdefinition des Soziologen Johan Galtung entschieden. Dieser lässt sich dahingehend auslegen, dass die AkteurInnen aus den Interviewserien der Hürriyet und der Zaman auf die multifaktorielle Entwicklung der Gewaltproblematiken und das schwierige Durchbrechen dieses Kreislaufs verweisen: Unabhängig davon, ob es sich um marginalisierter Frauen wie Migrantinnen in Europa handelt oder um Frauen, die in Teilen der islamischen Welt überwiegend marginalisiert werden. Galtungs Gewaltbegriff trägt zum Verständnis der multifaktoriellen Entstehung von Gewalt an Frauen bei und ist für feministische Gewaltdefinitionen aufgrund seiner Analyse von physischer, psychischer und struktureller Gewalt von wesentlicher Bedeutung:

> Feministische Gewaltdefinitionen beziehen sich auf Johan Galtungs „Teufelsdreieck" von Gewalt. Galtung unterscheidet erstens direkte physische und psychische, zweitens strukturelle und drittens kulturelle Gewalt. Gewalt kann an jeder Ecke dieses Dreiecks beginnen und ihre Ursache haben.[409]

---

409 Vgl. Sauer, Birgit: Was ist Gewalt? Grundzüge eines feministischen Gewaltbegriffs, in: Dieselbe, Strasser, Sabine: „Zwangsfreiheiten, Multikulturalität und Feminismus, Wien 2009, S. 56.

2.3 Der Gewaltbegriff im Diskurs der Geschlechter 143

Der feministische Gewaltbegriff hat zum Ziel, vor allem die „verborgene" Geschlechtergewalt aufzudecken.[410] Er umfasst physische sowie psychische Verletzungen, welche sich in verbalen Drohungen, aber auch in so genannten „Liebesbezeugungen" in Form von Stalking äußern.[411] Laut der Politikwissenschaftlerin Birgit Sauer sind subtile Einschränkungen des Handlungs- und Entscheidungsspielraums eine Gewaltausübung im weiten Sinne.[412] Darüber hinaus sind, nach dem Soziologen Heinrich Popitz, die Verletzungsoffenheit und die Bedingungen permanenter Verletzbarkeit relevant für diese Gewaltanalyse. Allerdings bezieht sich Popitz auf den „direkten Akt" des Verletzens und nicht auf institutionelle und staatliche Strukturen, die die Verletzungsoffenheit von Menschen potenzieren:

> Im direkten Akt des Verletzens zeigt sich unverhüllter als in anderen Machtformen, wie überwältigend die Überlegenheit von Menschen über andere Menschen sein kann. Zugleich erinnert der direkte Akt des Verletzens an die permanente Verletzbarkeit des Menschen durch die Handlungen anderer, seine Verletzungsoffenheit, die Fragilität und Ausgesetztheit seines Körpers, seiner Person.[413]

Der Ansatz nach Popitz ist zwar nicht explizit mit der „Geschlechterperspektive" verbunden. Deshalb ist es jedoch „unabdingbar, die Opfer beiderlei Geschlechts nicht gegeneinander aufzurechnen".[414] Vielmehr besitzt „jede Verletzung einer Frau und eines Mannes eine eigenständige Qualität".[415]

Der individuell erlebte Schmerz ist in Anbetracht der Geschlechtszugehörigkeit nicht relativierbar, denn:

> Männer und Frauen sind gleich verletzlich und beiden steht das Menschenrecht auf Schutz ihrer Persönlichkeit vor Verletzungen und Übergriffen uneingeschränkt zu.[416]

Dies gilt meines Erachtens umso mehr, wenn es sich um besonders Schutzbedürftige wie minderjährige Jugendliche, Kinder, schwangere Frauen oder Kranke handelt. In Anbetracht der Diskursanalyse der Geschlechterbeziehungen im Pres-

---

410 Vgl. Sauer, Birgit: Gewalt, Geschlecht, Kultur, Fallstricke aktueller Debatten um „traditionsbedingte" Gewalt, in: Sauer, Birgit, Strasser, Sabine (Hg.): Zwangsfreiheiten, Multikulturalität und Feminismus, 2009, S. 56.
411 Ebd.
412 Ebd.
413 Zitiert nach: Lenz, Hans-Joachim: Mann oder Opfer? Jungen und Männer als Opfer von Gewalt und die kulturelle Verleugnung der männlichen Verletzbarkeit: http://www.geschlech terforschung.net/download/Anl4.pdf, 14.10.2011, S. 109.
414 Ebd., S. 123.
415 Ebd.
416 Ebd.

sediskurs der Europaausgaben von Hürriyet und Zaman möchte ich im Sinne des weit gefassten Gewaltbegriffs und der Verletzungsoffenheit betonen, dass auch Männer und Jungen Opfer von Gewalt im familiären Nahraum und von Zwangsehen sind und werden können.[417] Insbesondere dann, wenn eine Zwangsverheiratung zur „Heilung" von Homosexualität[418] angestrebt wird, oder wenn die jungen Männer wieder „auf den richtigen Weg gebracht" werden sollen, sprich, einer Erziehungs- und Disziplinierungsmaßnahme unterzogen werden, wie der Erziehungswissenschaftler Ahmet Toprak sie beschreibt:

> In der Adoleszenz bis zum Erwachsenenalter werden die Jungen wie kleine Kinder behandelt, sie tragen für ihr Verhalten selten Verantwortung und erst ab einem bestimmten Alter müssen sie auf „Knopfdruck" erwachsen werden. Ohne diese Entwicklungsübergänge zu „erleben", müssen die Jungen erwachsen werden und eine Familie gründen. Wenn die Jungen sich nicht diszipliniert verhalten (haben mehrere Freundinnen, kommen abends nicht nach Hause, werden strafrechtlich auffällig, Alkoholmissbrauch etc.), ergreifen die Eltern gewisse Maßnahmen, um das Erwachsenwerden der Jungen zu forcieren, nämlich: Militärdienst in der Türkei, die Heirat und schließlich die Vaterschaft.[419]

---

417 Vgl. Ateş, Seyran: „Da die öffentliche Debatte sich nahezu ausschließlich auf die weiblichen Betroffenen konzentriert, hat meines Erachtens auch noch keine ausreichende Sensibilisierung für die Situation der Jungen und jungen Männer stattgefunden. Daher haben wir noch sehr wenige männliche Jugendliche und Erwachsene in der Beratung. Darüber hinaus stellt es für sie ein viel größeres Problem dar, zuzugeben, dass jemand versucht, sie gegen ihren Willen zu verheiraten.", in: Bundesministerium für Familie, Senioren, Frauen und Jugend: Zwangsverheiratung in Deutschland, Band 1 Forschungsreihe des Bundesministeriums für Familie, Senioren, Frauen und Jugend, 2007, S. 234.

418 Vgl. „Viele schwule Männer beugen sich dem familiären und gesellschaftlichen Druck und willigen in eine Heirat ein. Sexuelle Kontakte oder Beziehungen mit Männern leben sie heimlich oder auch im Wissen der Ehefrauen. Dieses Doppelleben führt innerhalb der Ehe häufig zu Konflikten. Mitunter wollen die Männer keinen sexuellen Kontakt mit der Ehefrau. In der Ehe nun heterosexuell leben zu müssen, führt in manchen Familien zu Frustrationen, die die Männer in Form von Gewalt an den Ehefrauen auslassen." Thiemann, Anne: Zwangsverheiratung im Kontext gleichgeschlechtlicher Lebensweisen. Erfahrungen aus der Beratungsarbeit, 2007, S. 191. Thiemann weist jedoch auf den Unterschied zwischen den Generationen hin, wonach sich die 17- bis 20-jährigen jungen Männer kein Doppelleben vorstellen können und selbstbewusster mit ihrer Homosexualität umgehen.

419 Toprak, Ahmet: Das schwache Geschlecht – die türkischen Männer, Zwangsheirat, häusliche Gewalt, Doppelmoral der Ehre, Lambertus, 2005, S. 108f., S. 136. Zur Bedeutung von Homosexualität und Gewalt im innerfamiliären Kontext, vgl. hierzu auch: „Obwohl Sexualität und sexuelle Neigungen in der Kommunikation zwischen den Generationen und Geschlechtern innerhalb der Familie zu den absoluten Tabuthemen gehören, ist hingegen die sexualisierte Gewalt präsent; sexualisierte Gewalt in Form von Beleidigungen ist verbreiteter als angenommen. Die Töchter werden als Nutte (orospu) beschimpft, die Söhne werden als schwul (ibne oder göt veren = derjenige, der seinen Hintern hergibt) oder aber „pezevenk" (Zuhälter) bezeichnet. Ziel dieser sexualisierten Gewalt ist es, die Betroffenen in ihrer Ehre zu kränken

2.3 Der Gewaltbegriff im Diskurs der Geschlechter

Der in dieser Arbeit verwendete Gewaltbegriff ist dennoch auf die spezifischen Formen von Gewalt gegen Frauen fokussiert. Dieser ist im transnationalen Kontext und aufgrund des rechtlichen Status von Frauen im Zuzugsland umso bedeutsamer. Denn neben der direkten physischen Gewalt erleben die betroffenen Frauen strukturelle Gewaltformen, die in den Machtstrukturen staatlicher Institutionen zu verorten sind. Der unsichere aufenthaltsrechtliche Status der marginalisierten Migrantinnen in den Mehrheitsgesellschaften Europas wird in Form von reglementierenden Rechtsmaßnahmen zusätzlich verstärkt. Infolgedessen werden sie qua Recht und Politik dazu gezwungen, im Abhängigkeitsverhältnis vom Partner auszuharren. Im Zusammenhang mit einer Gesetzesänderung im deutschen Strafgesetzbuch kritisiert der Jurist Tillmann Löhr die Anhebung der Ehebestandszeit für ein eigenes Aufenthaltsrecht aus diesem Grund wie folgt:

> Ausländische Frauen, die gegen ihren Willen verheiratet werden, müssen nun unter Umständen ein weiteres Jahr bei ihrem Partner bleiben, bevor sie ein eigenständiges Aufenthaltsrecht erhalten. Was bedeutet das? Je nach Einzelfall müssen sexualisierte Gewalt und andere gewalttätige Übergriffe nun um ein weiteres Jahr erduldet werden. Der Gesetzgeber gibt vor, Scheinehen zu bekämpfen. Tatsächlich verlängert er für hier lebende ausländische Frauen tägliches Leid, statt ihnen einen schnellen aufenthaltsrechtlichen Ausweg zu weisen.[420]

Im Jahr 2011 hat der Bundestag einen Gesetzesentwurf der Bundesregierung zur Bekämpfung der Zwangsverheiratung verabschiedet. Seitdem ist die Zwangsheirat ein eigenständiger Straftatbestand nach § 237 StGB. Das Gesetz sieht zwar eine aufenthaltsrechtliche Lösung für die Opfer vor. Demnach können Betroffene, die als Minderjährige in Deutschland gelebt haben und im Ausland in eine Ehe gezwungen wurden, „bis zu zehn Jahre nach Wegfall der Zwangslage nach Deutschland zurückkehren".[421] Im selben Zuge wurden jedoch die Bedingungen an die Aufenthaltserlaubnis, wie Löhr erklärt, deutlich erschwert. Die Integrität der Frauen wird sowohl von staatlicher als auch von familiärer Seite aus nicht gewährleistet. Den betroffenen Frauen steht prinzipiell, wenn sie sich bereits in einer Zwangsehe befinden, keine direkte *Exit Option* zu, weil die rechtlichen und politischen Bedingungen für ein dauerhaftes und selbstbestimmtes sicheres Leben bei Migrantinnen nicht gewährleistet sind.

---

und dafür zu sorgen, dass sie sich nicht wie Prostituierte oder Homosexuelle verhalten." Ebd., S. 136.
420 Löhr, Tillmann: „Bekämpfung der Zwangsehe. Symbolpolitik statt wirklicher Opfer-Hilfe", http://www.lto.de/index.php/de/html/nachrichten/2792/bekaempfung_von_zwangsehen_symbolpolitik_statt_wirklicher_opfer_hilfe/, 18.03.2011, (Stand: 09.11.2011).
421 Ebd.

Ihr Handlungsspielraum wird zusätzlich engmaschig durch die anderen Familienmitglieder überwacht, wohingegen die Männer nach wie vor ihren eigenen Lebensstil außerhalb ihres häuslichen Umfelds fortführen können. Obwohl Männer auch Opfer von Zwangsehen werden, sind laut der Juristin Seyran Ateş die Folgen von Zwangsverheiratungen für Männer und Frauen besonders aus letzterem Grund unterschiedlich:

> Zwangsverheiratete Männer haben verschiedene Möglichkeiten, sich den ehelichen Pflichten zu entziehen. Sie können ausgehen, sich mit ihren Freunden treffen und haben in der Regel eine Geliebte. Für Frauen bestehen solche Freiräume nicht. (...) Die Frauen sind meistens sehr viel stärker als die Männer in der Familie gefangen und ihr ausgeliefert. (...) Daher haben viele auch keine Chance, Außenkontakte zu knüpfen, geschweige denn einen Mann kennenzulernen, der ihnen gefällt.[422]

Aufgrund ihrer Geschlechtszugehörigkeit und dem damit verbundenen Männerbild, das primär außerhäuslich orientiert, dominant und heterosexuellpromiskuitiv ist, halten die Männer ihre bereits bestehenden Freiheiten aufrecht.

Den hier beschriebenen Wechselbeziehungen zwischen dem Aufenthaltsstatus und den familiären Strukturen des engen Handlungsspielraums der Frauen, sind zwei Diskursstränge inhärent, die für die Steigerung der *Verletzungsoffenheit von Frauen* in diesem Kontext charakteristisch sind. Sauer zufolge verstärken sowohl rechtliche als auch politische Strukturen in den westlichen Staaten die Abhängigkeiten von Frauen vom *männlichen* Staatssystem einerseits sowie von ihren Ehemännern andererseits:

> Der zentrale Modus sozialstaatlicher Geschlechtergewalt ist das sogenannte „malebreadwinner-Modell", das Familienernährermodell, das Frausein als Abhängigkeitsverhältnis konstruiert. (...) Durch seine Politiken reguliert der Wohlfahrtsstaat geschlechterdifferent den Zugang zu ökonomischen Ressourcen, er reproduziert die geschlechtsspezifische Arbeitsteilung, indem er als weiblich bezeichnete Arbeit abwertet und Fürsorgearbeit nicht in das System sozialer Sicherung einbezieht.[423]

Sauer kritisiert, dass trotz Rechtsstaatlichkeit und Demokratisierung sowohl körperliche Gewalt als auch Verfügungsgewalt im familiären Nahbereich dem „toten Winkel" überlassen werden. Infolgedessen werden die Voraussetzungen

---

422 Ateş, Seyran: Der Multikulti-Irrtum, 2007, S. 55, 56 u. 57.
423 Sauer, Birgit: Geschlechtsspezifische Gewaltmäßigkeit rechtsstaatlicher Arrangements und wohlfahrtsstaatlicher Institutionalisierungen. Staatsbezogene Überlegungen einer geschlechtersensiblen politikwissenschaftlichen Perspektive, in: Dackweiler, Regina-Maria, Schäfer, Reinhild (Hg.): Gewalt-Verhältnisse, Feministische Perspektiven auf Geschlecht und Gewalt, 2002, S. 96 u. S. 98.

2.3 Der Gewaltbegriff im Diskurs der Geschlechter

für „weitere Geschlechterherrschaft" sowie „Geschlechtergewalt" verstärkt.[424] Der Staat schafft eine laut Sauer „staatsfreie Zone der Gewalt und lässt eine ‚Sicherheitslücke' in jenem Raum entstehen, aus dem er sich zurückzog und den er weiterhin privater (männlicher) Verfügung" überließ.[425] An der Staatsstruktur und dem Recht inhärenten Faktoren knüpfen meines Erachtens die Kritiken von AkteurInnen wie Seyran Ateş an, wenn sie die Mehrheitsgesellschaft für ihre „Ignoranz" kritisieren. Das betrifft ebenfalls die Kritik am geltenden Recht bezüglich des Aufenthaltsrechts von MigrantInnen in Deutschland. Ateş attestiert der Mehrheitsgesellschaft hinsichtlich der Lebenssituation von Mädchen und Frauen mit Migrationserfahrung eine Ignoranz, die aus einer „kulturrelativistischen Haltung" resultiere. Ihre Kritik richtet sich vor allem an den „Personenkreis in Politik und Gesellschaft", die den Multikulturalismus in Deutschland ihrer Ansicht nach „blind" befürworten. Die Toleranz der „Multikulti-Fanatiker" sei schuld am Desinteresse gegenüber Einwanderern und dem Nebeneinander der Kulturen. Damit häusliche Gewalt und Zwangsheiraten tatsächlich bekämpft werden könnten, müssten sowohl die kulturrelativistische Haltung gegenüber den Gewalterfahrungen von MigrantInnen als auch die kuluressentialistische Auffassung von bestimmten Praxen vermieden werden:

> Das bedeutet eben nicht, Minderheiten kulturrelativistisch mit Samthandschuhen anzufassen, aus der allgegenwärtigen Angst heraus, ihnen zu nahe zu treten (...). Denn egal, ob Missstände verharmlost oder auf die „anderen" Kulturen projiziert werden, beides verhindert eine gleichberechtigte Behandlung.[426]

Meiner Ansicht nach ist die von Ateş zu Recht kritisierte Ignoranz nicht einem „blinden Multikulturalismus" geschuldet, sondern vielmehr der langjährigen gesamtgesellschaftlichen Einstellung seit den Anwerbeabkommen in Deutschland. Seither werden die Kinder der ehemaligen Gastarbeiter nicht als Teil der deutschen Mehrheitsgesellschaft anerkannt. Diese politische Einstellung weicht nur langsam auf. Das ist unter anderem darauf zurückzuführen, dass bis zur Legislaturperiode der rot-grünen Bundesregierung Deutschland politisch nicht als Einwanderungsland begriffen wurde. Erst ab dem Jahr 1998 und im Zuge der „Green-Card"-Diskussion für IT-Experten aus den osteuropäischen Ländern und aus Indien sowie der institutionellen Etablierung der Zuwanderungskommission unter Leitung von Rita Süssmuth während der rot-grünen Bundesregierung, wurde dieser Begriff erstmals offiziell verwendet.

---

424 Ebd., S. 94.
425 Ebd.
426 Ebd., S. 107.

Bis dahin galt immer noch der (Irr)Glaube, dass die „Ausländer" gemeinsam mit ihren Familien nach „Hause" gehen würden. Diese gesellschaftspolitische Haltung hatte in der Tat zur Folge, dass Deutschland nicht als das Zuhause bzw. die Heimat der Kinder von MigrantInnen angesehen wurde. Ausländerrechtliche Bestimmungen verstärken folglich die strukturellen Bedingungen fehlender *Exit Optionen* für von Gewalt betroffene Frauen *und* Kinder.

Laut Navid Kermani, der wie Seyran Ateş Mitglied in der von Wolfgang Schäuble (CDU) von 2006 – 2009 einberufenen Deutschen Islamkonferenz war, dürfen Rechtsnormen nicht mit Rücksicht auf „kulturelle Eigenheiten aufgeweicht werden":

> Tätern einen kulturellen Bonus zuzubilligen, wie es in manchen Gerichtssälen geschieht, ist nur die Kehrseite des Rassismus. Es darf keine Sonderrechte für Muslime geben, weder positiver noch negativer Art. Es ist ganz klar, dass in Deutschland das staatliche Gesetz über dem religiösen Recht steht.[427]

Dem Juristen und Islamwissenschaftler Mathias Rohe zufolge, der ebenfalls an der Islamkonferenz von 2006 bis 2009 teilnahm, entscheidet deshalb allein die deutsche Rechtsordnung darüber, „ob und in welchem Umfang fremde Normen auf ihrem Territorium angewendet werden können". Er betont, dass es keinen „rechtlichen Multikulturalismus" gibt.[428] Dennoch erkennt das deutsche Recht das „Bedürfnis fremder Normen" an.[429] Darin müssen einerseits religiöse Normen wie das Beten oder das Fasten von rechtlichen Normen wie dem Vertragsrecht, dem Familienrecht sowie dem Strafrecht unterschieden werden. Der gesetzliche Rahmen ist infolgedessen eng gefasst. Davon ausgeschlossen sind das öffentliche Recht und das Strafrecht.[430]

Bezogen auf Galtungs Gewaltbegriff ergibt sich deshalb Folgendes: Galtung geht in seiner Gewaltdefinition, die er als „Triangel" illustriert, davon aus, dass

---

427 Kermani, Navid: Wer ist Wir?, München 2009, S. 146. Der Autor führt im darauf folgenden Absatz seine Kritik an Seyran Ateş „pauschaler Kritik an grüner und sozialdemokratischer Integrationspolitik" an. Er pflichtet ihr jedoch in wesentlichen Argumenten ihrer o. g. Publikation „Der Mulitkulti-Irrtum" bei: „Aber nun las ich ihr jüngstes Buch mit dem etwas irreführenden Titel ‚Der Mulitkulti-Irrtum', war immer noch nicht überzeugt von vielen ihrer Analysen – aber machte die Entdeckung, dass ich fast allem, was sie konkret forderte und sich wünschte, nur beipflichten konnte, bis in die Details von Fragen der Sprachförderung bis hin zur Gleichstellung der Frauen.", Ders.: S. 146f.
428 Rohe, Mathias: Scharia in Deutschland?, in: Deutsche Islam Konferenz (Hg.): Drei Jahre Deutsche Islam Konferenz (DIK) 2006-2009, Muslime in Deutschland – deutsche Muslime, Berlin, 2009, S. 204f.
429 Ebd.
430 Ebd.

2.3 Der Gewaltbegriff im Diskurs der Geschlechter

von allen von ihm definierten drei Ecken – der direkten, strukturellen und kulturellen – die Gewalt ihren Ausgang nehmen kann:

> Violence can start at any corner in the direct-structural-cultural violence triangle and is easily transmitted to the other corners. With the violent structure institutionalized and the violent culture internalized, direct violence also tends to become institutionalized, repetitive, and ritualistic, like a vendetta.[431]

Sauer erklärt zu Galtungs Gewaltdefinition sowie zum Zusammenhang dieser Effekte deshalb:

> Unter struktureller Gewalt versteht Galtung institutionalisierte soziale Verhältnisse, die die aktuellen Chancen, Bedürfnisse zu realisieren, unter das Niveau senken, das potenziell möglich wäre. Während direkte Gewalt ein Ereignis darstellt, ist strukturelle Gewalt eine Institution. Gewaltverhältnisse sind soziale Verhältnisse und Strukturen, die Verletzungsoffenheit herstellen und auf deren Grundlage Gewalthandeln erfolgen kann.[432]

Sauer betont, dass die „direkte intentionale Handlung" nach Galtung als „asymmetrisches geschlechtsspezifisches Herrschaftsverhältnis" verläuft, ebenso wie die „Geschlechtergewalt die Kontrolle von Frauen und ihrer Sexualität, die Verhinderung von weiblicher Selbstbestimmung intendiert".[433] Laut Galtung wiederum verhält es sich im Hinblick auf die strukturelle Gewalt wie folgt:

> Indeed, a major form of cultural violence indulged in by ruling elites is to blame the victim of structural violence who throws the first stone, not in a glasshouse but to get out of the iron cage, stamping him as "aggressor". The category of structural violence should make such cultural violence transparent.[434]

---

431 Galtung, Johan: Cultural Violence, in: Journal of Peace Research, Vol. 27, No. 3, S. 302.
432 Sauer, Birgit, in: Dies., Strasser, Sabine (Hg.): Zwangsfreiheiten, Multikulturalität und Feminismus, 2009, S. 56.
433 Ebd.
434 Vgl. Galtung, Johan: „And marginalization, keeping the underdogs on the outside, combined with fragmentation, keeping the underdogs away from each other will do the second job. However, these should also be seen as structural violence in their own right, and more particularly as variation on the general theme of structurally built-in repression. They have all been operating in gender contexts – even if women do not always have higher mortality and morbidity rates but in fact may have higher life expectancy than men, provided they survive gender-specific abortion, infanticide and the first years of childhood. In short, exploitation and repression go hand in hand, as violence: but they are not identical (...)", in: Ders.: Cultural Violence, in: Journal of Peace Research, Vol. 27, No. 3, S. 294.

Neben der strukturellen Gewalt gibt es die kulturelle Gewalt als weiteren Entstehungsort in Galtungs Triangel-Modell. Seiner Definition zufolge dient die kulturelle Gewalt zur Legitimation der direkten und der strukturellen Gewalt. Der wesentliche Unterschied zwischen der direkten und der strukturellen Gewalt geht auf den zeitlichen Aspekt zurück, erstere zeichnet sich besipielsweise durch Plötzlichkeit aus. Beide Arten unterscheiden sich auch in ihrem Hergang voneinander:

> When the triangle is stood on its ‚direct and structural violence feet', the image invoked its cultural violence as the legitimizer of both. (...) Direct violence is an event; structural violence is a process with ups and downs; cultural violence is an invariant, a ‚permanence', remaining essentially the same for long periods, given the slow transformations of basic culture.[435]

Unter dem Begriff der kulturellen Gewalt fasst Galtung alle Eigenschaften einer Kultur zusammen, die direkte und strukturelle Gewalt legitimieren. Bei der Institutionalisierung struktureller Gewalt erfolgt die kulturelle Verinnerlichung. Diese können sich bis zu Formen der direkten Gewalt gegen Menschen äußern. Den Aspekt der kulturellen Gewalt führt Sauer darauf zurück, dass das Gewalthandeln in einem „interpretativen Kontext" angesiedelt ist:

> Oder anders gesagt: Gewalt ist ein konstruiertes Phänomen, das ohne die Berücksichtigung seiner „Kontextualität" nur unzureichend erklärt ist. Diese diskursive Dimension hat zur Folge, dass in der Rede über Gewalt und in politischen Maßnahmen gegen Gewalt die Deutungen der von Gewalt betroffenen Frauen gehört und respektiert werden müssen.[436]

Dazu zählt Sauer Beispiele im Sinne des weiten Begriffs von Gewalt an Frauen wie die Genitalbeschneidung (Sauer zählt auch Operationen zur so genannten „Designer Vagina", der sich die Frauen aus westlichen Staaten aus ästhetischen Gründen immer häufiger unterziehen, hinzu), die erzwungene Ehe oder die Körperverhüllung. Diese Gewaltformen haben physische und psychische Verletzungen zur Folge.[437] Gleichzeitig verweist Sauer jedoch auf die „komplexen Konstellationen" dieser scheinbar „eindeutigen Beschreibungen" als Gewaltformen:

> Und kann eine Praktik als Gewalt bezeichnet und verboten werden, wenn Frauen diese Praktiken freiwillig akzeptieren, wenn sie beispielsweise ein Kopftuch aus

---

435 Galtung, Johan: Cultural Violence, in: Journal of Peace Research, Vol. 27, No. 3, S. 294.
436 Sauer, Birgit: Gewalt, Geschlecht, Kultur. Fallstricke aktueller Debatten um „traditionsbedingte" Gewalt, 2009, S. 57.
437 Ebd.

2.3 Der Gewaltbegriff im Diskurs der Geschlechter 151

> freien Stücken und aus eigener religiöser Überzeugung tragen? Kann man von Gewalt sprechen, wenn Frauen ihre Genitalien beschneiden lassen wollen, sei es, um sozialen (Schönheits-) Normen zu entsprechen, sei es, weil sie es nicht anders kennen?[438]

Der weite feministische Gewaltbegriff ist laut Sauer deshalb für marginalisierte Frauen wie Migrantinnen unter der Prämisse der Selbstbestimmung problematisch.

> Mündet also die Gewaltdefinition nicht in der Entmündigung von betroffenen Frauen, die angeblich nicht wissen, dass sie durch Normen manipuliert sind und dass ihnen Gewalt angetan wird, die also fehlendes Bewusstsein über ihre eigene Situation haben? Und wird dann nicht gerade durch das Gewaltverdikt das Recht auf Selbstbestimmung, beispielsweise den Körper zu verhüllen oder zu manipulieren, entzogen? Kurzum: Auch ein weiter feministischer Gewaltbegriff läuft Gefahr, reduktionistisch zu sein, indem Gewalthandeln den vielfältigen Gewaltstrukturen und -diskursen enthoben wird.[439]

Selbstbestimmung bedeutet in diesem Zusammenhang, dass die Politik und das Recht die Rahmenbedingungen für die Gewährleistung autonomer Entscheidungen schaffen müssen. Laut der US-amerikanischen Feministin und Philosophin Marilyn Friedman gibt es drei Formen der Autonomie. Sie unterscheidet zwischen einem „substanziellen", einem „prozessualen" und einem „inhaltsneutralen" Autonomiekonzept. In dieser Differenzierung des Autonomiekonzepts steckt aber bereits eine Ambiguität, welche den feministischen politischen sowie rechtlichen Zielen entgegengesetzt zu sein scheint:

> Eine Frau kann eine unterwürfige Lebensweise wählen, die nicht im maßgeblichen Wert der [substanziellen, Anm. M. K.] Autonomie steht. Innerhalb der substanziellen Auffassung von Autonomie würde ihre Wahl nicht als autonome Wahl gelten und daher nicht jenen Respekt verdienen, der autonomen Entscheidungen zukommen sollte. Innerhalb der prozessualen oder inhaltsneutralen Vorstellung von Autonomie ist hingegen wichtig, unter welchen Bedingungen die Wahl getroffen wurde.[440]

Sauer plädiert deshalb für einen intersektionellen Gewaltbegriff. Mit Bezug auf Galtung betont sie:

> Ein intersektionelles Gewaltkonzept kann Handlungsmöglichkeiten in dieser Multiplizität von Unterdrückungsstrukturen konzeptionalisieren. Das Konzept der kultu-

---
438 Ebd.
439 Ebd.
440 Friedman, Marilyn: Autonomy, Gender, Politics, Oxford 2003.

rellen und diskursiven Gewalt macht deutlich, dass gerade die Konstruktion des Eigenen und des Anderen, also die diskursive Hervorbringung des „Anderen" durch Trennungen und Hierarchien eine Form von Gewalt ist.[441]

Herausgefunden werden soll, um dann politische Lösungsmöglichkeiten anzustreben, inwiefern „die unterschiedlichen Differenz-, Ungleichheits- und Unterdrückungsstrukturen interagieren und wie sich daraus Gewalt gegen Frauen ohne kulturalistische und rassistische Verkürzungen erklären lässt".[442] Sauer begründet die Notwendigkeit des intersektionellen Gewaltbegriffs wie folgt: Einerseits müssen die multiplen Formen von Gewalt gegen Frauen adäquat erfasst werden können. Andererseits bedarf es jedoch einer Perspektivenverschiebung von der Diskussion um die Frauenfeindlichkeit bestimmter Kulturen, der Determinierung durch Geschlechterstrukturen hin zur Intersektionalität von Gewaltformen.[443]

Insgesamt ist festzuhalten, dass Johan Galtungs „Teufelsdreieck" einen weiten feministischen Gewaltbegriff, wie er in der feministischen Theorie vertreten wird, ermöglicht. Des Weiteren eröffnet dieses Modell Wege für eine Analyse unterschiedlicher Entstehungsorte von Gewalt und ihrer reziproken Strukturen. Der intersektionelle Gewaltbegriff nach Sauer erfasst die politischen, rechtlichen sowie gesellschaftlichen Machtstrukturen, die bereits vorhandene Gewaltstrukturen verstärken. Vor dem Hintergrund einer kritischen Bewertung bestehender Herrschaftsstrukturen mittels des intersektionellen Gewaltbegriffs können politische Lösungsstrategien entwickelt werden, die eine weitere gesellschaftliche Exklusion besonders verletzungsoffener MigrantInnen verhindern sollen. Die Eckpunkte der direkten, strukturellen und kulturellen Gewalt erklären, dass Gewalt zu jedem Zeitpunkt und an jedem Ort entstehen kann. Marginalisierte Frauen wie Migrantinnen sind deutlich stärker und unmittelbarer von politischen Entscheidungen aus dem Einwanderungs- und Integrationsdiskurs betroffen. Das wirkt sich besonders auf ihren rechtlichen Aufenthaltsstatus und ihre Arbeitserlaubnis aus.

Dazu zählen jedoch auch weitere rechtliche Fragen bezüglich des Sorge- und Besuchsrecht, wenn Kinder involviert sind. Infolgedessen wird einerseits die Abhängigkeit der marginalisierten Frauen von äußeren Entscheidungsmechanismen erhöht, die sie nicht selbst beeinflussen können. Damit einhergehend werden andererseits weitere Einschränkungen im persönlichen Handlungs- und Entscheidungsspielraum billigend durch den Gesetzgeber in Kauf genommen. Sauer verweist zu Recht auf die Gefahr des kulturellen Essenzialismus hin, der einem weiten feministischen Gewaltbegriff zugrunde liegen kann. Demnach bietet das

---

441 Ebd. S. 59.
442 Ebd. S. 58.
443 Ebd.

2.3 Der Gewaltbegriff im Diskurs der Geschlechter

von ihr vorgeschlagene intersektionelle Gewaltkonzept Lösungen in mehrfacher Hinsicht. Unterschiedliche Ursachen für Unterdrückung[444], wie Ethnizität, Religion oder sozialer Status[445], können in die theoretische Neubetrachtung sowie in die konzeptionelle Entwicklung von Lösungsstrategien miteinbezogen werden. Insgesamt verschiebt sich dadurch der Fokus vom kulturellen Essenzialismus hin zu bestehenden gesamtgesellschaftlichen Unterdrückungsmechanismen, sowohl in der Mehrheitsgesellschaft als auch bei Minderheiten, welche die Verletzungsoffenheit von marginalisierten Frauen zusätzlich steigern. Im folgenden dritten Teil dieser Arbeit werden die Ergebnisse der diskursanalytischen Untersuchung sowie die Diskursverschränkungen der Geschlechterbeziehungen aus dem Pressediskurs der Europaausgaben Hürriyet und Zaman vorgestellt.

---

444 Vgl. dazu auch: „Doch *ökonomische Unsicherheit* [Hervorhebung im Original, Anm. M. K.] und Ausbeutung durch geschlechtssegregierte Arbeitsmärkte, geringere Frauenlöhne und Benachteiligungen im System sozialer Sicherheit, *soziale Unsicherheit* und Diskriminierung durch die gesellschaftliche Abwertung von Fürsorgearbeit, *reproduktive Unsicherheit* durch Abtreibungsbeschränkungen oder Pränataldiagnostik sowie schließlich *politische Unsicherheit* durch Ausschluss und Marginalisierung sind durchaus institutionalisierte Geschlechtergewalt.", Sauer, Birgit: Geschlechtsspezifische Gewaltmäßigkeit wohlfahrtsstaatlicher Institutionalisierungen, in: Dackweiler, Regina-Maria/Schäfer, Reinhild (Hg.): Gewalt-Verhältnisse, Feministische Perspektiven auf Geschlecht und Gewalt, Frankfurt a. M. 2002, S. 82.
445 Ateş, Seyran: Der Multikulti-Irrtum, 2007, S. 106.

3 Diskursanalytische Untersuchung des Geschlechterverhältnisses im Pressediskurs der Europaausgaben von Hürriyet und Zaman

3.1 Methodik

3.1.1 Einführung

Bei der Herausarbeitung der zu untersuchenden Gegenstände stellte sich zunächst das Problem, die große Datenmenge, beginnend von September 2005 bis zum Ende des Jahres 2011, einzuschränken und im Hinblick auf die Thesen zu fokussieren. Die hier untersuchte „Diskursebene" bilden die Printmedien Hürriyet und Zaman. Auf dieser Ebene werden „Diskursstränge" untersucht, die sowohl inhaltlich-thematisch als auch räumlich mit der türkischen Öffentlichkeit und der Mehrheitsöffentlichkeit sowie der türkischen Teilöffentlichkeit verschränkt sind.

Die Analyse der „Diskursstränge" aus dem Geschlechterdiskurs, der im Pressediskurs und in der Öffentlichkeit verhandelt wird, setzt voraus, dass die sich „überlappenden" Themen der Ebene in den Diskurssträngen untersucht werden. Die Sichtbarmachung des Gesamtdiskurses in seiner Komplexität, der wiederum „eine Gesellschaft überzieht", erfordert die Untersuchung der „sich gegenseitig durchdringenden Diskursstränge", da der Gesamtdiskurs laut Siegfried Jäger aus diesem „komplexen Geflecht" besteht".[446]

Aus diesen Gründen wurde zeitgleich die tägliche Verfolgung des Mediendiskurses in der Türkei fortgesetzt. Für die Beobachtung des Mediendiskurses sowie des gesamtgesellschaftlichen Diskurses in der Türkei dienten sowohl die Türkeiseiten der Europaausgaben von Hürriyet und Zaman als auch die Internetausgaben verschiedener türkischer Printmedien. Nur dadurch konnten sowohl die politischen Terminologien als auch die diskursrelevanten Entwicklungen in die vergleichende zusammenfassende Analyse, die Jäger als „synoptische Analyse" bezeichnet, eingebettet werden. Durch dieses Vorgehen und die damit verbundenen Vorarbeiten konnten die Bedingungen für die „synchronen Schnitte" durch

---

446 Jäger, 2004, S. 199-201.

die unterschiedlichen Diskursstränge im Geschlechterdiskurs gewährleistet werden.
Zur Bewältigung der Diskursfragmente wurden folgende Hilfestellungen nach Jäger umgesetzt:
Insgesamt sind sämtliche Artikel zum „Thema" Geschlechterverhältnis, Integration und Politik gesammelt worden. Die Artikel wurden anschließend in Ober- und Unterthemen geordnet. Danach erfolgte die Übersetzung aller Artikel ins Deutsche. Daraufhin erfolgte die Feinanalyse der Artikel, um anschließend eine Gesamtinterpretation des jeweiligen Diskursstrangs vornehmen zu können. Die Ergebnisse aus der kritischen, diskursanalytischen Untersuchung sind in drei Teile gegliedert. Ausgehend vom gesamtgesellschaftlichen Diskurs über „Ehrenmorde", Zwangsehen und arrangierte Ehen wurde im ersten Schritt nach der Feinanalyse eine Serie über „Die türkische Frau in Europa" aus der Hürriyet untersucht. Die Interviewserie bestand aus insgesamt 88 Folgen. Die Veröffentlichung der Serie mit dem Titel „Avrupa'daki Türk Kadını tartışılıyor: İslam, Maço Kültür, Aile içi şiddet" – „In Europa wird über die türkische Frau diskutiert: Islam, Machokultur, innerfamiliäre Gewalt" startete am 20.12.2005 mit der Veröffentlichung der ersten Folge und endete am 18.03.2006 mit der Veröffentlichung der 88. Folge. Die Interviewserie des Blattes ist sehr umfangreich und umfasst Interviews mit Türkinnen aus unterschiedlichen Berufsgruppen quer durch Deutschland und Nordwesteuropa. Allen gemeinsam ist, dass sie beruflich sehr erfolgreich und ökonomisch unabhängig sind. Sie sind Politikerinnen, Medizinerinnen, Erzieherinnen, Schauspielerinnen, Designerinnen, Moderatorinnen, Lehrerinnen, Psychologinnen, Sozialwissenschaftlerinnen und Juristinnen. Darüber hinaus enthält die Serie einige wenige Interviews mit türkischen und deutschen Männern.

Zunächst erfolgte die Übersetzung aller Interviews aus dieser Serie ins Deutsche. Vor dem Schritt der „Interpretation", die Jäger als die „eigentliche Diskursanalyse von Diskursfragmenten" bezeichnet, erfolgte die verfeinerte Auswahl von Interviews, die für den hier zugrunde liegenden gesamten inhaltlich-thematischen sowie räumlich-öffentlichen Kontext diskursrelevant sind. Dafür wurden insgesamt zehn Interviews aus der Untersuchung zur Analyse für diese Arbeit ausgewählt.

Im Vordergrund der Hürriyet-Serie stehen Stereotype über türkisch-muslimische Frauen, Mädchen und Familien sowie Männer aus den deutschsprachigen Medien in Europa. Das Blatt setzte voraus, dass seine LeserInnen über den deutschsprachigen öffentlichen Diskurs über „Ehrenmorde", Zwangsehen und arrangierte Ehen informiert sind oder ihn zumindest verfolgen würden. Die Hürriyet setzte sich mit dieser Serie das Ziel, Stereotype über TürkInnen zu dekonstruieren, sie zu entkräften sowie ihr Engagement mit einer eigenen Kam-

3.1 Methodik

pagne gegen Gewalt an Frauen und Gewalt im familiären Nahraum vorzustellen. Die Kampagne heißt „Aile içi şiddete son" – „Schluss mit der innerfamiliären Gewalt." Die Kampagne des Blattes ist medienwirksam gestaltet: So werden Prominente aus der eigenen Community wie der Unternehmer Vural Öger gemeinsam mit seiner Tochter als „Werbeträger" der Hürriyet-Kampagne abgebildet. Es sind aber auch Bilder und Fotos abgedruckt, welche die Situation misshandelter Frauen nachstellen, die sich in einer körperlichen Abwehrhaltung befinden und einen schmerzverzerrten Gesichtsausdruck haben. Diese Kampagne wurde aus der Türkei für Europa erfolgreich adaptiert. Sie läuft bis zum gegenwärtigen Zeitpunkt und bietet Hotlines sowie Fachpersonal für hilfsbedürftige Frauen, Männer und Kinder an, wenn sie von Gewalt im familiären Nahraum betroffen sind.[447]

Das Ziel, weibliche Stereotype zu dekonstruieren, unterstreicht das Tagesblatt durch die ausführlichen Porträtierungen der türkeistämmigen Interviewpartnerinnen. Ein weiteres Anliegen der Hürriyet ist es, die allgemein angenommene hohe Anzahl von Zwangsehen unter türkischen Paaren in Deutschland richtig zu stellen. Die Zeitung bemüht sich in ihren Interviews deshalb, Zwangsehen von arrangierten Ehen abzugrenzen, indem sie die InterviewpartnerInnen zum Thema der Unterscheidungskriterien ausführlich zu Wort kommen lässt.

Nach der Darstellung der Untersuchung aus der Interviewserie der Hürriyet erfolgt ein Zwischenfazit, in welchem die wichtigsten Ergebnisse anhand der diskursanalytischen-inhaltlichen Untersuchungskriterien sowie anhand der Diskursverschränkungen der öffentlichen Räume dargestellt werden.

Die Reaktion der Tageszeitung Zaman auf den deutsch-medialen Diskurs und die dazugehörigen Debatten innerhalb der Politik und Integration unterschied sich in wesentlichen Punkten von der Berichterstattung der Hürriyet: Zwar berichtete die Zaman über die Problematik von „Ehrenmorden" und Zwangsehen sowie Gewalt im familiären Nahraum, räumte den Phänomenen jedoch keinen vergleichbaren Raum wie die Hürriyet ein. Zu einem späteren Zeitpunkt publizierte die Zaman eine siebenteilige Interviewserie über Frauen in der islamischen Welt: „Müslüman Ülkelerde Kadın. İslam Corafyasından Portreler" – „Frauen in muslimischen Ländern. Porträts aus der islamischen Geographie". In diesen Artikeln liegt der Fokus auf dem Lebensalltag von zum Teil politisch aktiven Frauen in islamischen Ländern. In der Zaman-Serie werden die Frauenrechte *innerhalb* der islamisch geprägten öffentlichen Räume beleuchtet. Des Weiteren werden die politischen Rahmenbedingungen, in denen die Frauenrechte in islamischen Staaten und Ländern eingefordert werden, verdeutlicht und konkretisiert. Viele Schwierigkeiten, die sich im Zusammenhang mit

---

447 www.aileicisiddeteson.com, (Stand: 03.01.2013).

den Geschlechterbeziehungen ergeben, betreffen rechtliche Fragen, insbesondere im Familien-, Scheidungs- und Erbrecht.

Die Dekonstruktion von Stereotypen über Musliminnen in der islamischen Welt ist ein Ziel dieser Zaman-Serie. Bei dieser Serie setzt sowohl die Zaman als auch die Initiatorin dieser Serie, Ayşe Böhürler, die bereits im Kapitel 1.4.2 im Interview mit der Journalistin Ayşe Arman vorgestellt worden ist, politisches Hintergrundwissen über die „islamische Welt" bei den Zaman-LeserInnen voraus. Der Geschlechterdiskurs in dieser Serie ist eng mit dem Gewaltdiskurs innerhalb der Geschlechterbeziehungen verwoben, der durch staatliche strukturelle Bedingungen verstärkt wird. Beiden Interview-Serien gemeinsam ist, dass sie sehr „frei" gehalten sind. Der Interviewer bzw. die Interviewerin fungieren als „Redeimpuls"[448]-Geber. Diese Form lässt einen „freien Raum"[449] zu, in den die interviewten AkteurInnen unterschiedliche persönliche Argumentationen einbringen können und somit an weitere relevante Diskurse anknüpfen. Das macht sowohl den Inhalt der Interviews als auch die AkteurInnen interessant für die LeserInnen.

Im dritten Teil werden die Ergebnisse aus den Diskursfragmenten der Zaman im Rahmen der Berichterstattung über das Urteil des Europäischen Gerichtshofs für Menschenrechte im Fall Leyla Şahin vorgestellt. Dieser Teil der Arbeit unterscheidet sich von den vorhergegangenen beiden Segmenten, da es sich einerseits nicht um eine Serie handelt und andererseits nicht um ein klar definiertes Ziel innerhalb der Berichterstattung der Zaman, Stereotype über Musliminnen zu widerlegen. Gleichwohl ist der Fall Leyla Şahin in diesem Kontext ein diskursives Ereignis, welches diskursanalytisch thematisch-inhaltlich sowie räumlich relevant ist: Im Mittelpunkt des Diskurses steht das Kopftuch als Kollektivsymbol, welches in diesem speziellen Kontext wiederum aus dem Politikdiskurs der Türkei stammt. Dieser Diskursstrang aus dem Politikdiskurs der Türkei ist mit dem Geschlechterdiskurs in der Türkei verschränkt: Leyla Şahin ist eine *Frau*, der der Zugang zur Universität und zum Studium aufgrund ihres *türbans* in der Türkei verwehrt wurde. In diesem diskursiven Ereignis wiederholt sich abermals die für die Öffentlichkeit der Türkei charakteristische Instrumentalisierung der Frauen bezüglich bildungspolitischer Fragestellungen mit Blick auf die Problematisierung des Kopftuchs. Darüber hinaus steht der Fall von Leyla Şahin stellvertretend für die Konfliktlinie zwischen Laizismus und Islamismus sowie für die Veränderungen resultierend aus der Moderne hinsichtlich des *Zentrums und der Peripherie* in der Türkei (vgl. Kapitel 1.5.2). Zunächst werden im folgenden Abschnitt die methodischen Schritte für die Analyse veranschaulicht.

---

448   Jäger, 2004, S. 178.
449   Ebd.

3.1.2 Vorgehensweise entlang der „Kritischen Diskursanalyse"

Das Ziel der empirischen Untersuchung ist, die thematisch-inhaltlichen und räumlichen Diskursverschränkungen aus dem Pressediskurs über das Geschlechterverhältnis in den Europaausgaben von Hürriyet und Zaman herauszuarbeiten. Ein weiteres Ziel dieser Untersuchung besteht darin, die Diskursverschränkungen in ihren terminologischen sowie politischen als auch integrationsrelevanten Kontext einzuordnen. Zugleich stehen die AkteurInnen – in Anlehnung an Leontjews Tätigkeitstheorie (vgl. Kapitel 1.1) – aus den öffentlichen Diskursen im Vordergrund der Untersuchung. Laut Jäger ist die Diskursanalyse „per se" als „kritisch" zu bezeichnen. Diese Charakterisierung der Diskursanalyse macht er an folgenden Inhalten, die während der Analyse „ausgegraben" werden und sichtbar gemacht werden, fest:

Bereits die Erfassung der Diskurse fördere eine kritische Perspektive zu Tage, indem die impliziten und nicht gesagten Voraussetzungen und als Wahrheiten vertretenen Setzungen oder zu Unrecht Konsens beanspruchenden Aussagen oder falsche Verallgemeinerungen und dementsprechende Fluchtlinien etc. sichtbar gemacht werden könnten. Diskursanalyse zeige also, mit welchen Mitteln und für welche Wahrheiten in einer Bevölkerung Akzeptanz geschaffen werde, was als normal und nicht normal zu gelten habe, was sagbar (und tubar) sei und was nicht. Allgemein formuliert, erfolgt die Diskursanalyse auf der Basis von unterschiedlichen Diskursfragmenten. Jäger betont aus diesem Grund in seiner Anleitung für die Diskursanalyse gegenüber dem Analysierenden:

> (...) eine solche Anleitung enthält auch Analysevorschläge, die für den jeweiligen Text völlig überflüssig oder auch unergiebig sind. Insofern ist ein solcher Analyseschlüssel auch nur eine Krücke, die beim Gehen hilft, aber die intensive eigene Auseinandersetzung mit den Besonderheiten des Textes nicht ersparen kann. Insbesondere sollte man nicht mechanisch vorgehen.[450]

Ausgehend von dieser „Anleitung" und den Überlegungen basierend auf der kritischen Diskursanalyse sind für die Untersuchung des Pressediskurses der Europaausgaben der Hürriyet und der Zaman, in dem das Geschlechterverhältnis verhandelt wird, unterschiedliche Inhalte aus den Untersuchungskriterien angewendet worden:

---

450 Jäger, 2004, S. 186.

- Der „institutionelle Rahmen" nach Jäger wurde bereits in den Kapiteln 1.4.2 bis 1.4.2.2 erläutert und abgehandelt.
- Für die Analyse der „Text-Oberfläche" ist nach dem „inhaltlichen Ziel", welches dem „Tätigkeitsziel" des Autors/der Autorin, respektive des Blattes entspricht, gefragt worden. Im Mittelpunkt dieser Fragestellung steht die Frage nach „der Wirkung der Argumentationsstrategien".[451] Die inhaltliche Untersuchung der „Text-Oberfläche" bezieht sich auf die „Verschränkung mit anderen Diskurssträngen", was vor allem für die Interviews von Bedeutung ist, da sie einen, wie bereits erwähnt, freien Raum zulassen. Ein weiterer untersuchungsrelevanter Aspekt ist die graphische Gestaltung der Zeitungsartikel und ihre Funktion. Diese können Kollektivsymbole oder bestimmte Absichten bereits durch verschiedene Hervorhebungen in den Überschriften beinhalten. Insbesondere die Funktionsweise von bestimmten Terminologien in den Überschriften ist wirkungsrelevant, da sie wiederum Rückschlüsse auf die Diskursverschränkungen in den öffentlichen Räumen ermöglicht.
- Für die Untersuchung der „sprachlich-rhetorischen" Mittel werden abermals „Kollektivsymbole" untersucht. Im Hinblick auf die Kollektivsymbole stellen sich folgende weitere Fragen: Welches Vorwissen wird durch die Verwendung von „Kollektivsymbolen" gegenüber den LeserInnen vorausgesetzt? Welcher politische Kontext wird dadurch angesprochen? Mit welchen Bildern wird auf welche Art und Weise gearbeitet? Dafür wurden die Fragen, Antworten, Argumentationsmuster und die Beschaffenheit der Texte gesichtet und auf ihren Zusammenhang mit „Stereotypen" untersucht.
- Der Untersuchung der „inhaltlich-ideologischen" Aussagen liegen sowohl das dem Diskurs inhärente „Menschenbild" als auch die Vorstellung über entsprechende gesellschaftliche Strukturen zugrunde. Beides spielt eine wesentliche Rolle für den Geschlechterdiskurs. Darüber hinaus sind so genannte „Normalitäts- und Wahrheitsvorstellungen" bei der Analyse „inhaltlich-ideologischer" Aussagen wichtig. Im Hinblick auf die AkteurInnen ist der Aspekt, welcher Argumentationsstil verwendet wird, von Bedeutung. Das bedeutet, dass sämtliche thematisch relevante Diskurse, die von den AkteurInnen angesprochen oder angedeutet werden, mit in die Untersuchung aufgenommen werden und im Hinblick auf die Thesen dieser Arbeit ausführlich dargestellt werden.

Bei der „Interpretation", die Jäger als die „eigentliche Diskursanalyse von Diskursfragmenten" bezeichnet, werden die „Vorarbeiten systematisch aufeinander

---

451 Ebd., S. 178.

3.1 Methodik

bezogen" und im Zwischenfazit vorgestellt. Ausschlaggebend für den systematisch aufeinander aufbauenden Zusammenhang ist laut Jäger, dass das „einzelne Diskursfragment" – das einzelne Interview, die einzelne Nachricht oder der einzelne Kommentar – als „Teil eines Diskurses gesehen werden" muss. Es ist eben nicht der „einzelne Text" oder das „einzelne Fragment", das eine Wirkung besitzt, sondern der Diskurs in seiner Gesamtheit, der „überindividuell" ist:

Als Fragment eines Diskurses steht der Text in gewisser Weise „als Exemplar seiner Gattung dar, mit der der Leser als ganzer immer wieder konfrontiert ist. Daher ist es erforderlich, eine gewisse Anzahl von Texten zugleich zu lesen, wenn man den Diskursstrang, die Gattung, zu der er gehört, als etwas Gesamtes in den Blick bekommen möchte". Der Diskursstrang werde dadurch vollständig und in der ganzen „Bandbreite" seiner Wirkung erfasst.[452]

3.1.3 Strukturierung der Diskursfragmente

Jäger bezeichnet, wie bereits im Kapitel 1.3 dargestellt, einen Text oder einen Textteil, der einen Diskurs behandelt, als „Diskursfragment". Die für die Ergebnisse relevanten Diskursfragmente aus dem Pressediskurs der Europaausgaben von Hürriyet und Zaman beinhalten folgende Diskurse: Der Ausgangspunkt ist, wie im vorherigen Abschnitt bereits beschrieben, der mediale Diskurs in der deutschsprachigen Öffentlichkeit über „Ehrenmorde", Zwangsehen und arrangierte Ehen in den Jahren 2005 – 2006. Dieser Diskurs ist ausschlaggebend für das Entstehen der Hürriyet-Serie gewesen. Dieser „gesamtgesellschaftliche Diskurs" aus der Mehrheitsöffentlichkeit, der wiederum aus den „Spezialdiskursen" sowie „Interdiskursen" zusammengesetzt ist, war Ausgangspunkt für die Untersuchung des Geschlechterverhältnisses im Pressediskurs der Europaausgaben. Die Hürriyet-Serie ist eine direkte publizistische sowie inhaltlich aufbereitete Reaktion auf die in der Mehrheitsöffentlichkeit stattfindenden Debatten um die Stereotypen, die der türkischen muslimischen Bevölkerung in Deutschland zugeschrieben werden.

Der Diskurs über „Ehrenmorde" und Zwangsehen ist bis zum gegenwärtigen Zeitpunkt, wie im Kapitel 2.2 dargestellt wurde, sowohl für die türkische Teilöffentlichkeit als auch für die deutschsprachige Mehrheitsöffentlichkeit diskursrelevant. Die hier zugrunde gelegte Serie aus der Zaman hingegen ist in einen anderen Diskurskontext einzubetten. Die MacherInnen der Serie reagieren auf den Diskurs über muslimische Frauen in der islamischen Welt *außerhalb* der Türkei. Im Vordergrund der Zaman-Serie stehen die „Befremdung", welche die

---

[452] Jäger, 2004, S. 184-187.

Kollektivsymbole „Burka", „Tschador" oder „Niqab" *innerhalb* der Türkei auslöst. Die Ausgangsbasis ist auf den Aspekt zurückzuführen, dass der Islam als „Gesetzesreligion" (Khorchide, 2010) außerhalb der Grenzen der türkischen Republik, aber *innerhalb der restlichen islamischen* Welt wahrgenommen wird. Deshalb ist dieser *unterstellte* rechtliche Kontext wiederum maßgebend für das Geschlechterverhältnis und maßgebend für das Frauenbild, welches in diesem räumlichen und inhaltlichen Kontext verortet ist. Die der Zaman-Serie wiederum zugrunde liegende Motivation ist als „diskursiver" Effekt innerhalb des Spannungsverhältnisses in der türkischen Öffentlichkeit einzuordnen, welches entlang der Konfliktlinien Islamismus und Laizismus entstanden ist und immer noch besteht (vgl. dazu Kapitel 1.5, 1.5.1 und 1.5.2). Die Diskursfragmente im Pressediskurs der Zaman bezüglich der Entscheidung über das Kopftuchverbot in der Türkei und damit über den Fall der Klägerin Leyla Şahin, entsprechen Kommentaren, einer Reportage und einer Pressenachricht. Im Gegensatz zu den vorherigen Diskursfragmenten handelt es sich bei der Untersuchung dieses diskursiven Ereignisses im Pressediskurs der Zaman also nicht um Interviews. Für die Untersuchung wurden drei Kommentare, eine Reportage und eine Nachrichtenmeldung untersucht. Der Zeitraum der Berichterstattung beginnt am 12. November 2005 und endete am 16. Dezember 2005.

3.2 Einordnung der Hürriyet-Serie in den medialen Diskurs der Mehrheitsöffentlichkeit

Bevor auf die einzelnen Interviews und die AkteurInnen eingegangen wird, wird die Hürriyet-Serie im Zusammenhang mit dem Diskurs über „Ehrenmorde", Zwangsehen und arrangierte Ehen in der Mehrheitsöffentlichkeit dargestellt. Ausgehend von den Akteurinnen Seyran Ateş und Necla Kelek soll die Position und der Wandel des Blattes in dieser Debatte erklärt werden.

Die AkteurInnen Seyran Ateş und Necla Kelek wurden ungeachtet der Kritik innerhalb der türkischen Teilöffentlichkeit und ungeachtet der scharfen Kritik der Hürriyet für die eigene Serie interviewt. Besonders an ihren Personen werden die Widersprüche zu den Themen „Ehrenmorde" und Zwangsehen in der Berichterstattung des Blattes deutlich: Einerseits wurden sie lange als „Nestbeschmutzerinnen" angesehen und präsentiert, und andererseits ist sich das Blatt der gesellschaftspolitischen Wirkung und Popularität der Frauenrechtlerinnen Ateş und Kelek durchaus bewusst. Diese ambivalente Beziehung zwischen dem Blatt und den beiden Autorinnen wird von den Autorinnen persönlich aufgegriffen. Im Vorwort der Taschenbuchausgabe „Die fremde Braut" erwähnt Necla Kelek die Kampagne gegen häusliche Gewalt der Tageszeitung Hürriyet deshalb:

3.2 Einordnung der Hürriyet-Serie in den medialen Diskurs 163

> Und selbst die türkische Zeitung, die sich anfangs so vehement gegen mein Buch gewehrt hatte, initiierte einige Monate später eine Kampagne „gegen Gewalt in der Familie" und befragt seit Monaten täglich auf ganzen Seiten beruflich erfolgreiche Türkinnen zu den Themen Gewalt und Selbstbestimmung. Es tut sich was.[453]

Seyran Ateş hebt in ihrem Buch „Der Multikulti-Irrtum" mit positiven Worten das Engagement der Hürriyet und ihr niedrigschwelliges Hilfsangebot hervor:

> Eine wertvolle konkrete Hilfe in Notsituationen ist die von der Zeitung Hürriyet im Rahmen ihrer Kampagne „Gegen häusliche Gewalt" eingerichtete Hotline. Unter der Telefonnummer 01805-227706 können betroffene Frauen, aber natürlich auch Männer und Kinder in türkischer Sprache Hilfe rufen oder sich beraten lassen.[454]

Was bewirkte den Wandel des Blattes und die gegenseitig Kooperation? Der Hintergrund für den Wandel der Hürriyet waren die weitreichenden Folgen für das Blatt in ihrer Berichterstattung über Ateş, Çileli und Kelek innerhalb der Mehrheitsöffentlichkeit: Im März 2005 berichtete die Hürriyet regelmäßig über die drei engagierten Frauen. Den Frauen wurde vorgeworfen, die türkischen Männer schlecht zu machen, die türkischen Frauen zu beleidigen und zu lügen. Die Berichte wurden zum Teil als eine Art „Hetzkampagne" eingestuft. Die Autorinnen fühlten sich persönlich bedroht, da sie sich der Breiten- und Mobilisierungswirkung der Hürriyet bewusst sind. Der Autorin Kelek warf die Hürriyet wiederum vor: „Nur weil sie ein Buch mehr verkaufen will, erzählt die Autorin solche Geschichten." Die Autorin Kelek erklärt zu den Veränderungen in ihrem Leben aufgrund ihrer Publikation wiederum:

> Das Buch hat mein Leben verändert. Für die einen bin ich seitdem diejenige, die endlich die Dinge beim Namen nennt; für andere bin ich eine Kronzeugin jener Ewiggestrigen, die immer schon etwas gegen Ausländer und besonders gegen Muslime hatten. In türkischen Medien galt ich nach Erscheinen des Buches als Nestbeschmutzerin, als eine, die uns schlecht macht. Ich war nicht die einzige Persona non grata – ein ähnliches Urteil traf die in Berlin praktizierende Anwältin und Frauenrechtlerin Seyran Ateş sowie Serap Çileli, die sich mit einem Bericht über ihre Zwangsheirat ebenfalls engagiert für Frauenrechte eingesetzt hatten. Wochenlang waren wir drei Gegenstand einer bösartigen Medienkampagne von türkischer Seite.[455]

---

453 Vgl. dazu: Kelek, Necla: Die fremde Braut, Ein Bericht aus dem Inneren des türkischen Lebens in Deutschland, Wilhelm Goldmann Verlag, 2006, S. 12.
454 Vgl. dazu: Ateş, Seyran: Der Multikulti-Irrtum, Wie wir in Deutschland besser zusammenleben können, Ullstein, 2007, S. 114.
455 Vgl. dazu: Kelek, Necla: Die fremde Braut, 2006, S. 11.

Seyran Ateş erklärt die hohe Wirkung des Boulevardstils innerhalb der türkischen Teilöffentlichkeit mit dem Leserprofil des Blattes. Die Juristin stellt fest, dass die Hürriyet „nicht besonders lesegewandte und bildungsorientierte Schichten" anspreche und sich folglich an eine breite Masse richte. Das Blatt warf ihr wiederum sinngemäß vor, türkische Frauen zu beleidigen, die türkische Gemeinschaft schlecht zu machen und durch Verallgemeinerungen Vorurteile der Deutschen gegenüber Türken zur stärken. Vor allem die Aussage der Rechtsanwältin in einem Gespräch mit der „Tageszeitung" (taz), dass sich viele türkische Mädchen auf Analverkehr mit Jungen einließen, weil dies die Jungfräulichkeit schütze und als Verhütungsmethode gelte, sorgte insbesondere bei den männlichen Lesern der Hürriyet für Entrüstung. Das Blatt stilisierte die türkische (männliche) Community zu Opfern und die Aktivistinnen zu Täterinnen. Aufgrund der weitreichenden Auswirkungen dieses Diskurses in der türkischen Teilöffentlichkeit werden im Folgenden die Standpunkte der Akteurin Seyran Ateş ausführlich wiedergegeben:

> Ich hatte am 28. Februar ein Interview in der tageszeitung gegeben, in dem ich mich über die Situation der türkischen und kurdischen Frauen äußerte. (…) Hürriyet warf mir vor, mit dieser Aussage die türkischen Frauen beleidigt zu haben. Ich wurde in großen Lettern zunächst für verrückt und dann zur Feindin der Frau erklärt. (…) Am 18. Oktober 2004 stellte die auflagenstärkste türkische Tageszeitung Hürriyet in der Türkei ihre Kampagne „Aile içi şidette son" (Gegen häusliche Gewalt) der Öffentlichkeit vor. In Deutschland fand die Auftaktveranstaltung zu dieser Kampagne am 22. Mai 2005 in Frankfurt statt. Hürriyet hatte im Vorfeld verschiedene Organisationen und Personen, mit denen man zusammenarbeiten wollte, (…) zu einem Treffen eingeladen. (…) Ich beglückwünschte die Hürriyet zu der Aktion, bedankte mich im Namen meiner Mandantinnen und bot meine Unterstützung an. Dazu kam es aber nicht, denn die Zeitung startete eine Hetzkampagne gegen mich. (…) Die Kampagne gegen mich und im gleichen Zeitraum auch gegen Necla Kelek und Serap Çileli, ebenfalls Frauen, die sich öffentlich für die Rechte muslimischer Frauen einsetzen, dauerte mehrere Monate. Die Zeitung hat eine große Leserschaft in Deutschland. Bei vielen Deutschtürken bin ich so in den Ruf gekommen, gegen den Islam und die Türkei zu kämpfen.[456]

Die Aussagen der Autorin und Frauenrechtlerin geben die Machtrolle der Hürriyet in der deutsch-türkischen Presselandschaft wieder. Sie beging einen Tabubruch, indem sie *eine* Form des Gewaltverhältnisses innerhalb der zwischengeschlechtlichen Sexualität ansprach und in den Diskurs einbrachte. Dies jedoch wurde als pure Provokation empfunden und wiedergegeben. Das Blatt erreicht eine hohe Zahl der türkeistämmigen Bevölkerung in Deutschland und kann somit

---

456 Ebd., S. 100.

3.2 Einordnung der Hürriyet-Serie in den medialen Diskurs 165

– wie es der Aufgabe von Massenmedien entspricht – die öffentliche Meinung bilden, lenken und seine LeserInnen mobilisieren.

Die Hürriyet ließ jedoch von ihrer Strategie ab, nachdem sie sich die Türkei-Ausgabe tatsächlich zum Vorbild nahm: In der Türkei-Ausgabe der Hürriyet ist die Ursachenforschung zum Thema „Gewalt in der Familie" kein Tabu. Seit Herbst 2004 läuft in der Türkei auf Initiative der Tochter des Verlegers eine große Kampagne mit Plakaten und Informationsbussen, die quer durch die Türkei fahren. Zudem bietet, wie bereits einführend erklärt, die Hürriyet Fachgespräche in der Zeitung an und stellt eine Telefon-Hotline zur Verfügung. Auf Wunsch von Doğans Tochter wurde die Kampagne auch in Deutschland gestartet, beginnend im Dezember 2005. Diese Maßnahmen resultierten auch aus dem öffentlichen Druck, welcher aufgrund der Berichterstattungen über die Autorinnen entstanden war. Der Druck kam zusätzlich aus der politischen Öffentlichkeit in Deutschland: Vor dem Start ihrer Kampagne und ihrer Interviewserie im Dezember 2005 hatte die Hürriyet das Gespräch mit der ehemaligen Familienministerin Renate Schmidt (SPD) und mit der Organisation Terre des Femmes gesucht, um beide für ihr Vorhaben zu gewinnen. Die Frauenrechtsorganisation hat jedoch aufgrund der Berichterstattung in der Vergangenheit in einem Schreiben an die Hürriyet die Zusammenarbeit bei der Kampagne gegen häusliche Gewalt in Frage gestellt. „Irritierend und kontraproduktiv" seien die Artikel; sie zeigten, dass die Zeitung an einer „differenzierten Auseinandersetzung nicht ernsthaft interessiert" sei.[457] Die ehemalige Bundesfamilienministerin Renate Schmidt (SPD), die auf Wunsch der Hürriyet die Schirmherrschaft übernehmen sollte, lehnte das Angebot unter Angabe von Termingründen ab. Unabhängig davon sei man nicht glücklich über den Tenor der Berichterstattung, lautete es aus dem Ministerium.[458]

Insgesamt ist der Paradigmenwechsel der Hürriyet jedoch begrüßt worden. Sowohl die Kampagne der Zeitung gegen häusliche Gewalt als auch die Publizierung von Adressen entsprechender Anlaufstellen für betroffene Familien werden bis zum gegenwärtigen Zeitpunkt erfolgreich fortgesetzt. Seyran Ateş äußerte sich ebenfalls positiv über den Strategiewechsel der Hürriyet. Sie greift in ihrer Anerkennung abermals die mächtige Rolle des Blattes in ihrer öffentlichen Wirkung auf. Gleichzeitig honoriert sie den „Tabubruch" des Blattes, den es in Bezug auf den Gewaltdiskurs im Geschlechterverhältnis leistet:

> Mittlerweile hat sich das Blatt gewendet. Die Journalisten haben wohl gemerkt, dass sie mich mit ihrer Hetze wirklich in Lebensgefahr gebracht haben. Auch ihrem eigenen Ruf sowie der Kampagne gegen häusliche Gewalt haben sie geschadet. Ich finde

---

457 Rasche, Uta: Türkische Medien in Deutschland. Unfaire Berichterstattung, FAZ, 19.04.2005.
458 Ebd.

diese Kampagne nach wie vor gut und wichtig. Sie erreicht sehr viel mehr Menschen als Frauenrechtlerinnen und Frauenprojekte erreichen können. Und sie erreicht auch die Täter. Es ist wichtig, dass Zeitungen wie Hürriyet dabei helfen, Tabus zu brechen.[459]

Ateşs Argumentation, dass die Hürriyet eine große Breite an Leserinnen und Lesern in der türkischen Community mit ihrer Kampagne erreicht, hat sich bestätigt. Sowohl in den deutschen Medien als auch in den türkischen Medien wird der Diskurs über innerfamiliäre Gewalt fortgesetzt und thematisch auch auf der künstlerischen Ebene aufbereitet. Das jüngste Beispiel zu diesem Thema ist der Film der österreichischen Regisseurin Feo Aladağ[460] „Die Fremde", mit Sibel Kekilli in der Hauptrolle. Sibel Kekilli spielt in diesem Film die Hauptprotagonistin Umay, die zwangsverheiratet wird und versucht, sich aus dieser Situation durch eine Flucht gemeinsam mit ihrem Sohn aus der Türkei nach Berlin zu befreien, wo sie wiederum von ihrer Familie verstoßen wird.[461]

Im nun folgenden Teil dieser Arbeit werden die Hauptergebnisse aus den Interviews, beginnend mit dem Gespräch zwischen Seyran Ateş und der Hürriyet, vorgestellt.

3.2.1 Seyran Ateş:„Unter Migranten gibt es Gewalt."[462]

Das Interview mit der Frauenrechtlerin und Juristin Seyran Ateş beginnt mit der Frage, was sie über die Hürriyet-Kampagne, die sich gegen die Unterdrückung der Frauen wendet, persönlich denkt. In ihrer Antwort wird deutlich, dass sie innerfamiliäre Gewalt nicht als ein Phänomen ansieht, von dem ausschließlich türkischstämmige und muslimische Familien betroffen sind. Die Juristin und Frauenrechtlerin weist darauf hin, dass Gewalt ein gesamtgesellschaftliches Problem ist, welches nur durch gesamtgesellschaftliche Bemühungen durchbrochen werden kann:

> Das Thema wird in Europa tabuisiert. Aber Schweigen ist keine Lösung. Es werden auf der ganzen Welt Frauen und Mädchen unterdrückt. (...) Wenn wir die Diskussion tatsächlich ernsthaft beginnen sollten, dann haben wir eine reelle Chance, eine posi-

---

459 Ebd.
460 Siehe dazu das Interview mit Feo Aladağ in der NZ-online vom 12.03.2010: http://www.nz-online.de/artikel.asp?art=1188290&kat=49, (Stand: 15.03.10).
461 Siehe dazu: http://www.diefremde.de/, (Stand: 15.03.10).
462 Varlı, Ali: Ateş, Seyran: „Göçmenlerde şiddet vardır", in: Hürriyet, 04.01.2006, S. 17.

3.2 Einordnung der Hürriyet-Serie in den medialen Diskurs 167

tive Entwicklung in unserer Gesellschaft zu bewirken. Generalisierungen wiederum bringen uns keinen Schritt weiter.[463]

Die zweite Frage der Hürriyet, die sich in allen Interviews wiederholt, lautet: „Wie ist die Stellung der türkischen Frauen in Europa und in Deutschland zum gegenwärtigen Zeitpunkt?"

Seyran Ateş differenziert in ihrer Antwort zwischen den Türkinnen in Deutschland und den Türkinnen in der Türkei. Die Frauen in der Türkei lebten demnach ein fortschrittlicheres Leben als die türkeistämmigen Frauen in Deutschland:

> Die Mehrheit der türkischen und kurdischen Frauen führen ein Leben außerhalb der Gesellschaft[464]. (...) Die soziale Kontrolle und die angstvolle Frage, was Nachbarn und Verwandte denken könnten, ist weit verbreitet. Wir können deshalb davon ausgehen, dass die nach Deutschland eingewanderten Familien ein Leben fernab von der modernisierten Türkei führen.[465]

Ateş greift in ihrer Antwort folglich die Aspekte der Transnationalität und der Entfremdung der nach Deutschland ausgewanderten türkeistämmigen Migrantinnen und Migranten von ihrer ursprünglichen Heimat auf. Eines der Ziele des Blattes bei der Publikation der Serie ist die Relativierung der im medialen Diskurs konstruierten Ansicht, dass die Mehrheit türkischstämmiger Paare zwangsverheiratet worden sei. Die Hürriyet stellt im Hinblick darauf folgende Frage: „Was sind Ihre persönlichen Gedanken zur Zwangsehe? Glauben Sie, dass Zwangsehen unter Türken weit verbreitet sind?" Seyran Ateş bezieht sich in ihrer Antwort auf ihre Erfahrungswerte aus ihrer anwaltlichen Praxis, wonach ihres Erachtens tatsächlich die Hälfte aller türkeistämmigen Paare zwangsverheiratet wurde:

> Unter den in Deutschland lebenden Türken und Kurden ist die Zwangsehe erschreckend weit verbreitet. Das entspricht vollständig meiner Beobachtung und Feststellung, die ich aufgrund meiner Tätigkeit als Anwältin mache. Viele Menschen werfen mir vor, dass ich Zwangsehen mit arrangierten Ehen vermengen würde. Meines Erachtens sind 50% der arrangierten Ehen Zwangsehen.

Im zweiten Teil des Interviews fragt die Hürriyet nach der innerfamiliären Gewalt unter türkischen Familien in Europa sowie nach den möglichen Vorurteilen gegenüber Türken mit Hinblick auf innerfamiliäre Gewalt: „Ist die Gewalt unter

---

463 Ebd.
464 Ateş meint in diesem Zusammenhang die deutsche Mehrheitsgesellschaft.
465 Ebd.

türkischen Familien in Europa weit verbreitet? Gibt es hinsichtlich dieses Themas Vorurteile gegen Türken?" Ateş betont, dass das Thema innerfamiliäre Gewalt tabuisiert wird. Somit entspricht dieses Thema dem „Unsagbaren" im Diskurs über Geschlechtergewalt im Geschlechterdiskurs:

> Das sind keine Vorurteile, sondern Tabuthemen. Solange Türken und Kurden sich dieser Themen nicht annehmen und sie lösen und ausschließlich Deutsche sich damit beschäftigen, kann nicht von einer ausschließlichen Darstellung von Vorurteilen gesprochen werden. (...) Weshalb haben türkische und kurdische Familien innerfamiliäre Gewalt und Zwangsehen in Europa gesellschaftlich nicht thematisiert? Weshalb haben Hunderte von Organisationen und Einrichtungen diese Themen, wie es in der Türkei üblich ist, nicht auf die Tagesordnung der Medien gebracht?[466]

Seyran Ateş geht im Interview auf Erfahrungen mit ihren türkischen und kurdischen KlientInnen ein. Die Juristin nimmt in ihren Antworten Bezug auf den besonderen Umstand der Migration der betroffenen Personen und kritisiert sowohl die Ausblendung des Gewaltdiskurses im Geschlechterverhältnis in der Teilöffentlichkeit als auch in der Mehrheitsöffentlichkeit.

Nachfolgend werden die Hauptergebnisse aus dem Interview mit der Soziologin und Autorin Necla Kelek vorgestellt, die eine ebenso wichtige Rolle im Diskurs über Zwangsehen und „Ehrenmorde" in der Hürriyet und in den deutschsprachigen Medien spielt wie Seyran Ateş.

3.2.2 Necla Kelek: „Wer über Gewalt hinwegsieht, macht sich mitschuldig."[467]

Das Interview mit Necla Kelek nimmt fast eine ganze Seite ein. Im Gegensatz dazu war das Interview mit Seyran Ateş verhältnismäßig klein abgedruckt worden. Es ist ausführlich wiedergegeben und wie alle anderen Interviews auch, frei gehalten worden. In der Einleitung zum Interview mit Necla Kelek bezieht sich das Blatt auf den Erfolg der Autorin mit ihrer Publikation „Die fremde Braut", ohne jedoch die frühere Kritik an der Publikation aufzunehmen:

> Mit ihrem Buch ‚Die fremde Braut' gelangte sie in die Bestsellerlisten in Deutschland und löste eine große Debatte aus. Dr. Necla Kelek erklärt, dass Gewalt in türki-

---

466 Ebd.
467 Doğan, Kemal: Necla Kelek: „Şiddete göz yuman suç ortağı sayılır", in: Hürriyet, 16.01.2006, S. 17.

3.2 Einordnung der Hürriyet-Serie in den medialen Diskurs 169

schen Familien in Deutschland tatsächlich existiert: ‚Diejenigen, die sich die Gewalt tatenlos mit ansehen, machen sich mitschuldig'.[468]

Anhand des Interviews mit Necla Kelek lässt sich der Paradigmenwechsel der Hürriyet, den sie im öffentlichen Diskurs vorgenommen hat, erkennen. Das Blatt hebt sowohl die Popularität der Autorin in der deutschen Medienlandschaft als auch ihren Doktortitel hervor. Der Begriff „suç ortağı" – „Mitschuld" – ist in großen roten Lettern abgedruckt. Ähnlich wie Seyran Ateş, spricht sich Necla Kelek für eine gesamtgesellschaftliche Anstrengung gegen Gewalt und mehr Aufklärung aus. Kelek appelliert an die Solidarität mit Gewaltopfern. Die Hürriyet stellt ihre erste Frage im Kontext der gesamteuropäischen Öffentlichkeit. Das Blatt konzentriert sich zunächst nicht auf den medialen Diskurs in der deutschen Öffentlichkeit, wiederholt jedoch die Stereotypisierung türkischer Männer aus dem deutschsprachigen Diskurs: „In Europa gibt es eine Debatte über türkische Frauen und ihre Unterdrückung durch türkische Machomänner. Was denken Sie über dieses Thema?" Necla Kelek:

> Gewalt geht uns alle etwas an und ist ein gesellschaftliches Problem. Die Medien können hier einen Weg zeigen, wie mit Gewalt umgegangen werden soll und welche Lösungen es gibt. Wenn Gewaltopfer sehen, dass Gewalt von der Gesellschaft verurteilt wird, so handeln sie mutiger und wehren sich gegen ihre Unterdrücker.[469]

Kelek spricht den Medien eine wichtige Aufgabe im Zusammenhang mit dem Gewaltdiskurs innerhalb des Geschlechterverhältnisses zu. Sie können den Gewaltdiskurs aus dem Tabubereich herausholen und öffentlich machen und Gewaltopfern somit signalisieren, dass es Möglichkeiten gibt, dagegen vorzugehen. In ihrer Antwort auf die Frage, wie die Stellung der „türkischen Frau in Europa" sei, konzentriert sich Kelek auf die Ehe als Institution unter TürkInnen, die keine Wahlfreiheit für ein individuell gestaltetes Beziehungskonzept zulässt. Darüber hinaus führen die Ehe und die damit verbundenen Verpflichtungen dazu, dass die jungen Frauen keine Beziehung mehr zur „Gesellschaft" aufbauen könnten und ihre berufliche Unabhängigkeit vernachlässigen, obwohl sie schulisch deutlich erfolgreicher seien als die Jungen:

> Die Rolle der türkischen Frauen in Deutschland ist ausschließlich auf die Erziehung der Kinder und auf die Familie ausgerichtet. Es gibt wirklich nur sehr wenige Frauen, die in ihrem Beruf Karriere machen. Und das, obwohl unsere Mädchen in den Schulen viel besser sind als die Jungen. (...) Trotz dieser Tatsachen heiraten diese ta-

---
468 Ebd.
469 Ebd.

lentierten Mädchen sehr früh und kümmern sich wieder ausschließlich um die Familie, womit sie ihre Beziehung zur Gesellschaft verlieren.[470]

Die Hürriyet möchte auch von Necla Kelek erfahren, was sie über Zwangsehen denkt. Sie verweist auf das Phänomen und die bestimmende Rolle der Eltern, die den sozialen Druck in der Eheanbahnungsphase forcieren können. Auch in dieser Antwort kommt wieder das unweigerliche gesellschaftliche Ziel, eine Ehe eingehen zu müssen, zum Ausdruck:

> Zwangsehen sind ein nicht weg zu diskutierender Bestandteil der türkischen Gesellschaft. Viele Eltern betrachten es als ihre wichtigste Pflicht, ihre Kinder zu verheiraten. Es gibt zahlreiche Zwangs- oder arrangierte Ehen. Meiner Meinung nach müssen die jungen Menschen selbst entscheiden, wen sie wann heiraten. Die Eltern sollten sich nicht einmischen, sie sollten ihre Kinder vielmehr unterstützen.[471]

Eines der Ziele des Blattes ist es, wie bereits erwähnt wurde, mittels der Serie über türkische Frauen in Deutschland und Europa Klischees über türkische Frauen aus dem Diskurs der Mehrheitsöffentlichkeit zu widerlegen. Aus diesem Grund greift das Blatt auch die Frage nach Vorurteilen gegenüber türkischen Familien in Deutschland und Europa auf. Necla Kelek gehört zu den wenigen Interviewpartnerinnen, die nicht spontan auf die Widerlegung der Vorurteile eingeht. Die Autorin kritisiert den sozialen Erwartungsdruck innerhalb „der türkischen Gesellschaft", der dazu führe, Probleme zu verschweigen:

> Die türkische Gesellschaft macht sich viel mehr Gedanken darüber, was andere denken könnten, als ihre eigentlichen Probleme zu diskutieren und nach Lösungen zu suchen. (...) Die türkische Gesellschaft und die türkischen Männer müssen ihre eigene Geschichte und ihr eigenes Verhalten gegenüber ihren Frauen und Mädchen auf eine offene Art und Weise diskutieren. Das beste Vorgehen gegen Vorurteile ist, wenn wir offen über unsere eigenen Fehler sprechen.[472]

Sowohl in der Darstellung als auch in der Veröffentlichung der Antworten von Necla Kelek ist die Abkehr des Blattes von den ursprünglichen Schuldzuweisungen aus dem Frühjahr 2005 erkennbar. Die Hürriyet berichtete im Jahr 2006 regelmäßig über den Erfolg der Autorin Kelek: Am 26.09.2006 erscheint Kelek abgebildet Arm in Arm zusammen mit Alice Schwarzer auf der Titelseite der Hürriyet: „Preis für Necla Kelek", steht dort in großen roten Lettern.[473] Anlass

---

470 Ebd.
471 Ebd.
472 Ebd.
473 Mercimek, Ali: „Necla Kelek'e ödül", in: Hürriyet, 26.09.2006, S. 1.

3.2 Einordnung der Hürriyet-Serie in den medialen Diskurs 171

war die Verleihung des Corine-Sachbuchpreises für ihre Publikation „Die Verlorenen Söhne" in München.[474] Im selben Artikel erwähnt die Hürriyet ihre eigene Kampagne gegen häusliche Gewalt und druckt Alice Schwarzers Meinung bezüglich der Kampagne ab. Das Blatt setzt sich dadurch von der Kritik seitens der Öffentlichkeit zu Beginn ihrer Kampagne bewusst ab. Darüber hinaus wird im Artikel die vorherrschende Diskursverschränkung zwischen Zwangsehen und dem Islam relativiert:

> Schwarzer verweist darauf, dass das gesellschaftliche Phänomen Zwangsehen nicht nur auf den Islam beschränkt ist. Sie erklärt deshalb, dass Zwangsehen auch unter Christen verbreitet sind. Schwarzer weiter: „Ich finde, dass die Kampagne der Hürriyet gegen häusliche Gewalt sehr nützlich ist."[475]

Die Hürriyet bezog sich in ihrem Diskurs über „Ehrenmorde", Zwangsehen und arrangierte Ehen regelmäßig auf den Geschlechterdiskurs in der Mehrheitsöffentlichkeit, der in diesem Kontext eng mit dem Integrationsdiskurs verschränkt ist. AkteurInnen wie Necla Kelek oder auch Yasemin Karakaşoğlu sind deshalb auch im Pressediskurs der Hürriyet präsent gewesen: Am 4. Februar desselben Jahres, druckt die Hürriyet einen Artikel mit der Überschrift „Es muss über die Integrationspolitik diskutiert werden" ab.[476] Hintergrund dieses Artikels ist der Offene Brief in der Wochenzeitung die Zeit vom 01.02.2006, der in dieser Arbeit bereits vorgestellt worden ist. Die Hürriyet greift hier die Kritik der MigrationsforscherInnen an Necla Kelek und weiteren Autorinnen auf: Die Hürriyet gibt den Diskurs zwischen der Verfasserin Yasemin Karakaşoğlu und den Unterzeichnern des Offenen Briefes und Necla Kelek wieder:

> Yasemin Karakaşoğlu kritisiert, dass die deutsche Integrationspolitik auf der Basis von Vorurteilen gegründet worden ist. Mit ihren Worten „Das hat keine Zukunft" richtet sie ihre Kritik auf Necla Keleks Buch „Die fremde Braut" und erklärt, dass der Inhalt des Buches unwissenschaftlich sei und die Autorin ihre persönliche Geschichte und Ausnahmefälle auf die Gesamtheit übertrage.

Die Hürriyet greift zusätzlich in diesem Artikel die Kritik an der Empfehlung der Lektüre von „Die fremde Braut" des ehemaligen Innenministers Otto Schily in einem Interview mit dem Spiegel auf und schreibt:

---

474 Siehe dazu: Kelek, Necal: Die verlorenen Söhne, Plädoyer für die Befreiung des türkisch-muslimischen Mannes, Kiepenheuer & Witsch, 2006.
475 Ebd.
476 Tosun, Murat: „Uyum politikası tartışması", in: Hürriyet: 04.02.2006, S. 17.

Der ehemalige Bundesinnenminister legt das Buch von Necla Kelek den Spiegel-Lesern[477] ans Herz. Außerdem wurde das Buch im Bundesinnenministerium für wissenschaftlich befunden. Die Publikation wird als äußerst informativ eingestuft. Die Kritiker erklären hingegen, dass die gegenwärtigen Publikationen von Necla Kelek, Ayaan Hirsi Ali und Seyran Ateş weder wissenschaftlich seien noch den Tatsachen entsprächen.[478]

Insgesamt kommt die ambivalente Haltung der Hürriyet gegenüber Necla Kelek als Akteurin im Geschlechterdiskurs und im Integrationsdiskurs in der Mehrheitsöffentlichkeit sowie innerhalb ihres eigenen Pressediskurses zum Ausdruck. Allerdings ist sich das Blatt der Medienwirksamkeit der Akteurin bewusst. Die Hürriyet hat in dieser hier zu Grunde liegenden Serie auch ein Interview mit der Erziehungswissenschaftlerin Yasemin Karakaşoğlu, der Mitinitiatorin des Offenen Briefes an Kelek geführt, das im Folgenden dargestellt wird.

3.2.3 Yasemin Karakaşoğlu: „Die Lebensumstände beeinflussen das Gewaltpotenzial."[479]

Im Interview mit der Erziehungswissenschaftlerin und Migrationsforscherin Yasemin Karakaşoğlu schreibt die Hürriyet eingangs:

Im Oktober des vergangenen Jahres erklärte Professor Dr. Yasemin Karakaşoğlu ihre Kritik gegenüber weit verbreiteten Klischees und Vorurteilen. Die daraus folgenden Debatten nützen niemandem. Prof. Karakaşoğlu lehnt Generalisierungen ab: „Für diese Behauptung gibt es überhaupt keine wissenschaftliche Untersuchung und keinen wissenschaftlichen Beweis".[480]

Das Blatt nimmt direkten Bezug auf den Offenen Brief von Karakaşoğlu und ihre darin formulierte Kritik an Necla Keleks Behauptung hinsichtlich der hohen Zahl von Zwangsheiraten unter türkischen Paaren in Deutschland. Die Hürriyet erklärt dem Leserpublikum jedoch nicht, um welche Form der Kritik es sich handelt – einen Offenen Brief – und um welchen Inhalt es geht. Die Einleitung zum Interview mit der Erziehungswissenschaftlerin zeigt den LeserInnen des Blattes jedoch, dass der Schwerpunkt im Interview auf der Darstellung von Da-

---

477 Vgl. dazu: Schily, Otto: „Alarmierender Einblick", Bundesinnenminister Otto Schily über die Darstellung der türkischen Parallelgesellschaft in Necla Keleks Buch „Die fremde Braut", in: Der Spiegel, 4/2005, S. 59-60.
478 Tosun, Murat: „Uyum politikası tartışması", in: Hürriyet: 04.02.2006, S. 17.
479 Seplin, Recep: Yasemin Karakaşoğlu: „Yaşam şartları şiddeti etkiliyor", in: Hürriyet: 03.03.2006, S. 17.
480 Ebd.

3.2 Einordnung der Hürriyet-Serie in den medialen Diskurs 173

ten liegt. Zunächst wird Karakaşoğlu danach befragt, inwiefern sie die Kampagne der Hürriyet positiv bewertet:

> Aktivitäten gegen Gewalt an Frauen sind immer ein richtiger Schritt. Auf diese Art und Weise können auch Migrantengruppen erreicht werden. (...) Dennoch sind nicht nur türkische Migrantinnen von Gewalt und Unterdrückung betroffen. Und es wäre falsch zu behaupten, dass das ausschließlich ein Problem türkischer Frauen sei. Und es ist falsch zu behaupten, dass die Gewalt gegen türkische Frauen sich aus dem Islam ableiten lässt.[481]

Folglich setzt Karakaşoğlu ihre Ansicht der Ansicht von Necla Kelek entgegen, die einen direkten Zusammenhang zwischen dem Islam und der Gewalt gegen Mädchen und Frauen sieht. Ihre nächste Frage bezieht die Hürriyet folgerichtig auf die Behauptungen der Autorinnen Kelek und Çileli. Genau genommen geht es um die Behauptung von Necla Kelek, wonach jede zweite Ehe unter den in Deutschland lebenden Türkinnen und Türken eine Zwangsehe sei. Sowohl durch das Interview mit der Migrationsforscherin Karakaşoğlu als auch durch die folgende Fragestellung kommt es zu einer Diskursverschränkung zwischen dem Diskurs um „Ehrenmorde" und Zwangsehen und dem Integrations- bzw. Migrationsdiskurs in Deutschland. Darin enthalten ist die Kritik an Akteurinnen wie Kelek und Ateş, auch wenn diese nicht offen in der Frage an die Erziehungswissenschaftlerin und Migrationsforscherin formuliert wird:

> Wie ist Ihrer Meinung nach die Stellung der türkischen Frauen in Europa und in Deutschland? Innerhalb der Einschätzung und der Bewertung der Stellung türkischer Frauen wurden seitens einiger Autorinnen und Juristinnen bestimmte Erklärungen abgegeben. Was sagen Sie dazu?[482]

Karakaşoğlu:

> Die Lebenssituationen der türkischen Mädchen und Frauen können nicht ausschließlich mit den Begriffen „unterdrückt" und „nicht unterdrückt" beschrieben werden. Sowohl die Lebensumstände als auch die Lebensmöglichkeiten der Frauen und Mädchen unterscheiden sich individuell voneinander. Untersuchungen zufolge sind türkische Mädchen und türkische Frauen in Deutschland mit ihrem Leben mehrheitlich zufrieden und geben an, sich mit ihren Familien in einem guten Dialog zu befinden und ein positives Familienleben zu führen.[483]

---

481 Ebd.
482 Ebd.
483 Vgl. dazu: Boos-Nünning, Ursula und Karakaşoğlu, Yasemin: Viele Welten leben, Zur Lebenssituation von Mädchen und jungen Frauen mit Migrationshintergrund, 2006.

In ihrer Untersuchung „Viele Welten leben" präsentieren Yasemin Karakaşoğlu und Ursula Boos-Nünning ihre Ergebnisse einer Umfrage unter Mädchen und jungen Frauen aus Aussiedlerfamilien und mit griechischem, italienischem, jugoslawischem und türkischem Hintergrund. Die Ergebnisse der Untersuchung wurden im Jahr 2005 veröffentlicht. Die Untersuchung zeigt ein differenziertes Bild im Hinblick auf die Berufs- und die Familienplanung sowie Zufriedenheit der befragten jungen Mädchen und Frauen. Im Interview mit der Hürriyet bezieht sich Karakaşoğlu auf ihre Untersuchung. Die Migrationsforscherin verknüpft ihre folgende Erläuterung mit der Kritik im Offenen Brief an Necla Kelek:

> Meine Kollegen und ich kritisieren nicht, dass die „Zwangsehen" und das „Ehrverständnis" in türkischen Familien auf die politische Tagesordnung gekommen sind – wir kritisieren ausschließlich die Generalisierungen dieser Probleme und Phänomene. [484]

Karakaşoğlu weist darüber hinaus auf fehlende empirische Daten über Zwangsehen hin. Allerdings bezieht sich die Erziehungswissenschaftlerin im Interview mit der Hürriyet auf eine Untersuchung, die wiederum in der Türkei durchgeführt wurde: 1998 wurde im Südosten der Türkei eine Untersuchung vorgenommen, in der 599 Frauen im Alter zwischen 19 und 60 gefragt wurden, auf welche Art und Weise sie geheiratet haben. Dabei hat sich herausgestellt, dass die Hälfte der befragten Frauen in einer arrangierten Ehe verheiratet ist[485]:

> Was ich damit eigentlich sagen möchte ist, dass in diesem Gebiet die autonome Partnerwahl der Tradition der Brautschauerin widerspricht. Was zudem nicht vergessen werden darf, ist, dass die Lebensumstände der Menschen in diesem Gebiet stark durch Stammestraditionen geprägt sind. Wir wissen jedoch nicht, wie es sich in Deutschland verhält, da wir über keine vergleichbaren Untersuchungen verfügen.[486]

In ihren Antworten auf die Fragen hinsichtlich der Verbreitung von innerfamiliärer Gewalt in türkischen Familien greift Karakaşoğlu auf ihre eigenen Untersuchungsergebnisse zurück, die sie im Gespräch erwähnt.
Trotz der fehlenden Datenlage, die im Interview kritisiert wird, muss bezüglich der Argumentationsstrukturen der Akteurinnen hier eine Einschränkung vorgenommen werden:

---

484 Seplin, Recep: Yasemin Karakaşoğlu: „Yaşam şartları şiddeti etkiliyor", in: Hürriyet: 03.03.2006, S. 17.
485 im Original: „(…) 599 kadının yarısının görücü usulüyle evlendiği ortaya çıktı (…)", dieser Begriff bedeutet wörtlich übersetzt: „Tradition der Brautschauerin".
486 Seplin, Recep: Yasemin Karakaşoğlu: „Yaşam şartları şiddeti etkiliyor", in: Hürriyet: 03.03.2006, S. 17.

3.2 Einordnung der Hürriyet-Serie in den medialen Diskurs

Die Juristin Seyran Ateş spricht aus ihrer Berufserfahrung als Rechtsanwältin. Sie vertritt türkische und kurdische Mandantinnen, die sich aufgrund ihrer problematischen Eheverhältnisse an sie wenden und juristischen Rat suchen. Aus diesem Grund sind jedoch die von Ateş aufgeführten Erfahrungswerte nicht weniger bedeutsam oder gewichtig, sie entsprechen der realen Situation der von Gewalt traumatisierten Frauen.

Karakaşoğlu selbst bezieht sich in ihrer Antwort auf die Frage nach der Verbreitung von Gewalt in türkischen Familien in Deutschland auf eine Untersuchung des Bundesfamilienministeriums aus dem Jahr 2005. Die Ergebnisse der vom Bundesfamilienministerium in Auftrag gegebenen Untersuchung wurden während des Analysezeitraums veröffentlicht. In der Untersuchung wurden Frauen türkischer und osteuropäischer Herkunft in Deutschland zur Art und Weise ihrer Gewaltbetroffenheit und ihrer Gewalterfahrung befragt.[487] Die Untersuchung ist deshalb aufschlussreich und zugleich aussagekräftig, da die „Definition der nationalen Herkunft" nicht allein auf die Staatsbürgerschaft zurückgeführt wird. Um türkische Migrantinnen aus der zweiten und dritten Generation miteinbeziehen zu können sowie russische und osteuropäische Aussiedlerinnen, welche die deutsche Staatsbürgerschaft bzw. eine doppelte Staatsbürgerschaft besitzen, ist der Begriff der „nationalen Herkunft" in dieser Studie weiter gefasst worden.[488] Folglich erklärt Karakaşoğlu:

> Das Bundesfamilienministerium hat im Jahr 2005 unter türkischen Frauen eine Untersuchung vorgenommen. (...) Aufgrund der Ergebnisse dieser beiden Untersuchungen ist die häusliche Gewalt in türkischen Familien im Gegensatz zu deutschen Familien weiter verbreitet. Man muss bei der Auswertung dieser Ergebnisse jedoch bedenken, dass sowohl das Bildungsniveau als auch die sozioökonomischen Lebensbedingungen der betroffenen Personen näher betrachtet werden müssen. Diese beiden Faktoren sind im Vergleich zu den Deutschen sehr viel geringer.[489]

Karakaşoğlu sieht einen Zusammenhang zwischen der Tendenz zur häuslichen Gewalt und dem Einfluss sozioökonomischer Faktoren, wohingegen sie kulturalistische sowie religiöse Erklärungs- und Deutungsmuster zum Phänomen der innerfamiliären Gewalt ablehnt. Auf die Frage, ob es Vorurteile gegenüber

---

487 Vgl. dazu: Gewaltprävalenzen bei türkischen und osteuropäischen/russischen Migrantinnen, S. 116-131, in: Bundesministerium für Familie, Senioren, Frauen und Jugend: Lebenssituation, Sicherheit und Gesundheit von Frauen in Deutschland. Eine repräsentative Untersuchung zu Gewalt gegen Frauen in Deutschland. Im Auftrag des Bundesministeriums für Familie, Senioren, Frauen und Jugend, Teil 1 von 3, 2005.
488 Ebd. S. 116.
489 Seplin, Recep: Yasemin Karakaşoğlu: „Yaşam şartları şiddeti etkiliyor", in: Hürriyet: 03.03.2006, S. 17.

Türken in Europa im Zusammenhang mit häuslicher Gewalt und Zwangsehen gibt, erklärt Karakaşoğlu:

> Die Kopplung zwischen kultureller und religiöser Herkunft im Hinblick auf das Thema Gewalt ist leider ein Grund für weit verbreitete Vorurteile. (...) Diese Art der Diskussion nutzt leider den türkischen Frauen und Mädchen, die tatsächlich Opfer von Gewalt werden, überhaupt nichts. Deutlich mehr Nutzen haben die Frauen, wenn ein Perspektivenwechsel auf die Einflussfaktoren Arbeitslosigkeit und Bildung vorgenommen werden würde, welche letztendlich zur Diskriminierung und zum gesellschaftlichen Ausschluss führen. [490]

Als negative Hauptfaktoren für die Tendenz zu häuslicher und innerfamiliärer Gewalt nennt die Erziehungswissenschaftlerin demnach fehlende sowie niedrige Bildungsabschlüsse in den betroffenen Familien und damit einhergehend die weite Verbreitung von Arbeitslosigkeit, was zu einer Verstärkung der Gewaltspirale führe.

Dem Argumentationsstrang im Interview zufolge finden Diskursverschränkungen zwischen dem Diskurs über die höhere Arbeitslosenquote unter türkisch- und Türkei stämmigen jungen Männern – im Gegensatz zu gleichaltrigen deutschen Männern – und dem Integrationsdiskurs statt. Der Integrationsdiskurs legt sich über den Geschlechterdiskurs. Die fehlende Partizipation und Integration auf dem Arbeitsmarkt hat laut Karakaşoğlu unmittelbare Auswirkungen auf das Gewaltpotenzial in den türkischen Familien. Die Erziehungswissenschaftlerin konzentriert sich im Interview insgesamt auf die Korrelation zwischen sozioökonomischen Faktoren und innerfamiliärer Gewalt.

Im nächsten Teilkapitel werden die wichtigsten Inhalte des Interviews der Hürriyet mit dem Schriftsteller Feridun Zaimoğlu beleuchtet. Das Interview unterscheidet sich grundlegend von den vorausgegangenen Interviews, da es in seinem Stil noch freier gehalten ist.

3.2.4 Feridun Zaimoğlu: „Die Frauen müssen stark sein."[491]

Das mit Feridun Zaimoğlu am 21. Februar 2006 in der Hürriyet erschienene Interview wurde aus folgenden Gründen in die Analyse des Diskurses über Geschlechterbeziehungen in der Hürriyet einbezogen: Der Schriftsteller ist einer der wenigen türkischsprachigen männlichen Interviewpartner in dieser Serie, der aus der Perspektive eines Mannes seine Standpunkte zu den Phänomenen häusliche

---

490 Ebd.
491 Pamuk, Ertuğrul: Zaimoğlu, Feridun: „Kadınlar güçlü olmalı", in: Hürriyet, 21.02.2006, S. 17.

3.2 Einordnung der Hürriyet-Serie in den medialen Diskurs 177

Gewalt, Zwangsehen und Ehrenmorde darlegt. Der Autor ist außerdem der einzige Interviewpartner, der für zwei Ausgaben dieser Serie interviewt worden ist (Nr. 63, 21.02.2006, S. 17, und Nr. 86, 16.03.2006, S. 17). Als weiterer Grund lässt sich Zaimoğlus hoher Bekanntheitsgrad in den deutschen Medien anführen: Er ist ein vielfach ausgezeichneter *deutscher* Autor. Er spielt sowohl in der Teilöffentlickeit als auch in der Mehrheitsöffentlichkeit eine mediale Rolle aufgrund seiner schriftstellerischen Tätigkeit. An seiner medialen Person zeigen sich die diskursiven Verschränkungen der öffentlichen Räume innerhalb der deutsch-türkischen Presselandschaft sowie das Integrationsverständnis der Hürriyet. Das Interview zwischen dem Schriftsteller und der Hürriyet findet zu einem Zeitpunkt statt, welcher für Zaimoğlus schriftstellerisches Werk eine Zäsur bildet: Mit seinem Roman „Leyla" hatte es der Autor sowohl in die Riege der namhaften deutschen Autoren geschafft als auch in die Bestsellerlisten. Ein weiterer Grund, weshalb das Interview mit dem Schriftsteller ausgesucht wurde, liegt in der im Interview deutlichen Diskursverschränkung von Integration, Islam und Geschlechterbeziehungen, welche durch seine *öffentliche* Person während der Islamkonferenz, die im Analysezeitraum begann (Juli 2006) und im Juli 2009 ihren vorläufigen Abschluss fand, geprägt wurde. Zu Beginn der Konferenz räumte der Schriftsteller seinen Platz zugunsten einer „Neomuslima". Grund war seine Kritik an der fehlenden Anwesenheit gläubiger Frauen während der Islamkonferenz:

,Ich finde es schade, dass die beteiligten Frauen eher säkular, liberal und islamkritisch sind'. (...) Das sei ein großer Mangel, betonte er. Es könne nicht sein, dass Frauen, die den Islam als ihren Glauben und Lebenskern achten, ausgeschlossen würden.[492]

Darüber hinaus kritisiert Zaimoğlu die Autorinnen Ateş und Kelek, welche auch Mitglieder der Islamkonferenz waren:

Vor der zweiten Sitzung der Islamkonferenz am 2. Mai bietet Zaimoğlu nun an, seinen Sitz für eine Neo-Muslimin zu räumen, eine Frau, die sich nicht ausreden lassen will, dass sie aus freien Stücken ein Kopftuch trägt. Ihn stört, dass am Konferenztisch „so genannte fromme Männer und so genannte, in der medialen Inszenierung als Islamkritikerinnen gehypte Frauen" zusammenstoßen. (...) Der Soziologin und der Anwältin wirft Zaimoğlu „Entgleisungen und Diffamierungen" vor: „Sie greifen diese jungen gläubigen Frauen ständig, unermüdlich an" (...).[493]

---

492 Güvercin, Eren: Vom gebildeten „Kanakster" zum Starliteraten, in: http://de.qantara.de/Vom-gebildeten-Kanakster-zum-Starliteraten/967c930i1p267/index.html, 20.11.2008, (Stand: 06.01.2012).
493 Bahners, Patrick: „Kritiker der Islamkritikerinnen", in: F.A.Z., 26.04.2007, S. 40.

Zaimoğlus Position während der Islamkonferenz zu den Themen türkische Frauen, Zwangsehen und „Ehrenmorde" sowie der türkischen Diaspora in Deutschland wird in den Interviews mit der Hürriyet deutlich: im ersten Interview mit Feridun Zaimoğlu erhält das Leserpublikum der Hürriyet einen Einblick in die Antworten des Schriftstellers zur häuslichen Gewalt in türkischen Familien in Europa. Im Interview wird darüber hinaus deutlich, wie stark vor allem Ateş, Kelek und Çileli kritisiert werden, ohne jedoch dabei namentlich genannt zu werden. Zaimoğlu äußert der Hürriyet gegenüber zwar sein großes Interesse an der Serie – er wünscht sich jedoch, dass die Interviewfragen nicht ausschließlich an die Frauen gestellt werden sollten. Das Blatt sollte seine Fragen gleichzeitig an die Männer richten. Zaimoğlu unterstreicht sein Argument, indem er auf die Gewaltbereitschaft der Männer eingeht:

> Im Rahmen der Kampagne ist es natürlich richtig, dass die Fragen zuerst den Frauen gestellt werden. Aber den Männern müssen dieselben Fragen gestellt werden, da die Männer einen großen Anteil an der Gewalt haben. Auch sie müssen ihre Gedanken offen darlegen – vor allem müssen sich die Männer dazu zwingen zu sprechen. [494]

Zaimoğlu besitzt in diesem Interview mit der Hürriyet eine Art Doppelrolle: Er spricht für die Position der Frauen *und* der Männer aus der türkischen Community im Geschlechterdiskurs der Teilöffentlichkeit. Zaimoğlu appelliert im Interview an die betroffenen Männer, den Ursachen ihres Gewaltpotenzials nachzugehen. Parallel dazu drückt der Schriftsteller seine Verbundenheit mit seiner türkischen Identität und der türkischen Kultur aus. Dadurch gewinnt Zaimoğlu dem Leserpublikum gegenüber an Authentizität. Die Äußerungen des Autors entsprechen dem Integrationsverständnis, das der Hürriyet zugrunde liegt: Zaimoğlu ist ein erfolgreicher *deutschsprachiger* Schriftsteller. Auch wenn er in der deutschen Öffentlichkeit als deutscher Schriftsteller bezeichnet wird, wird Zaimoğlu in der türkischen Teilöffentlichkeit nicht als deutscher Autor wahrgenommen, sondern als türkischer Schriftsteller und Intellektueller. Zugleich ist Zaimoğlu nicht assimiliert, was sich im Interview in seiner Positionierung der türkischen Kultur gegenüber widerspiegelt:

> Es ist sehr schön, dass die Hürriyet diese Pflicht [die Kampagne, Anm. M. K.] auf sich nimmt. Als Mann schmerzt es mich sehr, wenn ich jungen Frauen begegne, die unterdrückt werden. Ich würde mir wünschen, dass auch andere Medien sich für diese Kampagne einsetzen. Eines muss jedoch auch gesehen werden: Es gibt Personen, die für die Unterdrückung der Frauen die türkische Kultur als Deckmantel missbrauchen und als Ursache brandmarken. Ich bin gegen diese Pauschalisierungen. [495]

---

494 Pamuk, Ertuğrul: Zaimoğlu, Feridun: „Kadınlar güçlü olmalı", in: Hürriyet, 21.02.2006, S. 17.
495 Ebd.

3.2 Einordnung der Hürriyet-Serie in den medialen Diskurs 179

Bei der Frage über die Stellung der türkischen Frauen in Europa und in Deutschland kommt Zaimoğlus doppelte Funktion abermals zum Ausdruck, da er sowohl für die Frauen als auch für die Männer spricht. Er drückt jedoch seinen Zweifel darüber aus, ob er als Mann tatsächlich dazu in der Lage sei, die Stellung türkischer Frauen in Deutschland beurteilen zu können. Zaimoğlu äußert sich dessen ungeachtet insgesamt kritisch zur gesellschaftlichen Situation von Frauen und Männern in Deutschland:

> Ich weiß nicht, ob ich als Mann tatsächlich dazu in der Lage bin, zu diesem Thema eine richtige Antwort zu geben. (...) Ich bin jemand der sich wünscht, dass die Frauen selbstbewusst, stark und führend sind. Die Einschätzung, wonach in der Türkei prinzipiell alle Frauen Opfer seien und in Deutschland die Frauen sich auf jeder gesellschaftlichen Ebene mit den Männern messen könnten, halte ich für falsch. Weder in der Türkei noch in Deutschland passen Frauen in diese vorgefertigten Schablonen.[496]

Zaimoğlu geht in seiner Antwort auf die Frage der Hürriyet auf zwei Aspekte ein, die im Mediendiskurs zum Ausdruck kommen: auf die Tatsache innerfamiliärer Gewalt und auf die Stereotypenbildung in den Medien. Er greift den Diskursstrang über Stereotype türkischer Frauen in Deutschland auf, die die Hürriyet mittels ihrer Interviews widerlegen möchte.

Deshalb fragt die Hürriyet: „Glauben Sie persönlich, dass die häusliche Gewalt in türkischen Familien in Deutschland tatsächlich so weit verbreitet ist, wie es die deutschen Medien in letzter Zeit immer wieder erklären?" Zaimoğlu:

> Es gibt häusliche Gewalt und es gibt Gewalt gegen Frauen. Das muss jeder kritisieren. Wir müssen uns mit dieser Problematik auseinandersetzen. Andererseits gibt es jedoch auch Personen, die mit einer sehr ideologischen Einstellung darauf blicken. In Deutschland werden sowohl die Frauen, welche aus der Türkei hierher kommen, als auch diejenigen, die die Rechte der türkischen Frauen verteidigen, unterschätzt [im Original: küçümsemek, was neben „unterschätzen" auch „verachten" bedeuten kann, Anm. M. K.]. Dadurch wird der Eindruck vermittelt, dass in allen türkischen Familien häusliche Gewalt herrsche.[497]

Auf die Fragestellung hin, was er über die Behauptung von Zwangsheiraten unter jungen Mädchen in türkischen Familien denke, kritisiert Zaimoğlu die Meinung von Frauenrechtlerinnen, wonach alle türkischen Mädchen zwangsverheiratet seien. Zaimoğlus weiterführende Antwort entspricht abermals dem Integrationsverständnis der Hürriyet, indem er positiv auf die türkische Kultur zu

---

496 Ebd.
497 Ebd.

sprechen kommt. Aufschlussreich an Zaimoğlus Antwort ist wiederum, dass er die Diskriminierung von Türken *und* Kurden kritisiert und dabei den Frauenrechtlerinnen den Vorwurf macht, von „der Überlegenheit der europäischen Kultur" überzeugt zu sein.[498]

> In Deutschland erklären einige Frauenrechtlerinnen, dass türkische Mädchen zwangsverheiratet werden. Sie glauben, dass sie das Deutungsmonopol für Kultur und Zivilisation besitzen. Sie sind davon überzeugt, dass die europäische Kultur überlegen sei und diskriminieren Türken und Kurden. (...) Sie erklären, dass Männer aus dieser Kultur sich nie ändern könnten und immer gewalttätig seien. Natürlich finde ich diese ideologische Annäherung überhaupt nicht gut.[499]

Der Autor kritisiert mit seiner Antwort den „westlichen" Feminismus und die „westliche" Meinungshoheit über türkische MigrantInnen. Im folgenden Teil seiner Antwort äußert sich Zaimoğlu über die Vorurteile gegenüber Türken in Deutschland. Der Schriftsteller spricht dabei Stereotype aus dem Integrationsdiskurs an, der mit dem Geschlechterdiskurs innerhalb der Mehrheitsöffentlichkeit verschränkt ist:

> Wenn es um Türken geht, dann wird eigentlich über Stereotype diskutiert. Einerseits gibt es Menschen, die behaupten, dass wir orientalische Hirne hätten und gewalttätige Männer seien, und andererseits gibt es die Behauptungen, dass scheinbar überhaupt keine Schwierigkeiten und Probleme vorhanden seien. Wir müssen den richtigen Weg zwischen diesen beiden Extremen finden, da wir andernfalls keine Lösungen für unsere Probleme finden werden können.[500]

Durch die Wiedergabe des Interviews mit Feridun Zaimoğlu gelingt es der Hürriyet, ihrem eigentlichen Ziel der Dekonstruktion von Klischees zwar näher zu kommen, dennoch bleiben die Dichotomien innerhalb der Argumentationen zwischen der „westlichen" Kultur und der türkischen Kultur bestehen. Im zweiten Interview mit Feridun Zaimoğlu vom 16.03.2006 steht der Roman „Leyla"[501] im Fokus des Gesprächs. Der Roman hat eine besondere Bedeutung für den Geschlechterdiskurs, der in der Europaausgabe der Hürriyet verhandelt wird. Der Grund liegt in der Hauptprotagonistin des Autors: „Leyla" ist sehr stark von der Lebensgeschichte der Mutter des Schriftstellers inspiriert. Darüber hinaus führte

---

498 Unklar bleibt jedoch, was genau mit „europäischer Kultur" gemeint ist. Aufgrund der Darstellungen in meinem vorhergehenden Kapitel und der Publikationen von Seyran Ateş, Serap Çileli und Necla Kelek ist jedoch davon auszugehen, dass es sich um West- und Nordwesteuropa handelt.
499 Pamuk, Ertuğrul: Zaimoğlu, Feridun: „Kadınlar güçlü olmalı", in: Hürriyet, 21.02.2006, S. 17.
500 Ebd.
501 Zaimoğlu, Feridun: Leyla, Kiepenheuer & Witsch, Köln, 2006.

3.2 Einordnung der Hürriyet-Serie in den medialen Diskurs 181

der Schriftsteller Gespräche mit verschiedenen Frauen aus der Generation seiner Mutter. Im Roman werden weder Gewalt, sexueller Missbrauch noch der Überlebenskampf und die immer wieder neu aufzubauende Zuversicht im Leben der jungen Leyla ausgelassen. Zaimoğlu zeichnet den hoffnungsvollen und zugleich schmerzhaften Weg einer Frau nach, die zu den Türkinnen der ersten Gastarbeitergeneration in Deutschland gehört. Der Roman endet mit dem Beginn der Migration nach Deutschland. Zuvor wird das Leben des Mädchens, der Heranwachsenden und der jungen Ehefrau erzählt. In der Hürriyet wiederum erklärt Zaimoğlu, dass es die „Leylas" seien, welche die Gesellschaft retteten.[502] Die Hürriyet schreibt deshalb Folgendes zum Erfolg des Romans in der Einleitung zum zweiten Interview mit dem Schriftsteller:

> Bereits seit seinem Erscheinen vor 11 Tagen wurde Leyla 18 000 Mal verkauft. Feridun Zaimoğlu erklärt zu seinem Roman: „In meinem Roman ist Leyla ein Mädchen, eine Frau, die sich gegen ihre Unterdrückung wehrt. Sie wehrt sich dagegen, ohne ihre Kultur, ihren Glauben und ihre Wurzeln zu verdammen."[503]

Dieses zweite Interview lässt sich in zwei Segmente mit unterschiedlichen Schwerpunkten aufteilen: Ausgangspunkt des Interviews ist der große Erfolg Zaimoğlus mit seinem Roman „Leyla." Demzufolge stehen im ersten Segment des Gesprächs das Schaffen des Autors und sein damaliges jüngstes Werk im Gesprächsmittelpunkt. Im zweiten Teil des Interviews kristallisieren sich die Diskursverschränkungen zwischen dem Integrationsverständnis der Hürriyet einerseits und dem Integrationsdiskurs innerhalb des Mediendiskurses in Deutschland andererseits heraus, wobei die Prozesse und die Phänomene der „Akkulturation" und der „Assimilation" wesentliche Bestandteile bilden. Zaimoğlu ist ein Beispiel dafür, dass die Hürriyet die Assimilation auf „struktureller Ebene"[504] der Türkei- und türkischstämmigen Postmigranten durchaus befürwortet und in diesen „erfolgreich integrierten Türken" – „başarılı Türkler" – Vorbildcharaktere sieht, wohingegen einer „emotionalen Assimilation" (Esser) ablehnend oder misstrauisch begegnet wird.[505] Die persönliche Identität *bleibt*

---

502 Doğan, Kemal: Feridun Zaimoğlu: „Toplumu kurtaran Leyla'lardır", in: Hürriyet, 16.03.2006, S. 17.
503 Ebd.
504 Vgl. dazu: Aumüller, Jutta: Assimilation, Kontroversen um ein migrationspolitisches Konzept: „(…) unterscheidet Esser vier Dimensionen der Assimilation von Migranten: kulturelle Assimilation (Angleichung in Wissen und kognitiven Fähigkeiten), strukturelle Assimilation (Besetzung von Positionen in verschiedenen Funktionssystemen), soziale Assimilation („Angleichung in der sozialen Akzeptanz und in den Beziehungsmustern, etwa im Heiratsverhalten", Esser 2000: 289) und emotionale Assimilation (Identifikation), 2009, S. 108 und S. 109.
505 Ebd.

türkisch unabhängig davon, wie weit sich der Einzelne in seinem Habitus und seiner sozialen Stellung von der Elterngeneration – der ersten türkischen Gastarbeitergeneration, von Zaimoğlu als „goldene Generation" bezeichnet – entfernt hat.

Die wesentlichen Diskursverschränkungen zwischen dem Integrationsdiskurs und dem Geschlechterdiskurs finden in den Interviews über türkischstämmige und Türkei stämmige Frauen in Deutschland statt. Hierin wird, wie bereits dargestellt worden ist, der Diskurs über Geschlechterbeziehungen in Form von Kritik an den Autorinnen und Frauenrechtlerinnen aufgegriffen. Das Interview der Hürriyet mit Zaimoğlu in dieser Ausgabe umfasst daneben noch weitere Diskursstränge, welche sich aus dem Politik- und Integrationsdiskurs ergeben: Zaimoğlu greift Aspekte des Habitus innerhalb des öffentlichen Raums auf, in dem sich wiederum die erste ehemalige Gastarbeitergeneration durch die Hürriyet vertreten sieht.

Besonders in diesem Interview kommt die Hürriyet sowohl als *Sprachrohr* als auch als *Forum* der türkischen Community zur Geltung. Zaimoğlus Formulierungen und seine persönliche Wertschätzung gegenüber der ersten türkischen Generation in Deutschland spannen den Bogen von der tatsächlich vorhandenen Verlustangst kultureller Wesensmerkmale der türkischen Diaspora in Europa aufgrund der Angst vor einem schleichenden Assimilationsprozess einerseits bis zur vehementen Ablehnung der integrationspolitischen Forderung, „sich zu assimilieren" (Schily, 2006), andererseits. Zaimoğlu bewegt sich als öffentliche Person und als Postmigrant *zwischen* den unterschiedlichen Öffentlichkeiten, welche durch die deutschen und türkischen Medien geschaffen und gestaltet werden. Zaimoğlu agiert im Interview mit der Hürriyet selbst als Sprachrohr für die erste Generation und zugleich als Postmigrant türkischer Herkunft. Dieses Interview ist schärfer formuliert als das vorausgegangene. Der Autor äußert seine Kritik an Necla Kelek und Seyran Ateş deutlich. Zudem bezeichnet er das Frauenbild der beiden Frauenrechtlerinnen als ideologisch, was er auf die „westliche" Interpretation des Feminismus zurückführt. Gleichzeitig greift der Autor die Kritik am Islam im Geschlechterdiskurs der Mehrheitsgesellschaft auf:

> Ich finde die ideologisierten Frauenfiguren, die einige türkischstämmige Autorinnen beschreiben, schädlich und rückständig. Es ist jedoch leider zur Mode geworden, das Türkentum und den Islam zur Zielscheibe zu machen und leider sind es auch Türkischstämmige, die genau das tun. (...) Es werden Kronzeugen gesucht, die bestätigen, dass Türken ihre eigene Kultur vergessen müssen, um „zu uns" dazugehören zu können. (...) Ich lasse mir weder in meine muslimische noch in meine türkische Identität spucken.[506]

---

506 Ebd.

3.2 Einordnung der Hürriyet-Serie in den medialen Diskurs 183

Zaimoğlu bezeichnet sich im letzten Satz dieses Interviewabschnitts als wertkonservativ. Er betont, dass die meisten Türken so wie er wertkonservativ seien. Obwohl die Hürriyet mit ihrer Kampagne gegen häusliche Gewalt einen erfolgreichen Richtungswechsel in ihrer Strategie vollzogen hat, hält sie ihre Kritik an den Frauenrechtlerinnen aus den eigenen Reihen aufrecht und *benutzt* sie. Die Vermutung liegt nahe, dass sie diesen Wechsel nur aus Imagegründen vollzogen hat. In Feridun Zaimoğlu hat das Blatt einen Vertreter aus der türkischen Community gefunden, der seinen Wertkonservatismus offen zugibt und mit Stolz dazu steht. Das Blatt geht auch auf den Roman „Leyla" ein, mit dem Zaimoğlu zum damaligen Zeitpunkt einen großen Erfolg feierte. Die Hürriyet stellt dabei einen Zusammenhang zwischen der Publikation von „Leyla" und dem Mediendiskurs über türkische Frauen her. Das künstlerische Schaffen des Autors innerhalb der Diskursverschränkung des Geschlechterdiskurs und des Integrationsdiskurses verortet. Die Hürriyet stellt im Hinblick auf die Publikation folgende Frage:

> Ihr Buch ist in Deutschland vieldiskutiert. Und es ist zu einem Zeitpunkt erschienen, an dem sehr viel über türkische Frauen debattiert wird. War das Ihr Ziel, das Buch zeitgleich zu den Debatten zu veröffentlichen?[507]

Zaimoğlu:

> Das ist ein absoluter Zufall. Ich habe das Buch bereits im Jahr 2004 geschrieben und beim Verlag eingereicht. (…) Außerdem gab es vor zwei Jahren keine Debatten dieser Art. Tja, und die gegenwärtigen Herausforderungen sind Necla Kelek und Seyran Ateş. Das Buch ist tatsächlich zu einem Zeitpunkt erschienen, an dem sehr viel über türkische Frauen gesprochen und diskutiert wird.[508]

Im folgenden Interviewabschnitt richten sich die Worte des Schriftstellers an das Gros des Leserpublikums der Hürriyet, nämlich die erste Generation der Türkei- und türkischstämmigen ehemaligen Gastarbeiter, worauf nun vertiefter eingegangen werden soll. Bei der Übersetzung dieses Interviewabschnitts ergab sich jedoch folgende Schwierigkeit: Die Beschreibungen und insbesondere die Adjektive, die Zaimoğlu für den Ausdruck seiner Gefühle und Beobachtungen verwendet, klingen in der deutschen Sprache übersteigert, altertümlich und zum Teil altmodisch. Wird das Interview jedoch in der türkischen Sprache belassen, so ist festzustellen, dass der Autor *und* Postmigrant, was in diesem Kontext des vorliegenden Interviewabschnitts besonders deutlich zum Ausdruck kommt, die Lese-

---

507 Ebd.
508 Zaimoğlu, Feridun: „Toplumu kurtaran Leyla'lardır", in: Hürriyet, 16.03.2006, S. 17.

rinnen und Leser mit seinen Worten *berührt* und genau aus diesem Grund *erreicht*. Er zollt den älteren Leserinnen und Lesern gegenüber Respekt. Er spricht ihre Sprache, die sie als Fremde in der Fremde[509] „nicht hören" und gleichzeitig mit Sehnsucht, wie es die Psychoanalytikerin und Sprachwissenschaftlerin Julia Kristeva beschreibt, verbinden. Das bedeutet, dass sie ihre Muttersprache nur begrenzt sprechen können und ihnen deshalb ein vertrautes Lebensgefühl, welches ihnen Sicherheit gibt, fehlt. Anhand von Kristevas Überlegungen lassen sich die Aufgaben der Hürriyet als türkische Teilöffentlichkeit, der sie besonders in diesem Interview mit Zaimoglu nachkommt, im Hinblick auf die erste „sprachlose" türkische GastarbeiterInnengeneration verdeutlichen:

> Die spröde Gleichgültigkeit ist vielleicht nur die eingestehbare Seite der Sehnsucht. Wer kennt ihn nicht, den Fremden, der rückwärtsgewendet (sic) zu dem verlorenen Land seiner Tränen überlebt. In seiner melancholischen Liebe zu einem verlorenen Raum vermag er sich nicht damit abzufinden, eine Zeit, ein Stadium verlassen zu haben. Das verlorene Paradies ist ein Trugbild der Vergangenheit, das er niemals wieder finden wird (...). [510]

Zaimoglus im Türkischen verwendeten Zu- und Beschreibungen entsprechen den Begriffen der türkischen Muttersprache, die nach Julia Kristeva „in der Fremde von Generation zu Generation verloren gehen" und die mit der von Kristeva beschriebenen Sehnsucht und Melancholie eng verknüpft sind:

> Nicht seine Muttersprache sprechen. In Klängen, Logiken leben, die von dem nächtlichen Gedächtnis des Körpers, dem bittersüßen Schlaf der Kindheit abgeschnitten sind. Sie in sich tragen wie eine geheime Gruft oder wie ein behindertes Kind, geliebt und unnütz – diese Sprache von einst, die verblasst, aber euch nie verlässt.[511]

Julia Kristeva erklärt, dass es die Möglichkeit der Vervollkommnung in einem „anderen Instrument" gibt. Zaimoglus Sprache im Deutschen erfährt demnach ihre eigene „Vervollkommnung". Nach Kristeva erleben trotz dieser Option die wenigsten „Fremden" diese Form der sprachlichen Vervollkommnung in einer anderen Sprache außerhalb ihrer Muttersprache:

---

509 Siehe dazu Kristeva, Julia: „Wer ist Fremder? Derjenige, der nicht Teil der Gruppe ist, der nicht dazu gehört, der andere. Von dem Fremden gibt es, wie häufig angemerkt, nur eine negative Definition. Negativ zu was? Anders als welche Gruppe. (...) Die Gruppe, der der Fremde nicht zugehört, muss von einem bestimmten Typus politischer Macht strukturierte Gruppe sein. Für diese soziale Gruppe nimmt der Fremde von Anfang an die Stelle eines Glück- oder Unglückbringers ein, und aus diesem Grund wird er entweder assimiliert oder zurückgewiesen", in: Fremde sind wir uns selbst, 1990, S. 104 und S. 105.
510 Ebd., S. 19.
511 Ebd., S. 24.

3.2 Einordnung der Hürriyet-Serie in den medialen Diskurs 185

> Ihr werdet euch in einem anderen Instrument vervollkommnen, so wie man sich mit der Algebra auf der Violine ausdrückt. (...) Aber die Illusion vergeht, (...) wenn die Melodie eurer Stimme euch bizarr entgegentönt wie von nirgendwo, weit mehr an das Gestammel von früher gemahnend als an den heutigen Code. (...) Gefangen in dieser vielförmigen Stummheit, kann der Fremde versuchen, zu agieren statt zu sprechen. (...) es erweitert das Schweigen noch. (...) Warum also habt ihr die mütterliche Quelle der Worte abgeschnitten?[512]

Unter Einbeziehung der vorausgegangenen Darstellungen, mit denen die Sprachlosigkeit und die daraus folgende gefühlte stumme Einsamkeit der ersten türkischen Gastarbeitergeneration in der „deutschen Fremde" konkreter beschrieben wurden, soll das Interview der Hürriyet mit Zaimoğlu weiter analysiert werden, um aufzuzeigen, wie der Schriftsteller innerhalb der türkischen Teilöffentlichkeit in Deutschland mittels der Hürriyet das Leserpublikum erreicht:

> Sie [die erste Generation, Anm. M. K.] haben einen großen Kampf ausgefochten, indem sie uns groß gezogen haben. Es stünde uns gut an, sie zu glorifizieren[513]. Wir sind nicht einmal als Staub unter ihren Füßen gut genug. Ich liebe die erste Generation. (...) Sie sind stumme, schweigende Helden. Wenn während meiner Lesungen abends ältere Tanten und Onkel da sind[514], dann gehört die ganze Welt mir. (...) Für unsere Zufriedenheit mussten sie Unterdrückung erleiden. Niemand erkannte ihren Wert, ständig sind sie verächtlich behandelt worden.[515]

Die Hürriyet geht im Gespräch mit dem Autor auf den Integrationsdiskurs ein, indem das Blatt Zaimoğlu zu seiner persönlichen Ansicht über die Zukunft der Türken in Deutschland befragt:

> Ich sehe die Zukunft nicht sehr glänzend. (...) Der Druck auf uns wird weiter steigen mit „Ihr seid erfolglos, nicht integriert, unfähig".[516] Solange sie von „ihr" sprechen, uns nicht als Teil dieser Gesellschaft ansehen, werden sie uns als Problem betrachten. (...) Seit zwanzig Jahren wird nun über die Integration diskutiert. Bis heute wird immer noch von Assimilation gesprochen.[517]

Die Antwort des Schriftstellers gibt abermals das Integrationsverständnis des Blattes wieder. Zusätzlich greift Zaimoğlu die Kritik des Blattes am Integrati-

---

512 Ebd., S. 25.
513 Im Original: yüceltmek.
514 Aufgrund der höflichen Anrede werden ältere weibliche Personen mit „teyze" (Tante) und ältere männliche Personen im Türkischen mit „amca" (Onkel) angesprochen.
515 Zaimoğlu, Feridun: „Toplumu kurtaran Leyla'lardır", in: Hürriyet, 16.03.2006, S. 17.
516 Im Original: yetersiz.
517 Ebd.

onsbegriff in der Bundespolitik während der rot-grünen Regierung auf: Die eigentliche Forderung an Migranten – besonders an die in Deutschland lebenden Türken – sei nicht Integration, sondern Assimilation. Gleichzeitig kritisiert der Schriftsteller die starke Diskrepanz zwischen dem politischen sowie medialen Diskurs und der Alltagsrealität hinsichtlich der multikulturellen Gesellschaftsstruktur in Deutschland:

> Aber die Realität hat die Experten schon lange überholt. Wenn sie ihre Beobachtungen richtig machen würden, könnten sie sehen, dass es Tausende gibt, die erfolgreich sind. Multikulti ist nicht erfolglos, sondern eine Erfolgsgeschichte. Die Migranten werden hier weiterleben, indem sie ihre eigene Kultur hinzufügen werden. Diejenigen, welche von den Migranten verlangen sich zu assimilieren, Filme verbieten lassen, Gesinnungstests verlangen und Druck ausüben, sich die deutsche Geschichte anzueignen, werden scheitern.[518]

Der Standpunkt der Hürriyet bezüglich des politischen und medialen Diskurses über das Integrationsverständnis in Deutschland wird im Interview mit Feridun Zaimoğlu durch seine eigenen Antworten und Erläuterungen bestätigt. Zaimoğlu lehnt nicht nur den Assimilationsbegriff ab, sondern positioniert sich deutlich gegen die Assimilation als unweigerlichem Prozess, der sich von der älteren zur jüngeren und jüngsten Generation in der Diaspora vollzieht. Das Bewahren der türkischen Sprache, der türkischen Identität und der muslimisch-türkischen Identität bilden den Schwerpunkt beider Interviews.

Das Interview mit dem Schriftsteller Feridun Zaimoğlu ist in Hinblick auf das Integrationsverständnis und den Wertekonservatismus des Blattes in mehrfacher Hinsicht aussagekräftig: Zum einen wird der mediale Diskurs über Zwangsehen und „Ehrenmorde" sowie über die zentralen Akteurinnen in Form von Kritik aufgegriffen. Zum anderen stehen im Zentrum des Interviews die Begriffe „Assimilation" und „Integration". An den Diskurs über Zwangsehen und der Kritik des Schriftstellers an den Autorinnen Necla Kelek und Seyran Ateş schließen sich seine Aussagen über den Wertekonservatismus an. Anhand der Interviewpassagen über die Eigenschaften des Wertekonservatismus in der türkischen Kultur wird der Integrationsdiskurs, der infolge der medialen Diskurse über „Ehrenmorde", Zwangsheiraten, Zwangsehen und innerfamiliare Gewalt geführt wird, aufgenommen.

Die Diskursverschränkungen zwischen dem Integrationsdiskurs und dem Diskurs über Türken in Deutschland finden ihren Ausdruck in der Kritik von Zaimoğlu an den verwendeten Begriffen seitens der Politik: Zwar werde seit zwanzig Jahren über Integration gesprochen, so der Schriftsteller, aber tatsäch-

---

518 Ebd.

3.2 Einordnung der Hürriyet-Serie in den medialen Diskurs 187

lich werde von den Migranten Assimilation eingefordert. Einen Hauptgrund für die negative Zukunftsprognose für die türkischen MigrantInnen in Deutschland sieht Zaimoğlu in dem fehlenden Zugehörigkeitsgefühl, das von der deutschen Gesellschaft nicht vermittelt werde. Migranten gehörten nicht dazu und seien kein Teil dieser Gesellschaft. Stereotype und negative Vorurteile seien immer noch vorherrschend.

Zaimoğlu hebt im letzten Absatz des zweiten Interviews deutlich hervor, dass „Multikulti" nicht erfolglos sei und ebenso wenig gescheitert sei. Vielmehr würden die MigrantInnen ihrer eigenen Kultur in Deutschland Ausdruck verleihen. Die Forderung nach Assimilation wiederum sei zum Scheitern verurteilt. Der Konsens zwischen dem Blatt und dem Schriftsteller beruht auf der Definition des Begriffes „Assimilation". Nach Aumüller bedeutet Assimilation im „gängigen Verständnis, die freiwillige oder erzwungene Aufgabe kultureller Besonderheiten".[519] Demzufolge geht mit dem Prozess der Assimilation der „Verlust an Tradition und eigenkultureller Orientierung" einher.[520] Aumüller hebt jedoch hervor, dass durch die Assimilation im Gegenzug „eine bessere ökonomische und soziale Position erreicht und die Mitglieder der Minderheitengruppe denen der Mehrheit gleichgestellt werden".[521] Feridun Zaimoğlus öffentliche Person und seine Antworten in den Interviews der Hürriyet-Serie widersprechen allerdings dem „gängigen Verständnis" von „Assimilation" nach Aumüller, denn Zaimoğlu ist in seinem Beruf als Schriftsteller, Journalist und Dramaturg überaus erfolgreich in Deutschland – ohne assimiliert zu sein.[522] Das wiederum macht ihn als Interviewpartner für die Serie der Hürriyet attraktiv. Die Interviewaussagen des Schriftstellers in der Hürriyet-Serie sind im Gegensatz zu den Interviews mit

---

519 Aumüller, Jutta: Assimilation, Kontroversen um ein migrationspolitisches Konzept, 2009, S. 210-211.
520 Ebd., S. 211.
521 Ebd., S. 211.
522 Feridun Zaimoğlu erklärte am 19.03.2010 in einem Interview mit der taz im Zusammenhang mit der zweiten Islamkonferenz, dass er ein Deutscher sei: „Ich bin Deutscher und ich mache mich für einen deutschen Islam stark. Deshalb verstehe ich das allgemeine Geschwätz von der deutschen Leitkultur nicht, auch wenn es von Konservativen und Rechtskonservativen immer wieder als politischer Knüppel gebraucht wird. (...) Es muss doch darum gehen, Deutsche muslimischen Glaubens sichtbarer zu machen und eine Normalisierung herzustellen (...).", in: Am Orde, Sabine: Feridun Zaimoğlu zur Islamkonferenz, in: http://www.taz.de/1/politik/deutschland/artikel/1/verstehe-das-leitkultur-geschwaetz-nicht/,10.09.10, (Stand: 01.02.2012).
Diese Passage im Interview mit der taz steht im Gegensatz zur Interviewpassage mit der Hürriyet aus dem Jahr 2006. Ich deute den von mir für diese Arbeit zugrunde gelegten Begriff „Identität" als situativ und wandelbar, der in seiner Erscheinungsform von der gesprochenen Sprache und dem dazugehörigen Kontext abhängig ist. Aus diesen Gründen halte ich die unterschiedlichen Aussagen des Schriftstellers in einem jeweils türkischsprachigen und deutschsprachigen Medium nicht für widersprüchlich.

den vorausgegangenen und folgenden Interviewpartnern aus der medialen Öffentlichkeit deutlich schärfer und emotionaler formuliert. Zaimoğlu erreicht jedoch durch seine Antworten die „Herzen" des Leserpublikums, weil er seinen Wertekonservatismus und sein Glaubensbekenntnis im Interview emphatisch betont. Zugleich spricht er sich für die Selbstständigkeit und für die Stärke der Frauen der türkischen Community aus. Der Schriftsteller appelliert im Interview an das Blatt, das Gespräch über häusliche Gewalt nicht nur mit den Frauen zu führen, sondern auch mit den Männern, da sie die Haupttäter seien.

Insgesamt unterscheidet sich das Interview der Hürriyet mit Zaimoğlu von den anderen Interviews durch dessen Emotionalität und die direkte Sprache, die sich an das Leserpublikum der Hürriyet richtet.

3.2.5 Armin Laschet: „Eure Kampagne ist ermutigend!"[523]

Armin Laschet (CDU) ist neben Wolfgang Schäuble (CDU) einer der wenigen christdemokratischen Spitzenpolitiker, die im Zeitraum der hier zugrunde liegenden Untersuchung regelmäßig von den türkischen Printmedien sowohl positiv als auch in größeren Rahmen präsentiert wurden. Armin Laschet war bis zum Jahr 2010 Integrationsminister in Nordrhein-Westfalen. Während Laschets Amtszeit wurde in seinem Ministerium das Aktionsbündnis „Ihre Freiheit – seine Ehre." gegründet.[524] Das Aktionsbündnis stellt umfassende Informationsmöglichkeiten und ein breites Hilfsangebot bei „drohender Zwangsheirat" bereit. Darüber hinaus ist das Ziel des Aktionsbündnisses, die Gesellschaft insgesamt für das Thema zu sensibilisieren. Die Kampagne existiert seit dem Jahr 2006.

Der CDU-Politiker Armin Laschet lobt die Kampagne der Hürriyet als förderlich, auch im Hinblick auf die eigenen Bestrebungen in der Landespolitik.[525] Er erkennt darin vor allem einen wichtigen Beitrag für die Integration der Türken in Deutschland aufgrund der „offenen Diskussion über Werte und Normen". In Laschets Interviewantworten wiederholen sich die Diskursverschränkungen zwischen dem Geschlechterdiskurs und dem Integrationsdiskurs:

---

523 Gökmen, Murat: Armin Laschet: „Kampanyanız cesaret verici", in: Hürriyet, 27.02.2006, S. 17.
524 Siehe dazu: http://www.ehre.nrw.de/hilfe/index.php, (Stand: 18.08.2010).
525 Vgl. dazu auch: Ministerium für Generationen, Familie, Frauen und Integration des Landes Nordrhein-Westfalen: „Zwangsheirat gehört sowohl in den Kontext der Integration als auch in den allgemeinen gesamtgesellschaftlichen Zusammenhang der Gewalt gegen Frauen. (...) Nicht selten zeigt sich bei Frauen mit Zuwanderungsgeschichte, die von häuslicher Gewalt betroffen sind, dass sie auch Opfer von Zwangsheirat sind (...).", in: Handlungskonzept, 10 Eckpunkte zur Bekämpfung von Zwangsheirat, S. 7 ff., Oktober 2007.

3.2 Einordnung der Hürriyet-Serie in den medialen Diskurs 189

> Die Türken zeigen durch ihre offene Diskussion über Werte und Normen, dass sie ein Teil der deutschen Gesellschaft sind. Ich denke, dass die offenen Diskussionen über die Rolle der Frau in der Gesellschaft einen Beweis für die verwirklichte Integration darstellen.[526]

Die Hauptunterschiede der Interviews mit dem Politiker Laschet und dem Schriftsteller Zaimoğlu liegen in den verschiedenen Auslegungen und Bedeutungen des Begriffes Integration und dem damit verbundenen Prozess. Der CDU-Politiker sieht in der Diskussion, welche das Blatt in Form seiner Kampagne für die türkische Community in Deutschland führt, einen Beweis *für* die Integration der Türken in Deutschland, da über Werte und Normen gestritten werde. Die „offene" Diskussion sei ein Beleg dafür, dass die Türken ein Teil der deutschen Gesellschaft seien. Es werde offen über die Rolle der Frau in der Gesellschaft diskutiert und folglich ein Gesamtbeitrag zur Integration geleistet. Wertkonservative Geschlechternormen werden jedoch seitens des Blattes nicht hinterfragt oder diskutiert. Vielmehr geht es in der Hürriyet-Serie darum, dass gängige Stereotype aus dem deutschsprachigen medialen Diskurs über zwangsverheiratete Türkinnen und Türken in Deutschland widerlegt werden.

Im Interviewabschnitt mit dem Politiker Armin Laschet wiederholt sich die Diskursverschränkung zwischen dem Integrationsdiskurs und dem Diskurs über „Ehrenmorde" und Zwangsehen. Das Sprechen und Debattieren *über* den weiblichen Türkei stämmigen Teil der Gesellschaft, die Diskussion *über* ihre Rolle in der Gesellschaft werden in direkten Zusammenhang mit der *erfolgreichen* Integration in Deutschland gesetzt. Die Frauen werden, ähnlich wie im Öffentlichkeitsdiskurs der Türkei (vgl. Kapitel 1.5.2), Kollektivsymbole. An ihnen wird der Integrationsgrad der Türkei stämmigen muslimischen Bevölkerung in Deutschland gemessen. Der Gradmesser der Integration orientiert sich an der Enttabuisierung der Phänomene Zwangsheirat, Zwangsehen, innerfamiliärer Gewalt sowie arrangierter Ehen in der türkischen Teilöffentlichkeit in Deutschland. Das gesellschafspolitische Bemühen, die Herausforderungen, gegen Zwangsheiraten und Zwangsehen vorzugehen, sind zu einer integrationspolitischen Aufgabe geworden, was durch das Interview mit dem ehemaligen Integrationsminister Armin Laschet besonders zum Ausdruck kommt. Armin Laschet erklärt im Interview mit der Hürriyet, dass das Bild der türkischen Frauen in der medialen Öffentlichkeit zu stark von Klischees geprägt ist:

> Hier muss man differenzieren: In der deutschen Öffentlichkeit dominieren Stereotype der unterdrückten und zwangsverheirateten türkischen Frau. Allerdings ergibt sich bei einer genaueren Betrachtung eine andere Perspektive: Mittlerweile gibt es

---

526 Laschet, Armin: „Kampanyanız cesaret verici", in: Hürriyet, 27.02.2006, S. 17.

türkische Frauen in der Wissenschaft, türkische Juristinnen, Arbeitgeberinnen und Künstlerinnen, die außerhalb des Themas Migration künstlerisch wirken und arbeiten.[527]

Der Politiker versucht die einseitige Fokussierung in der Öffentlichkeit auf Stereotype bezüglich der in Deutschland lebenden Türkinnen aufzuweichen. Hierbei deutet Laschet ein Dilemma an: Einerseits stehen im medialen Mittelpunkt unterdrückte Frauen aus der türkischen Community, deren Image häufig dem Klischee unterdrückter Frauen entspricht. Andererseits spielen aufgrund der fehlenden Öffentlichkeit wirtschaftlich unabhängige Frauen aus der türkischen Community keine Rolle in den Mediendiskursen. Das bedeutet gleichzeitig, dass türkeistämmige Frauen fast ausschließlich in einem negativen Rahmen medienwirksam kontextualisiert werden. Ähnlich wie Yasemin Karakaşoğlu sieht der Politiker die Hauptursachen für häusliche Gewalt in sozioökonomischen Schwierigkeiten und nicht in der ethnischen Herkunft:

> Ich denke nicht, dass die Anzahl der türkischen Frauen, die von Gewalttaten betroffen sind, angestiegen ist. Massive Gewalt wird von Menschen angewendet, die Worte nicht mehr verstehen und nicht mehr erreichbar sind. Ich denke nicht, dass unter Türken häusliche Gewalt weiter verbreitet ist als unter Deutschen. Ich möchte betonen, dass häusliche Gewalt weniger ein ethnisches Problem ist als vielmehr ein sozioökonomisches Problem.[528]

Armin Laschet bemängelt im Interview mit der Hürriyet, dass es keine Zahlen über Zwangsehen in Deutschland gibt. Seine Antwort schließt sich an die Frage der Hürriyet an, ob der Politiker glaube, dass es Vorurteile über verbreitete Zwangsehen und häusliche Gewalt unter Türken gibt:

> Wir haben leider keine Zahlen über zwangsverheiratete türkische Frauen oder Zahlen darüber, wie viele türkische Frauen Opfer von häuslicher Gewalt werden. Ich sehe jedoch eine Gefahr darin, türkische Frauen, die Gewaltopfer sind und unterdrückt werden, öffentlich zu lancieren. Aus diesem Grund denke ich, dass eine solche Kampagne, welche die Türkinnen mit all ihren Seiten zeigt, sehr wichtig ist.[529]

Armin Laschet unterstützt in seiner letzten Antwort im Interview das eigentliche Ziel des Blattes, ein differenziertes und vielseitiges Porträt der Türkinnen mittels der Serie vorzustellen. Gleichzeitig gelinge es dem Blatt neben dieser positiven und facettenreichen Darstellung gesellschaftliche Tabus aufzubrechen.

---

527 Ebd.
528 Ebd.
529 Ebd.

3.2 Einordnung der Hürriyet-Serie in den medialen Diskurs

Im nächsten Kapitel werden die wesentlichen Ergebnisse des Interviews mit der Journalistin, Autorin und Redakteurin Canan Topçu präsentiert.

3.2.6 Canan Topçu: „Deutschland erforscht die türkische Frau."[530]

Canan Topçu, die seit 1999 als Redakteurin bei der Frankfurter Rundschau angestellt ist, äußert sich im Interview mit der Hürriyet offen sowie kritisch über die von der Hürriyet gestartete Kampagne gegen häusliche Gewalt. In diesem Punkt hebt sich ihre Meinung deutlich von den Ansichten der männlichen Interviewpartner in den vorherigen Interviews ab. Zudem wirft sie einen kritischen Blick auf die Funktion und die Berichterstattung der Medien.

Nach Topçu gliedere sich diese Kampagne lediglich in den gegenwärtigen Zeitgeist von weiteren Aktionen zu ähnlichen Themen ein. Topçu äußert sich folglich skeptisch in Bezug auf die Aktion der Hürriyet, da sie Gewalt als grundsätzliches gesellschaftliches Problem definiert, das unabhängig von Aktualitäten zu behandeln sei:

> Obwohl Gewalt ein grundsätzliches gesellschaftliches Thema ist, entsprechen die dazugehörigen Kampagnen einer Art Modephänomen. Heute ist das Thema von Interesse und morgen schon wieder vergessen. Das Thema Gewalt müsste eigentlich immer auf der Tagesordnung stehen und von dort nie verschwinden. Notwendig ist die Sensibilisierung für Gewalt von Anfang an, in der Erziehung zu Hause und in den Schulen.[531]

Topçu äußert sich ablehnend zu den Diskursverschränkungen zwischen den Debatten über den Beitritt der Türkei in die EU und den Debatten über Zwangsehen und Gewalt in türkischen Familien.[532] Die Redakteurin stellt die „Erforschung der türkischen Frauen" im deutschen Mediendiskurs deutlich in Frage, da die Problematiken seit Jahren bestünden und zuvor keine Beachtung erhielten. Topçu greift hierbei auf die unveränderten Lebensumstände im transnationalen Raum zwischen der Türkei und Deutschland zurück. Im Gegensatz dazu hätten sich die Medien jedoch stark gewandelt:

---

530 Koç, Gülşah: Topçu, Canan: „Almanya, Türk kadınını keşfetti", in: Hürriyet, 18.03.2006, S. 17.
531 Ebd.
532 Siehe dazu EU-Fortschrittsbericht Türkei: Arbeitsdokument der Kommissionsdienststellen. Türkei Fortschrittsbericht 2006, S. 20, in: http://ec.europa.eu/enlargement/pdf/key_documents/2006/Nov/tr_sec_1390_de.pdf, (Stand: 21.02.2012).

> Eigentlich haben sich die Lebensumstände der Frauen in Europa und in der Türkei überhaupt nicht verändert. Ich denke auch nicht, dass die Lebensumstände der Frauen vor zehn Jahren anders gewesen sind. Was sich jedoch verändert hat, sind die Medien. Die Medien in Europa befinden sich in einem Befreiungskrieg der türkischen Frauen und plötzlich gibt es ein reges Interesse an ihnen. Es werden Bücher geschrieben und es wird in Talkshows debattiert.[533]

Im Diskurs über innerfamiliäre Gewalt stellt Topçu fest, dass die Differenzen zwischen der türkischen Diaspora und den in der Türkei lebenden Türken sehr groß ist. Die Journalistin und Redakteurin betont im Interview die Rück- bzw. Fortschrittlichkeit beider Bevölkerungsgruppen:

> Wenn Menschen emigrieren, dann nehmen sie ihre Bräuche und Sitten mit und versuchen sie stärker zu schützen als in ihrer Heimat. Auch wenn das Land, in das sie emigriert sind, anders ist, haben sie einen konservativen Lebensstil. Wenn wir also diese Umstände beachten, dann glaube ich, dass die häusliche Gewalt unter den hiesigen Familien stärker verbreitet ist.[534]

Topçu vermutet einerseits ein größeres Ausmaß innerfamiliärer Gewalt in türkischen Familien in Europa als in der Türkei. Andererseits führt sie die Ursachen des höheren Gewaltausmaßes auf die „Rückständigkeit" der in der Diaspora lebenden Türken zurück. Topçu argumentiert in ähnlicher Weise in ihrer Antwort auf die Frage der Hürriyet, ob Zwangsehen ihrer Meinung nach sehr weit verbreitet seien:

> Wenn man sich die türkischen Mädchen in Deutschland ansieht, dann denke ich, dass in den Familien viele Fehler passieren. Einerseits möchten die Familien die Vorteile in Deutschland nützen und von der Kultur profitieren, und andererseits üben sie mittels ihrer eigenen Bräuche sehr viel Druck auf ihre Kinder, vor allem auf die Mädchen, aus. Wenn ich schon in Deutschland lebe, hier arbeite und hier mein Brot esse, dann jedenfalls muss ich mich doch auch ein wenig den geltenden Spielregeln anpassen.[535]

Die Gründe für die Ursachen von Zwangsehen in türkischen Familien sieht Topçu in der fehlenden Integrationsleistung der hier lebenden türkischen Familien und dem Druck, der durch die eigenen Bräuche auf die Mädchen in den Familien ausgeübt wird. Die türkische Soziologin und Autorin Pınar Selek erkennt ähnliche Ursachen für das Geschlechterverhältnis der in Deutschland le-

---

533 Ebd.
534 Ebd.
535 Ebd.

3.2 Einordnung der Hürriyet-Serie in den medialen Diskurs

benden Türken wie Canan Topçu. Selek sieht die Gründe zudem im fehlenden Bezug zur gegenwärtigen Türkei aufgrund der Migrationserfahrung:

> Viele Türken, die hier leben, zelebrieren ein Geschlechterverhältnis, das in der Türkei in den fünfziger Jahren herrschte. Ganz so, als habe man sie vor ihrer Abreise in eine Kühltruhe gesteckt, in der trotz des anderen Raumklimas ein bestimmter Wertekanon unbeschadet überstehen konnte.[536]

Neben ihrer Kritik an den Bräuchen der türkischen Eltern gegenüber ihren Töchtern kritisiert Canan Topçu die Medien, weil sie sich den Themen Zwangsehen und häusliche Gewalt unsensibel nähern würden und somit zur ausschließlichen Wahrnehmung von Stereotypen beitragen:

> Zwangsehen und häusliche Gewalt sind Dinge, die es innerhalb der türkischen Gesellschaft gibt. Das Stereotyp, welches in Europa besteht, kommt daher, weil die Phänomene Gewalt und Zwangsehen auf die gesamte türkische Gesellschaft übertragen werden. Leider beweisen die Medien in ihrer thematischen Annäherung nicht genügend Sensibilität.[537]

Die Journalistin und Autorin Canan Topçu spricht im Interview mehrere Diskurse an, die miteinander verwoben sind: Im Zusammenhang mit der einseitigen Berichterstattung über den Gewaltdiskurs kritisiert sie die Medien, die sich stark auf weibliche „migrantische" Stereotype konzentrierten. Gleichzeitig fehle insgesamt eine Diskussion über Gewalt an sich, zumal sie allgegenwärtig ist, unabhängig vom Gewaltdiskurs innerhalb des Geschlechterverhältnisses. Topçu kritisiert die Türkei stämmige Diaspora in Deutschland, deren Lebensweise sich grundsätzlich von der Lebensweise der in der Türkei lebenden Bevölkerung unterscheide. Diese Haltung spiegele sich stark im Geschlechterverhältnis wider, das nicht zeitgemäß sei. Des Weiteren kritisiert die Redakteurin die fehlende Integrationsbereitschaft der Türkei stämmigen Diapsora in Deutschland, die zu Lasten der Mädchen gehe.

---

536 Krüger, Karin: „Das sind doch alles ramponierte Wesen", Die Soziologin Pınar Selek hat ein Buch über den türkischen Männlichkeitskult geschrieben und musste deshalb aus dem Land flüchten, Frankfurter Allgemeine Zeitung, 10.09.2010, S. 31.
537 Ebd.

3.2.7 Sevim Dağdelen: „Echte Empathie kann zur Lösung der Probleme beitragen."[538]

Die Bundestagsabgeordnete der Partei Die Linke Sevim Dağdelen wurde 1975 in Duisburg geboren.[539] Sie ist seit 1991 politisch aktiv und wurde erstmals 2005 in den Bundestag gewählt. Neben ihrem Amt als Bundestagsabgeordnete studiert Dağdelen Jura in Köln und ist darüber hinaus als freie Autorin und Übersetzerin tätig. Dağdelen gehört zu den in der zweiten Generation geborenen Frauen, die in der Serie der Hürriyet vorgestellt werden. Aufgrund ihrer Ausbildung, ihres Berufs, ihrer Herkunft als ehemaliges „Gastarbeiterkind" und ihres politischen Engagements gehört Dağdelen zu den *rolemodels* in dieser Serie. Sevim Dağdelen ist der berufliche und soziale Aufstieg aufgrund ihres Bildungswegs gelungen, ohne dabei ihre kulturellen Wurzeln zu verlieren. Ihre öffentliche Person entspricht somit dem Integrationsverständnis des Blattes.

In ihrer Funktion als deutsche Politikerin türkischer Herkunft wird sie in der Hürriyet-Serie zu den Phänomenen Zwangsheirat, Zwangsehe und innerfamiliäre Gewalt befragt. Sevim Dağdelen spricht sich im Interview mit dem Blatt gegen eine ausschließlich strafrechtliche Auseinandersetzung mit den Themen häusliche Gewalt, Zwangsehen und „Ehrenmorden" aus:

> Zwangsehen verstoßen gegen die Menschenrechte. Niemand besitzt das Recht, jemand anderen in eine Ehe zu zwingen und somit sein Leben zu vergiften. Unter Türkei stämmigen Migranten ist dieses Problem jedoch vorhanden. Allerdings ist es nicht richtig, diese Problematik auf alle Personen zu übertragen und sie dadurch unter Generalverdacht zu stellen.[540]

Wie zuvor Karakaşoğlu und Zaimoğlu lehnt die Politikerin die Ursachensuche in ethnischen und religiösen Bereichen ab:

> Wir müssen uns davor bewahren, ethnische und religiöse Vorurteile zu schüren. In einigen Ländern bestehen diese Phänomene wegen sozialer, kultureller und wirt-

---

538 Ulun, Aydın: Sevim Dağdelen: Sorunlar ancak şefkatle çözülür, in: Hürriyet, 20.12.2005, S. 17.
539 Siehe dazu auch: Dağdelen, Sevim: „Ich bin das erste in Deutschland geborene Kind meiner türkischen Familie, die 1973 nach Duisburg kam. Zuerst mein Vater, der als Gastarbeiter bei Thyssen Lokrangierführer wurde, dann meine Mutter mit meinen beiden älteren, in der Türkei geborenen Schwestern. Wir sind sechs Geschwister. Und mein Interesse an Politik ist auch aus der Erkenntnis entstanden, dass sozialer Status und Migrationshintergrund bedeuten: Das Leben hält weniger Angebote bereit und man muss härter kämpfen, um sich seine Träume zu erfüllen (…).", in: Blickpunkt Bundestag: Gerlof, Kathrin: Wie das Leben spielt, 01.12.2005.
540 Ulun, Aydın: Sevim Dağdelen: Sorunlar ancak şefkatle çözülür, in: Hürriyet, 20.12.2005, S. 17.

3.2 Einordnung der Hürriyet-Serie in den medialen Diskurs 195

schaftlicher Faktoren. Ich halte es aber nicht für richtig, diese Schwierigkeiten der Religion zuzuschreiben bzw. den Glauben und die Religion aufgrund dieser Probleme unter Generalverdacht zu stellen.[541]

Sevim Dağdelen weist in ihrer Antwort auf die Folgen des Zuwanderungsgesetzes bezüglich der Verhinderung von Zwangsehen hin. Darüber hinaus soll ein im Heimatland absolvierter Deutschkurs die Integrationschancen in Deutschland erhöhen. An diesem von Dağdelen aufgezeigten Beispiel wird deutlich, wie auf politischer Ebene der Integrationsdiskurs mit dem Geschlechterverhältnis verschränkt wird. Diese politische Maßnahme hängt eng mit dem Diskurs über „Ehrenmorde", Zwangsehen und arrangierte Ehen zusammen. Sie verstärken jedoch die „strukturelle Gewalt" gegenüber Migrantinnen, worauf im Kapitel 2.3 eingegangen wurde. Auf diese Diskursverschränkung geht Dağdelen in ihrer Interviewantwort ein:

> Seit dem Februar 2005 gilt die Zwangsheirat als Straftatbestand, der mit bis zu fünf Jahren Gefängnis bestraft werden kann.[542] So wird beispielsweise die Anhebung des Mindestalters beim Ehegattennachzug auf 21 Jahre oder der Nachweis eines abgeschlossenen Deutschkurses, bevor der nachziehende Ehepartner nach Deutschland kommt, meines Erachtens weitere Schwierigkeiten nach sich ziehen, anstatt Zwangsehen zu verhindern.[543]

Sevim Dağdelen geht darüber hinaus im Interview mit der Hürriyet auf die unterschiedlichen parteipolitischen Positionen im Bundestag ein. In diesem Zusammenhang erläutert die Politikerin ihre Position zum Gesetzesentwurf der Grünen, wonach die geltenden Strafmaßnahmen ausgeweitet werden sollten. Die

---

541 Ebd.
542 Vgl. dazu: Sütçü, Filiz: „Die Gesetzesanträge der Länder Baden-Württemberg und Berlin sehen ein „Zwangsverheiratungs-Bekämpfungsgesetze" vor, mit dem Ziel, die Zwangsheirat strafrechtlich mit Strafandrohungen von sechs Monaten bis 10 Jahren wirksamer zu bekämpfen und im zivilrechtlichen Bereich die Rechtsstellung der Opfer von Zwangsheirat zu stärken. Nach meinen bisherigen Beobachtungen müssen die Gesetzesanträge auf die Tatbestände der Zwangsehe erweitert werden. Als Signalwirkung ist die Einführung eines eigenen Straftatbestandes zu begrüßen. Durch die Schaffung eines eigenen Straftatbestandes wird der Unrechtsgehalt einer Tat hervorgehoben. Durch die Ahndung und Bestrafung wird eine Abschreckung erwartet, wobei gleichzeitig anzumerken ist, dass die Täter, die aus tiefster Überzeugung handeln, sich nicht beeinflussen lassen werden. Entweder weil sie die Gesetzesänderung nicht erreicht oder, dass sie ihre tradierten Werte höher einstufen als die Menschenrechte, die Unversehrtheit des Lebens, der Gesundheit ihrer Kinder und die Unantastbarkeit der Würde jedes einzelnen Menschen.", S. 304 und S. 305.
543 Ulun, Aydın: Sevim Dağdelen: Sorunlar ancak şefkatle çözülür, in: Hürriyet, 20.12.2005, S. 17.

Linken-Politikerin erklärt jedoch auch ihre Unterstützung des Antrags bezüglich des Bleiberechts der Opfer von Zwangsehen und des Rückkehrrechts:

> Ich bin davon überzeugt, dass der Antrag der Grünen im Bundestag und ihr Gesetzesentwurf für härtere Strafmaßnahmen keinen weiteren Beitrag zur Lösung der Problematiken leisten können. Andererseits unterstütze ich den Antrag, was die Aufenthaltsgenehmigung der Opfer von Zwangsehen sowie die Rückkehrmöglichkeit der Opfer nach Deutschland betrifft.[544]

Sevim Dağdelen hält die Schwerpunktsetzung auf Strafmaßnahmen für den falschen Weg, denn sie bedeute eine Abkehr von der Dialogebene, und nur dieser wirke aufklärend und deeskalierend:

> In den Hintergrund geraten die Bemühungen um den Dialog ausgehend von den zivilgesellschaftlichen Organisationen und den gesellschaftlichen Beiträge zu diesen Themen. Wir können diese Problematik nicht allein durch strafrechtliche Maßnahmen lösen, sondern müssen uns viel mehr um eine thematisch forcierte Aufklärung bemühen.[545]

Im folgenden Abschnitt des Interviews fragt das Blatt die Bundespolitikerin, ob ihrer Ansicht nach häusliche Gewalt unter türkischen Familien in Deutschland sehr weit verbreitet sei. Sevim Dağdelen bezieht sich in ihrer Antwort auf dieselbe umfangreiche Untersuchung wie zuvor Yasemin Karakaşoğlu in ihrer Antwort gegenüber der Hürriyet:

> Laut einer Studie des Bundesfamilienministeriums wurden 40% der Frauen in Deutschland zwischen 16 und 85 Jahren Opfer von physischer oder sexueller Gewalt.[546] Der Studie nach beläuft sich diese Zahl unter Türkei stämmigen Frauen auf 49% und unter Frauen aus Osteuropa auf 46%. Das bedeutet, dass das Phänomen der häuslichen Gewalt ein Problem unter Türkei stämmigen Familien in Deutschland ist.

---

544 Ebd.
545 Ebd.
546 Bundesministerium für Familie, Senioren, Frauen und Jugend: (Hg.): „Betrachten wir die Ergebnisse differenziert nach Viktimisierung durch sexuelle Gewalt und durch nichtsexualisierte körperliche Gewalt und Übergriffe, dann zeigt sich, dass vor allem die türkischen Frauen häufiger körperliche Gewalt seit dem 16. Lebensjahr erlebt haben als der Durchschnitt der Frauen der Hauptuntersuchung und auch häufiger als die osteuropäischen Migrantinnen (...).", in: Lebenssituation, Sicherheit und Gesundheit von Frauen in Deutschland, Eine repräsentative Untersuchung zu Gewalt gegen Frauen in Deutschland, Im Auftrag des Bundesministeriums für Familie, Senioren, Frauen und Jugend, Bielefeld, 2004, Teil 1 von 3, S.118-S.119.

3.2 Einordnung der Hürriyet-Serie in den medialen Diskurs

Ich lehne jedoch die Behauptung ab, dass das ein typisch türkisches oder muslimisches Phänomen ist.[547]

An diese Antwort schließt sich die weitere Frage des Blattes an, ob es Türken gegenüber bestimmte Vorurteile im Hinblick auf häusliche Gewalt und Zwangsehen gebe. Die Politikerin drückt sich in ihrer Antwort abwägend aus: „Das kann mit eine Rolle spielen, was die steigenden Vorurteile und das zunehmende Misstrauen gegenüber Türken oder Muslime betrifft, muss es jedoch nicht zwangsläufig."[548]

Im weiteren Zusammenhang äußert sich Sevim Dağdelen ähnlich kritisch wie Canan Topçu zur fragwürdigen Aktualität der thematischen und medialen Problematisierung von Zwangsehen und häuslicher Gewalt. Die Probleme seien schon länger vorhanden gewesen:

> Gegenwärtig können wir beobachten, dass die gesellschaftlichen Probleme wie häusliche Gewalt und Zwangsehen, obwohl sie bereits seit Jahrzehnten ein ernsthaftes Problem bilden, erst seit einigen Jahren auf die Tagesordnung kommen. Wir dürfen diese Phänomene auf gar keinen Fall akzeptieren. Gleichzeitig müssen wir Vorurteile gegenüber bestimmten Gesellschaften dringend vermeiden. Die Regierungen in Europa und einige Organisationen verwenden diese Problematiken von Zeit zu Zeit als Druckmittel in ihren diplomatischen Beziehungen.[549]

In ihrem letzten Satz deutet Dağdelen die Verschränkung der Diskurse über Zwangsehen und häusliche Gewalt mit dem Diskurs über die Beitrittsverhandlungen der Türkei mit der EU an.

Im letzten Abschnitt des Interviews mit der Politikerin stellt die Hürriyet eine Frage zum damals gültigen Einbürgerungstest in Baden-Württemberg. Der Fragenkatalog des Tests ist eine politische Maßnahme, die aus der Verschränkung des Geschlechterdiskurses mit dem Integrationsdiskurs im Zuge des Diskurses über „Ehrenmorde", Zwangsehen und arrangierte Ehen resultierte.

Hürriyet: „Was halten Sie von den aufschlussreichen Fragen zum Einbürgerungstest in Baden-Württemberg?"

> Wir sehen am Beispiel dieses Bundeslandes, welche Dimensionen die Problematiken bereits angenommen haben. Wenn Muslime sich in Baden-Württemberg einbürgern lassen wollen, dann müssen sie Fragen wie „Was denken Sie über Zwangsehen?", „Stimmen Sie zu, dass Ehefrauen, die die Regeln ihrer Männer nicht befol-

---

547 Ulun, Aydın: Sevim Dağdelen: Sorunlar ancak şefkatle çözülür, in: Hürriyet, 20.12.2005, S. 17.
548 Ebd.
549 Ebd.

gen, geschlagen werden sollen?" usw. Es kann nicht ernsthaft angenommen werden, dass diese Maßnahmen zur Lösung der vorhandenen Schwierigkeiten tatsächlich beitragen können.[550]

Das Interview mit der Politikerin Sevim Dağdelen besitzt Aussagekraft vor allem im Hinblick auf politische und rechtliche Maßnahmen auf der Bundes- und Landesebene und auf die Folgen für das Zuwanderungsgesetz. Dadurch erhalten ihre Ausführungen einen hohen Informationswert für das Leserpublikum der Hürriyet. Die Politikerin benennt das Phänomen der Zwangsheirat als das, was es ist: eine Menschenrechtsverletzung. Im Verlauf des Interviews zeigt Dağdelen den Zusammenhang der verschiedenen Diskursstränge auf, die ineinander übergehen: Die öffentlichen Debatten über Zwangsheiraten, Zwangsehen und arrangierte Ehen besitzen unmittelbare Folgen für das Zuwanderungsgesetz. Allerdings hängt mit den politischen und rechtlichen Lösungsstrategien gleichzeitig die weitere Ungewissheit bezüglich des gesicherten Aufenthaltsstatus der betroffenen Frauen zusammen, da sie im Falle einer Scheidung mit der zwingenden Rückkehr in das Herkunftsland rechnen müssen. Im nächsten Kapitel werden die Ergebnisse des Interviews mit der Linkspolitikerin Evrim Sommer vorgestellt. Zum Zeitpunkt des Interviews hieß die Politik Evrim Baba. Nach ihrer Heirat wechselte sie ihren Nachnamen. Der Nachname Baba wurde in der Untersuchung des Interviews belassen.

3.2.8   Evrim Baba: „Wir sollten keine Generalisierungen vornehmen."[551]

Die Politikerin Helin Evrim Baba ist Mitglied im Abgeordnetenhaus Berlin für Die Linken. Im Interview mit der Hürriyet erläutert die Politikerin ihre Ansichten zu den Themen Zwangsehen und „Ehrenmorde". Baba ist eine der wenigen, in der Öffentlichkeit stehenden Interviewpartnerinnen, die ihre persönlichen ambivalenten Eindrücke im Interview zum Ausdruck bringt und zugibt. Darüber hinaus formuliert sie, durchaus von herrschenden Kollektivsymbolen aus dem medialen Diskurs beeinflusst zu sein.

Evrim Baba wurde 1971 in Varto in der Türkei geboren. Die Politikerin ist kurdischer Herkunft und kam als Flüchtlingskind aus der Türkei gemeinsam mit ihren Eltern im Alter von acht Jahren nach Berlin.[552] Babas politische Themenschwerpunkte sind neben der Integration und der Migration auch die Frauenpolitik. Sie ist frauenpolitische Sprecherin ihrer Partei im Abgeordnetenhaus in Ber-

---
550   Ebd.
551   Ulun, Aydın: Baba, Evrim: „Genelleştirme yapmayalım", in: Hürriyet, 22.12.2005, S. 17.
552   Vgl. dazu: http://www.evrimbaba.de/topic/13.lebenslauf.html, (Stand: 27.09.2008).

3.2 Einordnung der Hürriyet-Serie in den medialen Diskurs 199

lin. Im Gegensatz zu ihrer Parteikollegin Sevim Dağdelen spricht sich Evrim Baba für härtere Bestrafungen aus. Im ausführlichen Interview mit der Hürriyet betont die Politikerin mehrere Aspekte, welche die Lebensumstände der Frauen und Mädchen besonders erschweren können:

> Die Erfahrungen meiner Kindheit und meine Arbeit mit Flüchtlingen und Opfern von Menschenrechtsverletzungen haben mich zutiefst geprägt. Und ich erlebte, dass Frauen doppelt so stark von Diskriminierung und sozialer Ausgrenzung betroffen sind.[553]

Baba erklärt der Hürriyet gegenüber, dass es viel wichtiger sei, die Problematiken zum Phänomen „Ehrenmord" im Vorfeld zu erkennen und anzupacken, anstatt erst hinterher aktiv zu werden, wenn es den Betroffenen nichts mehr nütze:

> Es geht hier um ein gesamtgesellschaftliches Problem. In den Kampagnen zu diesen Themen richtet sich die Aufmerksamkeit auf türkischen Frauen, weil sie viel häufiger zu Opfern werden. Aber auch Frauen aus dem Nahen und Mittleren Osten sowie aus dem Fernen Osten und aus Europa sind Opfer von Gewalt. Richtig ist jedoch, dass mehrheitlich in muslimischen Gesellschaften, in denen die Vorherrschaft der Männer anerkannt ist, „Ehrenmorde" am häufigsten auftreten.[554]

Bei der Antwort zur Frage hinsichtlich der gesellschaftlichen Stellung von Türkinnen in Deutschland und Europa zeigt sich die ambivalente Haltung der Politikerin:

> Um ehrlich zu sein kommen mir bei dieser Frage als erstes Gewalt und Unterdrückung in den Sinn. Wenn wir uns die Frauenhäuser oder die Beratungsstellen ansehen, dann können wir feststellen, dass viel mehr Türkei stämmige Frauen als deutsche Frauen dort Hilfe suchen.[555]

Baba weist im folgenden Abschnitt auf den Erfolg von Frauen aus der türkischen Community in Deutschland hin. Dabei versucht die Politikerin einen einseitig negativ gefärbten Blick auf die Frauen zu vermeiden. Sie greift damit die in den Medien dominierenden Stereotype über türkische Frauen auf. Gleichzeitig weist sie auf türkischstämmige Frauen hin, die in den deutschen Medien zu wenig Beachtung finden, obwohl sie erfolgreich und selbstbestimmt an der Gesellschaft

---

553 Ebd.
554 Ulun, Aydın: Baba, Evrim: „Genelleştirme yapmayalım", in: Hürriyet, 22.12.2005, S. 17.
555 Im Interview mit der Hürriyet spricht Baba von Gewalt (şiddet) und nicht von häuslicher Gewalt (aile içi şiddet).

partizipieren. Babas Hervorhebung der erfolgsorientierten türkischen Frauen in Deutschland schließt sich an die Intention der Hürriyet-Serie an, auf die Heterogenität unter den Frauen aufmerksam zu machen:

> Bevor ich auf die Frage eingehe, möchte ich unbedingt darauf hinweisen, dass es unter unseren Türkei stämmigen Frauen äußerst erfolgreiche Frauen gibt. Ich spreche von wirtschaftlich unabhängigen, modernen, sich ihrer Rechte bewusste Frauen; Frauen, die beruflich in höheren Positionen arbeiten.[556]

Evrim Baba stellt im Interview mit dem Blatt die politischen Positionen und Zielsetzungen der Linkspartei zur Aufenthaltsregelung von Migrantinnen vor. Zum Zeitpunkt des Interviews war in der Gesetzesvorlage der Bundesregierung vorgesehen, dass erst nach drei Jahren und nicht nach zwei Jahren, die Aufenthaltsgenehmigung dem hinzugezogenen Ehepartner erteilt werden soll. Die Gesetzesvorlage wurde verabschiedet und ist in dieser Form bis heute gültig. Die Forderung der Linken formuliert Baba wie folgt:

> Wir als Die Linke fordern, dass den Frauen, die verheiratet aus der Türkei hierher zu ihren Männern kommen, die Aufenthaltsgenehmigung nicht erst nach zwei Jahren erteilt wird, sondern sofort. Dadurch kann die Abhängigkeit vom Ehemann reduziert werden. Wir fordern darüber hinaus die sofortige Arbeitserlaubnis für diese Frauen.[557]

Baba versucht in ihrer letzten Antwort zur Frage nach der Häufigkeit häuslicher Gewalt in türkischen Familien in Europa den Blickwinkel auf das generelle Phänomen der häuslichen Gewalt zu lenken. Baba kritisiert die Fokussierung auf türkischstämmige Frauen. Dadurch werde der Gewaltdiskurs im Geschlechterverhältnis auf Frauen einer bestimmten Ethnie reduziert. Die häusliche Gewalt als gesamtgesellschaftliches Gewaltproblem wird infolgedessen ausgeblendet:

> In Ihrer Frage werden türkische Familien angesprochen und hierin liegt leider gleichzeitig auch ein Stück der bitteren Wahrheit. Wenn wir uns jedoch ausschließlich auf türkische Frauen konzentrieren, bleiben deutsche Frauen und Frauen mit einem anderen Hintergrund außerhalb unserer Wahrnehmung. Die gesamte Lösung dieser Probleme liegt in der kollektiven Zusammenarbeit.[558]

Einen wichtigen Lösungsansatz sieht die Politikerin in der Selbststärkung der Frauen, wofür die notwendigen politischen Rahmenbedingungen geschaffen

---

556 Ulun, Aydın: Baba, Evrim: „Genelleştirme yapmayalım", in: Hürriyet, 22.12.2005, S. 17.
557 Ebd.
558 Ebd.

3.2 Einordnung der Hürriyet-Serie in den medialen Diskurs 201

werden müssten. Baba betont sowohl die Notwendigkeit der psychologischen Motivation der betroffenen Frauen als auch die rechtliche Stärkung von Frauenrechten insgesamt:

> Dieser Weg führt einzig und allein über die Bildung und über den Ausbau von Frauenrechten sowie von Frauenhäusern. Darüber hinaus müssen die Frauen durch Projekte auf ihr eigenständiges Leben vorbereitet werden und motiviert werden. Das funktioniert nur über die Frauen persönlich.[559]

An der Antwort der Politikerin lässt sich erkennen, dass sie für die wirtschaftliche Unabhängigkeit der Frauen plädiert, die vor allem durch eine bessere Ausbildung erreicht werden soll. Nur dadurch könnten die Frauen ein selbstbestimmtes und freies Leben führen.

Durch das Interview mit der Politikerin Evrim Helin Baba ist es der Hürriyet gelungen, den Leserinnen und Lesern abermals die parteipolitische Innenperspektive einer Türkei stämmigen deutschen Politikerin wiederzugeben. Babas Fokus in ihren Argumentationen im Interview liegt auf der „strukturellen Gewalt", die der Staat aufgrund seiner rechtlichen und politischen Maßnahmen gegenüber den von Gewalt betroffenen Frauen verstärkt. Im Hinblick auf den öffentlichen Diskurs kritisiert die frauenpolitische Sprecherin der Linken die generelle Ausblendung des Gewaltdiskurses innerhalb des Geschlechterverhältnisses bezüglich Frauen nicht türkischer Herkunft. Folglich wird suggeriert, dass Gewalt im Geschlechterverhältnis ein monoethnisches Phänomen ist, von dem weiße, christliche, heterosexuelle Frauen nicht betroffen sind.

Das nächste Kapitel beinhaltet die Ergebnisse des Interviews mit der in München lebenden und praktizierenden Psychiaterin und Psychologin Elif Cındık.

3.2.9 Elif Cındık: „Die Frauen dürfen nicht über einen Kamm geschoren werden."[560]

Elif Cındık ist als Psychotherapeutin und Psychiaterin tätig. Sie ist sowohl in der Türkischen Gemeinde Deutschland als auch im zivilgesellschaftlichen Kontext in der Integrationspolitik aktiv. Zusätzlich arbeitet die Psychiaterin als freie Universitätsdozentin. Cındık bietet ihr Therapie- und Seminarangebot sowohl auf

---

559 Ebd.
560 Özcan, Celal: Münihli psikiyatr Dr. Elif Cındık: „Tüm kadınlar bir kaba konulmamalı", in: Hürriyet, 30.12.2005, S. 17.

Deutsch als auch auf Türkisch an.⁵⁶¹ Sie wurde im Jahr 1970 in Istanbul geboren und lebt seit 1971 in Deutschland. Elif Cındık hat in Frankfurt Medizin studiert und promovierte an der Harvard University in den USA. Das Interview mit Elif Cındık wurde einerseits ausgewählt, weil sie darin ein großes psychosoziales Spektrum anspricht, und andererseits aufgrund ihres öffentlichen Bekanntheitsgrades innerhalb der türkischen Teilöffentlichkeit. Darüber hinaus sind die von ihr erläuterten Probleme geschlechterübergreifend.

Im Interview schildert sie die psychosozialen Problematiken ihres Türkei stämmigen Patientenklientels, die sich aus der Migrationssituation ergeben. Die Therapeutin nimmt im Interview mit der Hürriyet Bezug auf den medialen Diskurs über Zwangsheiraten und „Ehrenmorde", den sie wiederum scharf kritisiert:

> Es scheint so, als wenn es keine einzige glückliche Türkin gebe. Dadurch werden weitere Vorurteile geschürt. Mich ärgern nicht die Debatten, sondern die Instrumentalisierung der Probleme für politische Zwecke. Die Frauen, um die es geht, leben alle nicht in der Türkei, sondern hier!⁵⁶²

Cındık spricht in diesem Argument die doppelte Marginalisierung der von Gewalt betroffenen Frauen in der Mehrheitsgesellschaft und in der Politik an: Die Frauen sind bereits aufgrund ihrer ethnischen Herkunft von der Mehrheitsöffentlichkeit ausgegrenzt. Zusätzlich werden die als „fremd" geltenden Frauen dadurch marginalisiert, dass ihre Gewalterfahrungen innerhalb des Einwanderungsdiskurses und des Politikdiskurses *benutzt* werden, um integrationspolitische Maßnahmen durchzusetzen. Sie erfahren somit eine doppelte Stigmatisierung seitens der Politik. Cındık lehnt sowohl den Titel der Hürriyet-Serie als auch den eigentlichen Anlass für die Kampagne der Hürriyet ab. Dabei stellt sie einen Zusammenhang zwischen dem medialen Diskurs über „Ehrenmorde" und Zwangsehen sowie den Autobiographien Türkei stämmiger Autorinnen her:

> Diese Art von Kampagnen machen mich äußerst wütend. In letzter Zeit ist es quasi zur Mode geworden, über Zwangsheiraten Bücher zu schreiben und Romane zu veröffentlichen, in denen Türkinnen geschlagen und gedemütigt werden, was nicht heißt, dass ich es nicht wichtig finde, über die bestehenden Probleme betroffener Frauen zu sprechen. Ganz im Gegenteil.⁵⁶³

Cındık sieht einen politischen Zusammenhang zwischen den Diskurssträngen über die EU-Beitrittsverhandlungen der Türkei und dem sich damit überlappen-

---

561 Siehe dazu: http://www.cindik.net/German/person.html, (Stand: 03.03.2011).
562 Özcan, Celal: Münihli psikiyatr Dr. Elif Cındık, Tüm kadınlar bir kaba konulmamalı, in: Hürriyet, 30.12.2005, S. 17.
563 Ebd.

3.2 Einordnung der Hürriyet-Serie in den medialen Diskurs 203

den medialen Diskurs über „Ehrenmorde" und Zwangsehen. Letztere würden als Argumente gegen den Beitritt der Türkei in die Europäische Union verwendet werden:

> Personen und Politiker, die gegen den EU-Beitritt der Türkei sind oder prinzipiell etwas gegen Türken haben, missbrauchen diese Veröffentlichungen für ihre eigenen Zwecke. Die Bücher sind einseitig und die Türkinnen entsprechen allesamt einem einzigen Klischee: Türkinnen werden entweder zwangsverheiratet oder führen eine arrangierte Ehe, werden von ihren Männern geschlagen, besitzen kein Mitspracherecht und werden alle Opfer von Ehrenmorden.[564]

Das Blatt fragt danach, ob auch Patientinnen wegen psychischer Probleme durch Zwangsehen ihre Praxis aufsuchen würden:

> Die meisten Frauen, die aufgrund familiärer Bestimmungen heiraten mussten, sind zwischen 40 und 45 Jahre alt und haben Kinder, die bereits über 20 Jahre alt sind. Unter ihnen gibt es Frauen, die in einem sehr jungen Alter verheiratet wurden und unglücklich sind, und es kommen auch Frauen wegen häuslicher Gewalt zu mir.[565]

Cındık erklärt in der Hürriyet, dass ihre PatientInnen auch aus anderen Gründen ihre therapeutische Unterstützung suchen. So schafft Cındık einen Zugang zu anderen tabuisierten Themen wie Drogensucht und Depressionen über die Hürriyet als Sprachrohr der türkischen Community. Einen weiteren wichtigen Aspekt, den die Therapeutin und Psychiaterin im Interview mit der Hürriyet aufgreift, ist der, dass auch Männer Opfer von Gewalt innerhalb von Partnerschaften werden. Dieser Aspekt der Gewalt zwischen den Geschlechtern kommt in der Hürriyet-Serie kaum vor:

> Es gibt Frauen, die von ihren Ehemännern geschlagen werden, aber es gibt auch Männer, die geschlagen werden. Gewalt an und für sich ist unabhängig vom Geschlecht und unabhängig vom Bildungsgrad. Körperliche Gewalt in Beziehungen entsteht langsam und entlädt sich nicht aus heiterem Himmel.[566]

Sie *entlarvt* das Blatt insofern, als sie auf den Diskurs und die Terminologien sowie Zuschreibungen hinweist, die sich die Hürriyet für die Serie zu eigen gemacht hat: Das Blatt veröffentlicht seine Serie mit der Überschrift negativer Adjektive, die den Männern aus der türkischen Community zugeschrieben werden. Die Terminologien der Überschrift der Serie schließt aus, dass Männer

---

564 Ebd.
565 Ebd.
566 Ebd.

Opfer von innerfamiliärer Gewalt werden können. Im Gewaltdiskurs zwischen den Geschlechtern werden Männer primär als Täter und Aggressoren wahrgenommen und stilisiert. Die Psychiaterin sieht einen großen Teil der Verantwortung im Erziehungsstil der Mütter gegenüber ihren Söhnen. Auf die Frage der Hürriyet, was mit den „Machomännern" sei, antwortet Cındık Folgendes:

> Die „Machomänner" werden leider von ihren Müttern erst zu solchen erzogen. In unserer Kultur erhalten die männlichen Kinder deutlich mehr Bedeutung als die weiblichen. Gleichzeitig wollen die Frauen Männer, die stärker sind als sie selbst. Männer, die ihnen den Weg weisen, die bestimmen, was sie zu tun haben, da es für einige Frauen auch schlicht bequemer ist. Es gibt genügend Frauen, die dadurch großen psychischen Druck auf ihre Männer ausüben und sich selbst als das schwächere Geschlecht präsentieren.[567]

Cındık greift die Konstruiertheit im zwischengeschlechtlichen Verhältnis auf, welche das Rollenverhalten von Frauen und Männern betrifft. Darin sieht sie eine Verstärkung stereotyper Verhaltensmuster. Die Psychiaterin weicht von der vorherrschenden Meinung über den Zusammenhang von niedrigem Bildungsstatus und der Häufigkeit häuslicher Gewalt vollkommen ab. Hierin stimmen Cındıks Beobachtungen mit Untersuchungen aus der Türkei über häusliche Gewalt überein. Demzufolge gibt es *keinen* Zusammenhang zwischen dem Bildungsniveau und den Misshandlungen von Frauen und Mädchen im häuslichen Umfeld und in Partnerschaften.[568] Die Gründe liegen vielmehr in einer patriarchalischen Gesellschaftsstruktur, in der Frauen und Mädchen als „männliches Eigentum" betrachtet werden. Es gibt jedoch in der Tat einen Zusammenhang zwischen dem ökonomischen Unabhängigkeitsgrad der Frauen und häuslicher Gewalt. Demnach werden Frauen seltener Opfer häuslicher Gewalt, wenn sie finanziell unabhängig von ihrem Ehepartner bzw. anderen Verwandten sind.[569] Cındık erklärt im Interview mit der Hürriyet, dass Männer *und* Frauen aufgrund von Misshandlungen in ihre Praxis kommen:

> Es kommen sowohl Frauen als auch Männer, die misshandelt werden, in meine Praxis. Gewalt hat überhaupt nichts mit dem Bildungsgrad oder mit dem Geschlecht zu tun. Es gibt auch überhaupt keinen Zusammenhang zwischen Bildungsferne und Gewalt. Gewalttäter, die zu mir kommen, befinden sich selbst in einer großen persönlichen Krise. (...) Dort wo der soziale Druck enorm hoch ist, gibt es Gewalt. (...)

---

567 Ebd.
568 Vgl. dazu Studie aus dem Familien- und Sozialministerium der Türkei, 2011, zitiert nach: Yıldırım, Enis: Zengini de fakiri de dayak yiyor: Lise ve üzeri eğitim alan kadınların yüzde 56' sının şiddet gördüğü belirlendi, in: Habertürk gazetesi, 08.12.2011.
569 Ebd.

3.2 Einordnung der Hürriyet-Serie in den medialen Diskurs 205

Außerdem ist Gewalt nichts, was sich plötzlich entlädt. Es fängt mit einem Schubs an, dann mit einer Ohrfeige und endet im Verprügeln des Anderen. Die Familien müssen offen miteinander über Probleme sprechen, sich durch Liebe und Respekt gegenseitig unterstützen und nach gemeinsamen Lösungen suchen.[570]

Ein häufig angesprochener Aspekt in der Interviewserie ist der Unterschied zwischen den in Deutschland lebenden Türken und der Lebensrealität der Türken in der Türkei. Vielfach werden die Differenzen erwähnt, die sich speziell aus der Migrationserfahrung ergeben. Die soziale Isolation, die daraus folgen kann, führt entweder zur Eskalation der Gewalt oder zur Verstärkung der Gewaltspirale. Ähnlich wie die Redakteurin Canan Topçu formuliert Cındık in ihrem Argumentationsstrang Kritik an der unzeitgemäßen Haltung der Türkei stämmigen Diaspora in Deutschland, die sich im Geschlechterverhältnis widerspiegelt:

> Die hier lebenden Türken sind völlig entwurzelt. Es gibt Sprachschwierigkeiten, Ghettoisierungstendenzen usw. Die nach Europa eingewanderten Türken leben hier ihre Traditionen fort, die sie vor 40 Jahren mitgebracht haben. In der gegenwärtigen Türkei gibt es einen Großteil dieser Traditionen überhaupt nicht mehr. Die gesellschaftliche Entwicklung in der Türkei ist sehr dynamisch und Probleme werden offen diskutiert.[571]

Cındık konzentriert sich in ihrem Argumentations- und Erklärungsmuster der Hürriyet gegenüber auf die Gewaltursachen in Paarbeziehungen sowie auf die psychischen Erkrankungen ihrer Patientinnen und Patienten. Cındık weist auf den Aspekt der Drogen- und Suchtproblematik innerhalb der Familien hin. Hier leistet Cındık in der Hürriyet dem Leserpublikum gegenüber eine Form von Aufklärung und Enttabuisierung. Indem das Blatt die Psychiaterin interviewt, die eine Ansprechpartnerin und psychotherapeutische Fachkraft auch für türkischsprachige KlientInnen ist, unterstützt die Hürriyet die Enttabuisierung von psychischen Erkrankungen. Elif Cındıks Hauptkritik im Diskurs über türkische Frauen richtet sich auf die einseitige Darstellung und die politische Instrumentalisierung der Gewalterfahrungen betroffener Türkei stämmiger Frauen, mittels dessen integrationspolitische Forderungen neu bewertet und durchgesetzt werden.

---

570 Özcan, Celal: Münihli psikiyatr Dr. Elif Cındık, Tüm kadınlar bir kaba konulmamalı, in: Hürriyet, 30.12.2005, S. 17.
571 Ebd.

3.2.10 Gaye Petek, Gründerin des „Hand in Hand"-Vereins in Paris: „Die Mehrheit der Frauen wird misshandelt."[572]

Als letztes Beispiel aus dieser Serie soll das Interview mit Gaye Petek analysiert werden und die im ersten Teil dieser Arbeit vorgestellten theoretischen Grundlagen zum Öffentlichkeitsbegriff anhand der medialen Person von Gaye Petek abrunden.

Das Interview mit Gaye Petek umfasst die räumlichen Verschränkungen zwischen der Türkei und Europa – im Fall von Gaye Petek ist das Frankreich.. Aufgrund ihrer Biographie und ihrer politischen Arbeit entspricht Gaye Petek nahezu ideal den Kriterien, die in der kemalistischen und laizistischen Ideologie bezüglich der Frauen zu finden sind. Infolgedessen wird zunächst näher auf Peteks Biographie und anhand von Zeitungsartikeln aus dem türkischen Pressediskurs auf die mediale Person Gaye Petek eingegangen, bevor die Ergebnisse aus dem Interview mit der Hürriyet vorgestellt werden.

Gaye Petek lebt seit ihrem sechsten Lebensjahr in Frankreich. Wegen der politischen Verfolgung ihres Vaters in der Türkei musste die Familie im Jahr 1950 emigrieren. Gaye Petek studierte Soziologie und Literaturwissenschaft in Paris. Sie war die Gründerin des Vereins „El ele", der für die Integration von Migranten in Frankreich, vor allem von Türkei stämmigen Migranten, tätig war. Der Verein „El ele" musste im Frühjahr 2010 aufgrund der Streichung staatlicher finanzieller Mittel schließen. Gaye Petek musste ihre zwanzig Jahre währende Arbeit in der Organisation aufgeben.[573] Zum Zeitpunkt des Interviews mit der Hürriyet existierte der Verein allerdings noch.

In einem Zeitungsartikel von Mine G. Kırıkkanat in der türkischen Tageszeitung Radikal aus dem Jahr 2003 wird Petek als „eine republikanische Frau" bezeichnet.[574] Kırıkkanat befasst sich in ihrem Artikel mit dem medialen Angriff auf Gaye Petek aufgrund ihres vormals jüdischen Nachnamens Şalom, den sie nach der Heirat mit ihrem jüdischen Mann Jak Şalom angenommen hatte. Nach der Scheidung nahm Gaye Petek wieder ihren Mädchennamen an. Gaye Petek wurde aus diesem Grund von fundamentalistischen Islamisten mit antisemitischen Ressentiments in Frankreich und in der Türkei medial attackiert. Der eigentliche Anlass für die Angriffe auf Petek war eine Reportage des Journalisten

---

572 Elveren, Muammer: Paris Elele Derneği Kurucusu Gaye Petek: „Kadınların çoğu şiddet görüyor.", in: Hürriyet, 27.12.2005, S. 17.
573 Zur Schließung und Arbeit von „El ele" siehe: http://www.tvbvideo.de/video/iLyROoafv 1oD.html, (Stand: 15.07.2010).
574 Kırıkkanat G., Mine: Bir Cumhuriyet kadını, in: http://www.radikal.com.tr/haber.php?haberno=99972, (Stand: 15.07.2010).

3.2 Einordnung der Hürriyet-Serie in den medialen Diskurs

Özdemir Ince, der für die Hürriyet schreibt. Die Reportage erschien am 20.12.2003 in der Hürriyet. Özdemir Ince führte im Zuge seiner Reportage über den Laizismus in Frankreich ein Interview mit Gaye Petek.[575] Gaye Petek war zu dem damaligen Zeitpunkt Mitglied in der von Bernard Stasi gegründeten Laizismus-Kommission namens „Commission de reflexion sur l'application du principe de laïcite dans la republique".[576] Sie erfüllte im Integrationsdiskurs in Frankreich eine öffentliche Aufgabe, die sich den Werteerhalt des französisch-republikanischen Laizismus zum Ziel setzte. Aufgrund der Überschrift der Reportage von Özdemir Ince „Mini etekli kızı yaktılar" (Sie verbrannten ein Mädchen, das einen Minirock trug, M. K.) und der dazugehörigen Erläuterung von Gaye Petek, gekoppelt mit ihrem jüdischen Nachnamen Şalom, ist Petek zur Zielscheibe antisemitischer Angriffe aus der türkischen Öffentlichkeit geworden. Darüber hinaus wurde der Journalist und Autor Özdemir Ince seitens der islamisch orientierten Presse in der Türkei wegen Verleumdung angezeigt.[577]

Gaye Petek hat sich im Interview mit Özdemir Ince auf einen in Frankreich tatsächlich verübten Mord bezogen. Dieser Mord ist im Gewaltdiskurs zwischen den Geschlechtern, der sich mit dem Integrationsdiskurs in Frankreich verschränkt ist, zu verorten: Die 17-jährige Sohanne Benziane wurde im Oktober 2002 von Jamal Derrar, der zum Tatzeitpunkt 22 Jahre alt gewesen ist und Anführer einer Gang im Pariser Vorort Vitry-sur-Seine war, mit Benzin übergossen und angezündet. Die Tat fand in einem Keller statt.[578] Das Opfer war zuvor mit dem Anführer der Gang liiert gewesen. Als Benziane flüchten wollte, wurde ihr der Weg durch weitere Mitglieder der Gang versperrt. Jugendliche, welche die Tat beobachteten und sich als „Schaulustige" dazu gesellten, kamen dem jungen Mädchen nicht zur Hilfe. Gaye Petek bezog sich in Inces Reportage auf den Mord an Sohanne Benziane, um auf die Radikalisierung der in Frankreich lebenden jungen muslimischen Männer aufmerksam zu machen. Der sich in Frankreich an die Tat anschließende Diskurs über Sohanne Benziane besitzt Parallelen

---

575 Vgl. dazu: Ince, Özdemir: „Mini etekli kızı yaktılar", in: http://arama.hurriyet.com.tr/arsivnews.aspx?id=190914, (Stand: 15.07.2010).
576 Vgl. dazu: Commission de reflexion sur l'application du principe de laïcite dans la republique (Hg.): Rapport au president de la republique, Remis le 11 décembre 2003, S. 78.
577 Vgl. dazu: Ince, Özdemir: Evet, mini etekli kızı yaktılar!, in: http://hurarsiv.hurriyet.com.tr/goster/haber.aspx?id=219031&yazarid=72, (Stand: 15.07.2010).
578 Vgl. dazu: Crumley, Bruce: Acting the outrage: „Sohane Benziane was murdered twice. In October 2002, the 17-yer-old Muslim girl was doused with gasoline and burned alive by a local gang leader. Her crime: refusing to obey him. When the accused killer brought police back to the project to re-enact the crime for them, he was greeted with cheers by young men from the complex – a symbol second killing that horrified French citizens (…).", in: http://www.time.com/time/printout/0,8816,901041011-703547,00.html, (Stand: 15.07.2010). Und vgl. dazu auch: http://www.npns.fr/, (Stand: 15.07.2010).

zum Diskurs über den „Ehrenmord" an Hatun Aynur Sürücü in Deutschland. Die Ermordungen der beiden jungen Frauen führten sowohl in Frankreich als auch in Deutschland zu gesellschaftspolitischen Diskussionen über „Ehrenmorde" und Zwangsehen. Gleichzeitig sind beide Phänomene spätestens seit dieser Ereignisse eng mit dem Integrationsdiskurs und der Frage nach der Integrationsbereitschaft von muslimischen Einwanderern verschränkt.

In einem weiteren Interview aus dem türkischen Pressediskurs und im Zusammenhang mit ihrer Mitgliedschaft in der Kommission von Bernard Stasi sowie ihrer Arbeit bei El ele erläutert Gaye Petek im Interview mit der Journalistin Zeynep Oral an einer anderen Stelle die Problematiken innerhalb der pluralistischen französischen Gesellschaft. Die Akteurin Petek geht folglich auf den Integrationsdiskurs in Frankreich ein. Sie sieht die laizistischen Werte aufgrund der Zunahme religiöser Symbole im öffentlichen Raum in Frankreich in Gefahr. Hierin unterscheidet sich Peteks Argumentation wesentlich von den Argumentationssträngen der bereits vorgestellten AkteurInnen aus Deutschland: Religiöse Kollektivsymbole im öffentlichen Raum wurden in den Interviews nicht mit der Angst vor einer Aufweichung der Säkularisierung in Verbindung gebracht.

Petek unterstreicht die Dringlichkeit der Überlegungen und Arbeiten in der Kommission anhand der gesellschaftlichen Fragen in Frankreich. Sie betont, dass es nicht ausschließlich um das Verbot einzelner religiöser Symbole wie der Kippa, dem *türban* und dem Kreuz in Schulen geht. Sie weist auf einen ihrer Meinung nach weitaus bedeutenderen und zugleich problematischeren Aspekt aus dem französischen Schulalltag hin:

> Viel wichtiger ist doch, dass sich die Schüler ihren Lehrkräften gegenüber nicht primär als Gläubige, als Moslem, Katholik oder Jude verstehen. Sie weigern sich, den geltenden gemeinsamen Bildungsinhalt zu lernen: sie nehmen nicht am Sportunterricht teil, stehen mitten im Unterricht auf, um das rituelle Gebet zu verrichten; weigern sich, Darwin oder Voltaire zu lesen oder lehnen es strikt ab, sich von einer weiblichen Lehrkraft unterrichten zu lassen.[579]

Arbeitsziele und Arbeitsinhalte der Kommission waren, den französischen Laizismus und Republikanismus aufgrund des multireligiösen Alltags in Frankreich zu überdenken und Strategien zu entwickeln, wie dieser bewahrt werden kann. Ähnlich den inhaltlichen Schwerpunktsetzungen der Arbeitsgruppen in der deutschen Islamkonferenz unter der Leitung des ehemaligen Innenministers Wolfgang Schäuble wurden in den Arbeitsgruppen der Kommission in Frankreich gesetzliche Empfehlungen ausgearbeitet und vorgestellt. Dabei nimmt die thema-

---

579 Vgl. dazu: Oral, Zeynep: „Yazılar 2004. Fransa'da Eşitsizliğe ve ayrımcılığa direniş (1)," in: http://www.zeyneporal.com/yazilar/2004/30012004.htm, (Stand: 15.07.2010).

tische Sensibilisierung beispielsweise für Lebens- und Alltagssituationen junger muslimischer Mädchen und Frauen in Frankreich einen bedeutenden Raum ein.[580]

Im türkischen Pressediskurs wurde Peteks Mitgliedschaft in der Kommission stets positiv und in herausragender Form erwähnt, weil sie die einzige Türkei stämmige Französin in der Kommission gewesen ist. Außerdem werden ihr gesellschaftspolitischer Einsatz und die Verteidigung laizistischer und republikanischer Werte betont. Insofern ähnelt die Motivation der Kommission den öffentlichen Diskursen in der Türkei (vgl. Kapitel 1.5.1 und 1.5.2). Die gesellschaftlichen Fragen drehen sich folglich darum, inwiefern durch die Veränderung der französischen Öffentlichkeit aufgrund des Islam bzw. aufgrund der neuen muslimischen Akteure laizistische staatliche Grundprinzipien aufrechterhalten werden müssen und können. Im türkischen Pressediskurs über Gaye Petek werden die gesellschaftlichen Diskurse über den Laizismus in Frankreich und in der Türkei miteinander verschränkt. Im Vordergrund des Pressediskurses stehen jeweils die Gefährdung individueller Freiheiten und die Gefährdung des Laizismus im Zusammenhang mit der religiös orientierten Lebensweise und der Islamisierung der Öffentlichkeit.

Mine Kırıkkanat konzentriert sich in ihrem Artikel vor allen Dingen auf den Zusammenhang zwischen dem Antisemitismus und Peteks jüdischen Ehenamen. Kırıkkanat zieht in ihrem Artikel angesichts der antisemitischen Angriffe auf Gaye Petek einen engen Vergleich zwischen dem religiösen Fundamentalismus und dem Faschismus:

> Die islamische Presse beweist Tag für Tag aufs Neue, dass der religiöse Fanatismus und der Faschismus ein und dasselbe sind. Sie schreiben, dass sie Gaye Peteks tatsächlichen Nachnamen „aufgedeckt" hätten – ihren Namen „entlarvt" hätten. Gaye Petek habe Özdemir Ince gegenüber in der Reportage ihren wirklichen Nachnamen bewusst verschwiegen, damit ihre eigentlichen politischen Absichten unerkannt bleiben.[581]

Tatsächlich verschwieg der Journalist und Autor Özdemir Ince jedoch bewusst Peteks damals noch jüdischen Nachnamen Şalom – wegen seiner Befürchtung, dass die „Unterstützer des türban"[582] einen Zusammenhang zwischen ihrer Nähe

---

580 Vgl. dazu: „(...) L'ecole est ainsi une institution fondamentale de la République, accueillant pour l'essentiel de mineurs soumis à l'obligation scolaire, appelés à vivre ensemble au-delà de leurs différences (...).", in: Commission de reflexion sur l'application du principe de laïcité dans la republique, rapport au president de la republique, Remis le 11 décembre 2003, S. 56 u. S. 58-59.
581 Ebd.
582 Ebd., im Original: „(...) Türban'dan yana olanlar (...)."

zum Judentum und ihrer politischen Einstellung gegenüber dem Kopftuchverbot sehen könnten.[583] Er habe Gefahr von ihr abwenden wollen. Der Journalist Ahmet Hakan Coşkun dagegen schreibt dazu in der Sabah:

> Frei nach dem Motto, seht her, das ist also das wahre Gesicht dieser Dame! Sie trägt einen jüdischen Nachnamen und Juden sind nun einmal die Feinde der Muslime. Die Israelis töten schließlich Palästinenser. Nun kann jeder verstehen, weshalb Gaye Petek eine Feindin des Kopftuchs ist![584]

Coşkun verurteilt die Angriffe auf Gaye Petek. In seinem Artikel betont er, dass es keinen Zusammenhang gibt zwischen der Einstellung zum Kopftuch – mit Anspielung auf Gaye Peteks Mitgliedschaft in der von Bernard Stasi gegründeten Laizismus-Kommission – und dem Namen, den eine Person trägt:

> Ist es denn so schwierig, stichhaltige Argumente gegen Gaye Peteks Einstellung zu findet? Stattdessen stürzt man sich auf ihren Nachnamen „Şalom". Ich persönlich kenne viele Juden, unter ihnen auch einen mit dem Nachnamen Şalom, die das Kopftuchverbot verurteilen und nicht nachvollziehen können. Diese verschwörungsartige Annäherung an Gaye Petek ist völlig absurd.[585]

Coşkun lehnt folglich einerseits die antisemitischen Anfeindungen gegen Petek ab und erklärt jedoch gleichzeitig, dass es genügend Gründe für die Lockerung des Kopftuchverbots in der Türkei gibt.

Die Journalistin Mine Kırıkkanat schreibt in ihrem Artikel, dass Gaye Petek sich seit insgesamt fast dreißig Jahren in Frankreich für die tatsächlichen Belange der dort lebenden Türken, die wiederum die kleinste Minderheit unter den Migranten bilden, mit all ihrer Kraft einsetzt. Im Kontext ihrer Kritik verdeutlicht Kırıkkanat den ihrer Meinung nach wesentlichen Unterschied zwischen der arabischen und der türkischen Teilöffentlichkeit in Frankreich, indem sie die Begriffe „ümmet" (islamische Gemeinschaft) und „millet" (Nation, Volksnation) verwendet:

---

583 Vgl. dazu: Küçükcan, Talip: Arab Image in Turkey, Seta Research Report, Juni 2010: "The majority of the Turkish people (71,5%) have negative attitude towards Jews. (...) This is a strong indication that the great majority of Turkish people do not approve Israeli policies towards the Palestinians. One can argue that a common history as well as shared religious beliefs and cultural values with Arabs influence Turks' views of Jews. Males (75,1%) seem to have more negative attitudes toward the Jews than women (67,9%).", S. 16. Insgesamt wurden 3040 Personen zwischen 18 Jahren und über 61 Jahren befragt. Die Aufteilung der Personen erfolgte nach Geschlechterzugehörigkeit, Alter und Bildungsstatus.
584 Ebd.
585 Ebd.

3.2 Einordnung der Hürriyet-Serie in den medialen Diskurs

Gaye Petek vertritt in Frankreich nicht die arabische Umma, sondern das türkische Volk. Die Angreifer aus der Umma pressen die türkischen Arbeiter in Frankreich aus, die ihr Einkommen im Schweiße ihres Angesichts verdienen müssen, indem sie von ihnen Spenden und Geld für die Gründung von Moscheen und islamischen Geschäften verlangen.[586]

Özdemir İnce kritisiert in diesem Zusammenhang in seinem Artikel vom 29.12.2003 in der Hürriyet einen Artikel von Hasan Karakaya aus der Zeitung Vakit.[587] Die türkischsprachige Europaausgabe der Tageszeitung Vakit wurde im Jahr 2005 in Deutschland aufgrund ihrer Verharmlosung des Nationalsozialismus und Antisemitismus verboten.[588] Karakaya von der Vakit schreibt, dass der Großvater von Gaye Petek Anhänger des jüdischen Mystizismus gewesen sei und die Kabbala-Lehre praktizierte. Ince stellt Karakayas Aussagen bezüglich Gaye Peteks Familie in Frage und widerlegt sie: Da Peteks Vater in der sozialistischen Partei TSEKP – Türkiye Sosyalist Emekçi Partisi; die Partei wurde am 16.12.1946 verboten und ihre Mitglieder verhaftet – aktives Mitglied gewesen ist und eine Freundschaft zu Nazim Hikmet, dem türkischen Lyriker und Schriftsteller pflegte, habe er nach Frankreich emigrieren müssen.[589]

Fahrettin Petek, der im Dezember 2010 in Paris verstarb, wurde jedoch 1949 aufgrund seiner politischen Orientierung ausgebürgert und musste gemeinsam mit seiner Frau Neriman Petek und seiner Tochter Gaye Petek nach Frankreich emigrieren.[590] Er sollte erst 1989, nachdem er die französische Staatsbürgerschaft erhalten hatte, wieder in die Türkei einreisen dürfen.[591] Folglich schreibt Ince:

> Es gibt keinen einzigen Grund für die Beschuldigungen von Karakaya gegenüber Fahri Petek hinsichtlich seiner Freundschaft mit Nazim Hikmet und seiner politischen Arbeit bei der Türkischen Sozialistischen Arbeiterpartei. Im Gegenteil: Fahri Petek ist sehr ehrenwert und ein Mensch, den man nur bewundern kann! Aber das ist einem Publizisten einer islamischen kleinlichen Zeitung nicht begreiflich zu machen![592]

---

586 Kırıkkanat G., Mine: Bir Cumhuriyet kadını, in: http://www.radikal.com.tr/haber.php?haberno=99972, (Stand: 15.07.2010).
587 Siehe dazu: İnce, Özdemir: Gaye Petek'e övgü, 29.12.2003, in: http://hurarsiv.hurriyet.com.tr/goster/haber/haber.aspx?id=192538&yazarid=72, (Stand: 15.07.2010).
588 Vgl. dazu: http://www.avrupa.de/Vakit/, (15.07.2010).
589 Ebd.
590 Siehe dazu: „Devrimci bilim adamı Prof. Petek'i kaybettik", in: http://www.odatv.com/n.php?n=devrimci-bilim-adami-prof.-peteki-kaybettik-2512101200, (Stand: 15.07.2010).
591 Ebd.
592 Ebd.

Einen aufschlussreichen Aspekt der medialen Reaktionen, die Gaye Petek hervorrief, bildet die konsequente Unterscheidung zwischen der arabischen Kultur und dem arabischen Islam wie auch der türkischen Kultur und der türkisch-islamischen Synthese in der Diaspora in Frankreich im Artikel von Mine Kırıkkanat. Dabei kommen erneut zentrale Elemente des Politikdiskurses in der Türkei zum Ausdruck, die sich wiederum auf die türkische Diaspora in Frankreich beziehen. Dementsprechend gibt es Diskursverschränkungen zwischen dem Laizismus, der türban-Debatte in der Türkei und dem Kopftuchverbot an staatlichen Schulen in Frankreich anhand der öffentlichen Person Gaye Petek im öffentlichen Diskurs der Türkei und Frankreich. Innerhalb der türkischen und Türkei stämmigen Diaspora in Frankreich entwickeln sich laut Kırıkkanat Formen der „Arabisierung" und der „arabischen Islamisierung", die sowohl antidemokratische Tendenzen als auch islamistische Radikalisierungen zufolge hätten. Der Begriff „Arapçalaşmak" (Arabisierung) wird im Artikel äquivalent zum Begriff „Islamisierung" verwendet.[593] Gleichwohl wird der Terminus im öffentlichen Diskurs abwertend und rassistisch gebraucht. Die Beobachtung der „Arabisierung" stellt Kırıkkanat auch in der Türkei fest, indem sie im zweiten Teil ihres Artikels die AKP-Regierung unter Recep Tayyıp Erdoğan indirekt kritisiert. Kırıkkanat verurteilt die Geringschätzung von Menschen wie Jak Şalom in der Türkei und Gaye Petek, die sich für die Türkei einsetzen:

> Es sind nicht die geistlich Eingestellten, die ihren Kindern arabische Namen geben und selbst arabische Namen tragen, die die Werte unseres Landes verteidigen. Es sind die Şaloms, die sich einsetzen (...). Denn sie und ihre Regierung [gemeint ist die AKP-Regierung, Anm. M. K.] versuchen die Türkei vor dem Europäischen Gerichtshof für Menschenrechte im Kopftuchstreit zu unterjochen.[594]

Mine Kırıkkanat gibt in ihrem Artikel das von laizistisch orientierten Frauen in der Türkei empfundene Bedrohungspotenzial seitens des erstarkten Islam in der Öffentlichkeit und den dadurch verstärkten Konformitätsdruck – mahalle baskısı (Mardin) – wieder. Die Gründe liegen, wie in ihrem Beispiel erwähnt, in der Politik der AKP-Regierung innerhalb der Türkei und über die Türkei hinaus, welche die politischen und gesellschaftlichen Machtdiskurse verändert hat.

---

593 Im öffentlichen Diskurs in der Türkei werden die Begriffe „*Arapçalaşmak*" und „*İranlaşmak*" (eine Islamisierung nach dem Vorbild der islamischen Republik Iran) abwechselnd verwendet. Daran gekoppelt wird die Kritik an der AKP, deren Politik von Wählerinnen und Wählern aus den liberalen, laizistischen und kemalistischen Gesellschaftsschichten als „schleichende Islamisierung" der Gesellschaftsstrukturen in der Türkei bewertet wird. Insbesondere liberale Wählerinnen und Wähler, welche die Durchsetzung von Bürger- und Freiheitsrechten mit der Wahl der AKP-Regierung erhofften, sind enttäuscht.
594 Vgl. Kırıkkanat.

3.2 Einordnung der Hürriyet-Serie in den medialen Diskurs 213

Kırıkkanat weist auf den sich gewandelten öffentlichen Raum in der Türkei hin, der sich durch die Sichtbarkeit[595] und die Partizipation wertkonservativ orientierter muslimischer AkteurInnen auszeichnet, indem sie kurz den Antrag vor dem Europäischen Gerichtshof für Menschenrechte erwähnt.[596] Auf dieses diskursive Ereignis wird im Rahmen der Untersuchung des Pressediskurses der Europaausgaben der Zaman näher eingegangen werden. Kırıkkanat überlässt das Wort im letzten Absatz ihres Artikels Gaye Petek, indem sie dem Leser zuvor erklärt, dass sie Petek gefragt hätte, was sie von den Angriffen auf ihre eigene Person hält. Peteks Antwort bezieht sich sowohl auf die Türkei als auch auf Frankreich:

> Die Menschen, die mich angreifen und mich als Jüdin beschimpfen, leben seit 30 Jahren in Frankreich und stellen im Namen der demokratischen Freiheit und der Gleichberechtigung Forderungen in Frankreich. Mit welchem Recht können diese Menschen, während sie ihre eigenen Landsleute diskriminieren, gleichzeitig den Franzosen vorwerfen, dass ihre Religion diskriminiert wird?[597]

Im Hinblick auf die Türkei verweist Petek auf die Zugehörigkeit des Judentums in der Türkei:

> Gleichzeitig bedeutet das nämlich, dass sie die seit über 500 Jahren in der Türkei ansässigen Juden nicht als Türken wahrnehmen. Sie sprechen zwar über Gleichberechtigung, verhalten sich jedoch diskriminierend und rassistisch.[598]

Kırıkkanat schließt ihren Artikel mit dem Verweis auf die „arabische Lesart" der Demokratie ab: „Oh doch, das können sie, Gaye. Denn sie haben eine arabische Lesart der Demokratie und im Arabischen gibt es kein Wort für Demokratie."[599] Im Mittelpunkt des Interviews mit Gaye Petek stehen ihre langjährigen Erfahrungen aus der Integrationsarbeit und aus der Politik in Frankreich. Gaye Petek hat sich im französischen Senat zu den Ursachen und Zahlen von „Ehrenmorden" in der Türkei und in Frankreich geäußert.[600] In ihrer Erläuterung im Senat geht sie auf die unterschiedlichen sozialen Milieus aus den ländlichen Gebieten der Türkei ein, die in die Großstädte wie Istanbul emigrieren, und erläutert parallel dazu die Milieustrukturen der Türkei stämmigen Migranten in Frankreich. Sie

---

595 Vgl. dazu Göle.
596 Vgl. dazu: Europäischer Gerichtshof für Menschenrechte: Kopftuchverbot vereinbar mit europäischer Menschenrechtskonvention, Urteil vom 10.11.2005: http://europenews.dk/de/node/6150, (Stand: 15.07.2010).
597 Kırıkkanat G., Mine: Bir Cumhuriyet kadını, in: http://www.radikal.com.tr/haber.php?haberno=99972, (Stand: 15.07.2010).
598 Ebd.
599 Ebd.
600 Siehe dazu: http://videos.senat.fr/video/videos/2010/video4280.html, (Stand: 30.03.2011).

nennt Beispiele aus der Türkei, in denen junge Frauen und Mädchen durch Familienmitglieder umgebracht worden sind, und beleuchtet gleichzeitig die Rechtsprechung in der Türkei. Petek sieht in den Herkunftsstrukturen und dem Phänomen der „Ehrenmorde" sowohl in der Türkei als auch in Frankreich signifikante Zusammenhänge, worauf sie auch im Interview mit der Hürriyet zu sprechen kommt.

Die vorausgegangene Darstellung von Gaye Peteks Äußerungen und ihrer politischen Arbeit dienen dem Verständnis des „Ideals" einer republikanischen und laizistisch orientierten Türkin. Gaye Petek ist darüber hinaus eine Person, die in unterschiedlichen öffentlichen Räumen agiert: in Frankreich und in der Türkei.

Im Interview mit der Hürriyet vom 27.05.2005 beantwortet Petek die Fragen des Blattes aufgrund ihrer Erfahrungen aus der Arbeit im Verein „El ele" vielschichtig. Im Gesprächsverlauf werden Parallelen zur Situation Türkei stämmiger Frauen in Deutschland deutlich. Im Gegensatz zu den Interviewpartnerinnen und -partnern in Deutschland nehmen Stereotypen über TürkInnen und türkische Familien in Europa keinen bedeutenden Raum ein. Gaye Petek konzentriert sich in ihren Antworten auf die sozialen Probleme ihrer Klientel und auf die erschwerten persönlichen Lebensbedingungen Türkei stämmiger Frauen in Frankreich. Petek verweist im Interview mit der Hürriyet auf eine Studie aus dem Jahr 2005, wonach am häufigsten Frauen aus Afrika, der Türkei und Pakistan Opfer von häuslicher Gewalt werden:

> In Frankreich gab es zwischen 2004 und 2005 eine ähnliche Kampagne wie die der Hürriyet. Eine Arbeitskommission aus dem Frauen- und Gleichstellungsministerium stellte in ihrer Untersuchung fest, dass Frauen aus Afrika, der Türkei und aus Pakistan am häufigsten Opfer von Gewalt werden. Während in Frankreich jede zehnte Frau Opfer häuslicher Gewalt wird, betrifft es in der Türkei jede vierte Frau.[601]

Gaye Petek besitzt einen weiter gefassten Begriff von innerfamiliärer Gewalt gegen Frauen. Demzufolge gehen die Misshandlungen nicht nur vom Partner aus, sondern eben auch von weiteren Familienmitgliedern:

---

601 Die Ergebnisse dieser Studie werden im Bericht der „Laizismus-Kommission" erwähnt. Vgl. dazu: "Des marriages sont imposes dans certaines communautés, notamment turque, maghrébine, africaine et pakistanaise. (…) Parfois aussi, la jeune fille est 'mariée' à l'occasion de vacances dal le pays d'origine, ce qui signifie la fin de la scolarité.", in: Commission de reflexion sur l'application du principle de laïcite dans la republique, rapport au president de la republique, Remis le 11 décembre 2003, S. 47.

3.2 Einordnung der Hürriyet-Serie in den medialen Diskurs 215

Der Druck, unter dem die Frauen leiden und stehen, wird nicht nur von ihren Ehemännern ausgeübt. In der Regel geht er von allen Familienmitgliedern aus. Das können die Schwiegermütter sein, die Brüder, aber auch der Schwager.[602]

Folglich äußert sich Gaye Petek kritisch zum Titel der Hürriyet-Serie. Sie sieht keinen Zusammenhang zwischen dem „Machotum" und der von Männern ausgeübten Gewalt:

> Ich halte es für verkehrt, die von Männern ausgehende Gewalt unter dem Aspekt des Machotums zu beleuchten. In der Regel sind in den betroffenen Familien feudale und archaische Strukturen erkennbar, die wesentlich für die Gewaltakzeptanz verantwortlich sind. Es bedarf einer langwierigen psychologischen und pädagogischen Aufklärung und Betreuung sowie der Etablierung einer gewaltfreien Kultur, um dem entgegenzuwirken.[603]

Wie auch in einigen Interviews mit deutsch-türkischen Gesprächspartnerinnen unterstreicht Petek die anatolische Herkunft der Türkei stämmigen Frauen in Europa und folgert daraus einen Zusammenhang zwischen Herkunftskultur und der Häufigkeit von Gewalt gegen Frauen. Auf die Frage des Blattes, wie es um die Lebenssituation der Türkei stämmigen Frauen in Europa bestellt ist, antwortet Petek mit Ausführungen über die psychosoziale Situation der so genannten „Importbräute" (im Original: „ithal gelinler"):

> Die frisch verheirateten Frauen aus der Türkei werden am häufigsten Opfer von häuslicher Gewalt. Sie haben bei ihrer Ankunft mit mehreren Problemen gleichzeitig zu kämpfen: Sie verstehen weder die Sprache noch kennen sie das Land, in dem sie leben. Die Mehrheit der jungen Frauen wird von ihren Schwiegermüttern wie Sklavinnen behandelt.[604]

Petek erklärt weiter, dass die jung verheirateten Frauen ihre Ehemänner kaum kennen würden und diese wiederum ihre Beziehungen zu Französinnen, wenn sie im Vorfeld bereits bestanden, trotz der Heirat fortführten. Peteks Argumentation gleicht hierbei den Äußerungen von Seyran Ateş und Necla Kelek, die zu ähnlichen Ergebnissen aufgrund ihrer Beobachtungen und Erfahrungen kommen. Einen großen Teil des Interviews nimmt der Diskurs über Zwangsehen ein. Dabei geht Gaye Petek ausführlich auf den Begriff der Zwangsehen ein, deren Art und Zustandekommen sie auf Basis der familiären Dynamik versucht zu diffe-

---

602 Elveren, Muammer: Paris Elele Derneği Kurucusu Gaye Petek: „Kadınların çoğu şiddet görüyor", in: Hürriyet, 27.12.2005, S. 17.
603 Ebd.
604 Ebd.

renzieren. In diesem Kontext trifft der Begriff der arrangierten Ehe nach Filiz Sütçü zu, auf den ich bereits eingegangen bin. Viel zu oft würden laut Gaye Petek die betroffenen jungen Mädchen und Frauen den Vorstellungen ihrer Familien nachgeben und sich auf den ausgewählten Heiratskandidaten einlassen. Einen entscheidenden Grund für den fehlenden Widerstand sieht Petek in dem Trugschluss der betroffenen Frauen und Mädchen, sich mittels einer Heirat aus den beengten eigenen Familienverhältnissen lösen zu können. Insofern beugten sich die Betroffenen mit einem gewissen „Fatalismus" (im Original: „kadercilik") dem Druck ihrer Familien:

> Einerseits vermeiden die Mädchen aufgrund ihrer vermeintlichen Zustimmung die Auseinandersetzungen mit ihren Familien. Andererseits gibt es natürlich auch Mädchen, die sich widersetzen, ihre eigenen Wünsche formulieren und sich gegen den von ihrer Familie ausgesuchten Heiratskandidaten aussprechen. Trotz alledem werden sie von ihren Familien übergangen und werden dann tatsächlich zwangsverheiratet.

Im nächsten Absatz ihres Interviews zieht Petek einen Vergleich zwischen der Situation in Deutschland und in Frankreich, indem sie auf eine Studie aus Frankreich eingeht, die den Aspekt der Freiwilligkeit bei jung verheirateten eingewanderten Frauen vor ihrer Eheschließung untersucht hat:

> Nach einer Untersuchung in Frankreich zufolge, die vor rund zehn Jahren durchgeführt wurde, haben 98% der unter 16 Jahre alten Migrantinnen nicht freiwillig in die Ehe eingewilligt. Sie erklärten, dass sie von ihren Familien unter Druck gesetzt worden sind und gegen ihren persönlichen Wunsch verheiratet wurden.[605]

Petek vergleicht die Lebenssituation der Frauen und Mädchen in Frankreich und in Deutschland, wobei sie näher auf die Ergebnisse bezüglich des Heiratsverhaltens der Türkei stämmigen Franzosen eingeht und dies im Zusammenhang mit der Integrationsbereitschaft sieht:

> Ähnlich wie in Frankreich verhält es sich auch in Deutschland: Türkeistämmige heiraten sehr selten Europäer. Noch seltener sind die Eheschließungen zwischen Türkeistämmigen und Franzosen. Ihre Zahl beträgt nicht einmal 2%, wohingegen in der Studie festgestellt wird, dass ein Drittel der jungen Frauen aus Algerien wiederum mit einem Franzosen verheiratet sind.[606]

---

605   Ebd.
606   Ebd.

3.2 Einordnung der Hürriyet-Serie in den medialen Diskurs 217

Auf den Aspekt der französischen Sprache geht Petek in diesem Zusammenhang nicht ein, zumal diese im Herkunftsland Algerien gesprochen wird. Auch Gaye Petek beantwortet die Frage der Hürriyet über den Grad der Verbreitung von häuslicher Gewalt in türkischen Familien in Europa. Ihr zufolge ist die Dunkelziffer deutlich höher als die offiziell bekannten Zahlen. Einen der wesentlichen Gründe sieht Petek in der fehlenden Bildung, in der falschen Auslegung der Religion der in Europa lebenden Türken und in der frauenverachtenden Einstellung der Männer:

> Dahinter stecken fehlende Bildung und die falsche Interpretation der Religion. Viele Männer betrachten darüber hinaus Frauen als Menschen zweiter Klasse. Wenn nur jeder Mann, bevor er zuschlägt, sich daran erinnern würde, dass auch er von einer Frau geboren wurde, dass auch seine eigene Schwester genauso wie er ein Mensch ist, ein Individuum, könnte er vielleicht innehalten.[607]

Veränderungspotenzial sieht Gaye Petek in der Zivilisierung (im Original: „çağdaşlaştıkça", in diesem Kontext: während des Zivilisierungsprozesses) und Modernisierung der Gesellschaft. Damit schließt sie sich in ihrem Denken dem kemalistischen Verständnis über die Moderne an:

> Sobald nämlich eine Gesellschaft den Modernisierungs- und Aufklärungsprozess durchläuft, ändert sich natürlich auch die Sichtweise der Männer.[608]

Im Zusammenhang mit dem Frauenbild erklärt Petek in der Hürriyet, dass es deutlich komplizierter ist, die Einstellung der Männer gegenüber Frauen zu verändern als die sozialen Lebensbedingungen. In diesem Punkt unterscheiden sich laut Petek auch die Aspekte der häuslichen Gewalt und Misshandlungen in Partnerschaften zwischen türkischen und europäischen Partnern:

> Natürlich gibt es auch europäische Frauen, die Opfer häuslicher Gewalt werden. Ein ganz wichtiger Teil dieser Gewalt entsteht jedoch durch äußere Faktoren, wie soziale Unsicherheiten, psychische Erkrankungen oder den Einfluss von Alkoholabhängigkeit. Was unsere Männer betrifft, so muss gar kein äußerer Einfluss vorhanden sein, der die Gewaltspirale in Gang setzt. Die Bereitschaft zur Gewalt gegen Frauen geht geradewegs auf das Frauenbild zurück, das diese Männer in ihren Köpfen besitzen.[609]

---

607 Ebd.
608 Ebd.
609 Ebd.

Peteks Unterscheidung der Einflussfaktoren von häuslicher Gewalt in Türkei stämmigen Familien in Europa und in europäischen Familien deckt sich mit der Ansicht der Psychiaterin Elif Cındık. Petek betont abschließend abermals, dass sich die Einstellungen der Männer nur durch die Vermittlung von Bildung und die Etablierung einer aufgeklärten und modernen Kultur verändern können.

Zusammenfassend lässt sich feststellen, dass die medialen Diskurse über „Ehrenmorde" und Zwangsehen im Gespräch mit Gaye Petek in einer anderen Form aufgegriffen wurden als in den Interviews mit den Frauen aus Deutschland. Der wesentliche Grund liegt in den fehlenden Interviewfragen und folglich in den fehlenden Diskursverschränkungen zwischen Zwangsehen, „Ehrenmorden" und dem Verbreitungsgrad von Vorurteilen gegenüber Türken in Europa. Insgesamt unterstreicht Petek in ihren Antworten mehrmals, dass die frauenverachtende Haltung der Männer ausschließlich durch moderne gesellschaftspolitische und kulturelle Fortschritte verändert werden kann. Die Vermittlerfunktion müsse in erster Linie die Bereiche Bildung und Erziehung übernehmen. Gaye Peteks Ansichten schließen an den Anfang dieser Arbeit, die Darstellung des bildungsorientierten und republikanisch kemalistischen Frauenideals, an: Als eine „Frau der Republik" – „cumhuriyetin kadını" – vertritt sie den Modernisierungs- und Fortschrittsgedanken nach kemalistischem Muster, welches auch der Zielsetzung der Hürriyet zugrunde liegt. Im Kemalismus bilden Erziehung und Ausbildung der Bevölkerung von Kindesbeinen an die wesentliche Voraussetzung für den gesellschaftlichen Fortschritt sowie die Basis für eine sich immer weiterentwickelnde moderne Gesellschaft im Sinne einer modernen Zivilisation nach europäisch-westlichem Vorbild. Insgesamt passt Gaye Peteks öffentliche Person ideal zur politischen Orientierung des Blattes Hürriyet. Dennoch wäre die Konklusion, dass Gaye Petek aus einer primär ideologisch bedingten Motivation heraus ihre Interviewaussage trifft, nicht haltbar: Peteks dreißigjährige Erfahrung innerhalb der Integrationsarbeit in Frankreich und ihre eigene soziale Herkunft sowie ihr hoher Grad an Bildung dürften für ihre Beobachtungen und Interviewaussagen eine weitaus größere Rolle spielen.

Petek sieht – wie die vorausgegangenen Interviewpartnerinnen auch – einen signifikanten Unterschied zwischen der städtischen und der ländlichen Herkunft der Türkei stämmigen Familien und Paare in Europa. Dieser Differenzierung liegt die Annahme zugrunde, dass eine Sozialisation in einem urbanen Milieu mit einem höheren Grad an Bildung einhergeht und daraus eine gewaltlosere Kultur folgt, die sich in der Partnerschaft und im häuslichen Umfeld widerspiegelt. Gleichwohl ist diese Korrelation für die Türkei laut den Statistiken zur häuslichen Gewalt und zur Gewalt in Partnerschaften nicht haltbar. Allerdings sind die Gewaltformen geographisch unterschiedlich zu verorten, was sich insbesondere an den „Ehrenmorden" zeigt.

Die Soziologin Ayfer Yazgan stellt in ihrer Untersuchung „Morde ohne Ehre" im Hinblick auf den Ehrbegriff in den unterschiedlichen Regionen der Türkei fest, dass der Ehrbegriff, der über den weiblichen Körper definiert wird, in der ruralen Bevölkerung stark verankert ist. Aufgrund der dörflichen Strukturen, die über ein engmaschiges soziales Kontrollnetz verfügen, ist der gesellschaftliche Druck, der auf die Familien ausgeübt wird, entsprechend hoch. Yazgan betont, dass die „Ehrenmordproblematik" keine „individuelle Angelegenheit" ist. Sie muss deshalb als „Angelegenheit mit kollektivem Charakter betrachtet werden". Die Folgen von „unehrenhaftem" Verhalten spüren die Männer in diesem Gebieten unmittelbar, da sie diejenigen sind, die im Gegensatz zu den weiblichen Familienmitgliedern in der Öffentlichkeit stehen. Ihnen kommt laut Yazgan die Aufgabe des „namus bekçisi" – „Wächter der Ehre der Frauen" – zu. Wenn sie diese nicht erfüllen können, werden sie sozial isoliert. Infolgedessen kann die Ehre nur dann wiederhergestellt werden, wenn die Frau oder das junge Mädchen für ihr Fehlverhalten – öffentlichkeitswirksam – körperlich bestraft oder getötet wird:

> An erster Stelle steht die Gemeinschaft im Dorf oder Stadtviertel, die zur Tat motivieren und Druck ausüben. An zweiter Stelle steht bei den traditionell bedingten Ehrenmorden der Familienrat, der sich aus den männlichen Mitgliedern der Familie zusammensetzt. (…) Bevor der Familienrat zum Beispiel den Tod des Opfers beschließt, ist die Familie von ihrem sozialen Umfeld ausgeschlossen. In dieser Periode erfahren die Familienangehörigen emotionale, physische und ökonomische Gewalt. Ihr Umfeld boykottiert sie im geschäftlichen Leben, sie werden von ihrem Umfeld nicht einmal auf der Straße begrüßt und des Weiteren von allen sozialen Aktivitäten ausgeschlossen.[610]

Hinsichtlich der „Ehrenmorde" sind die Unterschiede zwischen den städtischen und den ländlichen Milieus durchaus zutreffend: Demnach ist die Lebenssituation in den ostanatolischen Gebieten für junge Mädchen und Frauen deutlich schwieriger als für Frauen in den Städten, die zusätzlich über ein eigenes Einkommen verfügen. Der Unterschied zwischen der urbanen Sozialisation und der ruralen ostanatolischen Sozialisation schlägt sich laut Petek auch innerhalb der Akzeptanz von Gewalt gegenüber der Partnerin und den weiblichen Familienmitgliedern nieder. Aus diesem Grund nimmt Petek Bezug auf die Zahlen aus der Türkei. Insgesamt ist das Interview mit Gaye Petek eines der aufschlussreichsten Interviews in der Hürriyet-Serie, da es an mehrere Diskurse innerhalb des transnationalen Raums Europa-Türkei anknüpft. Darüber hinaus gibt dieses

---

[610] Yazgan, Ayfer: Morde ohne Ehre. Der Ehrenmord in der modernen Türkei. Erklärungsansätze und Gegenstrategien, Transcript, Bielefeld, 2011, S. 121.

Interview dem Leserpublikum der Hürriyet einen Einblick in die Situation im Nachbarland Frankreich, wo der Diskurs über Zwangsehen- und „Ehrenmorde" ähnliche Formen besitzt und mit dem französischen Integrationsdiskurs verschränkt ist. Aufgrund der Migrationsgeschichte und der Herkunftsländer der Migrantinnen in Frankreich ruht das mediale Augenmerk der französischen Öffentlichkeit jedoch nicht auf Frauen türkischer Herkunft, sondern nordafrikanischer Herkunft, wie am Beispiel der Ermordung von Sohanne Benziane veranschaulicht wurde.

3.2.11 Zwischenfazit

Die Überschriften der Hürriyet-Serie zu den Thematiken Gewalt an Frauen und innerfamiliärer Gewalt zeugen von den Bedingungen phallozentrischer Macht- und Diskursstrukturen: Die Dichotomie zwischen Opfern und Tätern wird in den Interviewfragen reproduziert. Darüber hinaus tragen die Charakterisierungen der mutmaßlichen Täter – und letztendlich der Leser – als „Macho, Unterdrücker" – zur Verstärkung der Effekte, die aus dem vorherrschenden deutschsprachigen Mediendiskurs der Mehrheitsöffentlichkeit entnommen wurden, bei.[611] Die Kollektivsymbole aus dem deutschsprachigen Mediendiskurs werden von den MedienmacherInnen der Hürriyet weiter reproduziert. Dadurch werden folglich die eigenen Frauen und Männer zu den „Anderen" – im Sinne von „othering" – stilisiert.

Der Schriftsteller Feridun Zaimoğlu appelliert im Interview an die Hürriyet, sich direkt an die Männer zu wenden, indem er die Hürriyet dazu ermutigt, die Männer in die Auseinandersetzung mit dem eigenen Männerbild und dem Gewaltdiskurs dringend einzubeziehen. Mit den Interviewpartnerinnen verhält es sich ähnlich: Sie greifen die Effekte des vorherrschenden Diskurses auf, mit dem eigentlichen Ziel diesen zu dekonstruieren. Dies erreichen sie aber nur zum Teil,

---

611 Vgl. dazu: Stecklina, Gerd: Kleine Jungs mit großen Eiern. Männlichkeitsstereotype über junge männliche Migranten: „Neben den Gruppen junger männlicher Türken und der Migranten aus den Ländern des Nahen und Mittleren Ostens sind es vor allem junge männliche Spätaussiedler, die durch Politik, Medien, Forschung und Alltagspraxis mit ‚antiquierten' Männlichkeitsstereotypen in Verbindung gebracht werden. (...) Jungen männlichen Türken, jungen Männern aus dem Nahen und Mittleren Osten wird – bei allen angenommenen Differenzen zwischen den drei Gruppen – neben stereotypen Annahmen zur jeweiligen Ethnizität eine Männlichkeit zugeschrieben, welche sich durch gewalttätiges Handeln, Kriminalität, Frauenabwertung, ein übersteigertes Körperbewusstsein, protziges Auftreten und Cliquen-/Bandenbildung äußert.", in: Munsch, Chantal/ Gemende, Marion/ Weber-Unger Rotino, Steffi (Hrsg.): Eva ist emanzipiert, Mehmet ist ein Macho. Zuschreibung, Ausgrenzung, Lebensbewältigung und Handlungsansätze im Kontext von Migration und Geschlecht, 2007, S. 76f.

3.2 Einordnung der Hürriyet-Serie in den medialen Diskurs

da sie sich stets auf den Negativdiskurs über türkische und muslimische MigrantInnen aus der Mehrheitsöffentlichkeit beziehen bzw. ihm verhaftet bleiben. Der enge Bezug zu den Stereotypen ergibt sich jedoch aus den Interviewfragen des Blattes, die nicht neutral formuliert sind. In den Interviews mit den Politikerinnen Helin Evrim Baba und Sevim Dağdelen kommen die Verschränkungen des Geschlechterdiskurses mit dem Politik- und Integrationsdiskurs in Deutschland zum Ausdruck: Die beiden Politkerinnen stellen die Positionen ihrer Partei, der Linken, bezüglich der Maßnahmen gegen Zwangsverheiratungen dar. Sie weisen auf den Zusammenhang zwischen der staatlichen strukturellen Gewalt und der Lebenssituation von rechtlich, politisch sowie sozial marginalisierten Frauen hin.

Positiv hervorgehoben werden muss, dass das Hauptaugenmerk in den Argumentationssträngen der Akteurinnen darauf liegt, dass sie für pluralistische und differenzierte Frauenbilder in der türkischen Teilöffentlichkeit eintreten, ohne das Phänomen innerfamiliäre Gewalt und ohne „Ehrenmorde" zu negieren. Der Gesamtkonsens besteht einerseits darin, dass Gewalt *ein* Element im Geschlechterverhältnis ist. Andererseits besteht auch Konsens darüber, dass Gewalt an sich ein gesamtgesellschaftliches Problem ist, welches alle Mitglieder betrifft. Die AkteurInnen wiederum – bis auf Feridun Zaimoğlu und Elif Cındık – bleiben in ihren Antworten eine Dekonstruktion des vorherrschenden Männerbildes schuldig und konzentrieren sich auch in ihren Argumenten gegen Gewalt an Frauen fast ausschließlich auf die Frauen. Die innerfamiliäre Gewalt an Jungen sowie eine das weibliche Geschlecht abwertende häusliche Sprache werden kaum in den Zusammenhang mit „Ehrenmorden", Zwangsehen und der ihnen vorausgehenden Misogynie gebracht.

Die Auseinandersetzung mit dem eigenen Männerbild gegenüber den LeserInnen der Teilöffentlichkeit kommt insgesamt zu kurz. Durch diesen Aspekt unterscheiden sich die Europaseiten der Hürriyet signifikant von den Türkeiseiten. Auch steht er im Gegensatz zur eigenen Kampagne: Die Kampagne der Hürriyet gegen häusliche Gewalt in der Türkei setzt sich deutlich kritischer mit dem Männerbild auseinander als die Illustrationen und die Diskursfragmente der Kampagne in den Europaseiten. Die Ursachen liegen in der unterschiedlichen Kontextualisierung der Diskurse über Gewalt innerhalb der Geschlechterbeziehungen: Während in Europa der Diskurs über „Ehrenmorde", häusliche Gewalt und Zwangsehen in der Mehrheitsöffentlichkeit dominiert, ist der in der Türkei herrschende Diskurs über Gewalt und die Tötung innerhalb von Partnerschaften (unabhängig davon, ob die Paare sich in einer Ehe befinden oder nicht) abgekoppelt von Zwangsehen und „Ehrenmorden". Jüngsten Statistiken zufolge werden jeden Tag drei Frauen von Partnern oder Familienmitgliedern ermordet. Andere Statistiken gehen in ihrer Schätzung von fünf Frauen täglich aus. Im medialen Diskurs werden diese Zahlen als „Zunahme" der tödlich endenden Gewalt gegen

Frauen dargestellt. ExpertInnen zufolge ist jedoch faktisch keine Zunahme festzustellen. Vielmehr gelten die Zahlen als Beleg für die öffentliche Enttabuisierung des Gewaltdiskurses sowie für die steigende Zahl der Strafanzeigen.

Ein in diesem Kontext relevanter Untersuchungsgegenstand von feministischen Juristinnen und Akteurinnen in der Türkei ist die „Zwei-Klassen"-Rechtsprechung gegenüber Frauen aus ländlichen Gebieten und aus Südostanatolien im türkischen Rechtssystem: Sie werden noch stärker von der männlich dominierten Rechtsprechung benachteiligt, da sowohl die sexuelle Gewalt als auch die direkte physische Gewalt, die ihnen widerfährt, kulturrelativistisch begründet wird. Entsprechend mild fallen die Urteile gegen die Täter aus.[612] Darüber hinaus ist der Diskurs über so genannte „Kinderehen", wonach Mädchen im Kindes- und Jugendalter gegen ihren Willen verheiratet werden und im jüngsten Teenageralter Mütter werden, ein weiterer gesonderter Gewaltdiskurs in der Türkei. Auch zu einem späteren Zeitpunkt der Ehe oder nach einer Scheidung kann es durchaus zum „Ehrenmord" kommen, in der sich Familienmitglieder, der Ehemann oder der geschiedene Ehemann zur Tötung entschließen.[613]

Aufgrund der Auswahl der Interviewpartnerinnen und Interviewpartner gelingt es der Hürriyet trotz alledem, die Kontroverse über „Ehrenmorde", Zwangsehen und arrangierte Ehen innerhalb der türkischen Teilöffentlichkeit wiederzugeben. Die Leserinnen und Leser erhalten einen großen Einblick in die strittig geführte Debatte der türkischsprachigen Teilöffentlichkeit in Deutschland, da die Serie aus fast insgesamt neunzig Folgen besteht. Darüber hinaus informiert das Blatt mittels dieser Serie ihre Leserschaft über Hilfsangebote, Hotlines und Ansprechpartner für betroffene Frauen, Mädchen und Familien. Die Autorin und Juristin Seyran Ateş wertet dies als positiven Strategiewechsel des Blattes, worauf bereits eingegangen wurde. Die Hürriyet agiert in dieser Serie sowohl als „Sprachrohr" als auch als „Forum" der türkischen Teilöffentlichkeit in Deutschland.[614] Als Forum beinhaltet das Blatt die unterschiedlich ausfallen-

---

612 Vgl. dazu: İlkkaracan, Pınar (Ed.): Deconstructing sexuality in the Middle East, Ashgate, Hampshire, 2008, S. 50 -51.
613 Vgl. dazu: Yazgan, Ayfer: Morde ohne Ehre. Der Ehrenmord in der Türkei. Erklärungsansätze und Gegenstrategien, transcript, Bielefeld, S. 117 – 128.
614 Schumann, Christoph: „With view to the German public sphere, Turkish newspapers pretend to serve as a mouthpiece for the concerns of ethnic Turks in Europe.", in: Al-Hamarneh, Ala, Thielmann, Jörn: Islam and Muslims in Germany, Leiden, 2008, S. 458.
Vgl. dazu auch: Halm, Dirk; Thränhardt, Dietrich: Der transnationale Raum Deutschland – Türkei: „Im Falle der Türkei und Deutschland ist von einem ausgeprägten transnationalen Raum auszugehen: Die Arbeitsmigration aus der Türkei nach Deutschland, der daran anschließende Familiennachzug, Deutschland als lange Zeit wichtigster Handelspartner der Türkei, die Türkei als beliebtes Reiseziel der Deutschen – all dies deutet auf potenziell umfangreiche und differenzierte deutsch-türkische Netzwerke hin, die sich abseits der

3.2 Einordnung der Hürriyet-Serie in den medialen Diskurs

den Reaktionen der verschiedenen Türkisch stämmigen AkteurInnen auf den medialen Diskurs über „Ehrenmorde", Zwangsehen, arrangierte Ehen und innerfamiliäre Gewalt. In ihrer Funktion als Sprachrohr unternimmt das Blatt eine kritische Auseinandersetzung mit den unterschiedlichen Gewaltphänomenen, die dem Geschlechterdiskurs innewohnen. Diese Auseinandersetzung erfolgt innerhalb des Spannungsverhältnisses, das einerseits aufgrund der Stereotype über türkische Frauen und Männer aus dem medialen Diskurs der Mehrheitsöffentlichkeit und andererseits aufgrund der publikumswirksamen sowie niedrigschwelligem Hilfsangebot für die türkische Teilöffentlichkeit besteht. Insbesondere die Interviews mit der Redakteurin Canan Topçu, der Politikerin Evrim Helin Baba und der Migrationsforscherin Yasemin Karakaşoğlu bieten den Leserinnen und Lesern einen breiten Einblick in die gesellschaftliche Problematik der Zwangsverheiratungen und Zwangsehen. Gleichzeitig äußern sich Topçu und Baba selbstkritisch über die türkische Community in Deutschland.

Die wesentlichen Unterschiede der untersuchten Interviews und Porträts bestehen in der Bezugnahme auf die Terminologien im Hinblick auf den Geschlechterdiskurs, die in der Öffentlichkeit der Türkei, der Mehrheitsöffentlichkeit in Deutschland und Europa verwendet werden. Der Bildungsgrad der Interviewpartnerinnen und auch ihr gesellschaftliches bzw. politisches Engagement entspricht der Idealvorstellung eines unabhängigen, türkisch-republikanischen und modernen Frauenbildes: Die interviewten Frauen repräsentieren gut ausgebildete, ökonomisch unabhängige und selbstbewusste Frauen türkischer Herkunft in Deutschland und Europa. Demzufolge entsprechen sie nicht dem überlagernden Stereotyp des Pressediskurses der „unterdrückten türkisch-muslimischen Kopftuchträgerin", die in einer Zwangsehe oder arrangierten Ehe leben muss. Die porträtierten Frauen sind sich ihrer Wurzeln und ihrer kulturellen Herkunft bewusst, so dass sie im Verständnis der Hürriyet nicht als assimiliert gelten und sich aktiv am gesamtgesellschaftlichen Prozess beteiligen.

Das zeigt sich vor allem am Interview mit Gaye Petek aus Frankreich, welches im Hinblick auf die Ehrenmorddebatten in Frankreich, Peteks Bedeutung in der Öffentlichkeit der Türkei sowie im französischen Integrationsdiskurs ausführlich untersucht und dargestellt wurde. In der Untersuchung sind darüber hinaus vor allem die beiden Interviews mit Feridun Zaimoglu hinsichtlich der Darstellung der kontrovers geführten Debatten innerhalb der türkischen Community in Deutschland über „Ehrenmorde", Zwangsehen, arrangierte Ehen und das Bild über Türkinnen maßgeblich für das Integrationsverständnis der Hürriyet: Sowohl durch seine Wortwahl als auch durch seine als wertkonservativ interpretierbaren Ansichten spricht Zaimoglu die Mehrheit der Zielgruppe des

---

internationalen Beziehungen und jenseits politischer Steuerungsversuche entwickelt haben.", in: Aus Politik und Zeitgeschichte, 39-40/2009, S. 33.

Blattes unmittelbar an. Zaimoğlus öffentliche Person als deutscher Autor und Schriftsteller gibt neben den repräsentierten Frauen weiterer Aufschluss über das Integrationsverständnis der Hürriyet, die die Assimilation ablehnt und die Integration zwar befürwortet, aber nur unter Beibehaltung der türkischen Identität sowie der engen Beziehung zur türkischen Kultur.

Insgesamt kommt in der Serie die ambivalente Haltung der Hürriyet gegenüber Autorinnen wie Ateş und Kelek aus der türkischen Community deutlich zum Ausdruck. Einerseits verkörpern sie als Repräsentantinnen „erfolgreich" verlaufende Biographien in Deutschland, andererseits werden sie aufgrund ihrer Kritiken und Publikationen in die Rolle von Außenseiterinnen gedrängt, die nicht als tatsächlicher Teil der türkischen Community gesehen werden. Letzteres gilt für Necla Kelek noch stärker als für die Juristin und Autorin Seyran Ateş, weil Kelek durch ihre Kritik am Islam stärker polarisiert.

Dieser Einfluss kommt vor allem in den Interviewpassagen zum Ausdruck, wenn die Namen der Autorinnen in Verbindung mit ihren Publikationen nicht erwähnt werden. Unabhängig von der teils widersprüchlichen Haltung des Blattes gelingt es der Hürriyet dennoch, in der türkischen Community aufgrund ihrer Funktion als Sprachrohr und Forum eine breite Sensibilisierung für die problematischen Phänomene und Folgen der Zwangsverheiratungen und Zwangsehen zu schaffen. Zusätzlich gewinnt sie durch die InterviewpartnerInnen Multiplikatoren für ihre Kampagne, die in der Merhheitsöffentlichkeit und in der Teilöffentlichkeit stehen. Darüber hinaus ist das Blatt mittlerweile seit Jahren erfolgreich aktiv mit ihrem Hilfsangebot für von häuslicher Gewalt betroffene Familien. Hierbei zeigt sich die niedrigschwellige Informationsleistung und Aufklärungsarbeit der Tageszeitung.

Eine meines Erachtens bedeutsame Frage im Hinblick auf die strukturelle Gewalt sowie das imaginäre Frauen- und Männerbild in der Türkei ist weder von der Hürriyet noch von den AkteurInnen selbst angesprochen worden: Die Bedeutung des Militärs und des Wehrdienstes für Männer mit türkischer Staatsangehörigkeit. Laut der türkischen Soziologin Pınar Selek, die den Zusammenhang zwischen der Bedeutung des Armeedienstes in der Türkei und der Anwendung von Gewalt untersucht hat, gibt es signifikante Korrelationen zwischen der staatlichen Institution des Militärs und der gesellschaftlichen Konstruktion von Geschlechterrollen. Das betrifft insbesondere das Männerbild in der Türkei, die Gewalt an Frauen im häuslichen Umfeld sowie in der Partnerschaft.[615] Die Männer erleben am eigenen Leib eine institutionell legitimierte Gewalt, die sowohl direkter physischer Natur ist, als auch psychische Züge in Form von verbalen

---

615 Siehe dazu: Selek, Pınar: Zum Mann gehätschelt. Zum Mann gedrillt. Männliche Identitäten, Berlin, 2010.

3.2 Einordnung der Hürriyet-Serie in den medialen Diskurs 225

Erniedrigungen annimmt.⁶¹⁶ Jeder optische Ausdruck der Individualität wird beim Eintritt in den Militärdienst verboten. Im Laufe des Militärdienstes sind sie außerdem dazu gezwungen, ihre Persönlichkeit de facto aufzugeben, um sich der Homogenität anzupassen. Selek weist darauf hin, dass:

> Männer, die Ehrenmorde begehen, die Blutrache üben, die ihren Töchtern und Söhnen verschiedenste Verbote aussprechen, die ihren Ehefrauen und Freundinnen vorschreiben wollen, wie sie sich zu benehmen und aufzutreten haben, die jederzeit bereit sein, sich aus verschiedensten Gründen zu schlagen und zu streiten, sind auf alle diese Aufgaben noch besser vorbereitet, wenn sie erst einmal gelernt haben zu kämpfen.⁶¹⁷

Mit Bezug auf den Gewaltbegriff nach Galtung und dessen Triangel-Modell lässt sich meiner Meinung nach Folgendes für die Geschlechterbeziehungen und das Imaginäre in der türkischen Gesellschaft auf Basis von Seleks Studie festhalten:

> Bei der Bildung gesellschaftlicher Geschlechterhierarchien spielen also sämtliche gesellschaftliche Institutionen eine Rolle, da sie in Struktur, Beziehung und Symbolik auf unterschiedliche Art eng miteinander verflochten sind.⁶¹⁸

Die Geschlechterbilder, die im Wehrdienst konstruiert werden, erklärt Selek anhand der „weiblichen" Bedeutung der Waffe des Mannes, die er zu „beschützen" hat:

> Seit frühesten Zeiten wird die Waffe als solche mit männlicher „Ehre" gleichgesetzt und auch in der heutigen, modernen Türkei wird sie trotz der Veränderung des ökonomischen und sozialen Lebens nach wie vor verherrlicht. Diese Erhabenheit wird durch meist sexuelle Anspielungen in ein quasi unantastbares Stereotyp umgewandelt. Der Mann, der die beschützende Kraft bzw. die natürliche Streitmacht seiner Familie und seines gesellschaftlichen Umfelds ist, entwickelt beim Militär das Talent, Gewaltmittel einzusetzen, weiter. Dieses Talent ist eines der Hauptfaktoren seiner Geschlechtsidentität.⁶¹⁹

Die gesellschaftlich bewusste und gewollte Ausblendung der Gewalterfahrungen im Militär, die die jungen Männer machen, sowie das bedeutsame Machtmonopol, welches die türkische Armee besitzt, sind Gründe dafür, weshalb diese staatliche Institution in der Ursachenforschung der häuslichen Gewalt in der Interviewserie der Hürriyet ein Tabu geblieben ist. Demzufolge sind die Gewaltstruk-

---

616 Ebd., S. 67-78.
617 Ebd., S. 218.
618 Ebd., S. 24.
619 Ebd., S. 99.

turen im Militär Teil des nicht „Sagbaren" im Gewaltdiskurs und somit im gesamtgesellschaftlichen Diskurs in der Türkei. Dies lässt sich laut Jäger auf „Verleugnungsstrategien" oder „Relativierungsstrategien" zurückführen. Das „Sagbarkeitsfeld" ist demnach durch „direkte Verbote" oder „Tabuisierungen" und „Einschränkungen" determiniert.[620] Misshandlungen in der türkischen Armee, das damit verbundene Männerbild sowie die Abwertung von „typisch weiblichen" Tätigkeiten während des Militärdienstes werden nicht in den Kontext der Gewaltursachen eingeordnet.[621] In dieser Arbeit können die Zusammenhänge zwischen der (zum Teil tödlich endenden) sexuellen Gewalt an Frauen, Mädchen und Jungen – vor allem in Militärgefängnissen in der Türkei – und ihren Auswirkungen auf die Gesellschaft nicht weiter untersucht werden.[622]

Insgesamt aufschlussreich bleibt, dass sich die Hürriyet in ihrer ambitionierten Interviewserie stets auf die Stereotype aus dem deutschsprachigen Mediendiskurs bezieht.[623] Dieser Aspekt wiederum ist eines der grundlegendsten Unter-

---

620 Vgl. hierzu die unterschiedliche Bewertung des Vorgehens der Armee und der Regierungspolitik in der Rede des türkischen Ministerpräsidenten Recep Tayyıp Erdoğan am 03.01.2012 anlässlich der „fälschlichen" Bombardierung und Tötung von 35 kurdischen Zivilisten in Uludere kurz vor dem Jahreswechsel 2011/2012 durch den ehemaligen Chefredakteur der Hürriyet in der Türkei Ertuğrul Özkök und dem Herausgeber der Tageszeitung Taraf, Ahmet Altan: http://www.haberturk.com/gundem/haber/702729-eksenkaymasi, 04.01.2012, (Stand: 04.01.2012).

621 Zum Zusammenhang zwischen Militär, Gewalt und Geschlechterbildern sowie der Veränderung des Männerbildes in Japan vgl. auch die Beobachtungen des japanischen Philosophen Masahiro Morioka: „Das Nachkriegs-Japan entsagte dem Militarismus. Das früher herrschende Leitbild, Soldat werden zu müssen, gibt es seitdem nicht mehr und die Männer haben in der Folge ihre kämpferische, blutrünstige Natur verloren. Seit 65 Jahren steigt die Zahl der Männer, die sowohl physisch als auch psychisch keine aggressiven Verhaltensweisen mehr aufweisen.", in: Morioka, Masahiro: Lass mal. Keine Muskeln, keine Karriere, kein Sex: Was ist nur mit den jungen Japanern los?, in: KulturAustausch. Zeitschrift für internationale Perspektiven, Geht doch! Ein Männerheft, Ausgabe 1/2012, S. 39.

622 Hingewiesen sei jedoch auf die bis heute andauernde sexuelle Gewalt und Misshandlungen insbesondere an kurdischen Kindern und Mädchen in türkischen Militärgefängnissen. Vgl. dazu: Türker, Yıldırım: Binlerce Pozantı. 2010'lu yıllarda Pozantı'da Kürt çocuklarına reva görülen, bir zincirin halkasıdır. Yeni değilim, in: http://www.radikal.com.tr/Radikal. aspx?aType=RadikalYazar&ArticleID=1081386&Yazar=YILDIRIM-TURKER&CategoryID=97, 11.03.2012, (Stand: 11.03.2012).

623 Siehe dazu den Artikel und den dazugehörigen Leserbrief: Kirchstein, Gisela: Getürktes Eheglück: „Ihr Vater zwang sie zur Heirat in der Türkei, ihr Mann ließ sie und ihre beiden Kinder hungern. Erst als sie mit Selbstmord drohte, erlaubte ihre Familie die Trennung. Die Deutsch-Türkin Serap Cileli kehrte zurück nach Deutschland und erzählt ihre Geschichte.", in: http://www.welt.de/print-welt/article685917/Getuerktes_Eheglueck.html, (Stand: 30.07.2005). Siehe dazu den Leserbrief von „Türkische Internet Community" (Leserbrief wurde ohne persönlichen Namen abgeschickt, Anm. M. K.): „(...) Ihre Wahl „Getürktes Eheglück" als Titel finde ich weder lustig noch originell. (...) Als Türkin frage ich mich, warum Frau Çileli deutsche Zeitungen als Sprachrohr wählt, obwohl sie über türkische Zeitungen – diese gibt es reichlich und in jeder Couleur – ihre eigentliche ‚Zielgruppe' am ehesten erreichen würde. (...)

3.3 Berichterstattung über muslimische Frauen in der Zaman-Serie

scheidungsmerkmale zwischen der Hürriyet-Serie und der Serie der Zaman, deren Ergebnisse ich im folgenden Teil dieser Arbeit vorstellen werde. Trotz alledem ist dem Blatt eine komplexe Porträtierung von unterschiedlichen Türkei stämmigen Akteurinnen in Europa sowie deren Kritik am Diskurs über „Ehrenmorde", Zwangsehen und arrangierte Ehen gelungen. Darüber hinaus gelang es dem Blatt, die Standpunkte der sowohl in der Teil- als auch in der Mehrheitsöffentlichkeit bekannteren AkteurInnen ihren LeserInnen ausführlich zu präsentieren.

3.3 Berichterstattung über muslimische Frauen in der islamischen Welt in der Zaman-Serie: „Frauen in islamischen Ländern. Porträts aus der islamischen Geographie"[624]

Zu erwarten war, dass die Zaman in ähnlicher Form auf den deutschsprachigen Mediendiskurs über Zwangsehen, „Ehrenmorde" und arrangierte Ehen reagieren würde. Das Blatt berichtete allerdings nur sporadisch über diese Phänomene.

Die in diesem Kapitel zugrunde liegende siebenteilige Zaman-Interviewserie besteht aus insgesamt 13 Interviews, von denen sechs für die Analyse ausgewählt wurden.[625] Sie ist im Gegensatz zur Hürriyet-Serie weder als Reaktion noch als Gegendarstellung oder gar Ergänzung zum medialen Diskurs im deutschsprachigen Raum über Zwangsehen, „Ehrenmorde" und die generelle Situation von Musliminnen türkischer Herkunft einzuordnen und hebt sich deshalb deutlich von dieser ab.

Die Gemeinsamkeit der beiden Serien liegt in ihrem Bezug auf den transnationalen Raum, folglich also in der transnationalen Öffentlichkeit.

Das Ziel der Serie der Zaman ist, die Lebenswirklichkeit der Musliminnen im islamischen Raum *außerhalb der Türkei* vorzustellen. Aufgegriffen werden Stereotype aus der *Türkei* über Musliminnen in „der islamischen Welt". Die erste Folge der siebenteiligen Serie enthält aus diesem Grund den Zusatztitel: „Es gibt keinen einheitlichen Prototyp einer muslimischen Frau."[626] Ähnlich wie die Hürriyet, die sich in ihrer Serie zum Ziel setzte, Stereotype türkischer Frauen in Europa und Deutschland zu widerlegen, wendet sich die Zaman gegen Stereoty-

---

Frau Çilelis Schuldzuweisungen erfolgen durch Verallgemeinerungen, Übertreibungen und vor allem Diffamierungen des islamischen Glaubens und der türkischen Kultur, welche man in den deutschen Medien in letzter Zeit offenbar gerne und ungeprüft übernimmt (...)."

624 Böhürler, Ayşe: Müslüman Ülkelerde Kadın. İslam Corğafyasından Portreler, Zaman, 13.07.2006, S. 19.
625 Die Auswahl wurde aufgrund der gesellschaftspolitischen Aktivitäten der Akteurinnen getroffen.
626 Ebd.: „Ortak bir Müslüman kadın prototipi yok."

pe muslimischer Frauen in der islamischen Welt . Die MacherInnen der Serie schreiben, „hinter die Burkas und die Schleier der Frauen blicken zu wollen", um *sichtbar* zu machen, ob sich die Charatkerisierungen aus der „westlichen" Perspektive mit der Lebenswirklichkeit der Frauen „hinter den Schleiern" decken.[627] Räumlich wird die Türkei hierbei westlich von der „islamischen Welt" veortet, was mit der republikanischen und laizistischen Staatsform der Türkei und ihrer geographischen Lage zusammenhängt.

Durch die Substantive „Burka" und „Schleier" werden Kollektivsymbole in den Diskurs über Frauen in der islamischen Welt eingebettet und fokussiert. Dadurch wird das Leserpublikum neugierig gemacht und folglich wird ihre Aufmerksamkeit auf die Serie gelenkt. Die wenigsten Interviewpartnerinnen in dieser Serie sind jedoch „verschleiert". Die Kollektivsymbole Burka oder Schleier nehmen einen unvollständigen inhaltlichen und thematischen Fokus ein. Im Zentrum steht vielmehr der Gewaltdiskurs im Geschlechterverhältnis, der durch strukturelle Bedingungen zusätzlich verstärkt werde.

Das Leserpublikum der Zaman wird eingangs ausführlich über die Arbeiten zu der Serie über muslimische Frauen in der islamischen Welt informiert. Die Autorin dieser Serie Ayşe Böhürler beschreibt in der ersten Folge[628] die Vorbereitungen und die Hindernisse, welche ihr während der Reisen und der Organisation der Serie begegneten. In einigen Ländern waren die Einreise und die Interviews bzw. Gespräche mit den Frauen beispielsweise nicht möglich. Die Vorbereitungen und Durchführungen sowie die Erstellung der Serie dauerten etwas mehr als zwei Jahre. Darüber hinaus erklärt sie dem Leserpublikum ausführlich, dass sowohl sie selbst als auch ihr Team mit ihren eigenen Vorurteilen gegenüber den jeweiligen Ländern und auch gegenüber den Frauen konfrontiert gewesen seien. Böhürler stellt eingangs folgende Fragen: „Was hat es in Wirklichkeit mit den Frauen hinter den Burkas und hinter den Schleiern auf sich? Inwiefern entsprechen diese Frauen den ihnen zugeschriebenen Projektionen? Wo befinden sie sich zwischen den Phänomenen der Moderne und der Religiosität?"[629] Diese Momente seien für alle Beteiligten, insbesondere für Ayşe Böhürler, überraschend gewesen, da sie sich erst während der Interviews der eigenen Stereotype bewusst geworden sei.

Der Vollständigkeit halber soll hier eingangs ein Aspekt erwähnt werden, der in den Interviews mit einigen Aktivistinnen formuliert wird, jedoch von den

---

627 Ebd.: „(...) Özelliklke Batı'dan bakıldığında coğrafi ve kültürel farklılıklar gözetilmeden tek Tip bir Müslüman kadın karşımıza çıkıyor. (...) Peki burkaların, peçelerin, arkasında tasvir edilen bu kadın tipi ne kadar gerçeği yansıtıyor? (...)."
628 Die Einleitung und Vorstellung der Serie wurde im Original bereits als Folge 1 bezeichnet. Ich habe mich bei der Zählung jedoch nach den Interviews und ihrem Erscheinen gerichtet.
629 Böhürler, Ayşe: Müslüman Ülkelerde Kadın. İslam Coğrafyasından Portreler, Zaman, 13.07.2006, S. 19.

MacherInnen der Serie nicht weiter vertieft wurde: Die Interviewpartnerinnen Marina Mahathir und Zeinah Anwar kritisieren die patriarchalische Lesart und Deutung des Koran (siehe Kapitel 3.3.2 und 3.3.3). Ähnlich wie die islamischen Denkerinnen Amina Wadud und Asma Barlas fordern sie die im Koran verankerte Geschlechtergerechtigkeit ein. Eine umfassende Auseinandersetzung mit dem maßgeblichen Denken und der Arbeit von Barlas und Wadud sowie der in diesem Kontext relevanten Koranhermeneutik, würde hier den Rahmen dieser Arbeit überschreiten.[630] Diese meines Erachtens relevanten Faktoren spielten in den Fragestellungen der Zaman-Serie eine untergeordnete Rolle, obwohl die Interviewpartnerinnen zuweilen darauf eingehen.die Serie ist aufwendig produziert worden. Die Interviews nehmen zum Teil fast die gesamte Seite ein und sind detailliert wiedergegeben. Die MacherInnen der Serie „spielen" mit den unterschiedlichen Kollektivsymbolen des Islam im Geschlechterdiskurs: Es sind Fotos von Frauen abgedruckt, die aufgrund ihrer ethnischen Merkmale unterschiedlichen islamischen Räumen zuzuordnen sind. Sie tragen verschiedene Formen von Kopftüchern. Die abgebildeten Frauen, die den islamischen Raum verkörpern sollen, sind allesamt attraktiv. Daneben sind jeweils die Fotos der InterviewpartnerInnen abgebildet. Das erste Interview fand in Jerusalem mit der Frauenrechtlerin Maha Shamas statt und soll im Folgenden vorgestellt werden.

3.3.1 Palästina: Maha Shamas: „Es ist sehr schwierig Liebe zu lehren, während das Massenmorden weiter andauert."[631]

Die Ausgabe dieses Interviews erschien am 13.07.2006. Maha Abu Dayyeh-Shamas ist die leitende Direktorin des Frauenzentrums für rechtliche Beratung in Jerusalem.[632] In diesem Interview geht es um die Darstellung der Situation von Palästinenserinnen in Israel sowie um die Lebensbedingungen der jungen Menschen in Palästina. Die Beschreibungen der strukturellen, kulturellen und physischen Gewaltphänomene (vgl. dazu Kapitel 2.2) nehmen einen Großteil des Interviews mit der Aktivistin Shamas ein: Maha Abu Dayyeh-Shamas erläutert mehrmals im Interview, dass die Besatzungssituation, die täglichen Kontrollen durch das israelische Militär an den Checkpoints und konfligierende Rechtssys-

---

630 Siehe dazu: Barlas, Asma: ‚Believing women in Islam'. Unreading patriarchal interpretations of the Qur'ān, Austin, University of Texas Press, 2004; Wadud, Amina: Inside the gender jihad, Oxford, Oneworld, 2006; Vgl. dazu auch: Kermani, Navid (Hg.): Abū-Zaid, Naṣr Hāmid: Ein Leben mit dem Islam, Freiburg im Breisgau, Herder, 2002 und: Amirpur, Katajun: Den Islam neu denken. Der Dschihad für Demokratie, Freiheit und Frauenrechte, München, C. H. Beck, 2013, S. 117-171.
631 Böhürler, Ayşe: Katliam sürerken sevgiyi öğretmek cok zor, 13.07.2006, S. 19.
632 Vgl. dazu: http://www.wclac.org/english/index.php, (Stand: 06.01.2012).

teme sowie fehlende Sicherheit für die palästinensischen Familien die Hauptgründe für Behinderungen und Einschränkungen im Leben der Frauen bilden. So gebe es beispielsweise weder eine Krankenversicherung für Frauen noch für Kinder. Erschwert wird die Gesamtsituation darüber hinaus durch die Zunahme innerfamiliärer Gewalt: Je brutaler und demütigender die Erfahrungen der männlichen Familienmitglieder in ihrem Alltagsleben seien, desto stärker steige die Gewalt gegen die Frauen und Ehefrauen in der Familie. Der Fokus des Interviews liegt also nicht auf dem Geschlechterdiskurs des Islam, sondern auf den politischen Gewaltstrukturen, die den Geschlechterdiskurs maßgeblich beeinflussen:

> Männern und Frauen widerfährt extreme Gewalt und Missbrauch. Die meisten erleben Folter und werden gedemütigt. Wir alle machen Erfahrungen damit und erleben Traumata. (…) Die Soldaten an den Kontrollpunkten wenden Gewalt gegen uns an und demütigen uns. Wenn Sie miterleben müssen, wir ihr Bruder oder ihr Nachbar vor ihren Augen geschlagen wird und sie überhaupt nichts dagegen tun können, dann fühlen sie sich ohnmächtig und innerlich zersplittert.[633]

Laut Shamas beeinträchtigt die Flüchtlingsproblematik die Lebenssituation der Menschen auf vielfältige Weise. Die rechtlichen Konsequenzen sind insbesondere für die Frauen und ihre Kinder unmittelbar spürbar. Die strukturelle staatliche Gewalt besitzt einen großen Einfluss auf die rechtliche Situation der Frauen und Kinder. Sie müssen große Hürden überwinden, um überhaupt zu ihrem Recht zu kommen:

---

633 Böhürler, Ayşe: Müslüman Ülkelerde Kadın. İslam Corafyasından Portreler, Zaman, 13.07.2006, S. 19. Siehe dazu auch: Rees, Matt, Hamad, Jamil und Klein, Aharon: *When The War Hits Home: Beit Hanina The unsilenced Woman Maha Shamas, 51/two children:* „(…) Shamas fights the impuls to hate Israelis, but she has cut back on her contacts with Israeli human-rights activists, because, she says, they won't recognize the decades of Palestinian suffering: 'They want to keep their national legends, but they want us to give ours up', she says. Her fear is that her children's generation will harbour unrestrainable hatred for Israelis. 'There is more anger in them', she says. The daily degradation that feeds that anger can be witnessed right outside Shamas' window. Across a patch of dirt stands the A-Ram checkpoint, a set of concrete roadblocks and a guardhouse manned by twitchy Israeli soldiers. It's a place of humiliation and occasional brutality as Palestinians line up their cars to enter East Jerusalem. Last month Shamas' husband, a Brooklyn native of Lebanese descent, failed to pick up a soldier's signal as he crossed the checkpoint and suddenly found the red laser dot of Israeli's rifle sight dancing on his face. He was saved by his American-accented English and the U.S. passport he slowly pulled out of his pocket. 'My God, it hit me', Shamas says. 'Nobody is safe. Think of the ease with which that soldier could have decided to kill.' Every day her daughter Diala, 17, crosses the checkpoint to go to school. 'Not every day do I have the inner strength', says Shamas, 'to think about that.', 29.04.2002, (http://www.time.com/time/printout/0,8816,100 2311,00.html), (Stand: 02.03.2009).

3.3 Berichterstattung über muslimische Frauen in der Zaman-Serie 231

> Die geografische Zersplitterung unseres Volkes hat rechtlich chaotische Konstellationen zur Folge. Jerusalem ist unter israelischer Besatzung. Das bedeutet, dass die palästinensischen Frauen in Ostjerusalem von den israelischen Gesetzen beherrscht werden. (...) Damit unsere Anwälte den Frauen Rechtsbeistand leisten können, müssen sie sich sowohl mit den israelischen als auch mit den ägyptischen als auch mit den jordanischen Gesetzen gut auskennen. (...) Wenn wir uns mit Frauenfragen beschäftigen, dann sind das konkret die Fragen, mit denen wir uns auseinandersetzen müssen.

Eine der Konsequenzen aus der Gesamtsituation sei Shamas zufolge, dass sich insbesondere junge Menschen dem religiösen Fanatismus zuwendeten. Sie fühlten sich in einer ausweglosen Situation und seien deshalb gerade im Hinblick auf Selbstmordattentate beeinflussbar. Sie hat kein Verständnis für Selbstmordattentate, kann aber die Beweggründe nachvollziehen und erklärt diese aus ihrer Erfahrung in der Sozialarbeit heraus:

> Was erwarten Sie von jungen Menschen voller Energie, die sich nur in einem Umkreis von zwanzig Kilometern von ihren Camps oder ihren Dörfern wegbewegen dürfen? Während sie nicht einmal Trinkwasser besitzen, müssen sie dabei zu sehen, wie aus palästinensischen Wasserleitungen Wasser abgezweigt wird, um im Swimmingpool der jüdischen Nachbarn zu landen, wo Gleichaltrige im Pool baden. (...) Das hätte in der Türkei und in Asien dieselben Konsequenzen.[634]

Das Interview zwischen Maha Shamas und Ayşe Böhürler beinhaltet den gesamtgesellschaftlichen Gewaltdiskurs im Nahost-Konflikt, der unmittelbare Auswirkungen auf das Geschlechterverhältnis und auf den innerfamiliären Nahraum besitzt. An der Argumentationsstruktur wird deutlich, wie schwierig es ist, die Gewaltspirale zu durchbrechen, wenn die strukturellen staatlichen Bedingungen dem entgegenstehen.

Der angesprochene asiatische Raum steht im folgenden Interview Böhürlers mit der Frauenrechtlerin Marina Mahathir aus Malaysia im Vordergrund. Hier nimmt einerseits die hohe Aids-Rate unter den Frauen einen maßgeblich Stellenwert ein, und andererseits wird die Interpretation des Islam in Malaysia betont, in dessen Rahmen die rechtliche Situation der Frauen im Geschlechterverhältnis diskutiert wird.

---

634 Böhürler, Ayşe: Müslüman Ülkelerde Kadın. İslam Corğafyasından Portreler, Zaman, 13.07.2006, S. 19.

3.3.2 Malaysia: Marina Mahathir: „Wir kämpfen um die Frauenrechte, die der Islam uns zugesteht."[635]

Die Frauenrechtlerin Marina Mahathir, die in Sussex studierte, setzt sich für die AIDS-Prävention in ihrem Heimatland ein. Sie ist in mehreren NGOs aktiv, freie Journalistin, Bloggerin, verheiratet und Mutter dreier Kinder. Mahathir ist die Tochter des ehemaligen malaysischen Premierministers Tun Mahathir Mohammad. Mahathir ist eine der Mitbegründerinnen des landesweit einzigen Pflegeheims für an AIDS erkrankte Frauen in Kuala Lumpur und politisch aktiv in zahlreichen Nichtregierungsorganisationen (NROs). Mahathirs politische Arbeit ist eng mit ihrer Arbeit für Frauen und Frauenrechte verschränkt. Im Interview mit Böhürler schildert sie eingehend die Situation der Frauen in Malaysia und kritisiert in ihren Erläuterungen die beliebige Interpretation des Islam in den 13 malaysischen Bundesstaaten, der häufig zum Nachteil von Frauen ausgelegt werde. Sie ist jedoch davon überzeugt, dass nur ein muslimischer Staat eine gerechte und moderne Wohlstandsgesellschaft garantieren kann, da die Voraussetzungen für Gerechtigkeit und Wohlstand bereits im Islam verankert seien.[636] Mahathir ist neben ihrer politischen Arbeit sowohl als Filmproduzentin als auch als Journalistin in Malaysia tätig. Im ersten Abschnitt des Interviews erläutert die Aktivistin und Filmproduzentin die Auswirkungen der Autoimmunerkrankung AIDS auf Frauen:

> Je niedriger der gesellschaftliche Status einer Frau ist, desto größer und komplizierter sind die Hürden, mit denen die Frauen konfrontiert werden, weil sie keine Wahlmöglichkeiten haben in ihrem Leben. Das bedeutet, dass sich die Frauen in einem schutz- und wehrlosen Zustand befinden. Die Gründe hierfür liegen in Traditionen und Bräuchen. (...) Wenn wir nur einige der Konflikte, mit denen Frauen konfrontiert sind, hätten lösen können, dann würde es AIDS nicht in diesem Ausmaß geben. (...) Die Hauptübertragenden sind die Ehemänner. Wenn die Frauen infiziert sind, werden sie schlecht behandelt und von ihrer Familie ausgeschlossen, niemand möchte ihnen helfen.[637]

Im Hinblick auf die Frauenfrage in Malaysia kritisiert Mahathir, dass die Erwerbsquote dauerhaft niedrig ist. Die jetzige Generation der Studierenden ist zu 60% weiblich. Darüber hinaus ist der Gehaltsunterschied zwischen Frauen und Männern trotz derselben Qualifikation, so Mahathir, immer noch sehr hoch. Die

---

635 Böhürler, Ayşe: İslam'ın kadınlara verdiği hak için mücadele ediyoruz, 15.07.2006, S. 15.
636 Böhürler, Ayşe: "İslam'ın kadınlara verdiği hak için mücadele ediyoruz.", in: Böhürler, Ayşe: Müslüman Ülkelerde Kadın, İslam Coğrafyasında Portreler, 3, in: Zaman, 15.07.2006, S. 6.
637 Ebd.

3.3 Berichterstattung über muslimische Frauen in der Zaman-Serie

geringe Präsenz der Frauen im Arbeitsleben spiegele sich im Parlament auch wider:

> Seitdem Malaysia unabhängig ist, wurde ein großer Schwerpunkt auf die Bildung gelegt. Aus diesem Grund gehen alle Mädchen zur Schule und an den Universitäten sind 60% der Studierenden weiblich. (…) Leider ist es jedoch so, dass nicht einmal 60% der Universitätsabsolventinnen nach ihrem Studium erwerbstätig sind. Im Parlament sind nur 13% der Abgeordneten Frauen, im Finanz- und Verwaltungswesen nur 24%, im produzierenden Gewerbe sind es 40% und die Frauen verdienen lediglich 47% von dem, was Männer verdienen.[638]

Gleichzeitig weist Mahathir darauf hin, dass die patriarchalischen Strukturen in der Arbeitswelt sowie die fehlende Repräsentation von Frauen in der politischen Öffentlichkeit ein globales Problem darstellen, zumal Frauen ihre Arbeitskraft insbesondere durch die klassische Rollenaufteilung im privaten Lebensraum weder honoriert noch anderweitig belohnt bekämen:

> Es geht im Grunde genommen auf der ganzen Welt immer um dasselbe Problem: Wir müssen sowohl im Büro als auch im Haushalt arbeiten. Wir werden als wichtig für die Wirtschaft betrachtet, aber wie schaut es mit der entsprechenden Unterstützung aus?[639]

Im Hinblick auf den Islam in Malaysia erläutert Mahathir im Interview den Rechtsdiskurs, der eng mit dem Geschlechterdiskurs verschränkt ist. In der öffentlichen Wahrnehmung gilt Malaysia als modernes Land in der islamischen Welt, was sich insbesondere an der hohen Frauenquote unter den Studenten an den Universitäten äußert. Die Zaman stellte in einer Reportage am 08.10.2007 drei junge Türkinnen vor, die in Malaysia studiert hatten. Die jungen Frauen sind türban-Trägerinnen und studierten Internationale Politik, Politikwissenschaft, Psychologie und Philosophie an einer islamischen Universität.[640] Die Überschrift der Reportage lautete „Das Kopftuch ist in Malaysia ein Zeichen der Moderne". Die jungen Frauen entschieden sich aufgrund ihres Kopftuches zum Studium nach Malaysia zu gehen. In der Reportage erklärten sie der Zaman, dass das Kopftuch in Malaysia ein Zeichen der Moderne und nicht der Rückständigkeit sei. Dieses Kollektivsymbol als Phänomen der islamischen Moderne wurde in dieser Arbeit im Kapitel 1.4.1 anhand der Bildungsmigration junger Frauen aus den Peripherien in die Zentren der Türkei erläutert. Ähnlich verhält es sich in Malaysia. Die Frauen betonen, dass sowohl der moderne als auch der technische

---

638 Ebd.
639 Ebd.
640 Dolmacı, Emine: Başörtüsü Melezya'da modernliğin simgesi, Zaman, 08.10.2007, S. 2.

Fortschritt in Malaysia nicht im Widerspruch zu islamischen Praktiken stehen, sondern miteinander verschränkt sind. Sie betonen allerdings auch, dass Malaysia ein Vielvölkerstaat sei, dessen kulturelles Gemenge in der Öffentlichkeit dominiert. Im Interview zwischen Mahathir und Böhürler werden diese Aspekte der Moderne und der kulturellen Vielfalt aufgegriffen:

> Auch wenn die Frauen aus Malaysia als Vorbilder in der islamischen Welt gelten, haben wir Probleme, insbesondere im Familien- und Eherecht. (...) in allen 13 Bundesstaaten wird das islamische Gesetz unterschiedlich interpretiert. In Malaysia werden Eheschließungen und Scheidungen von Scharia-Gerichten in den jeweiligen Bundesstaaten geregelt. (...). Sowohl gesetzliche Vereinfachungen für Männer im Familien- und Scheidungsrecht als auch die nach wie vor existierende Polygamie erschweren das Leben der Frauen.[641]

Darüber hinaus weist Mahathir darauf hin, welche Probleme die moderne Technik für die islamische Rechtsprechung bedeuten könne, von denen wiederum am stärksten die Frauen betroffen sind:

> Ich weiß nicht, ob es einen modernen Islam gibt oder nicht. Aber ich finde es besser, wenn moderne Probleme mittels der islamischen Perspektive gelöst werden. (...) In der Zeit unseres Propheten gab es die gegenwärtigen Probleme nicht. Wir sind dazu gezwungen, Lösungen für diese Probleme auszuarbeiten. Zum Beispiel gab es vor rund zehn Jahren noch keine Mobiltelefone. Aber gegenwärtig diskutieren die Menschen über die „Kann-ich-mich-von-meiner-Frau-per-sms-scheiden-lassen-Fatwa".[642]

Das dritte Interview dieser Serie findet auch in Malaysia statt. Im Folgenden werden die Interviewergebnisse mit Zeinah Anwar wiedergegeben. Anwar ist die Gründerin der islamischen Frauenorganisation Sisters of Islam.

3.3.3 Malaysia: Zainah Anwar: „Die von der Polygamie ausgehende Gefahr drängt die Frauen in eine schwache Position."[643]

Zainah Anwar ist eine der Mitbegründerinnen der Gruppe Sisters in Islam (SIS) und gilt als prominente Vertreterin eines islamischen Feminismus. Anwar studierte in Malaysia und in den USA. Sie arbeitete mehrere Jahre in London für

---

641 Böhürler, Ayşe: "İslam'ın kadınlara verdiği hak için mücadele ediyoruz.", in: Böhürler, Ayşe: Müslüman Ülkelerde Kadın, İslam Coğrafyasında Portreler, 3, in: Zaman, 15.07.2006, S. 6.
642 Ebd.
643 Böhürler, Ayşe: Çokeşlilik tehdidi, kadını aciz bırakıyor, Zaman, 15.07.2006, S. 6.

3.3 Berichterstattung über muslimische Frauen in der Zaman-Serie 235

einen so genannten politischen Thinktank. Die Sisters in Islam sind eine Nichtregierungsorganisation, die im Jahr 1987 gegründet wurde. Die Ziele der Sisters in Islam sind: "(...) to promote the principles of gender equality justice, freedom and dignity in Islam and empower women to be advocates for change".[644]Die Islamwissenschaftlerin Katajun Amirpur schildert die Perspektive islamischer Frauenrechtlerinnen am Beispiel der Kritik männlich dominierter Koranexegese wie folgt:

> Wenn Frauen nicht gleichberechtigt sind, so liegt dies für die islamischen Frauenrechtlerinnen nicht am Koran, sondern daran, dass bisher nur Männer den Koran interpretiert haben. Sie hätten den Koran ausschließlich zu ihren eigenen Gunsten ausgelegt. Die Frage, ob sie keinen Widerspruch zwischen ihren Forderungen und den Geboten des Korans sehen, verneinen diese Frauen.[645]

Seit mehr als zwanzig Jahren setzt sich die Nichtregierungsorganisation Sisters in Islam für die Gerechtigkeit der muslimischen Frauen ein. Ziel der Sisters in Islam ist eine weibliche Neuinterpretation des Koran im Hinblick auf die Etablierung einer neuen Geschlechtergerechtigkeit und den Kampf gegen Gewalt an Frauen.[646] Die Geschlechtergerechtigkeit ist im Islam laut den SIS bereits verankert, da im Koran die Gleichberechtigung aller Menschen betont wird. Genau so wie Marina Mahathir absolvierte Zainah Anwar ihre Universitätsausbildung in den USA und studierte Internationales Recht. Anwar fordert gemeinsam mit den Aktivistinnen von SIS die Neuinterpretation des Koran aus der Sicht der Frauen in der malaysischen Gesellschaft.[647] Zainah Anwar kämpft seit 20 Jahren um die Änderung der Artikel im Familiengesetz, welche die Frauen diskriminieren.[648]In

---

644 Vgl. dazu: http://www.sistersinislam.org.my/page.php?36, (Stand: 21.02.2012).
645 Amirpur, Katajun: Islamischer Feminismus: Kritik und Inhalt eines Konzeptes, in: Gerber, Christine/Petersen, Silke/Weiße, Wolfram (Hg.): Unbeschreiblich weiblich? Neue Fragestellungen zur Geschlechterdifferenz in den Religionen, S. 204.
646 Siehe dazu: http://www.sistersinislam.org.my/, (Stand: 21.02.2012).
647 Anwar, Zeinah: „Çokeşlilik tehdidi, kadını aciz bırakıyor" (Die Gefahr der Vielehe schwächt die Frauen, Übers. d. Verf.), in: Böhürler, Ayşe: Müslüman Ülkelerde Kadın, İsalm Coğrafyasından Portreler, 3, in: Zaman, 15.07.2006, S. 6.
648 Ebd., Siehe dazu auch: Rohe, Mathias: „Die Vielgestaltigkeit ist besonders groß, stellt man die kulturraumüberspannende Wirkung des islamischen Rechts in Rechnung. Was für den Vorderen Orient gilt, muss nicht notwendig auf Malaysia, Indonesien, Kasachstan, Nigeria oder Bosnien übertragbar sein. Diese zunächst triviale Erkenntnis bestimmt auch die innerislamische Diskussion. Norani Othman, Mitglied der malaysischen ‚Sisters in Islam', weist auf die Notwendigkeit hin, zwischen dem Kulturerbe der muslimischen Gesellschaften des Mittleren Ostens und dem Islam eigentlich zu unterscheiden, was der Islam eigentlich ist. (...) In der jüngeren Vergangenheit sind andererseits auch deutliche Tendenzen zur Reislamisierung des Rechts zu beobachten. Teilweise sind sie als durchaus überzeugte Hinwendung zu rechtskulturellen Traditionen zu deuten. Hierzu zählt etwa die Entwicklung in Malaysia mit

ihrer Argumentationsstruktur im Interview konzentriert sie sich auf die strukturellen und rechtlichen Aspekte in Malaysia, welche für die Frauen im Geschlechterdiskurs relevant sind:

> In der islamischen Welt steht in der Arbeit der Frauenorganisationen an vorderster Stelle die Reformierung der islamischen Gesetze und der Gesetzgebungen. Denn Frauen werden diskriminiert. Wenn der Islam in einem demokratischen Nationalstaat existiert, dann besitzt jeder Staatsbürger das Recht dazu, über den Islam zu sprechen. (…). Eines unserer Ziele im Parlament ist es zu erreichen, dass im Falle einer Vielehe die erste Frau als erstes die Güter in der Ehegemeinschaft trennen und behalten kann.[649]

Im nächsten Abschnitt des Interviews kritisiert Zainah Anwar die Folgen der Polygamie für die Musliminnen in Malaysia. Ayşe Böhürler stellt dazu eingangs folgende Frage:

> In Malaysia beträgt der Anteil der Polygamie rund 5%. Zum Teil wird behauptet, dass diese Zahl recht klein sei und das es keine Probleme damit gibt und darüber hinaus seitens des Westens übertrieben wird. Was denken Sie darüber?

Anwar:

> Wenn es kein Problem ist, dann verstehe ich den Lärm darum nicht! (…) Sie wissen, dass Männer mit solchen Sätzen wie „Wenn du mich nicht gut behandelst, mein Essen nicht kochst, das Haus nicht putzt, wenn du keine gute Ehefrau bist, dann nehme ich mir eine andere Frau!" drohen. Meiner Ansicht nach ist nicht nur die Praxis der Vielehe gefährlich – sie gefährdet zusätzlich die gesellschaftliche Stabilität. Die Vielehe zwingt die Frauen in eine hilflose Situation und trägt zu labilen Verhältnissen in Ehen von Männern und Frauen bei.

Frauen sind dem schutzlos ausgesetzt, da die rechtlichen und strukturellen Grundlagen fehlten, die sie im Falle einer Scheidung absichern könnten. Im Interview mit Marina Mahathir wurde bereits deutlich, welche Auswirkungen die vielfältigen Deutungen des Islam insbesondere auf Frauen besitzen. Neben den negativen Konsequenzen für die Frauen, die Zainah Anwar auf die Polygamie

---

klar anti-westlichem Impetus. (…) Wo traditionalistische oder islamistische Kräfte stark sind oder werden, wirkt sich dies regelmäßig zuerst und massiv zu Lasten von Frauenrechten aus. Auch religiöse Minderheiten geraten dann oft unter Druck. Bei allen Unterschieden zwischen den beiden Richtungen findet sich ein erhebliches Maß an Gemeinsamkeiten insbesondere in der Haltung zum Geschlechterverhältnis.", in: Rohe Mathias, Das Islamische Recht, Geschichte und Gegenwart, 2009, S. 7, S. 395 u. 396.
649 Böhürler, Ayşe: Çokeşlilik tehdidi, kadını aciz bırakıyor, Zaman, 15.07.2006.

zurückführt, weist die Aktivistin auf die gesellschaftlichen Instabilitäten hin, die dadurch entstehen.

3.3.4 Pakistan: Nilüfer Bahtiyar: „Gesetze, die Frauen benachteiligen, haben wir geändert."[650]

Die Politikerin Nilüfer Bahtiyar kritisiert die Lebensbedingungen der Pakistanerinnen scharf und bezieht sich auf unterschiedliche Formen von direkter und struktureller Gewalt gegen Frauen. Bahtiyar nennt hier zum Beispiel Säureattentate, Vergewaltigungen, das Töten weiblicher Föten sowie die zahlreichen tödlich endenden „Küchenunfälle" als getarnte innerfamiliäre Gewalt. Die Frauenrechtlerin und Politikerin, die in der türkischen Presse als „das moderne Gesicht Pakistans" beschrieben wird, ist in der Zeit nach dem Interview mit der Zaman von einem Scharia-Gericht in Islamabad mit einem Berufsverbot belegt worden. Der Hintergrund dieser „Fatwa" – des Rechtsgutachtens – war, dass sich Bahtiyar in Frankreich mit Fallschirmspringerinnen für Pressebilder hat ablichten lassen. Sie sammelte damals Spendengelder in Frankreich für die Erdbebenopfer in Pakistan.[651] Sowohl die Art und Weise der Fotos als auch ihre politische Aufgabe widersprächen dem Islam, so das Rechtsgutachten. Die Politik sei nicht der richtige Platz für Frauen. Bahtiyar erwiderte darauf hin, dass sie nur vor Gott Angst habe und nicht vor einem Rechtsgutachten.[652]

Im Interview mit der Zaman geht Bahtiyar auf die Nachteile im pakistanischen Rechtssystem[653] für die weibliche Bevölkerung ein und erklärt, dass sie sowohl Unterstützung als auch Widerstand von den Männern in ihrer politischen Arbeit erhält:

Ich bin die Vorsitzende des Frauenflügels der Regierungspartei in Pakistan. In der Vergangenheit bin ich Aktivistin für Frauenrechte gewesen.[654]. Die Gewalt, die Frauen in Pakistan widerfährt, äußert sich in Säureattentaten oder in Ehrenmorden.

---

650 Böhürler, Ayşe: Kadın aleyhine olan kanunları değiştirdik, Zaman, S. 18.07.2006, S. 6.
651 Doğan Haber Ajansı (ohne Verfasser, Anm. M. K.): Kadın bakanı kovun fetvası: http://www.haberler.com/kadin-bakani-kovun-fetvasi-haberi/, 10.04.2007, (Stand: 21.02.2012).
652 Ebd.
653 Vgl. dazu: Sardar Ali, Shaheen: Gender and Human Rights in Islam and International Law. Equal before Allah, Unequal before Man?, Kluwer Law International, Hague, 2000, S. 173-187.
654 Bahtiyar, Nilüfer: „Bu benim seçimim. Ülkede iktidardaki parti olan Pakistan Müslüman Birliği'nin Kadın kanadının başkanıyım. Dolayısıyla işimden dolayı Pakistan başbakanı tarafından buraya atandım Geçmişte kadın hakları aktivistidim (wörtlich: Aktivistin für Frauenrechte. Der Begriff „Feministin" wird nicht verwendet, Anm. d. Verf.). Geçtiğimiz 30 yıl boyunca bu ülkede kadın hakları için mücadele ettim (…).", in: Zaman, 18.07.2006, S. 6.

Diese werden noch nach der Trennung verübt oder beispielsweise dann, wenn sich junge Frauen gegen „Verehrer" wehren oder auch potenzielle Heiratskandidaten ablehnen: Wir haben beispielsweise eineinhalb Jahre lang an einem „Ehrenmord-Gesetz" gearbeitet. Dieses Gesetz wurde im Dezember des letzten Jahres vom Parlament verabschiedet.

Bahtiyar sieht innerhalb der Politik positive Entwicklungen in Pakistan: Die Folgen der so genannten Hudud Gesetze[655] seien in der Vergangenheit nicht diskutiert worden – zumindest herrsche hier ein mittlerweile öffentlicher Raum für Kritik. Darüber hinaus gibt es auch im Parlament vermehrt Stimmen, welche die „Einlagerung" der Gesetze befürworten:

> Wir können aber kein einziges Gesetz, das im Namen des Islam verwirklicht wurde, umändern. Aus diesem Grund befinden wir uns mit der Opposition in enger Lobbykooperation. Und ich bin fest davon überzeugt, dass wir in naher Zukunft eine Lösung bewirken werden.

Im Hinblick auf Stereotype von Pakistanerinnen kritisiert Nilüfer Bahtiyar die Haltung von Frauen aus dem Westen. Sie erklärt:

> Frauen aus dem Westen halten uns für rückständig. Ich lade Frauen aus dem Westen gerne zu uns ein, damit sie sehen können, was wir in Anbetracht unserer Lebensumstände hier leisten. Die Lebensbedingungen von Frauen im Westen sind nicht schwer. (…) Für unsere Frauen ist es schon schwierig, von ihrem Wahlrecht Gebrauch zu machen, und trotzdem gibt es bei uns Ministerinnen und Politikerinnen! Wir sind deutlich liberaler eingestellt als die Frauen aus dem Westen. Nur weil wir Kopftücher tragen, heißt das nicht, dass wir nicht modern sind (…). Es ist unser gu-

---

655 Siehe dazu: Rohe, Mathias: Das islamische Recht. Geschichte und Gegenwart: „Die koranischen Delikte (hudud), aa) Einführung, Grundlagen des Strafrechts sind zunächst die einschlägigen koranischen Bestimmungen. (…) *Unzucht (zina)*, fälschliche Bezichtigung der *Unzucht (qadf)* (…) und Alkoholgenuss (surb al-hamir). Sie werden als hudud (wörtl.: Grenzen) bezeichnet. (…) Die weitaus häufigste Form der Scheidung, welche nur dem Ehemann zusteht, ist die einseitige Beendigung der Ehe durch den so genannten talaq, der in den Suren 2, 229 und 65, I f. erwähnt wird. Er bedarf keiner Begründung. Nach der sunnitischen Mehrheitsmeinung soll er selbst dann wirksam sein, wenn kein innerer Wille (niya) zur Herbeiführung der Scheidung besteht, sofern er nur hinreichend klar zum Ausdruck gebracht wird. (…) Nach klassischem hanafitischem Recht ist nicht einmal die Benachrichtigung der Ehefrau über den Scheidungsausspruch Wirksamkeitsvoraussetzung. Bei Hanafiten wird überdies der talaq im Zustand selbstverschuldeter Trunkenheit für wirksam gehalten, während die anderen Schulen dies ablehnen. Es gibt eine widerrufliche (rag i) und eine unwiderrufliche (ba in) Form des talaq. Nur die widerrufliche Form, bei der die Scheidung erst mit Ablauf der Wartefrist (idda; grundsätzlich drei Monate) nach Scheidungserklärung eintritt, wird uneingeschränkt anerkannt.", C. H. Beck, München, 2011, S. 91 und S. 92, S. 122.

3.3 Berichterstattung über muslimische Frauen in der Zaman-Serie

tes Recht, es ist unser religiöses Recht, ein Kopftuch zu tragen, und wir sind deshalb keine Fundamentalistinnen.

Die Legitimation struktureller und physischer Gewalt in Pakistan ist ein Faktor, der die körperliche Unversehrtheit und die Autonomie über den eigenen Körper der Frauen einschränkt. Dennoch gebe es Fortschritte in diesem Bereich, wie Bahtiyar darlegt.

3.3.5 Algerien: Luisa Ighil Ahriz: „Die Strände waren sowohl für Hunde als auch für Araber verboten."[656]

Ayşe Böhürler interviewte im Rahmen der Zaman-Serie in Algerien zwei Frauen, wovon eine im algerischen Unabhängigkeitskampf aktiv gewesen ist. Luisa Ighil Ahriz erklärt im Interview, dass sie sich so wie viele andere Algerierinnen durch die politische Unabhängigkeit Algeriens im Jahr 1962 auch die Unabhängigkeit der Algerierinnen erhofft hatte. Während des Unabhängigkeitskrieges war sie gefoltert worden und musste kurz nach der Unabhängigkeit enttäuscht feststellen, dass die weibliche algerische Bevölkerung, die sich am Unabhängigkeitskampf beteiligt hatte, nicht mehr „benötigt" wurde. Im Interview erzählt Ighil Ahriz über ihre diskriminierenden Erfahrungen während der kolonialen Besatzung durch Frankreich. Die rassistischen Erfahrungen aufgrund ihrer ethnischen Zugehörigkeit prägten vor allem ihre Kindheit und Jugend:

> Während der Kolonialzeit wurden meine algerischen Schwestern nur „Fatma" genannt. Sie putzten in den Häusern der Besatzer. Es gab Straßen, die ausschließlich die Besatzer und die Kinder der Besatzer benutzen durften und wir nicht. Die Strände waren sowohl für die Araber als auch für die Hunde verboten. (...) In den französischen Schulen wurden wir ständig erniedrigt.[657]

Im Hinblick auf das Geschlechterverhältnis in der Zeit nach der Unabhängigkeit Algeriens erklärt Ighil Ahriz, dass die Männer die Frauen in die klassische Geschlechterrolle zu verdrängen versuchten und damit aus der Öffentlichkeit wieder zurück in die häusliche Sphäre:

> Danach sagten sie also, ihr habt eure Pflicht erledigt, das, was ihr für die Unabhängigkeit dieses Landes getan habt, wird unvergessen bleiben, aber jetzt geht nach Hause! Geht nach Hause und heiratet – sagten sie; macht Kinder und verlasst euer Zuhause nicht. Einige von ihnen heirateten, stellten sich vor den Herd und bekamen

---

656 Böhürler, Ayşe: Plajlar köpekler ve Araplara yasaktı, Zaman, 19.07.2006, S. 6.
657 Ebd.

Kinder! (…) Gestern noch kämpften wir für unsere Unabhängigkeit und heute kämpfen wir um unsere Rechte. Mit diesem Ziel haben sich viele Frauen organisiert und zusammengeschlossen. Sie wollen dieselben Rechte wie ihre Brüder und resignieren nicht in ihren Bemühungen.[658]

In diesem Interview werden abermals die Verschränkungen zwischen dem Geschlechterdiskurs und dem Rechtsdiskurs in Algerien deutlich. Das Familiengesetz ist auch im Geschlechterverhältnis in Algerien laut Luisa Ighil Ahriz der Bereich, in dem Frauen am stärksten vernachlässigt sowie benachteiligt werden:

> Die meisten Diskriminierungen, die wir erfahren, erleben wir aufgrund des Familiengesetzes. Das Familiengesetz reduziert die Rolle der Frau in der Gesellschaft. Die Frau wird nie mündig und bleibt ihr Leben lang an ihre Eltern gebunden. Weil du eine Frau bist, wirst du nicht als Erwachsene respektiert. Sehr schnell wurde vergessen, dass diese Frauen bis gestern noch an der Kriegsfront aktiv gewesen sind.[659]

In der Arbeitswelt ist das starke Lohngefälle zwischen Männern und Frauen signifikant, obwohl auch in Algerien die Zahl der Studentinnen an den Hochschulen hoch ist. Hinzu kommt, dass bei gleicher Qualifikation Ighil Ahriz zufolge Männer bevorteilt werden, indem sie den Arbeitsplatz ihrer Wahl erhalten. Das Nachsehen haben die Frauen, die sich um einen Arbeitsplatz bemühen müssen, der unter ihrer Qualifikation liegt. Luisa Ighil Ahriz wünscht sich für die Zukunft in Algerien die Gerechtigkeit zwischen den Geschlechtern. Sie betont, dass Männer und Frauen nur gemeinsam einen gesamtgesellschaftlichen Fortschritt erreichen können, da sie zusammengehören. Gleichzeitig erklärt Ighil Ahriz, dass es die Frauen sind, die die islamischen Werte weitergeben und lebten. In ihrer Argumentation sind der Geschlechterdiskurs und der patriotische Diskurs miteinander verwoben. In der Erziehung innerhalb der algerischen Nation käme vor allem den Frauen ein wichtiger Teil zu:

> Sie waren diejenigen, die es schafften, die kulturellen Werte in den schwierigsten Tagen zu bewahren und weiterzugeben. Sie machen keinerlei Kompromisse, was die islamischen Werte betrifft. Und sie werden ihre Kinder genau auf diese Art und Weise großziehen. (…) Als Letztes möchte ich sagen, dass ein Mensch nur auf zwei Beinen gehen kann. Können Sie sich vorstellen, dass ein Mensch, um besser gehen zu können, sich ein Bein abschneidet? So wie ein Mensch kann auch ein Volk nur auf beiden Beinen gehen.

---

658 Ebd.
659 Ebd.

3.3 Berichterstattung über muslimische Frauen in der Zaman-Serie 241

Zum Abschluss der Analyse der Zaman-Serie werden die Ergebnisse aus dem zweiten Interview aus Algerien vorgestellt. Nora Bouzida unterscheidet in ihren Interviewantworten deutlich zwischen dem Islam und dem Einfluss aus dem Westen in Algerien. Das Leben der Frauen in Algerien grenzt sie bewusst von westlichen Werten ab.

3.3.6 Algerien: Nora Bouzida: „Wir können sowohl modern als auch religiös sein."[660]

Nora Bouzida ist Schriftstellerin und Verlegerin in Algerien. Bouzida erklärt, dass die Frauen in Algerien von vielen Vorurteilen betroffen sind. Diese Klischees führt sie insbesondere auf den historischen Einfluss aus dem Westen in Algerien zurück. In Bouzidas Argumentationsmuster ist das Kopftuch ein Kollektivsymbol als Zeichen der islamischen Moderne, Bildung und weiblichen Individualität. Sie grenzt mittels dieses Kollektivsymbols ihren Standpunkt zur Geschlechterfrage gegenüber dem Westen ab. Zur Situation der Frauen erklärt sie deshalb:

> Es ist traurig, aber je mehr der Islam schrumpft, desto mehr sind wir gleichzeitig mit dem Erbe der Unterdrückung in unserer Gesellschaft und in unseren Bräuchen konfrontiert. Es wird behauptet, dass wir gegen den Islam seien, wenn wir fordern, dass jede Frau ihren Ehemann selbst aussuchen können soll. (...) Musliminnen möchten nicht wie westliche Frauen leben. Natürlich gibt es auch positive Elemente in der westlichen Kultur. Wir können diese Eigenschaften zusammenfügen und zugleich islamisch sein. (...). Wenn du ein Kopftuch tragen möchtest, dann trägst du ein Kopftuch, und wenn nicht, dann eben nicht. Das ist eine sehr individuelle Wahl. Ehrlich gesagt ist das Kopftuch für mich keine wesentliche Frage im Leben.[661]

Im nächsten Abschnitt des Interviews stellt Böhürler die Frage, ob sich Bouzida als Feministin bezeichnen würde und was sie darüber denke. Bouzidas Antwort grenzt den Feminismus als westliches Phänomen von der Geschlechtergerechtigkeit im Islam ab. Sie betont deshalb, dass der Feminismus räumlich im Westen zu verorten ist, da dem Islam Frauenrechte immanent sind.

> Die Rechte, welche die westlichen Frauen erhielten, spricht uns der Islam seit jeher zu. Wenn Frauen behaupten, dass sie so wie die Männer sein wollen, dann sind sie nicht ehrlich. Nein, ich bin eine Frau und ich möchte wie eine Frau sein und nicht wie ein Mann. Wir werden uns gegenseitig vollständig ergänzen.

---

660 Böhürler, Ayşe: Hem dindar hem modern olabiliriz, Zaman, 19.07.2006, S. 6.
661 Ebd.

Das Geschlechterverhältnis im Geschlechterdiskurs, den Nora Bouzida anspricht, basiert auf der Einheit zwischen Frau und Mann. In dieser Einheit ergänzen sie sich aufgrund ihrer sexuellen Differenz im Sinne ihrer geschlechtlichen Differenz (vgl. dazu Kapitel 2.1). Was es bedeutet, als Frau „wie ein Mann" zu sein, wird nicht weiter erläutert und wird nur als Argument gegen den westlichen Feminismus benutzt, den Bouzida ablehnt.

3.3.7 Zwischenfazit

Das Hauptziel der Serie besteht in der Widerlegung der durch die westliche Öffentlichkeit konstruierten Bilder unterdrückter, passiver und ungebildeter muslimischer Frauen in islamischen Ländern. In diesem Kontext ist der Geschlechterdiskurs eng mit der pauschalen Kritik am Islam verbunden, der für das Missverhältnis der Geschlechter verantwortlich gemacht wird. Die interviewten Akteurinnen versuchen diese Verschränkung aufzubrechen. Sie weisen darauf hin, dass die kulturell tief verwurzelte Misogynie, wie beispielsweise in Pakistan, darauf zurückzuführen ist, dass dem eine aggressive „männliche" und despotische Lesart patriarchaler Koranstellen zugrunde liegt. Das Durchbrechen dieser Gesellschaftsstrukturen, die im „Imaginären" verankert sind, ist folglich schwer. Die etablierte und politisch verankerte weibliche Sichtweise sowie weibliche Interpretation des Koran erscheinen als nicht existent.

Den Mittelpunkt des Geschlechterdiskurses bildet das Leben mit dem Islam in der modernen globalisierten Welt – unabhängig davon, ob dieser im privaten oder im öffentlichen Raum stattfindet oder im transnationalen Raum, welcher durch die Globalisierung geprägt ist. Die Zaman entspricht als Presseorgan dieser Konstellation: Sie ist *ein* Medienprodukt aus der Synthese des Islam in der türkischen Öffentlichkeit und den modernen globalisierten Strukturen.

Der Begriff sowie die Assoziationen des westlich interpretierten Feminismus werden von Böhürler in der Serie und von den Akteurinnen kritisch beurteilt. Frauenrechte und feministische Ziele im islamischen Kontext sind Ausdruck einer individuellen weiblichen Interpretation, die der westlichen Lesart des Feminismus widersprechen. Die Historikerin Margot Badran stellt deshalb hierzu fest, dass sich der islamische Feminismus grundlegend vom westlichen Feminismus unterscheidet. Er sei weder ein „Nebenprodukt" der westlichen Interpretation des Feminismus, noch stehe er außerhalb des religiösen Kontextes, was für den westlichen Feminismus jedoch zutreffe:

> It should be made clear (...) that the feminism Muslim women have created a feminism of their own. They were not „Western"; they are not derivative. Religion from

3.3 Berichterstattung über muslimische Frauen in der Zaman-Serie

the very start has been integral to the feminisms that Muslim women have constructed, both explicitly and implicitly, whether they have been called "secular feminisms" or "Islamic feminisms". This is in contrast to feminisms in the West, which have been largely secular enterprises in the sense of being typically articulated outside religious frameworks [662]

Im Gegensatz zum säkularen Feminismus ist der islamische Feminismus ein neuer Diskurs zur Interpretation des Islam, den Badran als "independent intellectual investigation of the Qur'an and other religious texts" bezeichnet. Badran verweist auf das wesentliche Unterscheidungsmerkmal zwischen dem säkularen und dem islamischen Feminismus, indem sie auf die patriarchalischen Familienstrukturen einerseits und die Bedeutung der Familie für die *umma* andererseits hinweist:

Islamic feminists, on the other hand, have through their own ijtihad [gemeint ist die Neuinterpretation des Koran, Anm. M. K.] made compelling arguments, that the patriarchal model of the family does not conform to the Qur'anic principles of human equality and gender justice. Islamic feminists promote gender equality along a more fluid public-private continuum, promoting an egalitarian model of both family and society. They thus do not conceptualize a public-private division, as was typical of secular feminists[663]

In der Zaman-Serie wird der „westlich" interpretierte Begriff Feminismus von den Akteurinnen nicht im Sinne einer Gesellschaftskritik akzeptiert. Der „westliche" Feminismus diene auch nicht als politisches Mittel, um zur Etablierung von Frauenrechten zu gelangen. Das Ergebnis ist, dass die Akteurinnen vielmehr eine *Geschlechtergerechtigkeit* fordern, die vom Islam ausgehend in einem demokratischen Staatssystem rechtlich verankert ist. Dieses Staatssystem muss nicht zwingend säkular oder laizistisch sein. Ein weiteres Ergebnis aus den Argumentationssträngen der Akteurinnen ist, dass der Islam moderne Lebensformen in der Arbeitswelt und im Bildungswesen keineswegs ausschließt. Einig sind sich die Akteurinnen darin, sich keine politischen Lösungen aufzwingen zu lassen, die nichts mit ihrer Lebensrealität zu tun haben. Dieses Argument ist einer der wichtigsten Kritikpunkte an der westlichen Perspektive auf Musliminnen. Im Interview mit den Akteurinnen aus Algerien kommt dieser Aspekt besonders zum Ausdruck, da Algerien sich im Jahr 1962 von der ehemaligen Kolonialmacht Frankreich befreite. Das politische Ziel der Frauen während des Befreiungskrieges lag zunächst in der nationalen Unabhängigkeit. Dieser Unabhängigkeit sind

---

662 Badran, Margot: Feminism in Islam.Secular and Religious Convergence, Oneworld, Oxford, 2009, S. 2-4.
663 Ebd.

jedoch Frauenrechte untergeordnet worden.[664] Folglich ist die konsequente Ablehnung des feministischen Geschlechterdiskurses aus dem Westen *ein* Resultat aus den historischen sowie politischen Entwicklungen, die eng mit der patriarchalen Herrschaft westlicher Staaten in islamischen Ländern verbunden ist.

Selbstverständlich gibt es Gegenbeispiele von Feministinnen bzw. Frauenaktivistinnen sowie feministische Strömungen in islamischen Ländern, auf die die Zaman in ihrer Serie nicht eingegangen ist. Erwähnt sei hier die populäre und kontroverse libanesische Autorin, Publizistin und Bloggerin Joumana Haddad. Haddad stammt aus einer christlich-libanesischen Familie und bezeichnet sich selbst als Atheistin.[665] Einer von Haddads Schwerpunkten ist die Sexualität zwischen den Geschlechtern und die Auswirkungen der Unterdrückung von Sexualität in religiös geprägten repressiven Gesellschaftsformen. Haddad äußert sich zudem kritisch bis ablehnend zum Geschlechterverhältnis in monotheistischen Religionen. Den „islamischen Feminismus" hält sie für ein „Oxymoron".[666]

In der Serie der Zaman steht die Forderung nach einer Geschlechtergerechtigkeit, die vom Islam ausgeht, im Mittelpunkt der Widerlegung der weiblichmuslimischen Stereotype, da es die Frauen sind, die eine neue Interpretation des Koran politisch und öffentlich einfordern.[667] Folglich ist das Blatt darum bemüht, den Missbrauch des Islam zum Nachteil der weiblichen Bevölkerung durch Fehlinterpretationen von Koranstellen sowie fehlende demokratische politische Strukturen aufzuzeigen: Die *gläubigen* Interviewpartnerinnen weisen in ihren

---

664 Die Islamwissenschaftlerin Katajun Amirpur erklärt zum historischen Zusammenhang zwischen Frauenrechten und der kolonialen Herrschaft folgende Aspekte: „Frauen in der islamischen Welt haben sich schon lange gegen ungerechte Geschlechterverhältnisse aufgelehnt. Doch das Aufkommen eines heimischen Feminismus ist erst ein Phänomen der jüngeren Vergangenheit, und diese Verspätung geht vermutlich auf das schwierige Verhältnis zwischen den Forderungen von Frauen nach gleichen Rechten und den anti-kolonialen, nationalistischen Bewegungen ihrer Länder zurück." Bezogen auf die Unterdrückungsmechanismen aus Europa und den USA galt der Feminismus laut Amirpur als ein Mittel „(…) um die „Angriffe auf die einheimischen Gesellschaften moralisch zu rechtfertigen und um die Idee von der globalen Überlegenheit Europas zu stützen", zitiert nach Ahmed, Leila: Women and Gender in Islam. Historical Roots of a Modern Debate, 1992.. „Deshalb ordneten muslimische Frauen mit feministischem Bewusstsein ihre Bestrebungen nach Gleichberechtigung oft den antikolonialen und nationalen Prioritäten ihrer Gesellschaft unter. Sie wären sonst Gefahr gelaufen, dem kolonialen Feind in die Hände zu spielen oder zumindest als Bewegung angesehen zu werden, die diesem Feind in die Hände spielt.", in: Dies.: Islamischer Feminismus. Kritik und Inhalt eines Konzepts, in: Gerber, Christine/Petersen, Silke/Weiße, Wolfram (Hg.): Unbeschreiblich weiblich? Neue Fragestellungen zur Geschlechterdifferenz in den Religionen, Lit Verlag, Münster 2011, S. 195-215.
665 Siehe dazu: http://www.jasadmag.com/en/editor.asp, (Stand: 03.01.2013).
666 Siehe dazu: Haddad, Joumana: Islamic feminism: Stockholm Syndrome, in: http://jspot.me/islamic-feminism-stockholm-syndrome/, 27.12.2012, (Stand: 03.01.2013).
667 Vgl. dazu: Wadud, Amina: Inside the Gender Jihad: Women's Reform in Islam, Oneworld Publications, Oxford, 2006, S. 190-198.

3.3 Berichterstattung über muslimische Frauen in der Zaman-Serie

Argumentationen zusätzlich auf die strukturellen Bedingungen hin, die im politischen und rechtlichen System der Länder verankert sind. Hierbei erschweren Gesetzeslücken und die Aushebelung vorhandener Rechte das Vorgehen gegen Gewalttaten und die Gewährleistung des Schutzes der Opfer. Die Lebensbedingungen, die daraus resultieren, machen das Geschlechterverhältnis schwierig und begünstigen Benachteiligungen sowie die Gewalt gegenüber Mädchen und Frauen. Das Geschlechterverständnis der interviewten Akteurinnen im Rahmen ihrer Forderung nach einer geschlechtergerechten Gesellschaftsform beruht auf der zweigeschlechtlichen Interpretation.[668] Der Geschlechterbegriff wird jedoch von den Akteurinnen im Interview mit der Zaman nicht in Frage gestellt.

Das Ziel der Serie, Klischees über Musliminnen in der islamischen Welt außerhalb der Türkei zu dekonstruieren, wird insofern erfolgreich umgesetzt, als hochqualifizierte Frauen, die im Westen ihre Universitätsausbildungen absolviert haben, interviewt werden. Die Akteurinnen setzen ihre Intellektualität, ihre Mehrsprachigkeit und ihre gesellschaftspolitischen Positionen dafür ein, sich kritisch mit der bisherigen männlich dominierten Interpretation des Islam auseinanderzusetzen. Gleichzeitig schaffen sie eine breite Öffentlichkeit mittels ihrer Arbeit, in der sie sich für die Rechte von Frauen einsetzen. Die aus dieser Serie präsentierten Akteurinnen entsprechen dem weiblichen Ideal, das dem Gesellschaftsbild der Zaman zugrunde liegt: Sie sind exzellent ausgebildet, gläubige Musliminnen und global orientiert. Es sind selbstbewusste Frauen, die ihre kulturellen und religiösen Werte verteidigen und sich entsprechend einsetzen – und sie sind aufgrund ihrer Herkunft privilegiert, was ihnen den Zugang zu politischen Entscheidungsstellen und den Zugang zur Öffentlichkeit leichter macht. Verglichen mit der Hürriyet-Serie verkörpern sie eine ähnliche Position wie der Schriftsteller Feridun Zaimoglu innerhalb des Integrationsverständnisses der Hürriyet. In der Zaman allerdings besteht ein enger Bezug zu identitätsstiftenden islamischen Charakteristika, die sich von liberalen feministischen Diskursen im Westen unterscheiden.

---

668 Der Ethnologe Arjun Appadurai wirft eine kritische Perspektive auf diese „starre" Interpretationsform des Geschlechterverhältnisses, in der er wiederum die Gewalt gegen Frauen verankert sieht. Er stellt im Hinblick auf das „westliche" und „nicht-westliche" Geschlechterverhältnis deshalb Folgendes fest: „In westlichen Gesellschaften gibt es heute die Auffassung, dass man keine scharfe Grenze zwischen den Geschlechtern mehr ziehen sollte. (…). In den meisten anderen Gesellschaften wird dagegen eine klare Unterscheidung zwischen Männern und Frauen getroffen. (…) Männer sind ganz klassisch für Politik, Wirtschaft und Krieg zuständig, Frauen für Haushalt, Familie, Kinder. Überall dort erreicht die Gewalt gegen Frauen große Ausmaße", Ders.: Die Finanzwelt ist eine Mischung aus Kaserne und Dschungelcamp. Mit dem Kapitalismus breitet sich eine überkommen geglaubte Vorstellung von Männlichkeit aus, in: Kultur-Austausch. Zeitschrift für internationale Perspektiven. Geht doch! Ein Männerheft. Ausgabe I/2012, S. 32.

Die von der Autorin Ayşe Böhürler eingangs in der Serie verwendete Kollektivsymbolik ist als „eye-catcher" einzuordnen, der die Aufmerksamkeit der LeserInnen auf die Serie lenken soll: Fast keine der hier präsentierten Frauen trägt ein Kopftuch. Lediglich Nilüfer Bahtiyar trägt im Interview ein lose um den Kopf drapiertes Tuch, das den Blick auf ihr Haar und ihr Gesicht frei lässt.

3.4 Untersuchung des Pressediskurses aus der Europaausgabe der Zaman zum Urteil des Europäischen Gerichtshofs für Menschenrechte im Fall Leyla Şahin

Im folgenden Kapitel werden die Berichterstattungen aus dem Pressediskurs der Zaman zum Urteil des Europäischen Gerichtshofs für Menschenrechte (EuGHMR) über das Kopftuch-Verbot an türkischen Universitäten untersucht. Die Klage von Leyla Şahin ist ein Beispiel dafür, wie das Geschlechterverhältnis mit dem Diskurs über den EU-Beitritt der Türkei, dem Recht auf Bildung, der europäischen Öffentlichkeit und dem Politikdiskurs in der Türkei verschränkt ist – ausgehend vom Kollektivsymbol türban.

Dieser Diskursstrang – das Urteil des EuGHMR – ist gleichzeitig mit der Frage nach dem Recht auf Bildung verwoben, auf das sich die Klägerin berief. Im Urteil des Europäischen Gerichtshofs für Menschenrechte finden sich die politischen Terminologien aus dem öffentlichen Diskurs der Türkei wieder. Das Urteil bezieht sich auf die laizistischen Grundlagen der türkischen Verfassung und sieht das Kopftuchverbot an türkischen Universitäten nicht im Widerspruch mit dem Recht auf Bildung. Geklagt hatte die 1973 geborene ehemalige Medizinstudentin Leyla Şahin. Sie wurde 1998 vom Medizinstudium ausgeschlossen, da sie sich weigerte, ihr Kopftuch (türban) abzulegen. Şahin hatte sich bereits durch die Instanzen in der Türkei geklagt. Seit 1999 lebte sie in Wien und konnte dort ihr Studium beenden. Am 10.11.2005 urteilte der Europäische Gerichtshof für Menschenrechte, dass es

> (...) rechtens ist, wenn man in der Türkei von der Universität verwiesen wird, weil man ein Kopftuch trägt (...). Die Rechte auf freie Religionsausübung und Bildung seien durch das Kopftuch-Verbot an der Universität von Istanbul nicht verletzt worden (...). Die in der türkischen Verfassung festgelegte Trennung von Staat und Kirche erlaube es, religiöse Kleidungsstücke zu verbieten. Diese Regelung verstoße nicht gegen die Europäische Menschenrechtskonvention, über die der Straßburger Gerichtshof zu wachen hat. Davon sei im Übrigen nicht nur die muslimische Religionsgemeinschaft betroffen.[669]

---

669 Europe News: http://europenews.dk/de/node/6150, 24.01.2008, (Stand: 21.02.2012).

3.4 Untersuchung des Pressediskurses zum Urteil im Fall Leyla Şahin 247

Die Klage und das Urteil wurden in der türkischen Öffentlichkeit kontrovers debattiert. Die öffentlichen Debatten fanden entlang der *cleavages* zwischen Laizismus und Islamismus statt: Zum damaligen Zeitpunkt war Ahmet Necdet Sezer Präsident der Türkei. Der ehemalige Präsident vermied es konsequent, die Ehefrauen des jetzigen Präsidenten Abdullah Gül und des bereits damals amtierenden Ministerpräsidenten Recep Tayyıp Erdoğan zu offiziellen Anlässen einzuladen, da sie *türban*-Trägerinnen sind. Strikte Laizisten in der Türkei fühlten sich durch das Urteil bestätigt. Die symbolische Kraft dieses Urteils ist sehr hoch: Einerseits ist der *türban* der Klägerin das ausschlaggebende Symbol für die Klage gewesen. Andererseits entspricht dieses Kopftuchmodell einem der genuinen Symbole des modernen Islamismus in der Türkei, welches im Kapitel 1.5 bereits vorgestellt worden ist. Die RichterInnen stützen ihr Urteil auf verschiedene Grundlagen und entschieden, dass das Kopftuch-Verbot mit der europäischen Menschenrechtskonvention vereinbar ist:

> Der offensichtliche Zweck der Einschränkung war die Bewahrung des laizistischen Charakters von Bildungseinrichtungen. Was den Grundsatz der Verhältnismäßigkeit betrifft, hat der GH zu Art. 9 EMRK festgestellt, dass die eingesetzten Mittel in einem vernünftigen Verhältnis zum verfolgten Zweck standen (...). Erstens hinderte die angefochtene Maßnahme die Studierenden nicht an der Ausübung ihrer religiösen Pflichten. Zweitens wurde (...) vor Erlass des Rundschreibens so weit wie möglich die unterschiedlichen Interessen abgewogen. Die Universitätsverwaltung bemühte sich um einen rechtlichen Weg, mit dem sie vermeiden konnte, Studierende wegen des Kopftuchs abweisen zu müssen, und mit dem sie gleichzeitig ihre Verpflichtung erfüllen konnte, die Rechte anderer und die Interessen des Bildungssystems zu schützen.[670]

Zur Motivation der Klägerin Leyla Şahin stellt das EuGH darüber hinaus fest:

> Zudem scheint die Vorstellung unrealistisch, die Bf. wäre sich der Kleidungsvorschriften der Universität Istanbul nicht bewusst oder nicht ausreichend über die Gründe für deren Einführung informiert gewesen. Die angefochtene Einschränkung hat daher das Recht (...) auf Bildung nicht in seinem Kern beeinträchtigt.[671]

Dem Rundschreiben der Universitätsverwaltung sind Gespräche vorausgegangen, in denen sich die Universitätsverwaltung bemühte, mit den betroffenen Studentinnen gemeinsam zu einer Lösung zu kommen. Die Berichterstattungen der Zaman über Leyla Şahins Klage erfolgt in Form von Kommentaren, Reportagen und Nachrichten. Für die Untersuchung wurden drei Kommentare, eine

---

670 Ebd.
671 Ebd.

Reportage und eine Nachrichtenmeldung aus der Zaman ausgewählt. Der Zeitraum der ausgewählten Diskursfragmente beginnt am 12.11.2005 und endet am 16.12.2005. Ausgeschlossen wurden Berichterstattungen, die mit dem Diskursstrang des Kopftuch-Verbots für Lehrerinnen in deutschen Bundesländern mit dem Urteil des Europäischen Gerichtshofs für Menschenrechte verschränkt sind.[672]

Im ersten Schritt werden die Diskursfragmente aus der Zaman in den räumlichen und thematisch-inhaltlichen Zusammenhang gesetzt. Danach erfolgt die Darstellung der Ergebnisse aus der thematisch-inhaltlichen Verschränkung.

3.4.1 Kommentar von Adem Güneş: „Der Europäische Gerichtshof für Menschenrechte hat das Kopftuch nicht verboten. Er hat eine Empfehlung an die Türkei ausgesprochen." [673]

Der Zaman-Journalist Adem Güneş wirft in seinem Kommentar einen kritischen Blick auf die Klage von Leyla Şahin. In Güneşs Kommentar ist das Recht auf Bildung mit dem Urteil des EuGHMR verschränkt. Der Autor bettet das Urteil sowohl in den gesamteuropäischen öffentlichen Kontext als auch in den türkischen öffentlichen Kontext ein. Er kritisiert die Basis, auf der Şahin geklagt hatte:

> Leyla Şahin erklärt, dass sie in der Debatte des Kopftuch-Verbots als Figur benutzt wurde. Ja, das stimmt leider. (…) Wenn jemand eine Ausbildung zur Krankenschwester macht und sagt, dass er die entsprechende Kleidung nicht tragen möchte und lieber seine individuelle Kleidung tragen will, dann ist das nicht möglich (…). Jeder der dortigen Vorgesetzten würde sagen, dass der Betroffene die gültigen Kleidervorschriften schließlich vorher gekannt hat. (…) An einer katholischen Universität, in der man sich zum Priester ausbilden lassen möchte, muss man auf seine individuelle Kleidung verzichten, ansonsten kann man die Ausbildung nicht absolvieren.[674]

Güneş weist in seinem Kommentar darauf hin, dass Şahin gegen die Bestimmungen der Universität in Istanbul geklagt hatte. Die Klägerin beruft sich auf das Rundschreiben der Universitätsverwaltung in Istanbul vom 23.02.1998. Darin hält die Universitätsverwaltung den Dialog mit den betroffenen Studentinnen

---

672 Vgl. dazu: Küçükkaya, Emre/Ekiz, Yusuf: Başörtüsü yasağı yüzünden çok yararlı olacak bir öğretmeni kaybettik, Zaman, 29.10.2005, S. 4.
673 Güneş, Adem: AIHM başörtüsünü yasaklamadı, Türkiye'ye bir çözüm önerisi sundu, Zaman, 22.11.2005, S. 4.
674 Ebd.

3.4 Untersuchung des Pressediskurses zum Urteil im Fall Leyla Şahin 249

aufrecht, damit sie nicht vom Studium ausgeschlossen werden. Dem Rundschreiben ging ein „jahrelanger Prozess" voraus, der in der Öffentlichkeit kontrovers debattiert wurde. Güneş erklärt im Zusammenhang mit dem Rundschreiben der Universität:

> Leyla Şahin hat gegen die Universität Istanbul geklagt, weil sie dort nicht studieren kann. Sie wurde in der Tat in diesem Fall instrumentalisiert. Die Frage ist jedoch, weshalb. Der eigentliche Sachverhalt, auf den man sich in der Klage hätte stützen können, ist der, dass Leyla Şahin an keiner einzigen Universität in den Grenzen der Türkei aufgrund ihres Kopftuchs studieren kann. Es gibt für sie in der gesamten Türkei keine Möglichkeit, ihr Recht auf Bildung und Ausbildung an einer türkischen Universität umzusetzen. Dagegen hätte Şahin klagen müssen und nicht gegen den Bescheid der Istanbuler Universitätsverwaltung, die sich im Gespräch mit ihr befand.[675]

Adem Güneş lenkt in seinem Kommentar die Aufmerksamkeit der Zaman-LeserInnen vom Urteil auf den Ausgangspunkt der Klage. Die Begründung der Klage sei zu eng gefasst worden. Güneş argumentiert in seinem Kommentar entlang der konfessionellen sowie nicht-konfessionellen Bildungsinstitutionen in der modernen Welt, in der sich die Studierenden und Auszubildenden an Kleidungsvorschriften halten müssten:

> Die moderne Welt wahrt religiöse und laizistische Grundlagen einer Ausbildungsstätte. Es war von Anfang an klar, dass Leyla Şahin ihre Klage gegen eine laizistische Universität vor dem Europäischen Gerichtshof für Menschenrechte verlieren würde.

Güneşs kritischer Blick eröffnet einen neuen Zugang zum Thema, indem er das Recht auf Bildung gesamtgesellschaftlich und global kontextualisiert. Er löst die Diskursverschränkung auf, indem er das Kollektivsymbol türban aus dem Urteil herausnimmt und den Blick auf die Alternative, die dem Urteil inhärent ist, lenkt.

3.4.2 Kommentar von Joost Lagendijk und Cem Özdemir:
„Das Kopftuch-Verbot steht der Türkei nicht."[676]

In ihrem gemeinsamen Kommentar vom 16.12.2005 bewerten die Politiker Joost Lagendijk und Cem Özdemir das Kopftuch-Verbot innerhalb der europäischen

---
675 Ebd.
676 Lagendijk, Joost/Özdemir, Cem: Türban yasağı Türkiye'ye yakışmıyor, in: Zaman, 16.12.2005, S. 14.

und der türkischen Öffentlichkeit. Joost Lagendijk schreibt seit 2010 als Kolumnist für die Today's Zaman. Der niederländische Politiker ist seit dem Jahr 2002 Mitglied der Türkei-Delegation des Europäischen Parlaments gewesen. Er war von 1998 – 2009 Mitglied des EU-Parlaments und war dort Abgeordneter der niederländischen Grünen-Partei. Lagendijk ist ein Mitglied des Istanbuler Policy Centers an der Sabancı-Universität-Istanbul und lebt seit dem Jahr 2009 in Istanbul. Zum Zeitpunkt des Interviews war der Grünen-Politiker Cem Özdemir ebenfalls im EU-Parlament (2004 – 2009). Özdemir ist seit 2008 neben Claudia Roth Bundesvorsitzender der Partei Bündnis 90/Die Grünen.

Ausgehend vom Urteil des Europäischen Gerichtshofs und den Regelungen in den europäischen Ländern werden die Auswirkungen des Kopftuch-Verbots in seiner Alltagspraxis für die Studentinnen in der Türkei beleuchtet. Gleichzeitig wird der Diskurs über das Kopftuch-Verbot mit dem Diskurs über die EU-Beitrittsverhandlungen der Türkei verschränkt. Das Bild, welches im Zentrum des Kommentars der Politiker steht, zeigt eine junge Frau mit türban während einer Demonstration. Sie hält ein Plakat vor sich, auf dem steht, dass nichts ihr Bildungsrecht behindern könne. Im Kommentar wird der Begriff „Kopftuch" als „türban" wiedergegeben, auf dessen Unterschiede in dieser Arbeit bereits eingegangen wurde. Lagendijk und Özdemir stellen in ihrem Kommentar klar, dass der Umgang mit dem Kopftuch in den EU-Ländern unterschiedlich geregelt ist, was in der Öffentlichkeit in der Türkei ignoriert werde. Darüber hinaus werde das Kopftuch als politisches Symbol im Urteil des EuGHMR instrumentalisiert. Türban-Trägerinnen werden folglich stigmatisiert:

> Kopftuchgegner in der Türkei ignorieren, dass in Europa unterschiedliche Praktiken zum Kopftuch-Verbot existieren. Private Schulen in Frankreich sind vom Verbot religiöser Symbole ausgenommen. Der Großteil der Öffentlichkeit in Deutschland hat keinen Einwand dagegen, dass an staatlichen Schulen Kruzifixe an den Wänden hängen, wohingegen andere religiöse Symbole nicht erlaubt sind. (…) Die Begründungen des Europäischen Gerichtshofs sind nicht nachvollziehbar, da es jeder türkischen Studentin in der Türkei, die eine türban-Trägerin ist, islamistische politische Absichten unterstellt.[677]

Lagendijk und Özdemir weisen darauf hin, dass in Europa keiner Studentin der Zugang zur Universitätsausbildung aufgrund ihres Kopftuchs verwehrt wird. In der Türkei führe dieses Verbot zu absurden Alltagssituationen, die im Kapitel 1.5.2 in der Kritik von Bengisu-Karaca an Ayşe Armans „Experiment" dargestellt worden sind. Die Politiker greifen ähnliche diskursive Aspekte in ihrem

---

677 Ebd.

3.4 Untersuchung des Pressediskurses zum Urteil im Fall Leyla Şahin 251

Argumentationsmuster auf, die Frauen mit Kopftüchern in staatlichen Räumen in der Türkei benachteiligen:

> Wenn eine Kopftuch tragende Mutter an der Abschlussveranstaltung ihrer Tochter in der Universität teilnehmen möchte, muss sie damit rechnen, dass sie zur Feier nicht zugelassen wird. Damit die jungen Frauen ihr Recht auf Bildung nicht verlieren, setzen sie sich im Eingangsbereich der Universitäten Perücken auf und nehmen zuvor ihre Kopftücher ab. Türkische Politiker können zum Teil ihre Ehefrauen, die türban-Trägerinnen sind, nicht zu offiziellen Anlässen mitnehmen, da sie dort aufgrund ihres türbans unerwünscht sind.

In ihrer Argumentation ist der Geschlechterdiskurs mit den Auswirkungen des Kopftuch-Verbots in der Türkei verschränkt. Im Anschluss verknüpfen die Politiker den Diskurs über das Kopftuch-Verbot in der Türkei mit dem Diskurs über die Beitrittsverhandlungen der EU mit der Türkei:

> Die Türkei muss im Hinblick auf ihren Beitritt in die EU das Kopftuch-Verbot neu bewerten und neu diskutieren, um es westlichen Standards in der EU anzupassen. Nicht, weil es die EU so will – das fordert sie schließlich auch nicht –, sondern weil die gesellschaftlichen und öffentlichen Streitigkeiten über das Kopftuch-Verbot den sozialen Frieden einschränken. Die Aufweichung des Kopftuch-Verbots würde das demokratische Modell Türkei, dessen Bewohner mehrheitlich Muslime sind, stärken.[678]

In ihrer Einschätzung gehen die beiden Politiker konform mit der Haltung der AKP-Regierung, die die Starrheit des Kopftuch-Verbotes in der Türkei lösen möchte, um den Zugang zu den Universitäten für die Studentinnen gewährleisten zu können. Mit der Wiedergabe der Positionen der EU-Politiker Lagendijk und Özdemir schafft es die Zaman, ihren LeserInnen eine kritische Meinung im Hinblick auf das Gerichtsurteil wiederzugeben.

3.4.3   Kommentar von Mustafa Ünal: „Das Kopftuch-Verbot"[679]

Der Kommentar von Mustafa Ünal in der Zaman beleuchtet das Urteil des Europäischen Gerichtshofs für Menschenrechte im Zusammenhang mit dem Fortschrittsbericht Türkei 2005 und der Öffentlichkeit in der Türkei, in der das Kopftuch-Verbot seine Gültigkeit besitzt. Ünal betont, dass zwar im Fortschrittsbericht der EU über die Türkei etliche Missstände erwähnt werden, wie die Presse-

---

678   Ebd.
679   Ünal, Mustafa: Türban yasağı, Zaman, 12.11.2005, S. 15.

und Meinungsfreiheit, die Rückgabe von Eigentum an nicht-muslimische Verbände und die Situation der Frauenrechte. Das Kopftuch-Verbot hingegen an den Universitäten werde nicht erwähnt. Aus diesem Grund sei das Urteil Ünal zufolge nicht überraschend:

> Während der Fortschrittsbericht die Situation ethnischer Minderheiten in der Türkei kritisiert, wird die Mehrheit, die vom Kopftuch-Verbot an den Universitäten betroffen ist, ignoriert. Das Kopftuch-Verbot wird nicht erwähnt.[680]

Ünal erklärt ähnlich wie sein Kollege Güneş, dass das Urteil keinen Freibrief für das Kopftuch-Verbot an den Universitäten in der Türkei bedeute:

> Das Urteil überlässt die Entscheidung den Universitäten in der Türkei. Es bedeutet nicht, dass die Universitäten das Kopftuch zu verbieten haben. Falls das Gericht entschieden hätte, dass das Kopftuch-Verbot hätte aufgehoben werden müssen, hätte es genauso argumentiert wie in seiner jetzigen Begründung.[681]

Der Autor wirft ähnlich wie Joost Lagendijk und Cem Özdemir einen Blick auf den Umgang mit dem Kopftuch in Frankreich:

> Sogar in Frankreich, dessen Laizismus wir importiert haben, hat kein Kopftuch-Verbot an seinen Universitäten. In Europa ist das Kopftuch nur in der Mittelstufe verboten, wobei auch in einigen europäischen Ländern an den Gymnasien das Kopftuch nicht erwünscht ist.

Mit Blick auf die Öffentlichkeit in der Türkei erklärt Ünal, dass das Kopftuch-Verbot eine gesamtgesellschaftliche Frage ist, die gelöst werden muss, unabhängig vom Urteil des Europäischen Gerichtshofs für Menschenrechte. Ünal betont zwar, dass aus einer ideologischen Perspektive betrachtet sich Laizisten in der Türkei aufgrund dieses Urteils bestätigt fühlten, schließlich werde das Verbot im Urteil verteidigt. Die gesellschaftspolitischen Fragen und Konsequenzen, die mit dem Kopftuch-Verbot verbunden sind, werden dadurch aber nicht gelöst. Ünal zufolge kann das die Türkei nur selber umsetzen. Am Beispiel der Aussagen des damaligen türkischen Außenministers Abdullah Gül und des damaligen Vorsitzenden des Türkischen Hochschulrates (YÖK) Erdoğan Teziç verdeutlicht Ünal die Kontroversen in der türkischen Öffentlichkeit:

> Abdullah Gül sieht das Urteil ähnlich: „Das Urteil verteidigt nicht das Kopftuch-Verbot. Das ist eine Angelegenheit der Türkei und folglich unser aller Angelegen-

---

680 Ebd.
681 Ebd.

3.4 Untersuchung des Pressediskurses zum Urteil im Fall Leyla Şahin 253

heit. (...) Ich bin davon überzeugt, dass wir aufgrund der gesellschaftspolitischen Veränderungen und Dynamiken zu einer Lösung kommen werden." Der Direktor des Hochschulrates Erdoğan Teziç hingegen fühlt sich in seiner Meinung bestätigt und erklärt, dass sich nach dem Urteil weitere Fragen und Debatten erübrigt hätten.[682]

Indem der Autor Mustafa Ünal sich auf die Aussagen von Abdullah Gül und Erdoğan Teziç bezieht, gibt er ein Spektrum dieses Diskursstrangs wieder, in dem sich der „Islamismus der Differenz" (Göle, 2004) und der Laizismus im öffentlichen Raum begegnen, und zwar „konflikthaft" (Göle, 2004) begegnen.

3.4.4 Reportage: Ayşegül Doğan: „Trotz des EuGH können wir hier frei studieren."[683]

In der Reportage der Autorin Ayşegül Doğan ist der Diskurs über das Urteil des Europäischen Gerichtshofs für Menschenrechte mit dem „braindrain", den die Türkei aufgrund des bestehenden Kopftuch-Verbotes an den Universitäten erlebt, verschränkt. Das Bild zum Artikel zeigt JuristInnen, die in einer Reihe stehen und sich unterhalten. Sie tragen Roben. Es sind Frauen und Männer. Alle Frauen auf dem Foto tragen einen türban. Zu Wort kommen JurastudentInnen aus der Türkei, die in Europa studieren. Die Frauen unter ihnen sind türban-Trägerinnen. Ähnlich wie die Studentinnen, die in Malaysia studierten und von der Zaman interviewt worden sind (vgl. Kapitel 3.2.2), äußern sich die Jurastudentinnen positiv über ihre Bewegungsfreiheit an den europäischen Universitäten:

> Obwohl wir Kopftuchträgerinnen sind [die Studentin Elif Koşaroğlu verwendet nicht den Begriff „türban", sondern „başörtüsü", Anm. M. K.], können wir hier frei studieren. Leyla Şahin studierte an der Universität in Wien und schloss dort ihr Medizinstudium ab. Das bedeutet, dass die Türkei ihre Hochqualifizierten verliert.[684]

Kritisiert wird insgesamt, dass das Urteil dem Recht auf freie Religionsausübung und dem Recht auf Bildung widerspreche. Zusätzlich wird argumentiert, dass die „Nicht-Kopftuchträgerinnen" Druck auf „Kopftuchträgerinnen" ausübten, obwohl in der Türkei die Mehrheit der Bevölkerung muslimisch sei. Diese Aussage wird in der Reportage weder weiter erläutert noch kommentiert. Tatsächlich beinhaltet sie jedoch die Antwort auf die Frage, wer die „echten" und „wahrhaf-

---

682 Ebd.
683 Doğan, Ayşegül: AIHM'e rağmen Avrupa'da özgürce okuyabiliyoruz, Zaman, 12.11.2005, S. 10.
684 Ebd.

ten" Musliminnen innerhalb der Konfliktes zwischen Islamismus und Laizismus sind. Abermals wird das Kollektivsymbol „türban" bzw. „Kopftuch" zum Gradmesser für die „Echtheit" der Glaubenszugehörigkeit von muslimischen Frauen.

3.4.5 Kritik am Kopftuch-Urteil des Europäischen Gerichtshofs für Menschenrechte[685]

In diesem Nachrichten-Artikel werden die öffentlichen Reaktionen aus Istanbul auf das Urteil des Europäischen Gerichtshofs für Menschenrechte dargestellt. Neben dem Artikel ist ein Foto abgedruckt, das mehrere junge türban-Trägerinnen auf einer Demonstration zeigt. Sie halten Plakate hoch, mit denen sie das Urteil kritisieren. Auf einem der Plakate ist ein Foto abgedruckt, auf dem der Mund einer jungen Frau, die einen türban trägt, durch die Hand einer anderen Frau, einer Polizistin, die neben ihr steht, zugehalten wird. Über dem Foto steht „Sürüyor – (d) uyuyor musunuz?", was soviel heißt wie, „Es geht weiter. Fügt ihr euch?", im Sinne von „unterwerfen". Das Wortspiel „(d) uyuyor musunuz" ist eine Zusammensetzung aus den begriffen „uymak" – „sich anpassen", „sich einfügen" – und „duymak" – „hören". Das Bild symbolisiert die Staatsgewalt, die den Studentinnen quasi den Mund und folglich die Meinungsfreiheit verbietet. Auf einem anderem Plakat ist zu lesen, dass der Europäische Gerichtshof für Menschenrechte das Kopftuchverbot nicht legitimieren darf: „AIHM. Başörtü Yasağı Meşrulaştıramaz". Die Zaman-Nachricht beinhaltet vor allem die Reaktionen unterschiedlicher zivilgesellschaftlicher Organisationen in der Türkei. Aufschlussreich an der Nachricht ist, dass die Wortführer der Kundgebungen allesamt Männer sind. Sie bezeichnen das Kopftuch als ihre „Ehre", die sie schützen werden: „Başörtüsü onurumuz, koruyacağız."[686] Folglich sind die vom Kopftuchverbot betroffenen Frauen Teil der männlichen Ehre, die es zu bewahren gilt. „Onur" bedeutet eine andere Form der Ehre als „namus". Mit dem Begriff „namus" ist ein ehrenhaftes, sexuell sittsames Verhalten gemeint. „Onur" bedeutet neben „Ehre" auch „Stolz", „Selbstachtung" und „Würde." Folglich appellieren die DemonstrantInnen und insbesondere die Wortführer an die Unantastbarkeit der Menschenwürde. Ein weiterer Appell während der Kundgebung kommt von Mustafa Ercan, der der Vorsitzende des Vereins für Menschenrechte und für Solidarität für unterdrückte Menschen – *Insan Hakları ve Mazlumlar için Dayanışma Derneği (Mazlum-Der)* – ist. Er lautet: „Avrupa'da faşizm,

---

685 Özden, Serbest/Savaş, Duran: AIHM'nin başörtüsü kararına tepki var, Zaman, 14.11.2005, S. 3.
686 Ebd.

3.4 Untersuchung des Pressediskurses zum Urteil im Fall Leyla Şahin 255

Şemdinli'de faşizm izin vermeyeceğiz" – „Faschismus in Europa – Wir werden den Faschismus in Şemdinli nicht zulassen."[687]

In dieser Aussage sind mehrere Diskursstränge miteinander verwoben, die aus dem Politikdiskurs stammen und in der Türkei diskursanalytisch als „Unsagbar" gelten: Hintergrund dieser Aussage sind die Terroranschläge im Jahr 2005 in der ostanatolischen Stadt Şemdinli. Damals wurden Handgranaten in verschiedene Einrichtungen der Stadt geworfen. Mehrere Menschen kamen ums Leben.[688] Die Täter wurden von den aufgebrachten Menschen in der Umgebung gefasst und der Polizei übergeben. Es stellte sich heraus, dass Beamte aus dem türkischen Sicherheitsapparat für die Anschläge verantwortlich gewesen waren und nicht kurdische PKK-Angehörige, wie zuvor verbreitet worden war. Die Täter wurden freigelassen. Sie stammen aus dem „tiefen Staat", dem Staat im Staat, der in der Türkei „Ergonokon" genannt wird. Als es auf den Straßen in Şemdinli zu Unruhen nach den Terroranschlägen kam, ging die Polizei mit Panzern und Gewalt gegen die Menschenmenge vor. Die Panzer stammten aus den Beständen der ehemaligen NVA, der Nationalen Volksarmee der DDR. Der kausale Zusammenhang des Appells aus der Perspektive von Mustafa Ercan ist deshalb folgender: Seine Kritik richtet sich gegen das „faschistoide Europa", das mit seinen militärischen Mitteln „faschistoide staatsterroristische" Anschläge im Südosten der Türkei gegen eine ethnische Minderheit innerhalb der Türkei unterstützt. Ein anderer Slogan während der Kundgebungen lautete: „Wir wollen keine Inquisition – Wir fordern Gerechtigkeit" – „Engisizyon değil, adalet istiyoruz". Der Begriff „engisizyon" – „Inquisition" – zielt in diesem Slogan auf die spätmittelalterlichen und neuzeitlichen Gerichtsverfahren ab, die von der katholischen Kirche gegen Häretiker angewendet worden sind. Der Europäische Gerichtshof für Menschenrechte steht in diesem Diskursstrang stellvertretend für die christliche Kirche und sein Urteil über das Kopftuch-Verbot für die „Inquisition".[689]

---

687 Ebd.
688 ZDF-Reportage, Terror in Semdinli: http://www.youtube.com/watch?v=3yGwVFfjpZY, (Stand: 21.02.2012).
689 Ebd.

Konklusion

Gegenstand dieser Arbeit ist das Geschlechterverhältnis in der medialen Öffentlichkeit, das ausgehend vom Pressediskurs der Europaausgaben der türkischen Tageszeitungen Hürriyet und Zaman untersucht wurde. Die Untersuchungsbasis dieser Arbeit waren die *deutschsprachige Mehrheitsöffentlichkeit*, die *türkische Öffentlichkeit in der Türkei* sowie die *türkischsprachige Teilöffentlichkeit in Deutschland*. Die türkische Teilöffentlichkeit zeichnet sich dabei durch zwei wesentliche Merkmale aus: von der deutschen Mehrheitsöffentlichkeit ist sie sprachlich und von der Öffentlichkeit in der Türkei räumlich getrennt.[690] Die Situation der türkischen Teilöffentlichkeit ist innerhalb der Mehrheitsöffentlichkeit aus diesem Grund prekär, da sie hierzu keinen Zugang besitzt und folglich keine Stimme innerhalb der öffentlichen und politischen Machtverhältnisse hat. Im Gegensatz dazu ermöglichen Ethnomedien, zu denen sowohl die Hürriyet als auch die Zaman zählen, Diskussionen über spezifische Probleme, die im medialen Diskurs der deutschsprachigen Mehrheitsöffentlichkeit thematisch nicht aufbereitet werden.

Die ideologischen Dispositive der beiden untersuchten Zeitungen sind der Kemalismus und der moderne Islamismus, die wesentliche Elemente des Politikdiskurses in der Öffentlichkeit in der Türkei sind, sowie die Integrationsproblematiken in Deutschland, die ein Teil des gesamten Integrationsdiskurses sind. Diese Dispositive besitzen in der Öffentlichkeit die Funktion *medialer Folien*, anhand derer der Geschlechterdiskurs diskutiert und zugleich das Geschlechterverhältnis verhandelt wird.

Gemeinsam ist dem Kemalismus und dem modernen Islamismus der bipolare und heterosexuelle Geschlechterbegriff. Bestimmend für das soziale Verhalten ist das feminine und maskuline Geschlecht, welches folglich das Geschlechterverhältnis wesentlich bestimmt. Die Differenzen bestehen in der unterschiedlichen Interpretation sowie Konstruktion der Geschlechterrollen und in den diskursiven Grundlagen: dem laizistisch-türkischen Geschlechtermodell der Hürriyet steht das islamisch-türkische Geschlechtermodell der Zaman gegenüber und

---

690 Schumann, Christoph: The Turkish Press in Germany: A Public In-between Two Publics?, in: Al-Hamarneh, Ala/Thielmann, Jörn (Ed.): Islam and Muslims in Germany, Leiden 2008, S. 441-461.

umgekehrt. Innerhalb des Politik- sowie des Geschlechterdiskurses in der Türkei werden diese Modelle als Stellvertreter des *Habitus* der entsprechenden Eliten diskutiert und präsentiert. Die Konfliktlinien – *cleavages* –, die sich daraus ergeben, spiegeln sich in den Pressediskursen wider.

Die hier vorliegende Untersuchung mit Blick auf den Informationsfluss und Informationsaustausch innerhalb dieser Konfliktlinien in der medialen Öffentlichkeit in der Türkei hat Folgendes ergeben: beides wird durch Akteurinnen wie Ayşe Arman, Nihal Bengisu-Karaca und Elif Şafak gewährleistet und produziert, die sich wiederum als Vertreterinnen der sich gegenüberstehenden Milieus medial inszenieren und dementsprechend von der Öffentlichkeit wahrgenommen werden. Obwohl die drei Akteurinnen zum Zeitpunkt der Untersuchung eine wesentliche Rolle im Pressediskurs der Zaman und der Hürriyet spielten und teils immer noch spielen, haben sie keinen Einfluss auf den Geschlechterdiskurs der Europaseiten.

Die Journalistin Ayşe Arman arbeitet für die Hürriyet. Sie ist eine der populärsten Journalistinnen in der Türkei und besticht vor allem durch ihren direkten Schreibstil sowie durch die Tabu brechenden Themen in ihren Artikeln. Das trifft insbesondere auf den Geschlechterdiskurs zu. Darüber hinaus ist sie bekannt dafür, sich Schicksalen von Menschen anzunehmen, die sich durch Unfälle, Krankheit, Scheidung oder den Tod des Partners in schwierigen Lebensverhältnissen befinden, die wiederum durch staatliche Rahmenbedingungen nicht kompensiert werden.

Nihal Bengisu-Karaca war eine der ersten Journalistinnen aus der neuen modernen islamischen Elite in der Türkei, die einer breiten Öffentlichkeit bekannt geworden ist. Dies nicht zuletzt aufgrund der Interviews mit der Journalistin Arman, die im Kapitel 1.5.2 dargestellt wurden. Bengisu-Karaca arbeitete während des Untersuchungszeitraums dieser Arbeit bei der Zaman und wechselte 2009 zu Habertürk.

Die Schriftstellerin Elif Şafak ist eine international bekannte türkische Autorin. Insbesondere ihre Nähe zur islamischen Mystik und ihre Popularität als Schriftstellerin stehen im Mittelpunkt der öffentlichen Wahrnehmung. Ebenso wie Bengisu-Karaca wechselte Elif Şafak nach ihrer Zeit bei der Zaman im Jahr 2009 zu Habertürk.

Alle drei Autorinnen nehmen sich dem Geschlechterdiskurs in unterschiedlicher Form an, was sich zuletzt anhand der Abtreibungsdebatte in der Öffentlichkeit in der Türkei abermals zeigte.[691] Aufgrund ihrer Präsenz, ihres hohen

---

691 Şafak, Elif: Kürtaj üzerine bir yazı, in: http://www.haberturk.com/yazarlar/elif-safak/746763-kurtaj-uzerine-bir-yazi, (Stand: 01.06.2012), Bengisu-Karaca, Nihal: Kürtaj ve sezeryan, in: http://www.haberturk.com/yazarlar/nihal-bengisu-karaca/746454-kurtaj-ve-sezaryen, (Stand: 01.06.2012), Arman, Ayşe: Nasıl soyundugumu merak edenlere!, in: http://www.hurriyet.

4 Konklusion

Bekanntheitsgrades und ihrer medialen Relevanz wurden sie für diese Untersuchung ausgewählt.

In den Europaausgaben der beiden Tageszeitungen finden sich im Geschlechterverhältnis Diskursverschränkungen wieder, die einerseits eng an die politischen Terminologien der Öffentlichkeit in der Türkei gekoppelt sind. Andererseits ist der Pressediskurs über die Geschlechterbeziehungen in den Europaseiten der Hürriyet und Zaman mit dem Integrations- und Politikdiskurs der deutschsprachigen Öffentlichkeit verschränkt. Die Gestaltung des Geschlechterverhältnisses unter der türkischen und muslimischen Bevölkerung in Deutschland wird im Integrationsdiskurs in der Mehrheitsöffentlichkeit als Indikator für das Gelingen der Integration der selbigen verwendet. Im Pressediskurs der Europaausgaben der türkischen Tageszeitungen sind sowohl der Erfolg als auch der Misserfolg in der Integrationspolitik und der türkisch-deutschen Migrationsgeschichte eines der zentralen Themen, über die regelmäßig berichtet wird. Gleichzeitig ist der Pressediskurs über die Geschlechterbeziehungen ein diskursives Kontinuum innerhalb der Veränderungen der Strukturen in der Öffentlichkeit der Türkei.

Bei der Art und Weise der Präsentation werden den Frauen kollektive Symbole zugesprochen. Die Kollektivsymbole wie der *türban* sind Stellvertreter für die Machtveränderungen im öffentlichen Raum und in der Politik, ausgelöst durch die moderne „neue" islamische Elite in der Türkei. Die Öffentlichkeit in der Türkei und die türkische Teilöffentlichkeit stehen folglich in einer *kontinuierlichen Beziehung* zueinander. Der Politikdiskurs aus der Türkei besitzt infolgedessen einen Einfluss auf den Pressediskurs in den Europaausgaben von Hürriyet und Zaman, was sich an folgenden Ergebnissen zeigt: die Terminologien aus dem Geschlechter- und Politikdiskurs stammen aus der türkischen Politik und aus den gesellschaftlichen Debatten *innerhalb* der Türkei. Der Politikdiskurs der Türkei bestimmt folglich den Pressediskurs der Europaausgaben von Hürriyet und Zaman. Der Integrationsdiskurs in Deutschland und in Europa überlagert hierbei den Diskurs über Geschlechterbeziehungen in den Europaausgaben von Hürriyet und Zaman zusätzlich zum Politikdiskurs der Türkei: Er legt sich quasi wie eine unsichtbare Schablone über die eigentlichen Themenkomplexe aus dem Diskurs über Geschlechterbeziehungen. Frauen sind in diesen Diskursen *Kollektivsymbole* gesellschaftlichen „Scheiterns" der Integrationspolitiken in Europa sowie des Fortschritts und der Moderne in der Türkei. In ihrer Bedeutung sind sie die Angelpunkte der diskursiven Verschränkungen zwischen den verschiedenen öffentlichen Räumen. Ausgehend davon, dass der „westliche Indivi-

---

com.tr/yazarlar/20709577.asp, (Stand: 07.06.2012), Arman, Ayşe: Yakında misyoner pozisyonu dışında her şeye 'yasak' denilecck!, in: http://www.hurriyet.com.tr/yazarlar/20777062.asp, (Stand: 17.06.2012).

dualismus" als Gegenstück zum Geschlechterverhältnis in der türkischen Öffentlichkeit angenommen wird, sind keine Angleichungen an diese Lebensform im Pressediskurs für Frauen und Männer vorgesehen. Der einzige legitime Ort für Partnerschaften ist die Ehe. Die Ehe als Dispositiv wird in den Pressediskursen beider Zeitungen nicht in Frage gestellt. Grundlegend für die fehlende Kritik ist die gesellschaftlich relevante Annahme, dass das Ziel eines Menschen die eheliche Partnerschaft und die Gründung einer Familie ist.

Die historischen und politischen Teilaspekte der Öffentlichkeit in der Türkei sind maßgeblich für die diskursiven Verschränkungen, die sich aus der Untersuchung der Pressediskurse ergeben haben: Eine Konsequenz der Moderne in der gegenwärtigen Türkei seit der Gründung der Republik und der stetigen Aufweichung des privaten und des öffentlichen Raums ist das Auftreten von islamischen AkteurInnen in der Öffentlichkeit seit Ende der 1980er Jahre, die den medialen Diskurs aktiv gestalten. Ein Resultat dieser historischen und gesellschaftlichen Entwicklung ist die Abwanderung der Frauen aus den ländlichen und kleinstädtischen Peripherien in das urbane Zentrum bzw. in die Großstädte, in denen sie ihren akademischen Ausbildungs- und Berufsweg erfolgreich verwirklichen. Frauen gelten in der Historie der Öffentlichkeit in der Türkei früher wie heute als die „sichtbaren" Belege für die öffentliche Wahrnehmbarkeit der Moderne. Akteurinnen wie Nihal Bengisu-Karaca oder auch Ayşe Böhürler fordern dieselbe Öffentlichkeit wie Akteurinnen aus der „alten" Elite unabhängig von „westlichen" und patriarchalen Parametern in der Türkei ein. Die „neuen islamischen" Akteurinnen zeigen sich kritisch in ihrer Haltung gegenüber dem „westlichen" Feminismus und den dazugehörigen Akteurinnen, die in den Kollektivsymbolen wie dem *türban* lediglich ein Unterdrückungs- und Unterwerfungssymbol sehen.

Die gegenwärtige Türkei sieht sich mit den Konsequenzen der Moderne konfrontiert, deren AkteurInnen – unabhängig davon, wie eng oder weit ihr Glaubensbezug ist – pluralistisch orientiert sind. Dasselbe gilt jedoch auch für die Öffentlichkeit in Deutschland: die neuen AkteurInnen mit Migrationswurzeln erfüllen aufgrund ihrer pluralistischen politischen Sichtweisen eine wesentliche Funktion, die für eine Demokratie unerlässlich ist. Sie stellen bestehende Machtverhältnisse in Frage und artikulieren politisch-strukturelle Defizite, deren Folgen wiederum bisher nur in der nicht-deutschen Teilöffentlichkeit formuliert wurden. In beiden Öffentlichkeiten – in der Türkei und in Deutschland – weichen die neuen AkteurInnen die Deutungshoheit der bisherigen bürgerlichen Eliten auf und sind gleichzeitig in sich heterogen sowie transnational orientiert. Dies zeigt sich insbesondere an ihren erfolgreichen Bildungsbiographien.

Ein zentraler Untersuchungsgegenstand des Pressediskurses über Geschlechterbeziehungen in den Europaausgaben waren die Berichterstattungen

4 Konklusion

über die verschiedenen Phänomene der häuslichen und familiären Gewalt. Innerhalb dieser politischen Agenda wurden die Geschlechterbeziehungen im Pressediskurs der türkischen Teilöffentlichkeit – jedoch mit unterschiedlicher Gewichtung – am kontroversesten diskutiert. Infolgedessen musste die Erweiterung des Phänomens der direkten körperlichen Gewalt um den Aspekt der strukturellen Staatsgewalt, von der Frauen betroffen sind, vorgenommen werden, um die inhaltliche Überlagerung des Integrationsdiskurses und des Geschlechterdiskurses offenzulegen. Der Gewaltbegriff des Soziologen Johan Galtung dient hierbei der feministischen Gewaltdefinition und beinhaltet die direkte, strukturelle und kulturelle Entstehungsdynamik von Gewalt. Zentral für die feministische Analyse auf der Basis dieses Modells ist laut der Politikwissenschaftlerin Birgit Sauer das so genannte „Teufelsdreieck". Demnach unterscheidet Galtung drei Kriterien von „Gewaltecken", in denen Gewalt „beginnen" kann und ihre „Ursache" besitzt: Die erste ist die direkte physische und psychische, die zweite die strukturelle und die dritte die kulturelle Gewalt.[692] Demzufolge zielt die feministische Analyse darauf ab, die „verborgene Geschlechtergewalt" aufzudecken und zu untersuchen.[693] Galtung geht in seiner Gewaltdefinition, die er als „Triangel" illustriert, davon aus, dass von allen von ihm definierten drei Ecken – der physischen, strukturellen und kulturellen – Gewalt entstehen kann.[694] Die Untersuchung des Gewaltdiskurses mittels Galtungs „Teufelsdreiecks" bzw. „Triangel" ergab bezüglich der Integrationsproblematik in Deutschland, dass sich die strukturelle staatliche Gewalt gegen Migrantinnen im Politik- und Integrationsdiskurs zwar widerspiegelt, jedoch insbesondere im deutschsprachigen Mediendiskurs nicht thematisiert wird und somit auch keine Beachtung in der Mehrheitsöffentlichkeit findet. Dieses Ergebnis geht über die eigentliche Analyse des Diskursmaterials hinaus. Es erklärt, wie beispielsweise rechtliche Bestimmungen bezüglich des Aufenthaltsstatus' von Migrantinnen die Optionen, sich gegen ihre Zwangsehe oder gegen Gewalt in der Partnerschaft zu wehren, einschränkt. Diese Ergebnisse resultieren insbesondere aus der inhaltlichen Analyse der Interviewserien der Hürriyet und der Zaman, aber auch aus den wissenschaftlichen und medialen Debatten über „Ehrenmorde", Zwangsehen oder arrangierte Ehen in der Mehrheitsöffentlichkeit. Global betrachtet ist für die Lebenssituation der

---

692 Vgl. Sauer, Birgit: Was ist Gewalt? Grundzüge eines feministischen Gewaltbegriffs, in: Dieselbe, Strasser, Sabine: Zwangsfreiheiten, Multikulturalität und Feminismus, Wien 2009, S. 56.
693 Ebd.
694 Galtung, Johan: Cultural Violence, in: Journal of Peace Research, Vol. 27, No. 3, S. 302: "Violence can start at any corner in the direct-structural-cultural violence triangle and is easily transmitted to the other corners. With the violent structure institutionalized and the violent culture internalized, direct violence also tends to become institutionalized, repetitive, and ritualistic, like a vendetta."

Frauen und Mädchen vor allem die strukturelle und kulturelle Gewalt eines Landes ausschlaggebend. Auf diesen Aspekt weisen insbesondere die Interviewpartnerinnen der Zaman-Serie hin, wenn sie ihre politische Arbeit beschreiben oder die patriarchalische Interpretation des Koran in Frage stellen. Die AkteurInnen der Hürriyet-Serie besitzen im Gegensatz zu den AkteurInnen der Zaman-Serie Einfluss in der deutschen Mehrheitsöffentlichkeit. Sie gestalten den gesamtgesellschaftlichen Diskurs über das Geschlechterverhältnis in der Öffentlichkeit mit. Die Akteurinnen der Zaman-Serie wiederum sind weder der Öffentlichkeit in der Türkei noch in den türkischsprachigen Medien in Deutschland bekannt.

Ein wichtiger Teilaspekt der Diskursanalyse ist die sprachlich-rhetorische und ideologische Analyse der Hürriyet-Serie über türkische Frauen in Europa. Diese sind im Hinblick auf die Kollektivsymbole und die „diskursiven Wahrheiten", welche in der Mehrheitsöffentlichkeit dominieren, signifikant für die Eigenwahrnehmung der türkischen Teilöffentlichkeit im Geschlechterverhältnis: Das bipolare Geschlechterverhältnis, welches von patriarchalischen und paternalistischen Parametern strukturiert wird, wiederholt sich in der Überschrift der Hürriyet-Serie. Im Gegensatz zur Zaman nimmt die Hürriyet in ihrem Pressediskurs in der Europaausgabe die Stereotype aus der Mehrheitsöffentlichkeit über türkische Frauen und Männer jedoch auf, welche die Dichotomien zwischen Opfern und Tätern verstärken. Die Hürriyet provoziert und spielt mit diesen Klischees in ihren Schlagzeilen und in ihrer Berichterstattung. Die semantischen und visuellen Verwendungen der Klischees über den „gewalttätigen türkischen Macho" bzw. des „Moslem-Macho" im Pressediskurs der Hürriyet, wie in den Überschriften in der Hürriyet-Serie sowie den dazugehörigen Attributen, stehen somit im Gegensatz zu ihrer erfolgreich laufenden eigenen Kampagne gegen innerfamiliäre Gewalt an Frauen, Mädchen und Jungen. Dieses sprachliche *labeling* wurde von einigen AkteurInnen der Öffentlichkeit in der Interviewserie kritisiert, wohingegen die Enttabuisierung des Phänomens der häuslichen Gewalt insgesamt stark begrüßt wird. Die Interviewfragen sind zumeist mit einer provokativen Wortwahl formuliert worden. Dafür wurden Fremdzuschreibungen und Stereotype über türkische und muslimische Frauen aus dem deutschsprachigen Mediendiskurs von der Hürriyet sprachlich aufgegriffen. Den Interviewpartnerinnen kam folglich die Aufgabe zu, die Geschlechter-Stereotypen über ihre eigene Community zu dekonstruieren. Der Hürriyet ist es insgesamt jedoch gelungen, ein vielseitiges Porträt Türkei stämmiger und türkischer Frauen in Europa zu präsentieren und den Diskurs über Ehrenmorde, Zwangsehen und arrangierte Ehen – der auch innerhalb der türkischen Teilöffentlichkeit in Europa geführt wird – ausführlich darzustellen. Die für die deutschsprachige Öffentlichkeit und die türkischsprachige Teilöffentlichkeit gesellschaftspolitisch bedeutsamste Information in der Hürriyet-Serie ist die Präsentation der eigenen Kam-

4 Konklusion

pagne gegen häusliche Gewalt. Mittels der konsequenten Wiederholung und Darstellung der Kampagne in der Serie in ihren Europaseiten erreicht die Hürriyet aufgrund der großen Anzahl der LeserInnen eine starke Breitenwirkung. Die Hürriyet trägt den Diskurs in die Öffentlichkeit und macht den Diskurs über häusliche Gewalt, Zwangsehen und „Ehrenmorde" sichtbar. Gleichzeitig gilt ihre Kampagne als Beleg für ihren Paradigmenwechsel in der Berichterstattung über Zwangsehen und „Ehrenmorde". Das Blatt verfolgte, wie bereits dargestellt wurde, in der Vergangenheit einen chauvinistischen Ton in ihrer Berichterstattung über die verschiedenen Gewaltphänomene im Geschlechterdiskurs. Davon waren vor allen Dingen die Akteurinnen Necla Kelek, Seyran Ateş und Serap Çileli betroffen, die als „Nestbeschmutzerinnen" der eigenen Community dargestellt wurden. Ein weiteres Teilergebnis ist, dass sich die Tageszeitung Zaman dem Diskurs über „Ehrenmorde", Zwangsehen und arrangierte Ehen aus der deutschsprachigen Öffentlichkeit lediglich sporadisch annahm. Mittlerweile richtet sich die Hürriyet-Kampagne zusätzlich an von Gewalt betroffene Männer. Die Beratung erfolgt auf Türkisch und auf Deutsch und wird von Männern für Männer angeboten.[695] Aufschlussreich an dem Angebot ist, dass sich die Beschreibung der geschlechterspezifischen Gewaltphänomene innerhalb der Kampagne voneinander unterscheiden: während Frauen im familiären Nahraum und in der Partnerschaft am häufigsten Gewalt erfahren, erklären die Initiatoren der Hotline, dass Männer zusätzlich und häufig mit Gewalt im öffentlichen Raum konfrontiert werden.[696] Das Angebot setzt an diesem Punkt an und bietet betroffenen Männern und Jungen Hilfe an.

Eine Interviewserie im ähnlichen Stil mit Porträts publizierte die Zaman über die „Frauen in islamischen Ländern. Potäts aus der islamischen Geographie". Die strukturellen Bedingungen in Recht und Politik, die in der Serie von den Interviewpartnerinnen aufgegriffen wurden, spielen demnach dort eine Gewalt verstärkende Rolle im Geschlechterdiskurs, wo die Situation der Frauen aufgrund ihres politischen Status oder aufgrund der Missdeutung des Islam – primär als „Gesetzesreligion"[697] – unmittelbare Konsequenzen für ihre Autonomie und körperliche Unversehrtheit besitzen. Den Frauen und Mädchen wird die

---

695 Varlı, Ali: Şiddet mağduru erkeklere hat, Hürriyet, 16.05.2012, S. 17.
696 Ebd.
697 Vgl. dazu: Khorchide, Mouhanad: „(…) dass der Islam keine Gesetzesreligion ist. (…) Es geht nur um Erlaubtes und Verbotenes, es geht nur um Gesetze, die man einfach befolgen soll, sich daran halten soll, und es geht am Ende nur darum, ja nicht in die Hölle zu gehen, sondern ins Paradies. Ich glaube, der Islam ist viel mehr als nur Gesetz. Es geht erstens um Spiritualität, um eine Beziehung zu Gott aufzubauen, die auf Liebe, auf Warmherzigkeit basiert, und diese Liebe und Warmherzigkeit muss sich dann widerspiegeln im Handeln des Einzelnen seinen Mitmenschen gegenüber.", in: http://www.dradio.de/dkultur/sendungen/thema/1206185/, (18.06.2010), (Stand: 03.09.2011).

aktive Teilnahme an kulturellen Prozessen und Mitbestimmungen in der Öffentlichkeit und am öffentlichen Leben erschwert. Das Denken und die Politik werden *patriarchalisch und paternalistisch gedacht* und verhandelt, wie anhand des Geschlechterbegriffs von Luce Irigaray und ihrer Gesellschaftskritik dargestellt wurde. In diesem Denken ist die Frau nicht existent. Ihr Zugang zur Öffentlichkeit wird erschwert bzw. stark reglementiert. Die institutionellen und strukturell verfestigten patriarchalen Bedingungen führen zum Ausschluss der Frauen aus dem aktiven gesellschaftspolitischen Prozess. Ähnlich wie die Hürriyet greift die Zaman in ihrer Serie Stereotype von muslimischen Frauen auf. Diese Stereotypen von Frauen in islamischen Ländern stammen aus der Öffentlichkeit der Türkei. Das Blatt und die MacherInnen der Serie setzten sich bereits eingangs zum Ziel, „unter die Burkas" und „hinter die Schleier" blicken zu wollen, womit sie deutlich den eigenen Kleidungsstil – *tesettürlü* – in einem laizistischen öffentlichen Raum der Türkei gegenüber der „islamischen Geographie" abgrenzen. Dabei arbeiten sie gezielt mit Fotos und Bildern, die verschiedene muslimische Frauen unterschiedlichen Alters in unterschiedlichen islamischen Ländern zeigen. In den Interviewfragen selbst werden im Gegensatz zur Vorgehensweise der Hürriyet die Adjektive und Kollektivsymbole wie „Burka", „Schleier", „verschleiert" oder „türban" nicht formuliert.

Der Diskurs über „die muslimische Frau" in der Zaman ist räumlich nicht in Europa bzw. nicht in Deutschland verortet. Aus diesem Grund gilt „die türkische Frau in Europa" nicht als Stellvertreterin des Islam und der muslimischen Minderheit in Deutschland wie im Pressediskurs über die Geschlechterbeziehungen in der Hürriyet, sondern die „verschleierte Muslimin", die eine Burka, einen Niqab oder einen Tschador trägt, in der islamischen Welt *außerhalb* der *laizistischen Republik Türkei*. Hingegen wird in der Debatte um das Verbot des „Kopftuchs" bzw. den „türban" in Europa mit den freiheitlich demokratischen Rechten argumentiert und mit dem Menschenrecht auf Bildung, ähnlich wie in der Kopftuchdebatte in der Türkei. Hierbei findet paradoxerweise jedoch keine Abgrenzung zwischen der „verschleierten Muslimin" und der „türban" tragenden bildungsorientierten Muslimin statt, ausgehend von der republikanischen, laizistischen Perspektive der Türkei. Das zeigt sich vor allem in der Berichterstattung über das Urteil des Europäischen Gerichtshof für Menschenrechte im Fall Leyla Şahin: Der Fokus der Zaman ruht auf dem Recht auf Bildung, welches aufgrund eines „Kleidungsstückes" beschnitten wird. Mit Bezug auf die Kleiderwahl argumentiert die Zaman freiheitlich und liberal sowie im Sinne der Individualität. Die Tendenz der Berichterstattung bezüglich dieses diskursiven Ereignisses liegt darin, dass das ideologische kemalistische Dispositiv um das Dispositiv des Europäischen Gerichtshofs für Menschenrechte erweitert wird, da es die Entscheidung des türkischen Verfassungsgerichtes bestätigte. Nichtsdestotrotz äu-

4 Konklusion

ßern sich vereinzelte Stimmen in der Zaman kritisch gegenüber der Motivation der Klägerin, die in dieser Form quasi „scheitern" musste: Şahin klagte nicht ihr persönliches Recht auf Bildung ein, so die Zaman, sondern gegen das Urteil einer einzelnen Universität.

Insgesamt ist die thematische und inhaltliche Überlagerung sowie Verschränkung des Diskurses über Geschlechterbeziehungen und dem Integrationsdiskurs während des Analysezeitraums hauptsächlich in den Berichterstattungen der Hürriyet und der Zaman über „Ehrenmorde", Zwangsehen und innerfamiliärer Gewalt und der „Kopftuchfrage" festzustellen. Darin wiederholen sich die zwischengeschlechtlichen Charakteristika aus der Öffentlichkeit in der Türkei: Es sind abermals die Frauen, die im Mittelpunkt der Geschlechterbeziehungen stehen und deren öffentliche *Visualität*[698] zentral für gesellschaftspolitische Debatten sind, über die mit männlichen Parametern diskutiert wird. Die Terminologien der thematischen Diskursverschränkung zwischen der Integration und der „Kopftuchfrage" stammen wiederum aus der Öffentlichkeit der Türkei. Das sprachliche Äquivalent in der Türkei findet sich im Begriff „türban yasağı" (Türbanverbot) wieder. In der Europaausgabe der Zaman ist die untersuchte Kopftuchfrage ein Diskursstrang aus dem Integrationsdiskurs in Deutschland und Europa. Im Politikdiskurs und im medialen Diskurs der Mehrheitsöffentlichkeit in Deutschland zeigen sich im so genannten „Leitfaden für Muslime" bzw. in den Fragen zum „Gesinnungstests" in Baden-Württemberg oder aber auch in den Gesetzesveränderungen im Zuwanderungsgesetz die thematischen Diskursverschränkungen zwischen dem Geschlechterdiskurs und dem Integrationsdiskurs. Mittels dieser politischen Entscheidungen sollen vordergründig Zwangsheiraten und Zwangsehen verhindert werden, indem die nachziehenden EhepartnerInnen dazu verpflichtet werden, bereits im Heimatland einen anerkannten Sprachkurs zu absolvieren. Die Bundesregierung möchte mit der Erhöhung des Nachzugsalters rechtliche Schutzfunktionen für die von Gewalt betroffenen jungen Mädchen und Frauen bieten. Die Analyse der Diskursverschränkung hat gleichwohl ergeben, dass seitens der Politik in ihren „integrationspolitischen" Maßnahmen Gewalt in der Privatsphäre von MigrantInnen *automatisch* vorausgesetzt wird. Dadurch werden zum einen Klischees über gewalttätige Männer aus dem „islamischen Migrantenmilieu" in der Öffentlichkeit weiter bedient, und zum anderen werden Frauen aus dem „islamischen Migrantenmilieu" als stimmenlose Opfer dargestellt. Frauen mit Lebensläufen aus dem islamischen kulturellen Kontext gelten folglich als Gradmesser für das Scheitern oder den Erfolg der Integration der muslimischen Minderheit.

---

698 Der Begriff „Visualität" besitzt in diesem Kontext eine psychologische Bedeutung im Sinn von Vorstellung und Wahrnehmung der Frauen in der Öffentlichkeit.

Allerdings werden Migrantinnen, die von häuslicher Gewalt betroffen sind oder sich in einer Ehe befinden, in der sie Gewalt erfahren, mit hohen bürokratischen Hürden konfrontiert, wenn sie die Scheidung einreichen. Signifikante Belege aus der politischen Praxis sind der fehlende, von der Dauer der Ehe unabhängige eigene Aufenthaltsstatus und damit eng einhergehend die fehlenden Erleichterungen hinsichtlich des Zugangs zum Arbeitsmarkt. Im Hinblick auf die Zukunft stellt sich insgesamt die Frage, inwieweit die türkischsprachige Teilöffentlichkeit in Form der türkischen Printmedien Hürriyet und Zaman ihre Bedeutung sowohl als *Sprachrohr* als auch als *Forum* für die türkischstämmige Bevölkerung in Deutschland und Europa weiter beibehalten kann. Diese Tendenz, die sich in der hier zugrunde liegenden Arbeit während des Untersuchungszeitraums bereits herauskristallisierte, scheint sich mittlerweile zu bestätigen: Aufgrund der stetig sinkenden Verkaufszahlen ist die Hürriyet-Redaktion zum 1. März des Jahres 2013 in Mörfelden-Walldorf aufgelöst worden.[699] In Zukunft sollen Artikel, die zuvor in den Europaseiten erschienen, ausschließlich im Mutterkonzern in Istanbul aufbereitet werden. Überdies kämpft auch die Zaman mit sinkenden Verkaufszahlen. Allerdings wird die Zaman ihre Redaktion von Offenbach nach Berlin verlagern, um, laut eigenen Angaben, näher am politischen Zentrum zu sein.[700] Geplant ist zusätzlich die jüngere Generation, deren Schwerpunktsprache Deutsch ist, für eine journalistische Karriere zu gewinnen. Insgesamt bleibt abzuwarten, inwiefern sich die türkischsprachigen Printmedien auf dem Printmedien Markt halten werden können.

Deutschsprachige Teilöffentlichkeiten wie beispielsweise *Migazin* oder *Biber*, die auch – aber nicht nur - die politischen und gesellschaftlichen Belange der Bevölkerung mit türkischem Migrationshintergrund formulieren, schaffen einen deutlich effektiveren *Informationsaustausch* und *Informationsfluss*[701] zwischen der Mehrheitsöffentlichkeit und den Belangen der Teilöffentlichkeit als die türkischsprachigen Printmedien. Das liegt vor allem daran, dass insbesondere die zweite und die dritte Generation in Deutschland diese deutschsprachigen Teilöffentlichkeiten selbstständig gestaltet und somit den öffentlichen Raum in Deutschland tatsächlich verändert. Der Einfluss der Terminologien aus dem

---

699 Meine Anrufe in der Hürriyet-Redaktion im März 2013 erbrachten keine weiteren Informationen über die zukünftigen Planungen und die redaktionelle Aufbereitung der geplanten Berichterstattung aus Istanbul. Anzunehmen ist, dass die Belange der türkischen Diaspora eine marginale Rolle in der zukünftigen Berichterstattung der Hürriyet einnehmen werden.
700 Kul, İsmail: Printmedien verschont auch die türkischsprachigen Formate nicht. Türkische Zeitungen schaffen sich ab!, in: Deutsch Türkisches Journal Online: http://dtj-online.de/news/detail/1594/turkische_zeitungen_schaffen_sich_ab!.html, 25.01.2013, (Stand: 25.01.2013).
701 Schumann, Christoph: The Turkish press in Germany: A public in-between two publics, 2008, S. 452.

… Politikdiskurs in der Türkei und der Öffentlichkeit in der Türkei besteht de facto nicht in diesen Teilöffentlichkeiten. Sie, die „neuen" MedienmacherInnen mit Migrationshintergrund, verstehen sich als fester Bestandteil der hiesigen Gesellschaft. Es wird sich zeigen, inwiefern die „neuen" MedienmacherInnen/AkteurInnen mittels ihrer öffentlichen Partizipation und medienwirksamen Arbeit vorhandene defizitäre staatliche Strukturen sichtbar machen und in Frage stellen werden. Damit einhergehend stellen sich Machtfragen, die den bisherigen Status quo in Politik, Recht und Gesellschaft für MigrantInnen und ihre Nachkommen in Deutschland betreffen. In dieser noch jungen Entwicklung – obwohl das Anwerbeabkommen zwischen der Türkei und der „Bundesrepublik Deutschland" bereits über 50 Jahre zurückliegt – besteht die politische Chance, das „öffentliche Nachdenken"[702] *tatsächlich* zu einem „Mittel für das Funktionieren der Demokratie als Idealtyp" zu gestalten und den „Einfluss auf den Staat"[703] zu gewährleisten.

---

702 Habermas, Jürgen: Strukturwandel der Öffentlichkeit, 1990, S. 193.
703 Fraser, Nancy: Die Transnationalisierung der Öffentlichkeit, 2005, S. 1.

Literatur- und Quellenverzeichnis

Literatur

Afshar, Haleh (1996): Islam and Feminism. An Analysis of Political Strategies, in: Yamani, Mai (Ed.): Feminism and Islam: Legal and Literary Perspectives, New York: Univ. Press.

Agai, Bekim (2004): Zwischen Netzwerk und Diskurs: Das Bildungsnetzwerk um Fethullah Gülen (geb. 1938). Die flexible Umsetzung modernen islamischen Gedankenguts, Schenefeld: Eb-Verlag.

Akyol, Taha (2008): Modernleşme sürecinde türban, Istanbul: Nesil.

Amirpur, Katajun (2013): Den Islam neu denken. Der Dschihad für Demokratie, Freiheit und Frauenrechte, München: C. H. Beck.

Amirpur, Katajun (2011): Islamischer Feminismus: Kritik und Inhalt eines Konzeptes, in: Gerber, Christine/Petersen, Silke/Weiße, Wolfram (Hg.): Unbeschreiblich weiblich? Neue Fragestellungen zur Geschlechterdifferenz in den Religionen, Münster: LIT-Verlag, 195-215.

Ataman, Ferda (2008): Kritische Analyse einer sinnfreien Diskursverschränkung: Die deutsche Integrationsdebatte und der EU-Beitritt der Türkei, in: Jäger, Siegfried (Hg.): Wie kritisch ist die Kritische Diskursanalyse? Ansätze zu einer Wende kritischer Wissenschaft, Münster: LIT-Verlag, 129-146.

Ateş, Seyran (2007): Der Multikulti-Irrtum. Wie wir in Deutschland besser zusammenleben können, Berlin: Ullstein Verlag.

Ateş, Seyran (2007): Trennung, Scheidung und (Rechts-)Folgen. Problemstellung bei der Bekämpfung von Zwangsverheiratung, in: Bundesministerium für Familie, Senioren, Frauen und Jugend (Hg.): Zwangsverheiratung in Deutschland, Band 1 Forschungsreihe des Bundesministeriums für Familie, Senioren, Frauen und Jugend, Baden-Baden: Nomos Verlag, 229-245.

Aumüller, Jutta (2009): Assimilation. Kontroversen um ein migrationspolitisches Konzept, Bielefeld: Transcript.

Bacık, Çiçek (2006): Türkische Fernsehsender in Deutschland, hrsg. von Jutta Aumüller, Berlin: Edition Parabolis.

Badran, Margot (2009): Feminism in Islam. Secular and Religious Convergences, Oxford: Oneworld.

Barlas, Asma (2004): ‚Believing women in Islam'. Unreading patriarchal interpretations of the Qur'ān, Austin: University of Texas Press.

Beauvoir, Simone de (2009): Das andere Geschlecht: Sitte und Sexus der Frau, Reinbek bei Hamburg: Rowohlt Taschenbuch Verlag.

Becker, Jörg (1997): Taking Turkishness Seriously: The Rise of Turkish Media in Germany, in: Robins, Kevin (Hg.): Programming of People. From Cultural Responsibilities. United Nations World Television Forum, New York, 104-117.

Becker, Jörg (1998): Die Ethnisierung der deutschen Medienlandschaft. Türkische Medien zwischen Assoziation und Dissoziation, in: Lieberknecht, Christine (Hg.): Der Staat in der Informationsgesellschaft, Weimar: Thüringer Ministerium für Bundesangelegenheiten, 71-75.

Belina, Bernd/Dzudzek, Iris (2009): Diskursanalyse als Gesellschaftsanalyse – Ideologiekritik und Kritische Diskursanalyse, in: Glasze, Georg/Mattissek, Annika (Hg.): Handbuch Diskurs und Raum. Theorien und Methoden für die Humangeographie sowie sozial- und kulturwissenschaftliche Raumforschung, Bielefeld: Transcript Verlag, 129-152.

Bielefeldt, Heiner/Follmar-Otto, Petra (2007): Zwangsverheiratung – Ein Menschenrechtsthema in der innenpolitischen Kontroverse, in: Bundesministerium für Familie, Senioren, Frauen und Jugend (Hg.): Zwangsverheiratung in Deutschland, Band 1, Baden-Baden: Nomos Verlag, 13-25.

Boos-Nünning, Ursula/Karakaşoğlu, Yasemin (2006): Viele Welten leben: Zur Lebenssituation von Mädchen und jungen Frauen mit Migrationshintergrund, Münster: Waxmann.

Bourdieu, Pierre (1992): Die verborgenen Mechanismen der Macht. Schriften zu Politik & Kultur 1, Hamburg: VSA – Verlag.

Ders. (1985): Sozialer Raum und ‚Klassen'. Leçon sur la leçon, Frankfurt am Main: Suhrkamp.

von Braun, Christina/Mathes, Bettina (2007): Verschleierte Wirklichkeit. Die Frau, der Islam und der Westen, Berlin: Aufbau Verlag.

Bozbel, Sabiha (2005): Zaman. Profil einer türkischen Tageszeitung in Deutschland, München: Olzog Verlag.

Bundesamt für Migration und Flüchtlinge (Hg.) (2010): Mediennutzung von Migranten in Deutschland, Working Paper 34 aus der Reihe „Integrationsreport", Teil 8, Nürnberg.

Bundesministerium für Familie, Senioren, Frauen und Jugend (Hg.) (2004): Lebenssituation, Sicherheit und Gesundheit von Frauen in Deutschland. Ergebnisse der repräsentativen Untersuchung zu Gewalt gegen Frauen in Deutschland, Im Auftrag des Bundesministeriums für Familie, Senioren, Frauen und Jugend, Teil 1 von 3, Berlin.

Burkart, Roland (2002): Kommunikationswissenschaft. Grundlagen und Problemfelder. Umrisse einer interdisziplinären Sozialwissenschaft, Stuttgart: UTB.

Butler, Judith (1991): Das Unbehagen der Geschlechter, Frankfurt am Main: Suhrkamp.

Butler, Judith (1997): Körper von Gewicht. Die diskursiven Grenzen des Geschlechts, Frankfurt am Main: Suhrkamp.

Butler, Judith (2009): Die Macht der Geschlechternormen und die Grenzen des Menschlichen, Frankfurt am Main: Suhrkamp.

Çakır, Ruşen (2008): Mahalle Baskısı. Prof. Şerif Mardin'in Tezlerinden Hareket'le Türkiye'de Islam, Cumhuriyet, Laiklik ve Demokrasi, Istanbul: Doğan.

Çalağan, Nesrin Z. (2010): Türkische Presse in Deutschland. Der deutsch-türkische Medienmarkt und seine Produzenten, Bielefeld: Transcript.

Çalışlar, İpek (2008): Mrs. Atatürk, Latife Hanım: Ein Porträt, Berlin: Orlanda.
Commission de reflexion sur l'application du principe de laïcite dans la république (Hg.) (2003): Rapport au président de la république, Remis le 11 décembre, Paris.
de la Hoz Fernandez, Paloma (2004): Familienleben, Transnationalität und Diaspora, Österreichisches Institut für Familienforschung, Heft 21, Wien.
Deutsche Islam Konferenz (DIK) gefördert vom Bundesministerium des Innern (Hg.) (2009): Drei Jahre Deutsche Islam Konferenz 2006-2009. Muslime in Deutschland – deutsche Muslime, Berlin.
Dink, Hrant (2008): Von der Saat der Worte, Berlin: Schiler Verlag.
Ekmekçioğlu, Lerna/Bilal, Melissa (2006): Bir Adalet Feryadı. Osmanlı'dan Türkiye'ye Beş Ermeni Feminist Yazar, 1862 – 1933, Istanbul: Aras.
Evans, Dylan (2002): Wörterbuch der Lacanschen Psychoanalyse, Wien: Turia & Kant.
Foucault, Michel (1978): Dispositive der Macht. Über Sexualität, Wissen und Wahrheit, Berlin: Merve.
Foucault, Michel (1983): Der Wille zum Wissen. Sexualität und Wahrheit 1, Frankfurt am Main: Suhrkamp.
Friedman, Marilyn (2003): Autonomy, Gender, Politics, Oxford: University Press.
Göle, Nilüfer (1995): Republik und Schleier: Die muslimische Frau in der Moderne, Berlin: Babel.
Göle, Nilüfer (2004): Die sichtbare Präsenz des Islam und die Grenzen der Öffentlichkeit, in: Dies./Ammann, Ludwig (Hg.): Islam in Sicht: Der Auftritt von Muslimen im öffentlichen Raum, Bielefeld: Transcript, 11-44.
Göle, Nilüfer (2008): Anverwandlungen: Der Islam in Europa zwischen Kopftuchverbot und Extremismus, Berlin: Wagenbach.
Gülen, Fethullah M. (2007): İkindi Yağmurları, Neu-Isenburg: Sunprint und Vertriebs GmbH.
Habermas, Jürgen (1990): Strukturwandel der Öffentlichkeit: Untersuchungen zu einer Kategorie der bürgerlichen Gesellschaft, Frankfurt am Main: Suhrkamp.
Halm, Dirk (2006): Die Medien der türkischen Bevölkerung in Deutschland, in: Geißler, Rainer/Pöttker, Horst (Hg.): Integration durch Massenmedien. Mass Media-Integration, Bielefeld: Transcript, 77-92.
Halm, Dirk: Freizeit, Medien und kulturelle Orientierungen, in: von Wensierski, Hans-Jürgen/Lübcke, Claudia (Hg.): Junge Muslime in Deutschland. Lebenslagen, Aufwachsprozesse und Jugendkulturen, Opladen 2007, 101-116.
Holzleithner, Elisabeth (2009): Herausforderungen des Rechts in multikulturellen Gesellschaften. Zwischen individueller Autonomie und Gruppenrechten, in: Sauer, Birgit/Strasser, Sabine (Hg.): Zwangsfreiheiten. Multikulturalität und Feminismus, Wien: Promedia, 28-48.
Homolka, Walter/Hafner, Johan/Kosman, Admiel/Karakoyun, Ercan (Hg.) (2010): Muslime zwischen Tradition und Moderne. Die Gülen-Bewegung als Brücke zwischen den Kulturen, Freiburg: Herder.
İlkkaracan, Pınar (Ed.) (2008): Deconstructing sexuality in the Middle East, Aldershot: Ashgate.
Irigaray, Luce (1979): Das Geschlecht, das nicht eins ist, Berlin: Merve.
Irigaray, Luce (1991): Ethik der sexuellen Differenz, Frankfurt am Main: Suhrkamp.

Irigaray, Luce (2008): Conversations, New York: Continuumbooks.
Jäger, Margret/Jäger, Siegfried (1993): Verstrickungen. Der rassistische Diskurs und seine Bedeutung für den politischen Gesamtdiskurs in der Bundesrepublik Deutschland, in: Jäger, Siegfried/Link, Jürgen (Hg.): Die vierte Gewalt. Rassismus und die Medien, Duisburg: DISS, Duisburger Institut für Sprach- und Sozialforschung, 49-79.
Jäger, Margret (1996): Fatale Effekte. Die Kritik am Patriarchat im Einwanderungsdiskurs, Duisburg: DISS, Duisburger Institut für Sprach- und Sozialforschung.
Jäger, Siegfried (2004): Kritische Diskursanalyse: Eine Einführung, Münster: LIT-Verlag.
Kelek, Necla (2002): Islam im Alltag, Islamische Religiösität und ihre Bedeutung in der Lebenswelt von Schülerinnen und Schülern türkischer Herkunft, Berlin: Waxmann.
Kelek, Necla (2006): Die fremde Braut. Ein Bericht aus dem Inneren des türkischen Lebens in Deutschland, München: Goldmann.
Kelek, Necla (2006): Die verlorenen Söhne: Plädoyer für die Befreiung des türkisch-muslimischen Mannes, Köln: Kiepenheuer & Witsch.
Kelek, Necla (2007): Heirat ist keine Frage, in: Zwangsheirat und arrangierte Ehe – zur Schwierigkeit der Abgrenzung, in: Bundesministerium für Familie, Senioren, Frauen und Jugend (Hg.): Zwangsverheiratung in Deutschland, Band 1, Baden-Baden: Nomos Verlag, 87-102.
Kermani, Navid (2010): Denken in Widersprüchen. Klaus Leggewies Buch MULTI-KULTI zwanzig Jahre später, in: Bieber, Christoph/Drechsel, Benjamin/Lang, Anne-Katrin (Hg.): Kultur im Konflikt. Claus Leggewie revisited, Bielefeld: Transcript Verlag, 230-232.
Kermani, Navid (2009): Wer ist wir?, München: C. H. Beck.
Kermani, Navid (Hg.) (2002): Abū-Zaid, Naṣr Hāmid: Ein Leben mit dem Islam, Freiburg im Breisgau: Herder.
Khorchide, Mouhanad (2012): Islam ist Barmherzigkeit. Grundzüge einer modernen Religion, Freiburg: Herder.
Kristeva, Julia (1990): Fremde sind wir uns selbst, Frankfurt am Main: Suhrkamp.
Küçükcan, Talip (2010): Arab Image in Turkey, Ankara: Seta Research Report.
Kymlicka, Will (2009): Liberal Complacencies, in: Moller Okin, Susan/Cohen, Joshua (Ed.): Is Multiculturalism bad for women?, Princeton: University Press, 31-34.
Lacan, Jaques [1958] (1991): Die Bedeutung des Phallus, in: Ders.: Schriften II, Berlin/Weinheim: Quadriga Verlag.
Mernissi, Fatima (1987): Geschlecht, Ideologie, Islam, München: Frauenbuchverlag.
Mills, Sara (2007): Der Diskurs: Begriff, Theorie, Praxis, Tübingen: UTB.
Munsch, Chantal/ Gemende, Marion/ Weber-Unger Rotino, Steffi (Hrsg.) (2007): Eva ist emanzipiert, Mehmet ist ein Macho. Zuschreibung, Ausgrenzung, Lebensbewältigung und Handlungsansätze im Kontext von Migration und Geschlecht, Weinheim; München: Juventa Verlag.
Müller, Daniel (2005): Die Inhalte der Ethnomedien unter dem Gesichtspunkt der Integration, in: Geißler, Rainer/Pöttker, Horst: Massenmedien und Integration ethnischer Minderheiten in Deutschland, Bielefeld: Transcript Verlag, 323-388.
Nesrin, Çalağan (2010): Türkische Presse in Deutschland. Der deutsch-türkische Medienmarkt und seine Produzenten, Bielefeld: Transcript Verlag.

Nökel, Sigrid: Die Töchter der Gastarbeiter und der Islam. Zur Soziologie alltagsweltlicher Anerkennungspolitiken. Eine Fallstudie, Bielefeld: Transcript Verlag.
Özdalga, Elisabeth (2003): Following in the Footsteps of Fethullah Gülen. Three Women Teachers Tell Their Stories, in: Yavuz, Hakan/Esposito, John L. (Ed.): Turkish Islam and the Secular State: The Gülen Movement, New York: Syracuse University Press, 85-114.
Pandya, Sophia (2012): Creating Peace on Earth through Hicret (Migration): Women Gülen Followers in America, in: Pandya, Sophia/Gallagher, Nancy (Ed.): The Gülen Hizmet Movement and its Transnational Activities. Case Studies of Altruistic Acitivism in Contemporary Islam, Florida: Brown Walker Press, 97-117.
Phillips, Anne: Komplexität der Einwilligung: Juristische Diskurse um Zwangsehen in Großbritannien, in: Strasser, Sabine/Holzleithner, Elisabeth (Hg.): Multikulturalismus queer gelesen, Zwangsheirat und gleichgeschlechtliche Ehe in pluralen Gesellschaften, Frankfurt am Main: Campus Verlag 2010, 182-201.
Popitz, Heinrich (1992): Phänomene der Macht, Tübingen: Mohr.
Rausch, Margaret (2012): Gender and Leadership's in the Gülen Movement: Women Affiliates' Contribution to East-West Encounters, in: Pandya, Sophia/Gallagher, Nancy (Ed.): The Gülen Hizmet Movement and its Transnational Activities. Case Studies of Altruistic Activism in Contemporary Islam, Floridad: Brown Walker Press, 133-161.
Rohe Mathias (2011): Das Islamische Recht: Geschichte und Gegenwart, München: C. H. Beck.
Rohe, Mathias (2009): Scharia in Deutschland?, in: Deutsche Islam Konferenz Bundesministerium des Innern (Hg.): Drei Jahre Deutsche Islam Konferenz (DIK) 2006-2009, Muslime in Deutschland – deutsche Muslime, Berlin, 204-208.
Rolf, Meinhardt (Hg.) (1984): Türken raus? Oder verteidigt den sozialen Frieden, Reinbek bei Hamburg: Rowohlt.
Rumpf, Christian (1996): Das türkische Verfassungssystem, Wiesbaden: Harrassowitz.
Sardar Ali, Shaheen (2000): Gender and Human Rights in Islam and International Law. Equal before Allah, Unequal before Man?, The Hague: Kluwer Law International.
Şafak, Elif (2005): Baba ve Piç, Istanbul: Metis.
Şafak, Elif (2006): The Gaze, London: Marion Boyars Publishers Ltd.
Şafak, Elif (2007): Siyah süt, Istanbul: Doğan.
Şafak, Elif (2008): Der Bonbonpalast, Frankfurt am Main: Eichborn.
Şafak, Elif (2009): Aşk, Istanbul: Doğan.
Saharso, Sawitri (2009): Gibt es einen multikulturellen Feminismus? Ansätze zwischen Universalismus und Anti-Essenzialismus, in: Sauer, Birgit/Strasser, Sabine (Hg.): Zwangsfreiheiten, Multikulturalität und Feminismus, Wien: Promedia, 11-27.
Şahinöz, Cemil (2009): Die Nurculuk Bewegung. Entstehung, Organisation und Vernetzung, Istanbul: Nesil Yayınları.
Said, Edward (2003): Orientalism, London: Penguen Books Ltd.
Sauer, Birgit (2002): Geschlechtsspezifische Gewaltmäßigkeit rechtsstaatlicher Arrangements und wohlfahrtsstaatlicher Institutionalisierungen. Staatsbezogene Überlegungen einer geschlechtersensiblen politikwissenschaftlichen Perspektive, in: Dackweiler, Regina-Maria/Schäfer, Reinhild (Hg.): Gewalt-Verhältnisse. Feministische

Perspektiven auf Geschlecht und Gewalt, Frankfurt am Main: Campus Verlag, 81-106.

Sauer, Birgit: Gewalt, Geschlecht, Kultur. Fallstricke aktueller Debatten um „traditionsbedingte" Gewalt, in: Sauer, Birgit/Strasser, Sabine (Hg.): Zwangsfreiheiten. Multikulturalität und Feminismus, Wien: Promedia 2009, 49-62.

Schiller, Maria: Zwangsverheiratung im Fokus: Ein Vergleich von Auftragsstudien in europäischen Ländern, in: Strasser, Sabine/Holzleithner, Elisabeth (Hg.): Multikulturalismus queer gelesen, Zwangsheirat und gleichgeschlechtliche Ehe in pluralen Gesellschaften, Frankfurt am Main: Campus Verlag, 47-70.

Schimmel, Annemarie (2000): Sufismus. Eine Einführung in die islamische Mystik, München: C. H. Beck.

Schumann, Christoph: The Turkish Press in Germany: A Public In-between Two Publics?, in: Al-Hamarneh, Ala/Thielmann, Jörn (Ed.): Islam and Muslims in Germany, Leiden: Brill, 441-461.

Selek, Pınar (2010): Zum Mann gehätschelt, zum Mann gedrillt. Männliche Identitäten, Berlin: Orlanda.

Sevindi, Nevval (2008): Contemporary Islamic Converstations. M. Fethullah Gülen on Turkey, Islam, and the West, New York: Sunypress.

Steuerwald, Karl (1972): Türkisch – Deutsches Wörterbuch, Wiesbaden: Harrssowitz.

Stiftung Zentrum für Türkeistudien (Hg.) (2010): Ergebnisse der zehnten Mehrthemenbefragung 2009. Eine Analyse im Auftrag des Ministeriums für Generationen, Familie, Frauen und Integration des Landes Nordrhein-Westfalen, Essen.

Stoller, Silvia (2010): Existenz – Differenz – Konstruktion. Phänomenologie der Geschlechtlichkeit bei Beauvoir, Irigaray und Butler, München: Fink.

Straßburger, Gaby (2007): Zwangsheirat und arrangierte Ehe – zur Schwierigkeit der Abgrenzung, in: Bundesministerium für Familie, Senioren, Frauen und Jugend (Hg.): Zwangsverheiratung in Deutschland, Band 1, Baden Baden: Nomos, 72-86.

Straßburger, Gaby (2003): Heiratswahlverhalten und Partnerwahl im Einwanderungskontext. Eheschließungen der zweiten Migrantengeneration türkischer, Würzburg: Ergon.

Strasser, Sabine (2009): Ist doch Kultur an allem Schuld? Ehre und kulturelles Unbehagen in den Debatten um Gleichheit und Diversität, in: Sauer, Birgit/Strasser, Sabine (Hg.): Zwangsfreiheiten, Multikulturalität und Feminismus, Wien: Promedia, 63-77.

Strasser, Sabine/Holzleithner, Elisabeth (Hg.) (2010): Multikulturalismus queer gelesen. Zwangsheirat und gleichgeschlechtliche Ehe in pluralen Gesellschaften, Frankfurt am Main: Campus.

Strasser, Sabine/Tuncer, İrem/Sungur, Altan (2010): Ehe und Ehre im Wandel: Arrangement und Zwang in der Türkei, in: Strasser, Sabine/Holzleithner, Elisabeth (Hg.): Multikulturalismus queer gelesen. Zwangsheirat und gleichgeschlechtliche Ehe in pluralen Gesellschaften, Frankfurt am Main: Campus, 202-222.

Sütçü, Filiz (2009): Zwangsheirat und Zwangsehe. Falllagen, rechtliche Beurteilung und Prävention, Europäische Hochschulschriften, Reihe II Rechtswissenschaft, Bd./Vol. 4893, Frankfurt am Main: Lang, Peter GmbH, Internationaler Verlag der Wissenschaften.

Thiemann, Anne (2007): Zwangsverheiratung im Kontext gleichgeschlechtlicher Lebensweisen. Erfahrungen aus der Beratungsarbeit, in: Bundesministerium für Familie, Senioren, Frauen und Jugend (Hg.): Zwangsverheiratung in Deutschland, Band 1 Forschungsreihe des Bundesministeriums für Familie, Senioren, Frauen und Jugend, Baden-Baden, 187-200.

Toprak, Ahmet (2005): Das schwache Geschlecht – die türkischen Männer: Zwangsheirat, häusliche Gewalt, Doppelmoral der Ehre, Freiburg im Breisgau: Lambertus.

Turam, Berna (2003): National Loyalties and International Undertakings, in: Yavuz, Hakan M./ Esposito, John (Ed.): Turkish Islam and the Secular State: The Global Impact of Fethullah Gulen's Nur Movement, New York: Syracuse University Press, 184-208.

Wadud, Amina (2006): Inside the Gender Jihad. Women's Reform in Islam, Oxford: Oneworld.

Weber, Max (1976): Wirtschaft und Gesellschaft. Grundriss der verstehenden Soziologie, Tübingen: Mohr.

Weber-Menges, Sonja (2005): Die Entwicklung ethnischer Medienkulturen. Ein Vorschlag zur Periodisierung, in: Geißler, Rainer/Pöttker, Horst (Hg.): Massenmedien und die Integration ethnischer Minderheiten in Deutschland, Bielefeld: Transcript Verlag, S.241-322.

Weinar, Agnieszka (2010): Instrumentalising diasporas for development: International and European policy discourses, in: Baubòck, Rainer/Faist, Thomas (Ed.): Diaspora and Transnationalism. Concepts, Theories and Methods, Amsterdam: Amsterdam University Press, 73-91.

Weiß, Hans-Jürgen/Heft, Annett/Trebbe, Joachim (2010): Mediennutzung junger Menschen mit Migrationshintergrund. Umfragen und Gruppendiskussionen mit Personen türkischer Herkunft und russischen Aussiedlern im Alter zwischen 12 und 29 Jahren in Nordrhein-Westfalen, Schriftenreihe Medienforschung der LfM, Bd. 63, Berlin: Vistas.

Yamani, Mai (Ed.) (1996): Feminism and Islam. Legal and Literary Perspectives, Reading: Ithaca Press.

Yavuz, Hakan M. (2003): Islamic Political Identity in Turkey, Oxford: Oxford University Press.

Yavuz, Hakan M./ Esposito, John L. (2003): Turkish Islam and the Secular State: The Global Impact of Fethullah Gulen's Nur Movement, New York: Syracuse University Press.

Yazgan, Ayfer (2011): Morde ohne Ehre. Der Ehrenmord in der Türkei. Erklärungsansätze und Gegenstrategien, Bielefeld: Transcript Verlag.

Zaimoğlu, Feridun (2006): Leyla, Köln: Kiepenheuer & Witsch.

Zeitschriften- und Zeitungsartikel

Akgün, Lale: „Şiddetin etnik kökeni olmaz", in: Hürriyet, 24. 12. 2005.
Akman, Nuriye: 1915 olaylarını Türklerin hatırlamaya Ermenilerin unutmaya ihtiyacı var, in: Zaman, 14.11.2005.
Akman, Nuriye: Elif Şafak: Sekiz ayrı yüzüm var, sekizi de birbiriyle çelişiyor, in: Zaman, 21.04.2002.
Appadurai, Arjun: Die Finanzwelt ist eine Mischung aus Kaserne und Dschungelcamp. Mit dem Kapitalismus breitet sich eine überkommen geglaubte Vorstellung von Männlichkeit aus, in: Kulturaustausch, Zeitschrift für internationale Perspektiven, Ausgabe I/2012, 32-33.
Arman, Ayşe: Siz şeytan değilsiniz biz de melek değiliz, in: Hürriyet, 27.08.2006.
Arman, Ayşe: Yeni doğurmuş bir kadını mı, yoksa bir gazeteyi mi idare etmek daha zor?, in: Hürriyet, 14.02.2007.
Arman, Ayşe: Eski mahallenin yeni yüzleri: Esra Elönü: „Günah, işlenmek için var, tövbe kapısı da gidilmek için", 2, 28.02.2011.
Arman, Ayşe: Eski mahallenin yeni yüzleri: Meryem Uçma: "Muhafazakar erkekler, eşlerinin üzerine eş alarak zina yapıyorlar", 3, 01.03.2011.
Ateş, Seyran: Göçmenlerde şiddet vardır, in: Hürriyet, 04.01.2006.
Baba, Evrim (2005): Genelleştirme yapmayalım, in: Hürriyet, 22.12.2005.
Bahners, Patrick (2007): Kritiker der Islamkritikerinnen, in: Frankfurter Allgemeine Zeitung, 26.04.2007.
Bahtiyar, Nilüfer (2006): Pakistan, in: Zaman, 18.07.2006.
Beck-Gernsheim, Elisabeth: Türkische Bräute und die Migrationsdebatte in Deutschland, in: Parallelgesellschaften?, in: Aus Politik und Zeitgeschichte, 2. Januar 2006, 32-37.
Bengisu Karaca, Nihal (2005): Modern bir olgu olarak terör, in: Zaman, 09.12.2005.
Bengisu Karaca, Nihal: Bir kız yurdu gibidir memleket, in: Zaman, 20.04.2006.
Bengisu, Karaca, Nihal: Duygu Asena ve bizi ayıran nehir'ler, in: Zaman, 16.08.2006.
Bengisu, Karaca, Nihal: Sizinki bastırılmış cinsellik Sizinki de bastırılmış dinsellik azizim, in: Arman, Ayşe: Hürriyet, 18.01.2009.
Böhürler, Ayşe: Müslüman Ülkelerde Kadın. İslam Coğrafyasından Portreler, in: Zaman, 13.07.2006.
Böhürler, Ayşe: Katliam sürerken sevgiyi öğretmek çok zor, in: Zaman, 13.07.2006.
Böhürler, Ayşe: İslam'ın kadınlara verdiği hak için mücadele ediyoruz, in: Zaman, 15.07.2006.
Böhürler, Ayşe: Çokeşlilik tehdidi, kadını aciz bırakıyor, Zaman, 15.07.2006.
Böhürler, Ayşe: Kadın aleyhine olan kanunları değiştirdik, Zaman, 18.07.2006.
Böhürler, Ayşe: Plajlar köpekler ve Araplara yasaktı, Zaman, 19.07.2006.
Böhürler, Ayşe: Hem dindar hem modern olabiliriz, Zaman, 19.07.2006.
Çebi, Mahmut: Hürriyet, bir sabır örneği ve bir habercilik başarısı, in: Zaman, 15.06.2012.
Celen, Nergihan: Şerif Mardin: Mahalle baskısı kavramını medya yanlış kullandı, bu beni rahtsız etti, in: Zaman, 24.05.2008.

Zeitschriften- und Zeitungsartikel

Clarke, Gill: Mind ist as in motion, in: Tanz, Zeitschrift für Ballett, Tanz und Performance, Januar 2012.
Cukaz, Mehmet A.: Stoiber ve Merkel zaman geçirmeden istifa etmeli!, in: Zaman: 20.09.2005.
Dağdelen, Sevim: Wie das Leben spielt, in: Gerlof, Kathrin: Blickpunkt Bundestag, Berlin 2005.
Damir, Azamat: Almanya'nın ilk ‚Zorunlu Evlilik' raporu hazırlandı: Böhmer: Türkiye zorunlu evlilik ile ciddi mücadele veriyor, Zaman, 10.11.2011.
Dolmacı, Emine: Başörtüsü Melezya'da modernliğin simgesi, Zaman, 08.10.2007.
Duman, Şevket: Çözüm yok, sayılar karışık, Zaman, 10.11.2011.
Elveren, Muammer: Paris Elele Derneği Kurucusu Gaye Petek: Kadınların çoğu şiddet görüyor, in: Hürriyet, 27.12.2005.
Halm, Dirk/Liakova, Marina/Yetik, Zeliha: Zur Wahrnehmung des Islams und der Muslime in der deutschen Öffentlichkeit 2000-2005, in: Zeitschrift für Ausländerrecht und Ausländerpolitik 5-6/2006, 199-206.
Halm, Dirk; Thränhardt, Dietrich: Der transnationale Raum Deutschland – Türkei, in: Aus Politik und Zeitgeschichte, 39-40/2009.
Karakaşoğlu, Yasemin: Yaşam şartları şiddeti etkiliyor, in: Hürriyet: 03.03.2006.
Kelek, Necla: Şiddete göz yuman „suç ortağı sayılır", in: Hürriyet, 16.01.2006.
Kelek, Necla: Entgegnung. Necla Kelek antwortet auf eine Petition von 60 Migrationsforschern zur deutschen Integrationspolitik und die Kritik an ihren Büchern über den Islam, in: DIE ZEIT, 02.02.2006.
Khorchide, Mouhanad/Karimi, Milad: Einen reflexiven Zugang zur eigenen Religion ermöglichen: Zur Etablierung der islamischen Theologie an europäischen Universitäten: in: Islam, Kultur, Politik. Beilage zur Politik und Kultur, Zeitung des Deutschen Kulturrates, Januar-Februar 2013.
Kınalı, Mustafa: Sakın evlenme demişti, ilk kez onu dinlemiyorum, in: Hürriyet, 31.07.2006.
Koç, Gülşah: Eigene Persönlichkeit, in: Young Hürriyet, 11.04.2008.
Koç, Gülşah: Unfair!, in: Young Hürriyet, 18.04.2008.
Koç, Gülşah: Ex=Freundschaft, in: Young Hürriyet, 02.05.2008.
Koç, Gülşah: Der Guru der Journalistenwelt, in: Young Hürriyet, 09.05.2008.
Kul, İsmail: Iyi ki Hürriyet görmemiş, in: Zaman, 16.06.2012.
Küçükkaya, Emre/Ekiz, Yusuf: Başörtüsü yasağı yüzünden çok yararlı olacak bir öğretmeni kaybettik, Zaman, 29.10.2005.
Laschet, Armin: Eringerfeld örneği, in: Hürriyet, 09.04.2012.
Laschet, Armin: Kampanyanız cesaret verici, in: Hürriyet, 27.02.2006.
Lenz, Jacobsen/Wensierski, Peter: Flucht vor dem Frust, Die türkische Mittelschicht gründet eigene Privatschulen, weil sie sich im öffentlichen System benachteiligt fühlt – und stößt damit auf Widerstand, in: Der Spiegel, 29.09.2008.
Mercimek, Ali: Necla Kelek'e ödül, in: Hürriyet, 26.09.2006.
Meziroğlu, Remzi/Bağ, Süleyman: Göçmenlerin sorunlarını meclise taşıyacaklar, in: Zaman: 21.09.2005.

Morioka, Masahiro: Lass mal. Keine Muskeln, keine Karriere, kein Sex: Was ist nur mit den jungen Japanern los?, in: KulturAustausch. Zeitschrift für internationale Perspektiven, Geht doch! Ein Männerheft, Ausgabe 1/2012, 39.
Neşitov, Timofey: Merkel'in etrafında yaprak dökümü başladı, in: Zaman, 21.09.2005.
Özcan, Celal: Münihli psikiyatr Dr. Elif Cındık: Tüm kadınlar bir kaba konulmamalı, in: Hürriyet, 30.12.2005.
Rasche, Uta: Türkische Medien in Deutschland. Unfaire Berichterstattung, FAZ, 19.04.2005.
Şafak, Elif: „Die Macht der Frauen unterm Kopftuch. Im weiblichen Viertel der Stadt leuchtet über allem ein rosa Halo, in: du761, Istanbul/Hippe Stadt am Horn 2005.
Şafak, Elif: Küskünler toplumu, in: Zaman, 10.05.2006.
Şafak, Elif: Müslüman kadın okurlar!, in: Zaman, 17.05.2006.
Şafak, Elif: Bilim, medeniyet ve hüzün, in: Zaman, 03.02.2008.
Şafak, Elif: İntihar eden kadınlar, in: Zaman, 03.06.2008.
Schiffer, Sabine: Islamophobie – Plädoyer für eine internationale Bezeichnung, in: inamo: Feindbild Islam, 68, 2011, 22-26.
Schily, Otto: Alarmierender Einblick, Bundesinnenminister Otto Schily über die Darstellung der türkischen Parallelgesellschaft in Necla Keleks Buch „Die fremde Braut", in: Der Spiegel: 4/2005.
Selek, Pınar: Das sind doch alles ramponierte Wesen, in: Krüger, Karin: Die Soziologin hat ein Buch über den türkischen Männlichkeitskult geschrieben und musste deshalb aus dem Land flüchten, Frankfurter Allgemeine Zeitung, 10.09.2010.
Sevindi, Nevval: Almanya'da neler oluyor?, in: Zaman, 10.05.2006.
Steinvorth, Daniel: Engel und Dämon: Fethullah Gülen ist der berühmteste Prediger der Türkei – und der umstrittenste. Seine Anhänger betreiben Schulen, Krankenhäuser und ein Presseimperium. Ein Alptraum für seine Kritiker, in: Der Spiegel Special, 6/2008, 30.09.2008.
Strittmatter, Kai: Nicht exotisch und nicht westlich genug. Von den Schwierigkeiten, eine Türkin zu sein: ein Gespräch mit der Schriftstellerin Elif Shafak, SZ, 11.10.2007.
Spiewak, Martin: Die Streber Allahs. Eine weltweite Bewegung propagiert den großen Bildungsaufbruch – und baut in Deutschland Schulen auf, in: Die Zeit, 18.02.2010.
Strittmatter, Kai/Schlötzer, Christiane: Fromm, fleißig, erfolgreich, Der türkische Prediger Fethullah Gülen hat ein weltweites Netzwerk von Schulen geschaffen, an denen eine neue türkische Elite heranwächst, in: Süddeutsche Zeitung, 23./24. Mai 2009.
Terkessidis, Mark/Karakaşoğlu, Yasemin: Gerechtigkeit für Muslime! Die deutsche Integrationspolitik stützt sich auf Vorurteile. So hat sie keine Zukunft. Petition von 60 Migrationsforschern, in: DIE ZEIT, Nr. 6, 01.02.2006.
Thiel, Thomas: Plagiatsfall bei „Hürriyet". Die Gedanken der Anderen, in: FAZ, 09.05.2008.
Topçu, Canan: Almanya, Türk kadınını keşfetti, in: Hürriyet, 18.03.2006.
Tosun, Murat: Uyum politikası tartışması, in: Hürriyet, 04.02.2006.
Tunca, Elif: Sorunlar şimdi ve burada çözülebilir, in: Zaman, 16.03.2006.
Yaman, Oktay: Almanya yeni başbakanını arıyor, in: Zaman, 20.09.2005.
Yaşar, Selçuk: Artık Duygu da yok, in: Hürriyet, 31.07.2006.

Yavuz, Hakan M.: Search for a New Social Contract in Turkey: Fethullah Gulen, the Virtue Party and the Kurds, SAIS Review 19, 1999, 114-143.
Yıldırım, Enis: Zengini de fakiri de dayak yiyor: Lise ve üzeri eğitim alan kadınların yüzde 56' sının şiddet gördüğü belirlendi, in: Habertürk gazetesi, 08.12.2011.
Zaimoğlu, Feridun: Kadınlar güçlü olmalı, in: Hürriyet, 21.02.2006.
Zaimoğlu, Feridun: Toplumu kurtaran Leyla'lardır, in: Hürriyet, 16.03.2006.

Internetquellen (mit VerfasserIn)

Agai, Bekim: Fethullah Gülen – Ein moderner türkisch-islamischer Reformdenker? in: http://www.qantara.de/webcom/show_article.php?wc_c=578&wc_id=2&wc_p=1, (Stand: 27.11.2006).
Aladağ, Feo: http://www.nz-online.de/artikel.asp?art=1188290&kat=49, (Stand: 15.03.10).
Altan, Ahmet: http://www.haberturk.com/gundem/haber/702729-eksen-kaymasi, (Stand: 04.01.2012).
Am Orde, Sabine: Feridun Zaimoğlu zur Islamkonferenz, in: http://www.taz.de/ 1/politik/deutschland/artikel/1/verstehe-das-leitkultur-geschwaetz-nicht/, (Stand: 12.09.2010).
Arman, Ayşe: Nasıl soyundugumu merak edenlere!, in: http://www.hurriyet.com.tr/ yazarlar/20709577.asp, (Stand: 07.06.2012).
Arman, Ayşe: Yakında misyoner pozisyonu dışında her şeye 'yasak' denilecek!, in: http://www.hurriyet.com.tr/yazarlar/20777062.asp, (Stand: 17.06.2012).
Arman, Ayşe: Türkiye ne Malezya olur diyebilirim Ne de olmaz, http://www.hurriyet. com.tr/yazarlar/7292235.asp?yazarid=12, 16.09.2007, (Stand: 02.01.12).
Arman, Ayşe: http://www.ekolay.net/haber/haber.asp?pID=2705&haberID=630572 12.07.2009, (Stand: 24.08.2009).
Ataman, Ferda: Titel, Türken, Temperamente. Warum Migranten Zeitungen lieber in ihrer Muttersprache lesen. Ein Redaktionsbesuch bei „Hürriyet", 13.06.2007, in: http://www.tagesspiegel.de/medien/zeitungsmarkt-titel-tuerken-temperamente/870738.html, (Stand: 12.02.2012).
Ataman, Ferda: Fünf Jahre danach. Die verlorene Ehre der Familie Sürücü, in: http://www.tagesspiegel.de/berlin/fuenf-jahre-danach-die-verlorene-ehre-der-familie-sueruecue/1677254.html, 06.02.2010, (Stand: 12.02.2012).
Beck-Gernsheim, Elisabeth: Türkische Bräute und die Migrationsdebatte in Deutschland, in: http://www.bpb.de/apuz/30019/tuerkische-braeute-und-die-migrationsdebatte-in-deutschland, 28.12.2005, (Stand: 23.02.2012).
Bengisu-Karaca, Nihal: Kürtaj ve sezeryan, in: http://www.haberturk.com/yazarlar/nihal-bengisu-karaca/746454-kurtaj-ve-sezaryen, (Stand: 01.06.2012).
Bengisu-Karaca, Nihal: Kamusal alana da bekleriz Ayşe Hanım http://www.haberturk. com/HTYazi.aspx?ID=2812, 15.07.2009, (Stand: 15.07.2009).
Bielefeldt, Heiner/Demirer, Yıldız/Prasad, Nivedita/Schröttle, Monika/Boos-Nünning, Ursula/Straßburger, Gaby (2011): Stellungnahme zur Studie: „Zwangsverheiratung in

Deutschland – Anzahl und Analysevon Beratungsfällen", http://www.migazin.de/2011/11/28/wissenschaftler-werfen-schroder-das-schuren-antimuslimischer-ressentiments-vor/, 28.11.2011, (Stand: 06.02.2012).

Bilgin, Elif (2004): An analysis of Turkish modernity through discourses of masculinities. A thesis submitted to the Graduate School of Social Sciences of Middle East Technical University, in: http://etd.lib.metu.edu.tr/upload/12605575/index.pdf, (Stand: 04.04.2010).

Çakır, Emre: AKP'ye kızan başörtülüye saldırıyor, in: http://www.8sutun.com/haber?id=47366, 29.07.2009, (Stand: 01.08.2009).

Canan Bayram, in: http://www.spiegel.de/politik/deutschland/0,1518,741778,00.html, 26.01.2011, (Stand: 10.03.11).

Citizens Against Special Interest Lobbying in Public Schools, in: http://turkishinvitations.weebly.com/, (Stand: 01.06.2012).

Crumley, Bruce: Acting the outrage: Sohane Benziane was murdered twice. In October 2002, in: http://www.time.com/time/printout/0,8816,901041011-703547,00.html, (Stand: 15.07.2010).

Dassler, Sandra/Hubschmid, Maris/Zawatka-Gerlach, Ulrich: Sarrazin stellt seine Weltsicht vor, in: http://www.tagesspiegel.de/berlin/pressekonferenz-sarrazin-stellt-seine-weltsicht-vor/1914788.html, 31.08.2010, (Stand: 06.02.2012).

Deutscher Bundestag, 16/8, 15.12.2005, S. 551, in: http://dipbt.bundestag.de/dip21/btp/16/16008.pdf, (Stand: 06.02.2012).

Doğan Haber Ajansı: Kadın bakanı kovun fetvası: http://www.haberler.com/kadin-bakani-kovun-fetvasi-haberi/, 10.04.2007, (Stand: 21.02.2012).

Europäischer Gerichtshof für Menschenrechte: Kopftuchverbot vereinbar mit europäischer Menschrenrechtskonvention, Urteil vom 10.11.2005: http://europenews.dk/de/node/6150, (Stand: 15.07.2010).

EU-Fortschrittsbericht Türkei: Arbeitsdokument der Kommissionsdienststellen. Türkei Fortschrittsbericht 2006, S. 20, in: http://ec.europa.eu/enlargement/pdf/key_documents/2006/Nov/tr_sec_1390_de.pdf, (Stand: 21.02.2012).

Fraser, Nancy: Die Transnationalisierung der Öffentlichkeit, in: http://republicart.net/disc/publicum/fraser01_de.pdf, März 2005, (Stand: 31.12.2011).

Foertsch, Patricia : Türkische Medien in Deutschland, in: Konrad Adenauer Stiftung (Hg.): Almanya Infodienst No. 4, in: http://www.kas.de/wf/doc/kas_12799-544-1-30.pdf, (Stand: 31.12.2011).

Füller, Christian: Bundesbildungsbericht 2012. Jeder fünfte Schüler hat keine Chance, in: http://www.spiegel.de/schulspiegel/wissen/bundesbildungsbericht-jeder-fuenfte-schueler-hat-keine-chance-a-840347.html, (Stand: 22.06.2012).

Gülen, Fethullah: http://tr.fgulen.com/component/option,com_frontpage/Itemid,1/, (Stand: 12.02.2012).

Gülen, Fethullah: http://www.fethullahgulen.org/, (Stand: 12.02.2012).

Güvercin, Eren: Vom gebildeten „Kanakster" zum Starliteraten, http://de.qantara.de/wcsite.php?wc_c=967, vom 20.11.2008, (Stand: 06.01.2012).

Haddad, Joumana: Islamic feminism: Stockholm Syndrome, in: http://jspot.me/islamic-feminism-stockholm-syndrome/, 27.12.2012, (Stand: 03.01.2013).

Hür, Ayşe: Siyasetin ‚leitmotiv'i Fethullah Gülen, in: http://www.duzceyerelhaber.com/ kose-yazi.asp?id=5209&Ayşe_HuR-Siyasetin_%91leitmotiv%92i_Fethullah_Gulen, 11.12.2011, (Stand: 30.12.2011).

İnce, Özdemir: Gaye Petek'e övgü, 29.12.2003, in: http://hurarsiv.hurriyet.com.tr/ goster/haber/haber.aspx?id=192538&yazarid=72, (Stand: 15.07.2010).

İnce, Özdemir: Mini etekli kızı yaktılar, in: http://arama.hurriyet.com.tr/arsivnews. aspx?id=190914, (Stand: 15.07.2010).

Kalthegener, Regina: Ehre und Gewalt: Die juristisch-pragmatische Sicht, in: http://www. netzwerk-gegen-gewalt.de/files/kalthegener-ehre-gewalt-fulda-01-09-2011.pdf, (Stand: 26.10.2011).

Karakaşoğlu, Yasemin: Tremolo der Betroffenheit, in: die tageszeitung vom 19.01.2006, in: http://www.taz.de/1/archiv/archiv/?dig=2006/01/19/a0163, (Stand: 13.03.2006).

Kaya, Daniela: Zum Verhältnis von Wissenschaft und Politik. Und die Medien., in: http://www.migazin.de/2012/03/29/zum-verhaltnis-von-wissenschaft-und-politik-und-die-medien/?utm_source=feedburner&utm_medium=feed&utm_campaign= Feed%3A+migazin+%28MiGAZIN%29&utm_content=FaceBook, 29.03.2012, (Stand: 29.03.2012).

Kirchstein, Gisela: Getürktes Eheglück, in: http://www.welt.de/print-welt/article685917/ Getuerktes_Eheglueck.html, (Stand: 30.07.2005).

Kırıkkanat G., Mine: Bir Cumhuriyet kadını, in: http://www.radikal.com.tr/haber. php?haberno=99972, (Stand: 15.07.2010).

Khorchide, Mouhanad: Der Islam ist keine Gesetzesreligion, in: http://www.dradio.de/ dkultur/sendungen/thema/1206185/, 18.06.2010, (Stand: 03.09.2011).

Kulaçatan, Meltem: „Jahrhunderturteil des EGMR (Europäischer Gerichtshof für Menschenrechte) – Weg frei für Wahlrecht. Haltet die Wahlurnen bereit," in: http://www.zr2.jura.uni-erlangen.de/islamedia/newsletter/News.Juli.2010.pdf (Stand: 06.02.2012).

Kulaçatan, Meltem: Wider der Vereinfachung, in: http://www.migazin.de/2011/11/15/ wider-der-vereinfachung/, 15.11.2011, (Stand: 06.02.2012).

Kul, İsmail: Printmedien verschont auch die türkischsprachigen Formate nicht. Türkische Zeitungen schaffen sich ab, in: http://dtj-online.de/news/detail/1594/turkische_ zeitungen_schaffen_sich_ab!.html, 25.01.2013, (Stand: 25.01.2013).

Leinetal Gymnasium & Realschule: http://www.privatgymnasiumvib.de/front_content. php?idcat=32, (Stand: 09.06.2009).

Lenz, Hans-Joachim: Mann oder Opfer? Jungen und Männer als Opfer von Gewalt und die kulturelle Verleugnung der männlichen Verletzbarkeit, in: http://www.ge schlechterforschung.net/download/Anl4.pdf, (Stand: 14.10.2011).

Löhr, Tillmann (2011): „Bekämpfung der Zwangsehe. Symbolpolitik statt wirklicher Opfer Hilfe",http://www.lto.de/index.php/de/html/nachrichten/2792/bekaempfung_ von_zwangsehen_symbolpolitik_statt_wirklicher_opfer_hilfe/, 18.03.2011, (Stand: 09.11.2011).

Ministerium für Generationen, Familie, Frauen und Integration des Landes Nordrhein-Westfalen (Hg.) (Oktober 2007): Handlungskonzept. 10 Eckpunkte zur Bekämpfung von Zwangsheirat, Landesregierung NRW, Düsseldorf, in: http://www.ehrver

brechen.de/1/images/downloads/arbeitsmaterial/Handlungskonzept_ZH_NRW.pdf, (Stand: 09.11.2011).
Odtv.com: Devrimci bilim adamı Prof. Petek'i kaybettik, in: http://www.odatv. com/n.php?n=devrimci-bilim-adami-prof.-peteki-kaybettik-2512101200, (Stand: 15.07.2010).
Oral, Zeynep: Yazılar 2004. Fransa'da Eşitsizliğe ve ayrımcılığa direniş, in: http://www.zeyneporal.com/yazilar/2004/30012004.htm, (Stand: 15.07.2010).
Özdemir, Cem: Alles Verräter. Die Deutschlandausgabe der Zeitung »Hürriyet« macht Stimmung gegen kritische Deutschtürken, 09.06.2005, in: http://www.zeit.de/2005 /24/H_9frriyet-t_9frk_Medien/komplettansicht, (Stand: 12.02.2012).
Perlez, Jane: Within Islam's Embrace, a Voice for Malaysia's Women, in: The New York Times, 19.02.2006, in: http://www.nytimes.com/2006/02/19/international/asia/19ma laysia.html, (Stand: 17.08.2009).
Rees, Matt/ Hamad, Jamil/ Klein, Aharon: When The War Hits Home: Beit Hanina The unsilenced Woman Maha Shamas, 51/two children, in: 29.04.2002, (http://www. time.com/time/printout/0,8816,1002311,00.html, (Stand: 02.03.2009).
Schrupp, Antje: Differenzfeminismus ist für die Frauenbewegung eigentlich nichts Neues, in: http://www.antjeschrupp.de/differenz-geschichte, (Stand: 26.01.2012).
Seidel, Eberhard: Deutschlands Muslime: Aus Türken wurden Muslime, aus türkischer und arabischer Kultur die islamische, in: http://www.monde-diplomatique.de/pm/ 2010/02/12/a0083.text.name,askCmLDJN.n,0, 12.02.2010, (Stand: 23.02.2012).
Şafak, Elif: Kürtaj üzerine bir yazı, in: http://www.haberturk.com/yazarlar/elif-safak/746763-kurtaj-uzerine-bir-yazi, (Stand: 01.06.2012).
Şafak, Elif: http://www.haberturk.com/HTYazi.aspx?ID=3686, (Stand: 23.08.2009).
Şenol, Ekrem: http://www.jurblog.de/2006/01/07/antwortleitfaden-fuer-den-gesinnungs test-fuer-muslime-in-baden-wuerttemberg/, (Stand: 06.02.2012).
Sisters in Islam: http://www.sistersinislam.org.my/page.php?36, (Stand: 21.02.2012).
Tez, Mehmet: Beyaz Türk – Siyah Türk, in: http://www.milliyet.com.tr/beyaz-turk-siyah-turk/mehmet-tez/pazar/yazardetay/31.10.2010/1308123/default.htmz, 31.10.2010, (Stand: 02.01.2012).
Topçu, Canan: Schulen statt Moscheen, in: http://www.fr-online.de/wissenschaft/ bildungsnetzwerk-schulen-statt-moscheen,1472788,3219598.html, (Stand: 12.04.2012).
Türker, Yıldırım: Binlerce Pozantı. 2010'lu yıllarda Pozantı'da Kürt çocuklarına reva görülen, bir zincirin halkasıdır. Yeni değildir, in: http://www.radikal.com.tr/ Radikal.aspx?aType=RadikalYazar&ArticleID=1081386&Yazar=YILDIRIM-TURKER&CategoryID=97, 11.03.2012, (Stand: 11.03.2012).
Wirtz, Astrid: Scheidung à la Iran, Deal mit Mullah wirft Fragen auf, in: Kölner Stadt-Anzeiger, 16.11.2011, auf: http://www.ksta.de/html/artikel/1321373161224.shtml, (Stand: 19.11.2011).
Wies, Woody: Die Zwangsehe in deutschen Köpfen, in: http://www.cicero.de/zwangsehe-zwangsheirat-zwangsverheiratung-studie-nicht-repraesentativ/46476?seite=2, 12.11.2011, (Stand: 06.02.2012).
ZDF-Reportage, Terror in Seminole: http://www.youtube.com/watch?v=3yGwVFfjpZY, (Stand: 21.02.2012).

Internetquellen (ohne VerfasserIn)

http://aladergi.com/ (Stand: 06.02.2012).
http://daten.ivw.eu/index.php?menuid=1&u=&p=&detail=true, (Stand: 23.03.2012).
http://de.fgulen.com/content/view/188/12/, (Stand: 23.06.2009).
http://dtj-online.de, (Stand: 01.01.2013).
http://ein-fremdwoerterbuch.blogspot.com/p/fremdwoerterbuchautorin.html, (Stand: 15.02.2012).
http://images.google.de/imgres?imgurl=http://img.internethaber.com/news/29680.jpg&im grefurl=http://www.internethaber.com/news_detail.php%3Fid%3D70346&usg=__M DQbdWjcYlNjdbLBNe8N_Qy2Ec=&h=190&w=250&sz=14&hl=de&start=9&um= 1&tbnid=kxa89C94Jhhttp://DsloM:&tbnh=84&tbnw=111&prev=/images%3Fq%3D Nevval%2BSevindi%26hl%3Dde%26sa%3DX%26um%3D1, (Stand: 23.08.2009).
http://images.google.de/imgres?imgurl=http://www.aksam.com.tr/images/2009/07/15/arm an_269.jpg&imgrefurl=http://www.aksam.com.tr/2009/07/15/siyaset.html&usg=__5 A3E0-3-uDEB2kkC5cYhjEyMfNE=&h=244&w=292&sz=16&hl=de&start=9&um=1&tbnid =oeGkPDQ2IPcQHM:&tbnh=96&tbnw=115&prev=/images%3Fq%3DAyşe%2BAr man%2Btesett%25C3%25BCrl%25C2%25B4%25C3%25BC%26hl%3Dde%26sa% 3DN%26um%3D1, (Stand: 23.08.2009).
http://m.faz.net/aktuell/feuilleton/medien/gerichtsurteil-reaktionen-auf-einen-kurzen-prozess-1358433.html?service=json&fullhash=qwervf2352642z.234tawt, (Stand: 07.02.2012).
http://upload.wikimedia.org/wikipedia/en/2/26/Vanity_Fair_August_1991.JPG, (Stand: 06.01.2012).
http://videos.senat.fr/video/videos/2010/video4280.html (Stand: 30.03.2011).
http://www.addberlin.de/index.php?option=com_content&view=article&id=2&Itemid=13 &lang=de, (Stand: 15.03.2011).
http://www.amnesty.de/verbrechen-im-namen-der-ehre-ehrenmorde, (Stand: 12.02.2012).
http://www.avrupa.de/Vakit/, (Stand: 15.07.2010).
http://www.cindik.net/German/person.html, (Stand: 03.03.2011).
http://www.clubasya.com/, (Stand: 27.07.2009).
http://www.cumhuriyet.com.tr/?im=yhs&hn=57454, (Stand: 07.02.2012).
http://www.dasbiber.at/ueberuns, (Stand: 06.02.2012).
http://www.dogankitap.com.tr/yazar.asp?id=35, (Stand: 29.03.2009).
http://www.doganmedia.de/c/dmg-int.asp, (Stand: 12.02.2012).
http://www.ehre.nrw.de, (Stand: 21.12.2008).
http://www.ehre.nrw.de/hilfe/index.php, (Stand: 18.08.2010).
http://www.evrimbaba.de/topic/13.lebenslauf.html, (Stand: 27.09.2008).
http://www.gazelle-magazin.de/, (Stand: 15.02.2012).
http://www.handelsblatt.com/unternehmen/it-medien/aydin-dogan-tuerkischer-medienzar-kapituliert/3338156.html, 04.01.2010, (Stand: 12.02.2012).
http://www.hurriyet.de/documents/pdf/MD_2011_deutsch_nr41.pdf, (Stand: 12.02.2012).

http://www.hurriyetport.com/medya/Ayşe-arman-la-turban-seks-konustu-yildizi-patladi-nihal-benisu-karaca-haberturk-te, 20.03.2011, (Stand: 06.01.2012).
http://www.hurriyet.com.tr/yazarlar/17381758.asp, (Stand: 08.02.2012).
http://www.hurriyet.com.tr/yazarlar/17407779.asp, (Stand: 07.02.2012).
http://www.hurriyet.com.tr/yazarlar/19868431.asp, (Stand: 08.02.2012).
http://www.indiantvtoday.com/wp-content/uploads/2009/04/monica_belluci-up-and-against-the-rules.jpg, (Stand: 06.01.2012).
http://www.jasadmag.com/en/editor.asp, (Stand: 03.01.2013).
http://www.jurblog.de/2009/03/23/visafreiheit-fuer-tuerken-innenministerium-rudert-zurueck/, (Stand: 15.02.2012).
http://www.ksta.de/html/artikel/1253888538890.shtml, (Stand: 14.10.2009).
http://www.lexexakt.de/glossar/ordrepublic.php, (Stand: 06.12.2011).
http://www.medyaline.com/haber_detay.asp?haberID=14583, (Stand: 24.03.2012).
http://www.monde-diplomatique.de/pm/2010/02/12/a0083.text.name,askCmLDJN.n,0, 12.02.2010, (Stand: 23.02.2012).
http://www.neuemedienmacher.de/, (Stand: 06.02.2012).
http://www.nevvalsevindi.com/, (Stand: 23.08.2009).
http://www.npns.fr/, (Stand: 15.07.2010).
http://www.radikal.com.tr/Radikal.aspx?aType=RadikalAnasayfa, (Stand: 26.03.2012).
http://www.spiegel.de/politik/deutschland/0,1518,474785,00.html, (Stand: 03.02.2011).
http://www.sueddeutsche.de/politik/spd-verliert-gruender-der-juedischen-sozialdemokraten-betruebt-und-beschaemt-ein-trauriger-brief-an-andrea-nahles-1.1088932, (Stand: 01.02.2012).
http://www.taz.de/Kolumne-das-Tuch/!87723/, (Stand: 15.02.2012).
http://www.tvbvideo.de/video/iLyROoafv1oD.html, (Stand: 15.07.2010).
http://www.vaybee.de, (Stand: 06.02.2012).
http://www.wclac.org/english/index.php (Stand: 06.01.2012).
http://www.worldmediagroup.eu/#, (Stand: 12.02.2012).
http://www.worldmediagroup.eu/?unternehmen#leitbild, (Stand: 12.02.2012).
http://www.yeniaktuel.com.tr/kul122,131@2100.html, (Stand: 23.05.2009).
http://www.youtube.com/watch?v=bemTW-_CrOI, (Stand: 31.12.2011).

Printed by Printforce, the Netherlands